KB131534

22만 6천 편입합격생의 선택

김영편입

영어

문법

기출 **1**단계

김앤북
KIM & BOOK

김영편입 영어 문법

기출 **1**단계

PREFACE

편입영어시험을 처음 준비하는 수험생이 제일 먼저 하는 생각은 무엇일까요? 우선 편입영어시험이 어떻게 출제되는지 파악하기 위해서, 기출문제를 확인해 볼 것입니다.

그런데 기출문제는 편입생 선발을 위한 실전 문제들로 구성되어 있다 보니, 편입을 처음 접하는 수험생은 영어 문제에 대한 중압감으로 시작도 전에 포기하고 싶은 마음이 들 수도 있습니다.

하지만, 모든 기출문제가 어려운 문제로만 구성되어 있는 것이 아니며, 수험생은 쉬운 기출문제를 통해 편입영어시험에 대한 기본적인 감각을 익힌 후, 난이도가 높은 문제들로 실력을 키워나갈 수 있습니다.

이것이 "김영편입 기출 시리즈"를 단계별로 제작하게 된 이유입니다. "김영편입 기출 시리즈"는 편입영어시험을 처음 준비하는 수험생이 부담을 갖지 않고 문제를 풀어보면서 기초 실력을 쌓을 수 있도록 제작된 "기출 1단계", 그리고 어려운 기출문제로 구성되어 실전에 대비할 수 있는 "기출 2단계"로 구성되어 있습니다.

본서는 수험생이 기본 실력을 점검하고 적용해 볼 수 있는 편입영어 초·중급 난이도의 기출문제들로 구성된 "기출 1단계"입니다.

"기출 1단계"는 편입영어시험의 대표 유형인 문법, 논리, 독해의 3종으로 구성되어 있습니다. 문법의 경우 일목요연하게 정리된 이론이 어떻게 문제에 적용되는지 알 수 있도록 했으며, 논리와 독해의 경우 시험에 자주 출제되는 유형을 파악하고 이에 대비할 수 있도록 했습니다. 그리고 엄선된 기출문제뿐 아니라 기출문제에 대한 필수어휘와 상세한 해설도 함께 수록하였습니다.

"기출 1단계"를 통해 편입영어에 자신감을 얻으시길 바랍니다.

김영편입 컨텐츠평가연구소

HOW TO STUDY

편입 문법 이렇게 출제된다!

- 문법은 밑줄 친 보기 중 틀린 것을 고르는 Written Expression(W/E) 유형, 빈칸에 알맞은 문법사항을 고르는 General Structure(G/S) 유형, 정/비문 찾기, 재진술의 크게 4가지 유형의 문제가 출제됩니다.

- W/E 유형과 G/S 유형의 출제 비중이 높은 편이며, 정/비문 찾기와 재진술의 경우 특정 대학에서 매년 출제되고 있으므로, 그 대학을 준비하는 수험생은 이에 대한 대비가 필요합니다.

- 독해 길이의 장문의 문제와 여러 문법 사항이 혼합된 형태의 고난도 문제를 출제하는 비중이 증가하고 있습니다. 하지만 기본적인 문법 사항을 묻는 문제가 주로 출제되고 있으므로 문법의 기본 개념에 대한 정확한 이해가 필요합니다.

이렇게 대비해라!

- 문법의 기초가 부족할 경우에는 아무리 문제를 많이 풀어보더라도 고득점을 얻는 데 한계가 있습니다. 자신의 수준에 맞는 문법 기본서를 선택해 처음부터 끝까지 정독해볼 것을 권합니다. 많은 책을 대강대강 보는 것보다는 한 권을 확실하게 보는 것이 좋습니다.

- 시험의 빈출 포인트를 파악하고 관련 문제들을 많이 풀어볼 필요가 있습니다. 최적의 자료는 단연 기출문제입니다. 한 번 출제됐던 문제는 다른 유형으로 다시 출제되는 경우가 많으므로, 기출문제만큼은 완벽하게 소화해야 합니다.

- 제대로 숙지하지 못한 파트의 문제는 계속해서 틀리게 마련입니다. 자신의 취약 부분을 정확히 파악하고 보완해 나가는 것이 중요합니다. 틀린 문제는 필히 오답노트에 정리해 철저히 확인할 필요가 있습니다.

이 책은 이렇게 구성했다!

- 제대로 숙지하지 못한 파트의 문제는 계속해서 틀리게 마련입니다. 자신의 취약 부분을 정확히 파악하고 보완해 나가는 것이 중요합니다. 틀린 문제는 필히 오답노트에 정리해 철저히 확인할 필요가 있습니다.

- 기출문제에서 출제빈도가 높은 문제 위주로 엄선했으며, 다양한 문법 유형의 문제를 모든 단원에 고르게 배치하여 실전 적응력을 기르는 데 효과적입니다.

문법 이론 Grammar Note

- 편입의 핵심 문법이 일목요연하게 정리돼 있어, 방대한 문법 이론서를 굳이 따로 볼 필요가 없습니다.

- 시험에 자주 출제되는 포인트를 각 단원 마지막에 다시 한 번 요약 정리하여 중요사항을 점검할 수 있습니다.

실전 문제 TEST

- 다양한 문법 유형의 문제들을 단원마다 고르게 배치하여 실전 적응력을 기를 수 있게 했습니다.

- 출제 비중이 높은 문법 유형의 경우 테스트 횟수를 늘려 충분히 학습하고 익힐 수 있게 했습니다.

정답과 해설 ANSWERS & TRANSLATION

- 모든 문제의 해설에 문제의 핵심을 쉽게 파악할 수 있도록 출제 포인트를 표시하고, 김영편입 문법 이론서 『MSG(My Smart Grammar)』에서 관련 문법 사항을 확인해 볼 수 있도록 페이지를 함께 수록했습니다.

- 특별한 주의가 필요한 오답 선택지에 대해서는 상세히 오답 해설을 실어 다양한 문법 사항을 학습할 수 있습니다.

CONTENTS

해설편

22만 6천 편입합격생의 선택

김영편입 영어
문법

기출 **1**단계

01

동사와 문형

🔍 GRAMMAR NOTE

1 1형식(S+V) : 완전자동사

> 다른 것의 도움 없이 주어를 완전하게 설명해줄 수 있는 동사로, 'S(주어)가 V(동사)하다'로 해석한다.

1 보어나 목적어를 취하지 않는다.

count, do, matter, pay, work 등
Nowadays farming doesn't **pay**. 요즘 농사짓는 일은 수지가 맞지 않는다.

➡ pay는 타동사로 쓰이면 '지불하다'의 뜻이나, 완전자동사로 쓰이면 '이익이 되다, 수지가 맞다'의 뜻이다.

2 부사 수식 가능(S +V +부사어)

This type of medicine **works** very well. 이런 종류의 약은 아주 잘 듣는다.

3 수동의 의미가 있는 완전자동사

sell, read, translate, wash 등
The apple **peeled** easily. 사과 껍질이 쉽게 벗겨졌다.

4 타동사로 오인되기 쉬운 자동사(전치사에 유의)

abstain from 삼가다	**answer for** 책임지다	**benefit from** 득을 보다
concentrate on 집중하다	**cope with** 처리하다	**insist on** 주장하다
resort to 의존하다	**suffer from** 고통 받다	**wait for** 기다리다

2 2형식 (S + V + C): 불완전자동사

> 주어를 보충설명 해주는 보어를 필요로 하는 동사를 뜻한다.

1 보어를 필요로 한다.

① 주격보어가 명사: 주어와 동일한 지위의 사람[사물]을 나타냄
② 주격보어가 형용사: 주어의 상태를 표시

2 주격보어로 '형용사'를 취하는 대표 2형식 동사

continue	feel	keep	look	remain
seem	smell	sound	stay	taste

3 become 동사류 (변화를 표시: ~이 되다)

① become, make
The milk **became** sour. 그 우유는 상했다.
She will **make** a good wife. 그녀는 좋은 아내가 될 것이다.

② get / grow / come / go / turn / run / fall / wear +형용사: ~이 되다
come true 실현되다 / **fall asleep** 잠들다 / **go blind** 장님이 되다 / **turn pale** 창백해지다

③ prove, turn out: ~으로 판명 나다
What he said **proved** to be true. 그가 말한 것은 사실로 판명되었다.

3 3형식 (S + V + O): 완전타동사

명사, 대명사, 동명사, to부정사 등의 목적어를
필요로 하는 동사를 뜻한다.

1 목적어를 취한다.

① 동명사만을 목적어로 취하는 동사

abandon, admit, anticipate, appreciate, avoid, delay, deny, enjoy, escape, finish, miss, postpone, quit, resist, stop 등

② to부정사만을 목적어로 취하는 동사

choose, decide, desire, determine, expect, hesitate, hope, mean, plan, pretend, promise, want, wish, would like 등

③ 동명사/to부정사 둘 다 목적어로 취하는 동사 → 의미 차이가 없는 경우

attempt, begin, continue, intend, start

④ 동명사/to부정사 둘 다 목적어로 취하는 동사 → 의미 차이가 있는 경우

forget, remember, regret

➡ to부정사가 오는 경우: '미래'의 일을 잊다/기억하다/~하게 되어 유감이다

➡ 동명사가 오는 경우: '과거'의 일을 잊다/기억하다/~한 것이 유감이다

2 동족목적어를 취하는 동사

dream, laugh, live, sigh 등

Tom **laughed** a bitter laugh. 톰은 쓴웃음을 지었다.

She **danced** a beautiful dance. 그녀는 아름다운 춤을 추었다.

3 재귀대명사를 목적어로 취하는 동사

He **prides himself on** his quick promotion in his firm. 그는 회사에서 자신의 빠른 승진에 대해 자랑한다.

4 자동사로 오인하기 쉬운 타동사

approach, contact, discuss, inhabit, reach 등

I will **contact** you as soon as I reach Seoul. 서울에 도착하는 대로 당신에게 연락하겠습니다.

5 [시험빈출] 형태와 의미를 구분하기 어려운 동사들

(자동사) lie — lay — lain : 눕다, (상태나 위치에) 있다

(타동사) lay — laid — laid: ~을 놓다

(자동사) lie — lied — lied: 거짓말하다

(자동사) rise — rose — risen: (해나 달이) 뜨다, (물가 등이) 오르다

(타동사) raise — raised — raised: (생활수준이나 월급 등을) 올리다; 모금하다

(자동사) arise — arose — arisen: (문제나 사건 등이) 발생하다

(자동사) sit — sat — sat: 앉다

(타동사) seat — seated — seated: 앉히다

4   4형식 (S + V + IO + DO): 수여동사 | '~에게'의 의미를 갖는 간접목적어와 '~을[를]'의 의미를 갖는 직접목적어를 필요로 하는 동사다.

1 목적어를 두 개 취한다.

➡ 간접목적어로는 '사람, 동물'이 주로 쓰이고, 직접목적어로는 '무생물'이 주로 쓰인다.

2 3형식으로 전환시 전치사에 유의

① to를 쓰는 동사 : bring / give / offer / lend / pay / send / show / teach / tell 등

② for를 쓰는 동사 : buy / cook / find / get / make / order 등

③ of를 쓰는 동사 : ask / inquire 등

My friend bought **me** a **present**. ⟶ My friend bought **a present** for **me**.

⟱   ⟱   3형식 전환   ⟱   ⟱   ⟱

간접목적어+직접목적어   직접목적어 +전치사 +간접목적어

3 수여동사로 오인되는 동사

해석은 '~에게 ~를' 이지만 4형식으로 쓸 수 없는 동사

admit, announce, bestow, confess, explain, introduce, present, propose, suggest 등

5   5형식 (S + V + O + OC): 불완전타동사 | 목적어 뒤에 목적보어를 가지는 동사로, 보어로 명사, 형용사, 원형부정사 등이 올 수 있다.

1 목적어(O)와 목적보어(OC)

둘의 관계는 의미상 주어와 술어 관계

We **elected** <u>**him(목적어)**</u> <u>**mayor(목적보어)**</u>. 우리는 그를 시장으로 선출했다.

We **consider** <u>**Paul(목적어)**</u> <u>**a good Student(목적보어)**</u>. 우리는 폴(Paul)이 훌륭한 학생이라고 여긴다.

2 가목적어-진목적어 구문으로 쓰는 동사

➡ 동사 +it(가목적어) +목적보어 +to부정사(진목적어)

believe, find, make, think 등

3 that절을 목적어로 받을 수 없는 동사

like, want 등 (5형식으로 사용)

I **want** *that she will come to the party*. (×)

I **want** *her to come to the party*. (○) 나는 그녀가 파티에 오기를 바란다.

4 동사 +A +as +B

'A를 B로 간주하다'로 쓰이는 동사

consider, define, describe, look upon, regard,
refer to, think of, take, treat, speak of

5 사역동사

make, let, have, help, bid 등

① 목적어와 목적보어의 관계가 능동이면 목적보어는 동사원형

Mother *had* me **clean** the room. 어머니는 나에게 방을 치우게 하셨다.

② 둘의 관계가 수동이면 과거분사

She *had* her watch **stolen**. 그녀는 손목시계를 도둑맞았다.

6 지각동사

see, notice, observe, hear 등

① 목적어와 목적보어의 관계가 능동이면 목적보어는 동사원형 or 현재분사

I *saw* him **cry[crying]**. 나는 그가 울고 있는 것을 보았다.

② 둘의 관계가 수동이면 과거분사

I *saw* the room **cleaned[being cleaned]**. 나는 방이 청소되는 것을 목격했다.

출제 포인트

1. 불완전자동사의 보어로는 명사나 형용사가 쓰인다.

2. 타동사는 한 개 이상의 목적어가 반드시 필요하다.

3. forget, remember, regret은 to부정사와 동명사 둘 다를 목적어로 취할 수 있으나 의미 차이가 발생한다.

4. lie와 lay, sit과 seat, rise와 raise 등의 혼동하기 쉬운 자/타동사는 확실하게 구분해서 숙지해야 한다.

5. 지각동사의 목적어와 목적보어의 관계가 능동이면 목적보어는 동사원형/현재분사로, 수동이면 과거분사로 쓴다.

6. 사역동사의 목적어와 목적보어의 관계가 능동이면 목적보어는 동사원형으로, 수동이면 과거분사로 쓴다.

01

동사와 문형 | **TEST 01**

▶▶▶ ANSWERS P.282

[01-12] Choose the one that best completes the sentence.

01　My father believed that family members should help each other and made us _____ some chores every Saturday.

① to do　　　　　　　② does

③ do　　　　　　　　④ did

02　I saw him _____ the roof as I passed by.

① to repair　　　　　② repaired

③ repairable　　　　 ④ repairing

03　The school provides all its students _____ textbooks.

① in　　　　　　　　② for

③ with　　　　　　　④ by

04　Most people view cameras, intrusive apps, and smart devices _____ having helped to increasingly compromise the privacy of multitudes.

① of　　　　　　　　② as

③ in　　　　　　　　④ for

05　Yesterday I had to have my car _____ away by the police, since it suddenly stopped on a highway.

① towing　　　　　　② tow

③ towed　　　　　　 ④ town

06 Bobby is a big fan of mystery stories. You will find him either _____ new mystery books at a bookstore or re-reading his favourites in his private library.

① browse   ② browses

③ browsed   ④ browsing

07 I definitely remember _____ the package yesterday.

① to post   ② posting

③ posted   ④ post

08 My eldest sister _____ the convent in 2002.

① entered to   ② has entered

③ entered   ④ has entered in

09 A lunar reconnaissance orbiter is scheduled to launch in 2008, which will create high-resolution maps to allow scientists _____ good landing sites and natural resources.

① for taking   ② to take

③ for picking   ④ to pick

⑤ pick

10 The committee recommends that the project _____ at the next meeting.

① would be discussed   ② will be discussed

③ be discussed   ④ could be discussed

11 His personal agenda on public services and democratic renewal remains _____.

① very large unfulfilling   ② very large unfulfilled

③ very largely unfulfilling   ④ very largely unfulfilled

12   In think-alouds, teachers _____ by verbalizing their thoughts while reading orally.

① making their thinking explicit

② make their thinking explicit

③ making their think explicitly

④ make their think explicitly

[13-29] Choose the one that is NOT correct in standard English.

13   The ①pandemic has awakened us ②the importance of ③robust public ④health systems.

14   There is ①no greater gesture of love ②than having someone's name ③tattoo ④on your body.

15   Typhoons ①are commonly occurred ②in Asian countries especially in ③coastal countries ④during the fall and spring.

16   After working hard ①at the office all day, I appreciate ②to come home to my loving children, who ③recognize my efforts on ④their behalf.

17   ①At the age of 17 he joined ②in the Army and was sent to Fort Monmouth ③in New Jersey to receive further education ④in electronics.

18   Every afternoon after an arduous day of ①seemingly endless work, Harold ②lied down on the sofa and ③raised his feet ④for an hour or more.

19 I ①was sitting in a restaurant quietly ②having a meal when suddenly a man nearby ③started to choking on a piece of food ④he'd swallowed.

20 These patches of ①old-growth heritage trees are ②believed to bring ③from prosperity and good health to ④the communities that protect them.

21 A poll ①revealed that consumer preference for a product ②raises by 19 percent ③after ④its appearance on a small airship or blimp.

22 A coral reef consists ①in millions of tiny coral polyps which are ②a form of small ③animals ④related to anemones and jellyfishes.

23 This system ①was to prove one of the most important ②instruments in ③creating a ④unified Chinese cultural tradition; even today, many of the ancient characters ⑤are remained in use.

24 Before a big sale, stores sometimes mail ①to customers fliers in order ②to alert them to savings they can enjoy if they ③take the time to visit a branch and ④explore the sale items.

25 Stocks ①felled on Wall Street Monday, giving back some of their recent ②gains, as a new, potentially more infectious ③strain of the coronavirus in the United Kingdom ④raised worries.

26 Because of its reputation for ①serving excellent food at ②reasonable prices, Lily Restaurant ③has become incredibly popular among tourists ④visiting to Port Morrison.

27   ①In line with company safety policy, all new workers must first ②participate a safety ③briefing before ④attempting to operate dangerous machinery.

28   Getting consumers ①to change brands may involve ②to develop packaging that ③does stimulate systematic processing and thus ④encourages consumers ⑤to challenge their usual choice of product.

29   Competition ①among mobile phone makers is ②reaching at a peak this week with manufacturers ③unveiling handsets ④equipped with high-resolution built-in cameras.

[30] Choose the sentence that is NOT grammatically correct.

30   ① I enjoy watching TV.
      ② She pretended not to see me.
      ③ I got somebody help me.
      ④ She doesn't allow smoking in the house.

[01-11] Choose the one that best completes the sentence.

01   A long distance call from the manager of the branch in Hong Kong prevented the marketing head _____ keeping an appointment with a client.

① from   ② to
③ with   ④ in
⑤ before

02   There are many people who are denouncing advances in technology _____ a fundamental risk to the existence of human civilization.

① to   ② as
③ for   ④ with

03   Before the Prime Minister arrived, the police had the conference center _____.

① clear   ② cleared
③ clearing   ④ be clear

04   Brian is going to get the roof _____ as soon as possible.

① repair   ② repairing
③ repaired   ④ have repaired

05   Parents should _____ children to think for themselves.

① rewarding   ② helping
③ make   ④ encourage

06 I'm not going out until it stops _____.

① rain   ② to rain

③ raining   ④ be raining

07 An automatic teller is a machine that lets you make a deposit or _____ cash from your bank account.

① take out   ② takes out

③ taking out   ④ to take out

08 The bodily processes behind taste _____ unclear to date.

① are remained   ② remain

③ have been remained   ④ remaining

09 I don't have a decent bookcase, so I am going to _____.

① have it made   ② have one made

③ have that to be made   ④ have it be made

10 The Christmas I remember best from my childhood _____ when I was about five, just after my younger brother was born.

① happened   ② was happened

③ would have happened   ④ being happened

11 Lisa tends _____.

① to see the world other ways round

② of seeing the world the other way around

③ of seeing the world other ways round

④ to see the world the other way around

12   Hopefully, we ①will manage ②to rid the world ③from this terrible disease ④called AIDS.

13   The sun ①was ②raising ③over the mountain when I ④rose out of bed and ⑤sat at the table.

14   People ①with strong personal relationships are 50% ②more likely to outlive ③than those ④without.

15   ①More than three hundred years ago, people ②in Europe ate differently ③from today. They looked ④differently, too.

16   We ①will have ②our computers ③service next week ④by a company ⑤that was recommended by the bank.

17   I had a ①strange dream last night. I was ②in a garden. It was getting ③darkly, and it was ④terribly cold.

18   John's wisdom teeth ①were troubling him, so he went to a dental surgeon ②to see ③about having ④them pull.

19   The ①city's extraordinary ②variety makes it ③seems like the ④marvellous product of an aesthetic storm.

20 I ①having gotten her postcard ②saying that the thing is now ready ③and that she will send it by the ④end of June.

21 The ground felt ①so smooth that she had ②no need for a mattress; she ③laid down and went to sleep ④effortlessly.

22 ①Climatic conditions ②variable ③considerably in Utah, ④largely due to ⑤differences in latitude and elevation.

23 The police officer ①suggested that another meeting ②be called to ③discuss about the ④serial murder in the village.

24 When we ①had finished ②to read the newspaper article, we ③began to discuss it ④among ourselves ⑤despite our ignorance of biology.

25 Movies ①that tackle historical themes may help ②foster interest ③in learning more about the past, but they can also risk ④of obscuring what really happened.

26 You should ①always remember ②pointing out the existence of ③a trade-off when your opponent mentions the merits or ④demerits of a particular proposition.

27 I could see mothers trying ①to comfort their frightened children. I could hear ②excited teachers ③telling the school children ④march outside calmly.

28   There are twenty ①species of wild roses in North America, ②all of which have ③prickly stems, pinnate leaves, and large flowers which usually smell ④sweetly.

29   President Hugo Chavez said Monday he was completely ①free of cancer and ②assured Venezuelans that physical limitations ③stemming from his recuperation will not ④effect his re-election campaign.

30   Wordsworth ①does describe the world of nature and of the characters who ②inhabits in the natural landscape. He celebrates the spirit of man, ③living in harmony with his natural environment and ④away from the corrupt city.

[01-11] Choose the one that best completes the sentence.

01 Reductions in the budget require us _____ our costs for international travel.

① limits
② to limit
③ limiting
④ limit

02 Katie had to walk all the way home because she had her purse _____.

① snatched
② snatching
③ being snatched
④ been snatched

03 The committee didn't really _____ meeting a lot of opposition to the new plan for traffic control.

① anticipate
② predict
③ expect
④ prepare

04 We conclude that brown bears, and perhaps other large mammals, have continuously _____ the archipelago for at least 40,000 years.

① stayed
② dwelled
③ been dwelled
④ been lived
⑤ inhabited

05 Applicants must be younger than 25 years old and have applications _____ to universities at the point of applying with a major in finance or related subject.

① submit
② to submit
③ submitting
④ submitted

06 The white overgown he was wearing made _____ possible to see his movements clearly.

① him   ② that

③ them   ④ it

07 My keys were in my pocket, but I don't remember _____ them there.

① being put   ② putting

③ to put   ④ to have put

08 I would appreciate _____ me know what has happened there as soon as possible.

① at you letting   ② for you to let

③ you let   ④ your letting

09 While most American architects in the early 1900s looked to Europe for ideas, Frank Lloyd Wright found Japanese design and art _____.

① inspires   ② more inspiring

③ is more inspiring   ④ are more inspiring

10 She had given me the inch, and no precaution could prevent _____.

① me from taking the ell   ② the ell taking from me

③ taking the ell from me   ④ from me the ell taking

11 Before his death, Tutu _____ no "lavish spending" on his funeral and asked for his coffin to be "the cheapest available."

① requested there would be   ② requested that there would be

③ requested there will be   ④ requested that there be

[12-29] Choose the one that is NOT correct in standard English.

12   Judith ①booked for theater tickets for ②all the students ③who were taking her ④Shakespeare course.

13   Dr. Meyers said ①that after the patent was ②granted he would let scientists and ③anyone else who was curious ④to see how it was done.

14   Although you must get off while the bus is ①being cleaned, you may ②leave your suitcases and ③other belongings ④laying on your seats.

15   Don't forget that becoming ①activity in ②community organizations ③can also open ④up opportunities.

16   The death toll ①from a storm ②that hit the southern Philippines ③arose to more ④than 325, with hundreds still ⑤missing.

17   When you ①go shopping, will you please ②bring this note ③to the manager of the ④grocery department ⑤for me?

18   In Borneo, ①where I was born and ②grown up, I have worked ③in tropical conditions cutting survey lines through a forest that was ④like a jungle.

19   A strange ①coincidence ②was happened when ③the news ④was ⑤announced this morning.

20 ①The number of foreign workers that ②are allowed to ③enter into the country ④has decreased.

21 A ①cold-blooded animal like a snake ②needs heat from the sun to ③keep warm and ④stay actively.

22 We ①decided to go on a trip to the mountains but forgot ②taking the map, ③so we stopped ④to buy ⑤one at a gas station.

23 We want you to be ①content with nothing ②less than the whole truth ③about the subject that ④interests to you.

24 ①In addition the founding fathers of America ②opposed a strong government ③because it might ④interfere people's freedom.

25 Korea's main stock index ①fell to its lowest in a month yesterday ②on concern the Chinese government may ③rise interest rates ④as early as July to cool its economy.

26 Jesus Dureza, chairman ①of the government negotiating panel, ②says him that the talks "③are not yet focused ④on a political settlement, but on development of the conflict areas."

27 An accident ①involving an overturned van in the left lane on the westbound 509 freeway ②isn't expected ③to be cleared for at least ④half an hour, so ⑤avoid to take the 509.

28   The recent and deep economic slumps in Europe, Japan, and the U.S. ①have not
underline{impressed} the developing world, leaving ②underline{many people} there ③underline{are skeptical of}
④underline{market-oriented reforms} and economic liberalization.

29   ①underline{Since} 1999, small-scale coffee producers in Mexico and in Central America ②underline{have}

underline{confronted with} ③underline{severely depressed} export markets that are destroying their

livelihoods, ④underline{mortgaging} their children's future, and undermining the cohesion of

families and communities.

[30] Choose the sentence that is NOT grammatically correct.

30   ① I wanted him to tell the truth.
② I trusted him to tell the truth.
③ I told him to tell the truth.
④ I persuaded him to tell the truth.
⑤ I let him to tell the truth.

02

시제

🔍 GRAMMAR NOTE

1 현재시제 | 일반적이고 반복적인 일, 격언, 속담, 불변의 진리 등을 나타낼 때 사용한다.

1 현재의 사실/동작/상태, 불변의 진리를 나타냄

Susie **has** beautiful blue eyes. (사실)

Hydrogen **is** the lightest element. (불변의 진리)

2 미래를 표현하기도 함

① 왕래발착동사(go, come, leave 등) +미래표시 부사구

The spaceship **leaves** the earth for the moon *next Monday*.

② 시간, 조건의 부사절에서는 미래[미래완료]대신 현재[현재완료]를 사용

If it **is** fine tomorrow, we will play soccer. (조건의 부사절)

2 과거시제 | 과거의 사실, 동작, 상태, 경험을 나타내며 과거시제와 함께 쓰는 부사를 확인해야 한다.

1 과거의 사실/동작/상태/경험을 나타냄

We **went** to the movies **last weekend**.

2 과거시제와 주로 쓰이는 부사

ago, yesterday, last year, in the past, at that time, just now, when 등

3 미래시제 | 앞으로 일어날 일을 나타내며 will, shall, be going to 등의 조동사를 써서 표현한다.

1 단순미래:

화자나 주어의 의지에 관계없이 '시간이 지나면 자연히 ~하게 될 것이다'

I **will** be seventeen years old in April.

2 의지미래:

화자나 주어의 결심과 의지를 나타내며, 또한 상대방의 결심과 의지를 물어볼 경우에 쓰인다.

① 화자의 의지를 나타내는 경우: 평서문

② 상대방의 의지를 묻는 경우: 의문문

3 미래를 나타내는 관용어구

① be going to +동사원형: ~할 예정[작정]이다

② be about to +동사원형: 막 ~하려고 하고 있다

③ be to +동사원형 : ~할 예정이다 (부정사의 be to용법 중 예정을 나타냄)

④ be +형용사 +to +동사원형

　　bound, certain, due, liable, likely, ready, sure, uncertain, unlikely, willing 등

　　The Prime Minister **is due to** speak tomorrow.

4 완료시제

		미래완료의 범위(will[shall] have+p.p)	
과거완료의 범위 (had +p.p)	현재완료의 범위 (have+p.p)		
대과거(과거보다 오래된 과거)	과거	현재	미래

 현재완료(have[has] +과거분사) :

과거에 생긴 일이 현재까지 영향을 줄 때

① 현재까지의 동작 완료, 결과

　　just, already, yet, now 등과 함께 사용

　　I **have** *just* **read** the book.

② 현재까지의 경험

　　ever, never, once, twice 등의 빈도표시 부사와 함께 사용

　　I **have** *never* **visited** a foreign country.

③ 현재까지의 상태, 동작의 계속

　　for a long time, all my life 등의 기간을 나타내는 부사와 함께 사용

　　I **have known** Steve *for four years*.

 과거완료(had +과거분사):

과거의 어느 시점까지의 완료, 결과, 경험, 계속을 나타냄

[완료] When I came home, my family **had** already **finished** supper.

[결과] I bought a new watch, as I **had broken** the old one.

[경험] I **had** often **heard** about her before I first met her.

[계속] We **had** not **waited** long before he appeared.

3 과거에 실현되지 못한 희망/기대/의도/욕망:

'과거완료'로 쓰이거나 '소망동사의 과거형 +완료부정사'형태로, 과거에 실현되지 못한 일을 나타냄

expect, hope, intend, mean, suppose, think, want 등

> I **had hoped to** see the movie.
> = I **hoped to have seen** the movie.

4 미래완료(will[shall] have +과거분사):

미래에 완료되는 행위

by +미래표시어(by the time ~: ~때까지는)와 함께 사용

> *By the time* I return, my letters **will have arrived**.

---

5 진행형

일시적인 동작의 진행과 반복, 습관, 가까운 미래를 나타낼 때 사용한다.

1 왕래발착동사의 현재진행형 +미래표시 부사구

We **are moving** into a new house next week.

2 진행형으로 쓸 수 없는 동사

belong, feel, forget, hear, resemble, see, taste 등

He **resembles** his father. (○)

He is resembling his father. (×)

---

6 시제일치

복문(종속접속사 구문)에서 주절의 동사가 현재나 미래이면 종속절 동사의 시제는 제한이 없으나, 과거(완료)이면 종속절은 주절과의 시점을 따져 과거(완료)형이 되어야 한다.

1 주절 동사의 시제가 현재인 경우:

12시제가 모두 사용 가능

2 주절동사의 시제가 과거인 경우:

과거나 과거완료로 시제 일치

3 시제일치를 따르지 않는 경우:

① 불변의 진리(현재)

② 현재의 습관/특성/직업(현재)

③ 역사상 사실(과거)

④ 가정법

⑤ 비교의 부사절

4 과거분사형이 올바른가를 묻는 문제 유형

have <u>teached</u> (×) ⟶ have **taught** (○)

---

1. 일반적 사실, 불변의 진리, 현재의 습관 등은 현재시제로 표현한다.

2. 명백히 과거를 나타내는 어구가 있을 경우 반드시 과거시제를 써야 한다.

3. 현재완료시제는 주로 already, just, since, yet 등과 함께 쓰인다.

4. 시간/조건의 부사절에서는 현재시제가 미래시제를 대신한다.

[01-11] Choose the one that best completes the sentence.

01 Since she was elected representative, there _____ many improvements.

① have been   ② has been

③ had been   ④ were

02 Albert Einstein recalled a number of childhood events that _____ a strong impression on him.

① will make   ② had made

③ has made   ④ make

03 The New York branch of our company _____ five years ago today.

① opens   ② has opened

③ was opening   ④ opened

04 Lead _____ as a material for sculpture since the time of the early Greeks.

① has used   ② had used

③ used   ④ has been used

⑤ being used

05 When the manager _____, will you please give him this letter?

① arriving   ② arrived

③ arrives   ④ will arrive

06 Some cultures don't swear at all, but most cultures swear and _____ for a very long time.

① do so

② are doing so

③ have been doing so

④ had been doing so

07 By the time Tom and Laura had their first child, they _____ for 3 years.

① were married

② got married

③ have been married

④ had been married

08 Bill always goes to bed at 10 p.m. Susan is planning to visit Bill's house at 10:30 this evening, so when Susan gets there, Bill _____.

① will go to bed

② has gone to bed

③ will be going to bed

④ will have gone to bed

09 By the time my boyfriend arrives, I _____ from my cold.

① will have recovered

② have been recovered

③ would have recovered

④ will have been recovered

10 Give me back the book when you _____ it.

① will have finished reading

② will have read

③ have finished to read

④ have finished reading

11 The signature can-do spirit that began with her discussions of clinical depression continued after she announced in 2015 that she _____ with breast cancer.

① had been diagnosed

② has been diagnosed

③ may be diagnosed

④ will have been diagnosed

[12-29] Choose the one that is NOT correct in standard English.

12 ①Although I ②am playing golf ③for more than three years, I cannot ④manage ⑤to break 90.

13 ①Not until the train ②has pulled into Union Station ③did Frank find that his coat ④had gone.

14 Yesterday, Jane ①swimmed. Today, she ②will swim. Tomorrow, Jane ③will swim. She is now ④swimming.

15 Several ①years ago, a ②multinational company ③has opened a car factory ④in the United States.

16 The early Korean newspaper ①has consisted ②almost entirely ③of ④what we call leading articles.

17 Tim Morrison, ①who tried to hang ②himself after years of ③being bullied, ④has died last Monday.

18 Coal and oil were formed ①when plants ②become buried ③in marshes or swamps and then ④decayed.

19 I ①have lived in this house ②for three years, but I now ③live in a ④different neighborhood ⑤nearby.

20 Professor Epstein will ①depend on his ②research assistants while he ③will take a leave of ④absence next year.

21 One of ①the greatest wishes of humans today is that we ②could have discovered a cure ③for cancer in the ④next few years.

22 ①All the children ②in my neighborhood ③have gone to the circus last night and they could not wake up early ④this morning.

23 Minsu doesn't know ①much English now, but after he lives in ②the United States for ③a few months, he ④is able to understand much more.

24 Dr. Burroughs ①had learned too late that his health ②had already been ③affected by his almost ④continuous exposure to radiation from the damaged pile. ⑤No error.

25 At local company Angleside, ①up to 150 employees ②will lose their jobs. Daniel West, the Managing Director, announced they ③will be offering early retirement and ④hoped ⑤to cover the job losses in this way.

26 Alice saw the policeman ①bleeding to death, so she fastened a tourniquet around his arm. Later, one of the paramedics who took over ②told her that her knowledge of first aid ③saved the man's life. ④No error.

27 This enrichment process was ①what determined the composition of the Solar System 4.5 billion years ago, and ultimately ②makes possible the chemistry of life ③on Earth ④as per the "Big Bang" theory.

28　When the Supreme Court ①<u>rules</u> in 1896 ②<u>in</u> favor of the South's "separate but equal" racial doctrine, the federal government ③<u>put</u> its stamp of approval ④<u>on</u> state laws requiring cradle-to-grave segregation of the races.

29　When I came down the stairs, I saw that there ①<u>was</u> at least a foot of water in the basement. Jack ②<u>was standing</u> under a pipe, and a steady stream cascaded into his face. For the past 45 minutes, he ③<u>was working</u> unsuccessfully to staunch the leak. ④<u>No error</u>.

[30] Choose the sentence that is NOT grammatically correct.

30　① We live here since 1992.
　② We've done quite a lot of work today.
　③ We've just come back from our holiday.
　④ This is the first time we've been to Ireland.
　⑤ It's eleven o'clock and he hasn't finished breakfast yet.

02

시제 | TEST 02

▶▶▶ ANSWERS P.298

[01-11] Choose the one that best completes the sentence.

01   When I found the medal in the gutter, it had apparently _____ there for some time.

① laid   ② lies

③ been lying   ④ was lying

02   I bought this bicycle five years ago and I _____ it every day since then.

① used   ② am using

③ have used   ④ use

03   What will happen if what she has just said _____ out to be true?

① has turned   ② had turned

③ turns   ④ turned

04   Two of the items were found to be defective but all of the others _____ to be perfect.

① prove   ② proving

③ were proven   ④ have been proven

05   Wages and the cost of living _____ in virtually equal proportions through the generations.

① have grown   ② having grown

③ growing   ④ grows

06 When I arrived, everybody was sitting around the table and talking. Their mouths were empty, but their stomachs were full. They _____.

① are eating
② were eating
③ have been eating
④ had been eating

07 By the time the landlord needed his apartment, most shelter residents _____ to hotels.

① had been moved
② have been moved
③ would move
④ would be moved

08 While he _____ the poster, a door somewhere behind him opened.

① is staring at
② did stare to
③ was staring at
④ looked carefully upon

09 No one seemed surprised that the office was closing, as morale and quality _____ steadily.

① is deteriorating
② are deteriorated
③ will be deteriorating
④ had been deteriorating

10 When I came home, the house was quiet. Everybody _____.

① has gone to bed
② had gone to bed
③ was going to bed
④ will have gone to bed

11 Younghee drove three hundred kilometers to see the circus in Seoul. When she got there, she could not find the circus. It _____ the city. She _____ all the way to Seoul for nothing.

① was leaving — were driving
② was leaving — had driven
③ had left — had driven
④ had left — were driving
⑤ left — were driving

[12-29] Choose the one that is NOT correct in standard English.

12   She ①knew he ②has stopped ③smoking five years ④before.

13   ①Unless she is off ②next week, Ms. Morea ③has worked all year ④without a vacation.

14   Edgar Hoover ①has served as ②director of the FBI ③from 1924 ④until his death in 1972.

15   The committee ①has met yesterday, but Mr. Moon ②was not ready ③to make his ④presentation.

16   ①At the beginning of the novel, Sam ②had no idea that ③he will be ④such a successful businessman.

17   ①About 200 ②million years ③before, all the continents were ④part of one vast land mass called Pangaea.

18   ①Days after the tsunami ②hit, as hope for finding survivors ③fades, volunteers concentrated on ④saving the living.

19 Even as they battle ①quotas, the world's automakers ②have scrambling ③to best one ④another in electric-drive technology.

20 When I ①retire in three years, I ②have been working for this company just over 45 years. I ③will fly to Canada and ④have a rest then.

21 ①Lasers, devices that produce an intense, focused beam of light, ②have been around 1960, ③when Theodore H. Maiman ④put the first one together.

22 When he admitted to ①subordinates that he had made a mistake and then ②had expressed remorse, they not only ③forgave him, but became ④even more loyal.

23 ①On the night when their city fell, the Trojans held joyful celebrations, ②wrongly believing that the Greeks ③have given up their siege and departed. ④No error.

24 Oberin College ①awards degrees to both sexes as early as 1837, but coeducation in American ②colleges did not spread ③until the ④second half of the century.

25 ①The Asia Research Fund accepts research proposals ②since the month of September and solicits ③them on academic research and social and cultural ④exchanges.

26 While socioeconomic politics, like ①financial ones, ②deeply affect all Americans, they are dry and complicated, and ③involved lots of numbers, so ④few of us really understand even the basic premises.

27   There were people who bought milk ①whenever they shopped — even if they had ②plenty at home — and there were people who always ③purchase ④desserts when they were trying to lose weight.

28   ①By the time Ryan graduates, he ②has spent fours years in college and ③a total of sixteen years of his life in school. Like many students, Ryan believes that the time and money ④spent on his education ⑤will pay off.

29   You have undoubtedly ①discovering that the greatest ②learning comes from ③asking the right questions. The hardest questions, of course, have no "right answers," but they are important steps on the path to ④understanding.

[30] Choose the sentence that is NOT grammatically correct.

30   ① The rocks of the Cambrian period of prehistory were formed 500 to 600 million years ago.
       ② A great many legends existed about various fish that have been living to a ripe old age.
       ③ Blue whales can be 100 feet long and weigh more than any dinosaur that ever lived.
       ④ With the advent of the motor car, travel became more accessible to the population.

[01-11] Choose the one that best completes the sentence.

01   If she _____ here by six, I'll take her to the mall.

① gets   ② get

③ got   ④ will get

02   "Which bus should I take to go to the National Museum?"

"Either of these buses _____ to the National Museum."

① goes   ② going

③ will go   ④ go

03   Susan and Kevin will be having lunch when Richard _____ tomorrow.

① will come   ② comes

③ come   ④ will have come

04   By the time David gets this message, Anne _____ for the chapel to get married.

① will have left   ② will leave

③ is leaving   ④ will be leaving

05   Fan voting has played an important and often controversial role since the method _____ in 1934.

① has revised   ② revised

③ was revised   ④ has been revised

⑤ revises

06   The next time I _____ at that restaurant, I'm going to have a big bowl of clamchowder.

① eat   ② will eat

③ will have eaten   ④ will be eating

07   They _____ in Canada _____ 2002 when he was in middle school.

① have lived — since   ② have lived — for

③ are living — since   ④ are living — for

08   While I was studying in one room of our apartment, my roommate _____ in the other room.

① had had a party   ② was having a party

③ is having a party   ④ would have had a party

09   When I saw the vase on the website, I knew it was exactly what I _____.

① had been looked for   ② have looked for

③ had been looking for   ④ look for

10   Susan's bags are almost ready for her trip. She _____ for Korea later this evening. We'll say good-bye to her before she _____.

① has left — will go   ② is leaving — goes

③ left — went   ④ will leave — will go

⑤ leaves — will go

11   In 1999, an eighteen-year-old participant died in a gene-therapy experiment. His death showed that the researchers _____ the risks of their procedure.

① have not adequately assessed   ② have not been adequately assessed

③ had not adequately assessed   ④ had not been adequately assessed

[12-29] Choose the one that is NOT correct in standard English.

12   Jek Island has been ①one of Georgia's ②state ③parks ④in 1954.

13   The show ①will ②have started by the time we ③will ④get to the box office.

14   When I ①met him yesterday, he ②told me that his father ③died three weeks ④before.

15   The instructor had gone ①over the problems ②many times ③before the students ④will take the final examination.

16   The president said that the economy has ①improved ②greatly ③before he was elected to office ④in March.

17   I ①worked with Peter ②for the past five years and I always found him ③to be a lawyer of ④the highest caliber.

18   ①In general, ②newspapers emphasize current news, ③whereas ④magazines dealt more with background materials.

19   Harrisburg, ①a transportation center in the ②days of riverboat ③traffic, has been Pennsylvania's capital ④in 1812.

20   ①The discovery of ②wandering genetic elements ③known as "jumping genes" ④has been made some thirty years ago.

21   She glanced ①at her watch ②for the first time since she ③leaves home. It was four-thirty and ④beginning to get dark.

22   He could remember ①driving along the road just ②before the accident ③happens, but he couldn't ④remember the accident itself.

23   That strength ①is useful when she moved ②back to Grand Rapids ③in 1941 and married a local furniture dealer ④named William Warren.

24   ①Throughout his school life, teachers ②had complained that Roald Dahl was terrible ③at spelling and that he could not get his thoughts ④on paper.

25   This increase in government bond ①issuance is likely to ②leading to a rise in ③market interest rates and an increase in ④financing costs on the part of enterprises.

26   If a person ①goes to prison for using the Internet to ②commit a crime, can he be barred ③from using the Internet after the sentence ④will be served?

27   Next year Professor Daly will ①be teaching philosophy for ②more than thirty years; ③however, his classes are never dull but exciting and ④challenging.

28   When black leaders ①hold their first national convention for ②black's rights in the middle of the last century, they ③issued the Declaration of Sentiments, ④demanding equal rights with white people ⑤in education, economic opportunities, law, and franchise.

29   In the eight hundred years ①since his death, people ②sought in vain for the grave of Genghis Khan, the 13th-century conqueror and imperial ruler who, at the time of his death, ③occupied the largest contiguous empire, ④stretching from the Caspian Sea to the Pacific.

[30] Choose the sentence that is NOT grammatically correct.

30   ① We can't bathe here on account of the sharks.
② I wonder how Tom knew about Ann's engagement.
③ We manufactured this particular model since 1970.
④ If we had taken the other road we might have arrived earlier.

03

수동태

🔍 GRAMMAR NOTE

1 수동태의 기본 문형

1 be +과거분사 (+by 행위자)

She **writes** a letter.　　　→　A letter **is written** (by her).

He **painted** the picture.　　→　The picture **was painted** (by him).

2 3형식의 수동태

> 3형식 구문에서 타동사 뒤에 목적어가 없을 경우 동사는
> 수동형(be +p.p)이 되어야 한다.

1 목적어가 that절일 때

일반주어 +say[believe/think/suppose] +that S +V~. <능동태>

➡ It be +said[believed/thought/supposed] +that S +V~. <수동태 복문>

➡ S +be +said[believed/thought/supposed] +to 동사원형~. <수동태 단문>

We believe that he is innocent.

➡ **It is believed that** he **is** innocent.

➡ **He is believed to be** innocent.

3 4형식의 수동태

> 4형식 문장은 목적어가 두 개이므로 원칙적으로 두 개의 수동태가
> 가능하지만, 예외가 있으므로 확인해야 한다.

1 간접목적어, 직접목적어 모두 수동태의 주어가 되는 경우

My mother **gave** **me** **this book**.　——→　**This book** **was given** **to me** by my mother.

　　　　　　　　　　　　　　　　——→　**I was given** **this book** by my mother.

2 직접목적어만 수동태의 주어가 되는 경우

buy, get, make, read, sell, sing, write 등

Judy **bought** him **a present**.　——→　**A present** **was bought** for him by Judy. (○)

　　　　　　　　　　　　　　——→　He was bought a present by Judy. (×)

3 간접목적어만 수동태의 주어가 되는 경우

answer, call, deny, envy, kiss, refuse 등

She **kissed** **me** good-bye.　——→　**I was kissed** good-bye by her. (○).

　　　　　　　　　　　　——→　Good-bye was kissed me by her. (×)

4 5형식의 수동태

지각동사와 사역동사를 수동태로 전환할 때
능동태에서 목적보어로 쓰인 '원형부정사'는 'to부정사'가 된다.

1 S +V +O +형용사/명사

Everybody **called** him Honest Brown.
➡ He **was called** Honest Brown.

2 지각동사/사역동사의 경우(목적보어: 원형부정사 → to부정사)

We never **saw** him <u>laugh</u>.   ➡ He **was** never **seen** <u>to laugh</u> (by us).
They **made** us <u>enter</u> the room.   ➡ We **were made** <u>to enter</u> the room.

5 동사구의 수동태

동사구를 수동태로 할 때
동사구 전체를 하나의 동사로 취급해야 한다.

1 자동사 +전치사 → be +p.p +전치사 +by

Everybody laughed at the man.
➡ The man **was laughed at by** everybody.

2 타동사 +명사 +전치사 → be +p.p +명사 +전치사 +by

Tom took care of his little sister.
➡ His little sister **was taken care of by** Tom.

6 명령문의 수동태

긍정 명령문의 수동태는 let으로 시작한다.

1 긍정: Let +목적어 +be +과거분사

Do it at once.
➡ Let it be done at once.

2 부정: Don't let +목적어 +be +과거분사
Let +목적어 +not be +과거분사

Don't forget your promise.   ➡ **Don't let** your promise **be forgotten**.
➡ **Let** your promise **not be forgotten**.

7 부정주어(Nobody, Nothing, No one)의 수동태

1 부정주어가 쓰인 문장을 수동태로 할 때 by 다음에 부정주어를 쓸 수 없다.

Nothing pleased her. ➡ She **was** **not** **pleased** **by anything**. (○)
➡ She was pleased by nothing. (×)

8 수동태가 되지 않는 동사

1 cost, escape, lack, meet, resemble, suit 등과 같이 의지가 작용하지 않거나 상호관계를 표시하는 동사는
수동태로 쓸 수 없다.

This book **costs** ten dollars. ➡ Ten dollars is cost by this book. (×)
He **resembles** his father. ➡ His father is resembled by him. (×)

9 주의해야 할 수동태 | 수동태 전환 시 전치사에 주의해야 할 동사들 (by 이외의 전치사를 사용하는 수동태)

1 감정표현 동사

① 놀라다
be surprised at / be alarmed at / be frightened at / be amazed at 등

② 기뻐하다 / 만족하다 / 싫증내다
be delighted with[at] / be pleased with / be satisfied with / be fed up with 등

③ 불만, 걱정
be disappointed at / be concerned about 등

2 심리관계 동사
be convinced of / be ashamed of / be accustomed to / be acquainted with / be inclined to 등

 출제 포인트

1. 주어가 행위를 당하는 대상이면 수동태로, 행위를 하는 주체면 능동태로 쓴다.

2. 원칙적으로 자동사는 수동태가 불가하다.

3. 타동사 뒤에 목적어가 없다면 수동태로 써야 한다.

4. 동사구를 수동태로 쓸 경우 해당 전치사도 함께 써야 한다.(be p.p +전치사 +by행위자)

[01-11] Choose the one that best completes the sentence.

01   After loggers chop down trees, their trunks _____ into logs that are then hauled to sawmills to make wood products.

① cutting   ② are being cut

③ that cut   ④ are cut

02   The saturated fat in dairy foods is thought _____ a factor in heart disease.

① it is   ② to be

③ they are   ④ as being

03   Elizabeth's grandfather, Henry Tudor, became King Henry Ⅶ of England in 1485. He _____ his son Henry Ⅷ in 1509.

① succeeded   ② was succeeded by

③ succeeded to   ④ was succeeded to

04   The first systematic chart ever made of an ocean current _____ by Benjamin Franklin.

① published   ② publishing

③ to publish   ④ was published

⑤ has published

05   The Masters, one of the most important of all golf tournaments, _____ every year in Augusta, Georgia since 1934.

① has held   ② held

③ is held   ④ has been held

06   Chemicals in paint that pose a fire hazard _____ as combustible, flammable, or extremely flammable.

① are listed   ② listed

③ being listed   ④ they are listed

07   The talks will be spoken only one time and _____ in your test book.

① will not printed   ② not print

③ be not printed   ④ will not be printed

08   The spokesman for the party denied that the president _____ the scandal.

① involved   ② involved in

③ was involving in   ④ got involved with

⑤ was involved in

09   We know that animals can whimper and whine when _____, but crying involves the production of tears with these emotions, and animals cannot do this.

① they are hurt   ② they hurt

③ they are hurting   ④ it hurts

10   Many pop stars _____ physical and psychological problems as a result of their fame.

① have been experienced   ② have experienced

③ are experienced   ④ has experience

11   Tens of thousands of people _____ their homes as the wildfire spread, destroying hundreds of homes and businesses.

① were evacuated to   ② evacuating from

③ were evacuated from   ④ evacuating to

[12-30] Choose the one that is NOT correct in standard English.

12   The normal ①course of events ②has postponed ③indefinitely ④due to lack of interest.

13   ①Of the more than 1,300 volcanoes in the world, ②only about 600 can ③classify as ④active.

14   After ①almost everyone ②went home last night, a strange sound ③has heard ④in the library.

15   Some kinds of ①fish cannot ②be ate ③because of contamination ④from industrial waste.

16   ①No one was more ②surprising than Sue ③to discover that her roommate ④had become engaged.

17   ①The crime rate has ②gone down in the United States ③while the prison population ④has been risen.

18   She ①brought up in the belief that pleasures ②were sinful. ③As a result, she now ④leads an ascetic life.

19   It is a fact ①that pesticides ②considered unsuitable in rich countries ③are remained in use in many poor ④ones.

20 Scientists now know that all objects ①compose of many molecules and the ②force of gravity ③pulls on ④each of them.

21 Traditional healers were called ①as witch doctors by the colonizers, ②who viewed ③their medical practices ④as inferior.

22 The committee is ①bounded by the rules of the association to ②refer all these things ③to the annual ④general meeting.

23 The president of GM ①was indicted by the prosecution ②in July this year in relation to worker dispatch and ③forbade from ④leaving South Korea.

24 ①The curricula of American public schools ②are ③set in the individual states; they ④do not determine by the federal government.

25 The book fair ①outdoors was ②to be opened yesterday, but they were obliged ③to postponing it ④on account of the sudden blizzard.

26 Life expectancy, which was ①under fifty in 1900, ②was climbed to more than sixty ③by the 1930s, ④as improvements in nutrition, sanitation, and medical care ⑤took hold.

27 Protests ①against the government ②have been grown since the collapse of high risk ③investment schemes, in which ④nearly every Albanian family lost money.

28   We need a transition ①to renewable energy, and many of these schools are ②in the rural communities and ③can't afford the solar panels or stoves and all the costs that ④involved in the installation.

29   Roger Williams, the liberal theologian ①who is ②crediting with ③founding Rhode Island in 1636, was ④banished from the Massachusetts Bay Colony by Hawthorne's great grandfather.

30   Despite the engagement of analytic philosophers ①with important scientific and mathematical developments ②in the twentieth-century, the analytic tradition ③in philosophy has often been misunderstood especially ④with traditional humanists and literary intellectuals.

03 수동태 | TEST 02

▶▶▶ ANSWERS P.310

[01-11] Choose the one that best completes the sentence.

01 The poor boy was made _____ the piano on the stage against his will.

① play ② to play

③ playing ④ played

02 A government minister _____ guilty of fraud yesterday.

① was found ② to be found

③ found ④ have found

03 Many people feel that women make better managers because they are more _____ to consult others and involve employees in decision-making.

① incline ② inclined

③ inclining ④ to incline

04 Because of his stupid behavior, Max was _____ by everybody.

① laughed at ② laughing at

③ laughed ④ laughing

05 One variety of wild rose, the sweetbrier, _____ to the United States by the Pilgrims.

① brought ② bringing

③ was brought ④ that was brought

06 The hospital _____ for its heart transplant surgery several years ago.

① acclaimed   ② was acclaimed

③ has acclaimed   ④ has been acclaimed

07 Until Louis Pasteur discovered germ, the origin of many diseases _____ scientists.

① confounded   ② were confounding

③ was confounded   ④ were confounded

08 Stress _____ external influences, while anxiety is an internal response.

① is often caused by   ② is often causing

③ often causes   ④ would have caused

09 In the United States, fewer new coronavirus cases _____ week by week since late July, after outbreaks first in the Northeast and then in the South and the West.

① have detected   ② are detecting

③ have been detected   ④ are being detected

10 Throughout the decades, television _____ nearly all our social ills: the rise in crime, increased divorce rates, racism, increased sexual promiscuity, dope addiction, and the collapse of the family.

① has blamed   ② has been blamed

③ has blamed for   ④ has been blamed for

11 The book "Author in Chief" takes the reader into the hearts and minds of American presidents _____ to define their legacies through literature.

① after they seeking   ② when they have been sought

③ as they seek   ④ while they were sought

[12-29] Choose the one that is NOT correct in standard English.

12   ①The first scientific textbook ②on human anatomy ③published ④in 1543.

13   The ①homeless man ②arrested and charged ③with ④pickpocketing the commuters.

14   When he ①lost one particular contest two years ②ago, he ③compelled to ④dye his hair brown.

15   There is a fee charged for each ①transaction and this is automatically ②deducting from the ③selling price ④charged to the customer.

16   Conference ①room number one, ②the largest in the firm, ③was held a prominent center position ④right behind the ⑤reception area.

17   ①No person ②has been done more for this firm than Tom, ③who has worked 40 hours a week ④for the past few years.

18   More than 250 other people ①who injured in the ②crash ③were treated at the hospital or other clinics in Maputo and later ④discharged.

19   Ever since it ①was built three hundred years ago, ②the Taj Mahal in Agra, India, ③has often described ④as the most beautiful building in the world.

20   Many ①parasites and their hosts ②were evolved a form of mutual tolerance, ③in which the host is still harmed in some way, ④sometimes even fatally.

21 We often ①think of indigenous languages in the context of colonization — languages ②used by people who ③were originally inhabited regions that ④were later colonized.

22 ①As historical databases ②relatively impoverish, we might expect the ③newer discipline of quantitative sociolinguistics to ④cast some light on the matter.

23 Columbia ①has suffered the heaviest rain in decades ②due to the La Nina weather phenomenon, ③which is caused water temperature in the Pacific Ocean ④to drop.

24 ①Surrounded by the enemy, the two soldiers ②were changed their clothing from ③those of combatants to those of the local citizens ④who were not ⑤involved in the fighting.

25 Despite attracting a small core of ①devotees, Joyce's *Ulysses* ②had denounced by the Irish ③as un-Christian filth, and burned by U.S. censors ④due to its indecency.

26 Consider a mountain river. ①The waters along ②its banks are forever ③shifting. The appearance of eddies and whirlpools cannot ④predict with the linear differential equations of clockwork physics.

27 Watching ①masses of peasants scything a field three hundred years ago, only a madman ②would be dreamed that time ③would soon come when people would crowd into ④urban factories to earn their daily bread.

28   Cork oak forests ①<u>found</u> in Mediterranean and Asian countries but only cork ②<u>from</u> Mediterranean trees has the quality ③<u>which</u> is needed to make commercial products, ④<u>including</u> the most important product — wine stoppers.

29   From the vast ①<u>potential</u> of emotional responses, cultures select out ②<u>some</u> that ③<u>considered</u> appropriate. Through the details of their experience with ④<u>others</u>, children learn to pattern their emotional responses in culturally ⑤<u>approved</u> way.

[30] Choose the sentence that is NOT grammatically correct.

30   ① He was committed to making the best products in the world.
      ② They were persuaded to leaving their checks and cash behind.
      ③ Much of his effort was devoted to finding the right political language.
      ④ Children are subject to receiving most of their instructions based on books.

04

조동사

🔍 GRAMMAR NOTE

1 be, have, do

1 be: 1형식/진행형/수동태/be +to 용법 등에 쓰인다.

God **is**(= exists). <1형식>
신은 존재한다.

The book **is published** once a month. <수동태>
그 책은 한 달에 한 번 발행된다.

He **is reading** a book. <진행형>
그는 책을 읽고 있는 중이다.

We **are to meet** at three. <be +to 용법>
우리는 3시에 모이기로 되어 있다.

2 have: 과거분사와 함께 '완료형'을 만든다.

Have you **done** it? <현재완료>
당신은 그것을 해본 적이 있습니까?

I **shall have finished** it by the time she comes back. <미래완료>
그녀가 돌아올 때까지 나는 그것을 끝내 놓고 있을 것이다.

3 do: 의문문/부정문/강조/도치구문/대동사에 쓰인다.

How **did** you find it? <의문문>
그것을 어떻게 찾았나요?

I **do** not know him. <부정문>
나는 그를 모른다.

I **do** remember it quite well. <강조>
나는 그것을 아주 잘 기억한다.

Never **did** I see such a fool. <도치구문>
그와 같은 바보를 본 적이 없다.

He works harder than I **do**(= work). <대동사>
그는 나보다 더 열심히 일한다.

2 may, might

1 허가/추측/기원을 나타낼 때 쓰이며, 관용표현은 반드시 기억해야 한다.

You **may** wait in my office but you **may** not smoke. <허가>
사무실 안에서 기다려도 되지만, 담배는 피우지 못합니다.

The road **may** be blocked. <추측>
그 길이 막힐지도 모른다.

May he rest in peace! <기원>
고이 잠드소서!

> **┃ may와 might의 관용표현**
> She **may well** be angry. 그녀가 화내는 것은 당연하다.
> You **might as well** do it at once. 즉시 하는 것이 좋겠다.

3 can, could

1 능력/허가/추측 또는 이론상의 가능성을 표현하며, be able to V로 바꾸어 쓸 수 있다.

I **can** swim. 나는 수영할 수 있다. <현재시제>
I **will be able to** swim. 나는 수영할 수 있게 될 것이다. <미래시제>
(can의 미래시제는 will be able to +동사원형)
You **can** watch television now. 지금 TV를 봐도 좋다. <허가>
Can such things be possible? 그런 일이 가능할까? <추측>
It **cannot be** a mistake. 그것이 실수일 리가 없다. <이론상의 가능성>

> **┃ can과 could의 관용표현**
> I **cannot but** admire Yeltsin's courage.
> = I **cannot help** admir**ing** Yeltsin's courage. 옐친의 용기를 존경하지 않을 수 없다.
> We **cannot** praise him **too** much. 그를 아무리 칭찬해도 지나치지 않는다.
> He **cannot** write a letter **without** making some mistakes. 그는 편지를 쓰기만 하면 반드시 실수를 한다.
> (cannot A without B: A하면 반드시 B한다)

4 will, would, shall, should

1 will: 현재의 습성, 긍정의 고집, 부정의 고집

Money **will** come and go. 돈은 돌고 도는 법이다.
I **will** go, no matter what you say. 네가 뭐라고 하든 나는 가겠다.
The car **won't** start. 그 차의 시동이 걸리지 않는다.

2 would: 정중한 표현

Would you like to go dancing with me?
Would you mind opening the window?

<긍정> No, not at all. / Certainly not. 예, 열어드리겠습니다.
<부정> Yes, I would. 곤란한데요.

3 shall: 상대방의 의사를 물음

Shall we go out for a walk? 산책하러 갈까요?

4 should: 의무, 당연을 나타냄

Everyone **should** depend on his own ability. 모든 사람은 자신의 능력에 의존해야 한다.

> **should의 특별용법 (가정법 참조)**
> 제안/주장/요구/명령 등을 나타내는 주절의 동사 다음의 that절에서 동사는 '(should) 원형동사'로 한다.
> suggest, propose, move, insist, urge, ask, demand, require, request, order, command
> Mr. Blair demands that the child **(should) obey** her.
> They requested that something **(should) be** done about the matter.

5 must, have to

1 must: 필요, 의무, 명령, 강한 추측

Man **must** have food, clothing, and shelter to live. 인간은 살기 위해서 의식주를 가져야 한다.

2 have to: must의 과거, 미래형에 주로 쓰임

Man **had to** have food, clothing, and shelter to live.
Man will **have to** have food, clothing, and shelter to live.

6 need, dare

1 조동사적 용법: 두 동사 모두 의문문과 부정문에 쓰임

I **need[dare]** not go alone. 혼자 갈 필요(용기)가 없다.
Need[Dare] you do it again? 다시 할 필요(용기)가 있겠니?

> **need와 dare가 본동사로 쓰이면 목적어로 to부정사를 취한다.**
> You **needed to change** your lifestyle.

2 need not have 과거분사: ~할 필요가 없었는데 (했다)

You **needn't have done** it (but you did it).

7 used to

1 현재와 대조적인 과거의 규칙적인 습관을 나타낸다.

He **used to** take a walk in the park.

그는 (규칙적으로) 공원에서 산책하곤 했다.

> **would는 과거의 불규칙적인 습관을 나타냄**
> He **would** often take a walk in the afternoon. 그는 종종 오후에 공원에서 산책하곤 했다.

> **be used to ~ing : ~에 익숙하다**
> I **was not used to** driv**ing** a car. 나는 운전하는 데 익숙하지 않았다.
> He **is used to** living in Seoul. 그는 서울에 사는 것에 익숙하다.

8 had better, would rather

1 '~하는 것이 좋겠다', '차라리 ~하겠다'라는 의미로 어떤 것에 대한 선호를 나타낸다.

You **had better** go home.

집에 가는 것이 좋겠다.

You **had better not** go there after dark.

날이 어두워진 이후에는 그곳에 가지 않는 것이 좋겠다.

I **would rather** accept it.

그것을 받아들이는 편이 낫겠다.

I **would rather not** go out.

외출하고 싶지 않다.

🧭 출제 포인트

1. 조동사 do는 동사의 강조, 도치를 할 때 대동사로서 자주 사용된다.

2. 조동사 +have p.p는 과거의 일을 나타낸다.

3. need와 dare는 부정문과 의문문에서 조동사로 쓰이며, 본동사로 쓰일 경우 to부정사를 취한다.

4. 제안, 주장, 요구, 명령 등을 나타내는 동사의 다음에 나오는 that절의 동사는 '(should) 동사원형'이 되어야 한다.

[01-21] Choose the one that best completes the sentence.

01   You _____ finish high school in order to enter university.

① may   ② shall

③ must   ④ could

02   They couldn't but _____ at the funny scene.

① laughing   ② laugh

③ laughed   ④ to laugh

03   He won't believe her, whatever she _____ say.

① can   ② may

③ could   ④ would

04   That was very kind of you, but you _____ have done it.

① need not   ② can not

③ may   ④ had better

05   How dare you _____ such a nasty thing to your friends?

① say   ② saying

③ have said   ④ had said

06 Some students moved that Kim _____ elected the next chair.

① will be   ② was

③ be   ④ had been

07 You _____ take an umbrella with you. It's going to rain today.

① ought   ② should

③ would   ④ going to

08 She worked very hard so that she _____ pass the entrance exam.

① will   ② shall

③ may   ④ could

09 The sales manager ordered all of the employees that they _____ on time at the marketplace for the promotional event.

① be   ② being

③ are   ④ were

10 A: I am surprised that John didn't return your call.
B: He _____ not have gotten my message.

① must   ② could

③ should   ④ ought

11 After some discussion, it was suggested that the President of the club _____ other members on the next council meeting.

① meet   ② meets

③ will meet   ④ would meet

⑤ will have met

12   You _____ here over an hour ago. What kept you?

① should get   ② should have got

③ shouldn't get   ④ shouldn't have got

13   I _____ the book, but I hardly remember I did.

① have read   ② may read

③ can have read   ④ may have read

14   I had better put the meat in the refrigerator so that it _____.

① didn't melt   ② wouldn't melt

③ won't melt   ④ doesn't melt￦

15   The heart of the film industry _____ *Chungmuro*, but it has moved to Gangnam along with
the power dynamic that has moved from film directors to producers and capital.

① is used to   ② is used to be

③ used to be   ④ used to have been

16   [I] Timothy still insists that he _____ nothing wrong to hurt his friends.
[II] Most students insist that college tuition _____ immediately.

① do — lowered   ② did — be lowered

③ do — lowers   ④ did — lowers

17   Even in summer this place did not look exactly hospitable: in winter, conditions _____
exceedingly harsh.

① be   ② have to be

③ must have been   ④ should have been

18   A: Did you criticize his mistakes?

B: Yes, but _____ it.

① I'd not rather do   ② I'd rather not to do

③ I'd rather not doing   ④ I'd rather not have done

19   Why isn't Ashley here yet? She _____ here forty minutes ago.

① could be   ② should be

③ should have been   ④ must have been

20   The professor requested that the student _____ his paper as soon as possible.

① should finish to write   ② should finish the writing

③ finish writing   ④ finishes writing

⑤ finished writing

21   In William Shakespeare's "The Merchant of Venice," Shylock demands a pound of flesh from Antonio's breast as he failed to pay back a debt. Shakespeare _____ much knowledge about Jews. The Jews do not punish the debtors for dishonored loans. They are only interested in getting the money back. They would lend money and take jewelry or a watch as security and never want a heart or a piece of flesh as collateral.

① might have   ② should not have had

③ would have   ④ must not have had

[22-30] Choose the one that is NOT correct in standard English.

22   ①To be frank ②with you, the taxi should ③arrive at 2:30, but it didn't ④turn up.

23   He would ①lost his license ②if he didn't take a ③refresher course, ④according to my broker.

24   ①It is mandatory ②that a registered student ③maintains his or her GPA ④of B+ in the major field.

25   The scientists could not ①help ②but talking about the success ③of the Voyager missions ④among ⑤themselves.

26   ①Keen on green policies, David Cameron used to ②cycling to work in a variety of ③fetching helmets with his briefcase following ④by car.

27   The enlightened German intellectuals ①strongly insisted that their new emperor ②was dependent ③upon ④popularly elected representatives.

28   Many educational ①organizations in the US believe that students should ②being required to ③devote a certain number of hours outside classroom time to community service in order to ④graduate.

29   ①One of the central and most difficult moral questions of our age is: Do the terminally ill ②has the right to ③take their own lives before they suffer great pain or become ④a burden to others?

30   ①In order not to waste valuable gasoline, motorists ②had ought to check speedometers while driving along the highways since it is ③very easy to exceed 55 miles per hour ④while driving on open roads.

05

가정법

🔍 GRAMMAR NOTE

1 If가 있는 가정법

1 가정법 현재: 현재나 미래의 불확실한 상황

If +S +동사원형(또는 현재시제), S´ +will/shall/may/can +V

If I **am(=be)** better tomorrow, I **will** get up early. 내일 (몸이) 더 좋아지면, 나는 일찍 일어날 것이다.

2 가정법 과거: 현재의 사실에 반대되는 상황

If +S +과거형, S´ +would/should/could/might +V(if절의 be동사는 언제나 were)

If it **were** not raining, I **would** go shopping. 비가 오지 않았더라면, 나는 쇼핑을 갈 텐데.

3 가정법 과거완료: 과거의 사실에 반대되는 상황

If +S +had +p.p, S´ +would/should/could/might +have +p.p

If we **had gone** by car, we **would have saved** time. 우리가 자동차로 움직였다면, 시간을 절약할 수 있었을 텐데.

4 가정법 미래: 실현 가능성 희박한 미래의 상황

If +S +should[were to]+V, S´ +will[would]/shall[should]/may[might]/can[could] +V

If it **should** rain, I **would(= will)** take you home by car. 혹시라도 비가 온다면, 내가 차로 너희 집까지 데려다 주겠다.

5 혼합가정법: 과거에 있었던 일의 결과가 현재에 미치는 상황

If +S +had +p.p, S´ +would/should/could/might +V

If I **had caught** that plane, I **would be** dead now. 그 비행기를 탔었더라면, 나는 지금 죽었을 것이다.

2 If의 생략

1 If절 내에 were/had/should가 있는 경우 If를 생략하고 주어와 동사를 도치

If I **were** you, I would not do such a thing.

= **Were** I you, I would not do such a thing.

내가 너라면 그런 일을 하지 않을 텐데.

3 I wish 가정법

1 I wish +가정법 과거: 현재사실에 반대되는 소망

I wish she **were** here now.

그녀가 지금 여기 있으면 좋겠는데.

2 I wish +가정법 과거완료: 과거사실에 반대되는 소망

I wish she **had been** here yesterday.

그녀가 어제 여기 있었더라면 좋을 텐데.

> wish절의 시제일치(주절이 '현재/과거'로 변해도 시제는 변하지 않는다.)
>
> I wish I **were** rich. 부자라면 좋을 텐데.
>
> I wished I **were** rich. 부자라면 좋을 텐데라고 (과거에) 소망했다.
>
> I wish I **had been** rich. 내가 부자였더라면 좋을 텐데.
>
> I wished I **had been** rich. 부자였더라면 좋았을 텐데라고 (과거에) 소망했다.

4 그 밖의 가정법

1 as if[though] 가정법

① as if[though] +가정법 과거: 마치 ~인 것처럼

He speaks English well **as if** he **were** an American. 그는 마치 미국인인 것처럼 영어를 잘한다.

② as if[though] +가정법 과거완료: 마치 ~였던 것처럼

He acts **as if he had been** the boss. 그는 마치 이전에 사장이었던 것처럼 행동한다.

2 It's (about/high) time 가정법

It's (about/high) time +가정법 과거(과거형동사): ~해야 할 시간이다

It is about **time** you **went** home. 집에 가야 할 시간이다.

It's high **time** you **started** looking for a job. 네가 직장을 구하기 시작해야 할 때이다.

3 would rather 가정법

S + would rather/would sooner + S´ +과거형 동사: 차라리 ~하면 좋겠는데

I **would rather** you **came** tomorrow. 네가 내일 오면 좋겠다.

I'd sooner you **paid** me now. 지금 지불해주면 좋겠다.

4 직설법 +otherwise +가정법

otherwise는 if ~ not/or else의 뜻으로 쓰이며, '가정법 + but/except/save (that) +직설법'으로 가능

I used my calculator; **otherwise** I'd have taken longer.

= If I hadn't used my calculator, I'd have taken longer.

나는 계산기를 사용했다. 그렇지 않았더라면 시간이 더 오래 걸렸을 것이다.

5 but for, without

① 가정법 과거: If it were not for ~이 없다면

But for(= Without) your assistance, I could not succeed.

= **If it were not for** your assistance, I could not succeed. 네 도움이 없으면 성공할 수 없을 텐데.

② 가정법 과거완료: If it had not been for ~이 없었더라면

But for(= Without) your advice, I would have failed.

= **If it had not been for** your advice, I would have failed. 네 조언이 없었더라면, 나는 실패했을 텐데.

6 what if ~?

= What would happen if ~? ~라면 어쩌지?

What if they should be thieves? 그들이 도둑이면 어쩌지?

What if I should fail in the entrance exam? 내가 입학시험에 실패하면 어쩌지?

7 명사절에 쓰인 가정법 현재

① S +주장/요구/제안/명령의 동사 + that + S' +(should) 동사원형

demand, suggest, insist, request 등

I **demand** that action **(should) be** postponed. <요구>

그 조치를 연기할 것을 요구한다.

> that절의 내용이 '소망'을 표시하는 것이 아니라, 있는 '사실'을 제시하는 것일 때는 직설법을 쓴다.
>
> The lawyer **insisted** that his client **was** innocent. 〈사실〉
>
> The lawyer **insisted** that the money **(should) be** returned. 〈요구〉

② It is +요구/소망/권고의 형용사 + that +S' +(should) 동사원형

important, imperative, necessary 등

It is **imperative** that his mother **(should) know** the truth.

그의 어머니가 그 사실을 필히 알아야 한다.

 출제 포인트

1. 가정법 현재는 현재나 미래의 불확실한 일을 가정하고, 가정법 과거는 현재 사실의 반대를 가정한다.

2. if절 안에 were, had, should가 있는 경우 if는 생략 가능하고 주어와 동사는 도치된다.

3. '~해야 할 시간이다'는 의미의 'It is (about/high) time +S +V'에서 동사는 가정법 과거형을 써야 한다.

4. 혼합가정법은 now, still, today 등과 함께 자주 쓰인다.

가정법 | TEST 01

▶▶▶ ANSWERS P.318

[01-19] Choose the one that best completes the sentence.

01 I wish that my boss _____ different.

① be
② is
③ were
④ to be

02 It's about time she _____ out what that reason is.

① find
② finds
③ found
④ had found

03 _____ I visited the company earlier, I could have obtained enormous help from lots of different sectors of its management.

① Since
② If
③ Unless
④ Had

04 It seemed _____ all of her treatment options had run out.

① if
② so that
③ though
④ as if

05 If qualitatively diverse products were to be offered on one-dimensional consumers, incapable of absorbing the diversity, consumption _____ be limited.

① will
② can
③ would
④ shall

06   If my boss _____ while I'm out, please tell her that I'll be back as soon as I finish interviewing the candidates.

① call   ② should call

③ will call   ④ called

07   I wouldn't have gone to the beach if I _____ the weather forecast.

① would have heard   ② had heard

③ heard   ④ would hear

08   "We're in danger now."
"If you _____ to me, we wouldn't be in danger."

① listened   ② would listen

③ had listen   ④ has listened

09   I am actually working on call this weekend, _____ I would definitely go fishing with you.

① except for   ② otherwise

③ in contrast   ④ on the contrary

10   _____ been diverted, they would have arrived early.

① Had the plane not   ② Had not the plane

③ The plane had not   ④ The plane not had

11   If you had studied English hard, you _____ any difficulty now.

① would not find   ② need not have found

③ won't find   ④ would not have found

12   If astronauts went to Mars, they _____ within a given time period.

① would have return   ② would have to return

③ will have return   ④ will have to return

13   If you _____ English harder when you were young, now you could speak English better.

① had been studying   ② studied

③ should have studied   ④ had studied

14   Had not the former President endorsed him during the last campaign, the first-time presidential candidate _____ lost the election by a narrow margin.

① could not have   ② might have

③ shall have   ④ ought to have

15   As soon as microbes enter the body, they would kill all living matter, _____ the tiny defenders that rush immediately to fight them.

① if it is not for   ② if it were not for

③ if it has not been for   ④ if it had not been for

16   _____, please call me.

① If you are needing anything   ② Should you need anything

③ Do you need anything   ④ If anything you need

17   _____, he would have been able to pass the exam.

① If he would study more   ② If he studied more

③ If he were studying more   ④ Had he studied more

⑤ Studying more

18   If I had been the CEO, I _____ the company and hired more staff.

① restructured   ② would restructure

③ would have restructured   ④ would have been restructured

19   _____ cut away, the wheel could be strengthened with struts or crossbars.

① Were large sections of a wheel   ② Large sections of a wheel

③ Large sections of a wheel were   ④ Large sections of a wheel to

[20-29] Choose the one that is NOT correct in standard English.

20   I ①would buy this fancy ②furniture yesterday, ③had I had enough cash ④on hand.

21   If the company ①has offered slightly better contract ②terms, ③most of the union members would not have voted to go ④on strike.

22   ①If England had won ②the Revolutionary War, the ③whole history of the English-speaking world ④had been different.

23   ①In the mid-19th century, if you ②wanted to have ③a scientific fight, you could have ④picked no better subject ⑤than paleontology.

24   Morsa's title is ①curator, as if her design store, ②which sells horns and glass insects, ③was a ④natural history museum.

25   ①With the support of my parents, I ②would have probably ③cracked up completely. But I managed ④to hang on.

26   If the cook had been more ①careful in ②measuring the ingredients, the dinner ③will have been ④much better.

27   ①Have you met her ②as she was standing with head ③tilted, you ④would have seen an unforgettable smile on her face.

28   If I ①was in his place, I ②would be very much ③concerned about the future and would certainly be ④taking steps to improve my situation. ⑤No error.

29   If the United States ①had built more homes for ②the poor in 2000, the ③housing problems in some parts of this country ④wouldn't have been so serious now.

[30] Choose the sentence that is NOT grammatically correct.

30   ① Unless it will rain, I will come to you.
      ② If you don't pass the exam, what will you do?
      ③ If I weren't so exhausted, I'd give you a hand.
      ④ Unless the club is able to raise $50,000, it will have to close.
      ⑤ She wouldn't have gone to study abroad unless her parents had insisted.

06

부정사

🔍 GRAMMAR NOTE

1 부정사의 명사적 용법

1 주어 역할

To exercise too much is not good.

2 목적어 역할

I don't want **to exercise too much**.

3 보어 역할

① S+seem, appear, happen, chance +to부정사 = It +seem, appear, happen, chance +that +S +V

She chanced to be out when he called.

= **It chanced that she was** out when he called.

② come, get, grow +to부정사: ~하게 되다

Where did you **get to know** him?

③ prove, turn out +to부정사: ~으로 판명 나다

The new typist **proved (to be)** no good.

4 전치사의 목적어 역할

① 원칙: 전치사의 목적어는 동명사

He prevented me **from** smoking. (○) He prevented me from to smoke. (×)

② 예외: 전치사 but(= except, save) 뒤에 to부정사는 전치사의 목적어로 사용

I have no choice **but to turn** back.

5 의문사 + to부정사:

의문사 +S +should +V~의 의미

① 주어: **How to live** is the most important thing in life.

② 보어: The problem is **what to do now**.

③ 목적어: to부정사를 목적어로 취할 수 없는 인식류 동사의 목적어

consider, discover, know, suggest 등

He knows **how to drive** a car. (○)

He knows **to drive** a car. (×)

6 동격:

의지가 포함된 경우로 to부정사만을 동격어구로 하는 명사

agreement, attempt, decision, plan, program, proposal, resolution 등

He made a firm **resolution to give up** drink.

2 부정사의 형용사적 용법

1 한정용법:

명사, 대명사 다음에서 수식(명사/대명사 + to부정사)

① 명사가 의미상의 주어

He is not **a man to betray** us. (= who would betray us)

② 명사가 의미상의 목적어

He has a large family **to support**. (= that he must support)

2 서술용법:

be to부정사 용법

① I **am to meet** him at noon. 〈예정〉

② What **am** I **to do**? 〈의무〉

③ Not a sound **was to be heard**. 〈가능〉

④ He **was not to see** her again. 〈운명〉

⑤ If you **are to succeed**, work hard. 〈의도〉

3 부정사의 부사적 용법

1 동사, 형용사 뒤에서 목적/결과/원인/이유/조건으로 쓰임

We are selling flowers **to raise** money for children. 〈목적〉

He tried again only **to fail**. (= He tried again but failed.) 〈결과〉

I am very glad **to see** you. 〈감정의 원인(~하니, ~해서)〉

He cannot be a gentleman **to do** such a thing. 〈이유, 판단의 근거〉

To make a fresh start you will do well. 〈조건〉

French is difficult **to learn**. 〈형용사 수식〉

You are old enough **to support** yourself. 〈부사 수식〉

4 부정사의 의미상 주어

1 의미상 주어를 따로 표시하지 않는 경우

① I got up **to smoke**. <문장의 주어와 일치>

② **To read** good books improves the mind. <일반주어>

③ I expect him **to come** soon. <5형식에서 목적어가 주어>

④ **To make matters worse**, he lost his health. <독립부정사>

2 의미상 주어를 따로 표시하는 경우

① 원칙: for +목적격

It is +difficult, hard, possible, necessary +for ~ +to부정사

It is **impossible for him to do** so.

② 사람의 성격을 나타내는 형용사 다음에서: of +목적격

It is +kind, rude, foolish, generous, selfish, cruel, brave +of ~ +to부정사

It is very **kind of you to show** me the way.

5 부정사의 부정

부정어를 부정사 바로 앞에 둔다.

He told her **not to go out**. <not +to부정사>

Give me your promise **never to drink**. <never +to부정사>

6 부정사의 시제

1 단순부정사(to +동사원형): 본동사의 시제와 일치 또는 미래시제

She **seemed to be** happy. (= **It seemed that she was** happy.)

2 완료부정사(to +have p.p): 본동사의 시제보다 하나 앞선 시제

She **seems to have been** happy. (= **It seems that she was** happy.)

She **seemed to have been** happy. (= **It seemed that she had been** happy.)

We believe that he was a good person. (= **He is believed to have been** a good person.)

7 부정사의 태

1 수동의 의미를 지니는 부정사 (blame, let 다음에서)

He is **to blame** for the accident. (= He is to be blamed for the accident.)

2 명사 +to부정사의 태

① 항상 능동태만 써야 하는 경우: S +have +목적어 +to부정사의 형태

I have something **to do**. (○)

I have something **to be done**. (×)

② 수동태만 가능한 경우: 일정장소에서 상존하는 사물을 지칭할 때

The animals **to be found** there are few. (○)

The animals **to find** there are few. (×)

③ 명령문과 There 구문: 수동태, 능동태 모두 가능

Give me a list of the people **to invite**. (= **to be invited**)

There are letters **to write**. (= **to be written**)

8 대부정사

같은 동사의 반복을 피하기 위해 to만 씀

You can read it if you want **to**. (= to read it)

You may refuse my proposal if you need **to**. (= to refuse my proposal)

🧭 출제 포인트

1. 부정사의 부정은 부정사 앞에 부정어(not, never)를 둔다.

2. be to 용법은 예정/의무/가능/운명/의도를 나타낼 때 쓰인다.

3. 부정사의 의미상 주어를 표기하는 경우, 'for 목적격' 또는 'of 목적격'(성격 형용사인 경우)을 쓴다.

4. 단순부정사는 본동사의 시제와 일치 또는 미래시제를, 완료부정사는 본동사보다 하나 앞선 시제를 나타낸다.

[01-11] Choose the one that best completes the sentence.

01 She was made _____ for hours.

① wait   ② waiting

③ to wait   ④ waited

02 Women's rights groups are dismayed that the problem of gender discrimination at the workplace has _____ to be resolved completely.

① yet   ② still

③ always   ④ never

03 It was easy to _____ that she was the strongest of all the members.

① seeing   ② seen

③ see   ④ saw

04 Her father is too old _____ carry the big box.

① for   ② with

③ without   ④ to

05 A baby's first teeth _____ are generally the lower incisors.

① appearances   ② had appeared

③ to appear   ④ in appearing

06 His greatest claim to fame is _____ for the last Olympic squad.

① to be chosen   ② to choose

③ to have been chosen   ④ to have chosen

07 He is _____ to wear the suit. The suit is too big for him to wear.

① not big enough   ② big enough not

③ not enough big   ④ big not enough

08 The job of white blood cells is _____ the body from invading organisms.

① at protecting   ② for protecting

③ to protect   ④ with protection

09 She claimed _____ a murder suspect the previous night.

① to witness   ② to have witnessed

③ witnessing   ④ having witnessed

10 Medical bills in the United States have risen outrageously since the beginning of the 1960's, and steps need _____ to reverse this trend or the average American will not be able to afford medical care.

① to take   ② to be taken

③ to being taken   ④ being taken

11 Over the centuries, various theories have been advanced _____.

① the origin of alphabetic writing is explained

② of explaining the origin of alphabetic writing

③ the explanation of the origin of alphabetic writing

④ to explain the origin of alphabetic writing

[12-29] Choose the one that is NOT correct in standard English.

12 If you're ①planning ②to be near the post office today, ③could you stop ④buying some stamps?

13 The custom of ①trading Valentine's Day cards ②seems to ③begin in Europe ④and the United States in the 18th century.

14 ①At the beginning of the interview, I ②reminded Barnes that he was entitled to ③having a solicitor ④present.

15 A letter of credit permits an individual or business ①drawing up to a ②stated ③amount of money ④from that bank.

16 Children whose parents are alcoholics are ①more likely than ②other children ③of becoming alcoholics ④themselves.

17 ①Although Shakespeare was ②the author of several of his tragedies, not all of his comedies ③appear to ④be written by him.

18 After the church's ①silence on the topic ②for decades, the ③editor of the magazine says it has no choice ④but examine its past.

19 In many respects, ①their desire to ②concentrating social power at ③the center was so clear that it ④would be silly to deny it.

20 In his book, he looks ①at language as the key ②to intercultural understanding and urges us ③never cut back on ④foreign language programs.

21 ①To quell the ②growing discontent, health officials assured the public that ③appropriate measures were being taken ④containing the disease.

22 Several Arab scholars in the seventh ①through fourteenth centuries are said to ②understand hieroglyphs, ③although these claims ④cannot be tested.

23 The invention of writing, ①which took place around 3,400 BC, was a pivotal event ②in human history, ③since it allowed important information to ④preserve.

24 It is common ①for friends to shower you ②with gifts when your first child is born, but don't expect ③more than a card when it's time for your second child ④arriving!

25 When it ①comes to the economic expansion, the 1990s ②was a very special period ③that is unlikely ④to repeat for a while in recorded American history.

26 The US government had been ①preparing for a hurricane in New Orleans for ②a number of years and had ③already decided on a plan ④getting people out of the city.

27 In March, the Philippines, Vietnam and China agreed ①jointly exploring for oil and natural gas in the ②contested area, but none of ③the countries has given up ④its territorial claims.

28   The U.S. will maintain a tough line in ①<u>pressing</u> North Korea ②<u>for dismantling</u> its nuclear program ③<u>in</u> a verifiable manner, regardless of the ④<u>outcome</u> of its presidential election.

29   ①<u>Repairs</u> to the Washington Monument will require massive scaffolding ②<u>to build</u> around the obelisk and may keep it ③<u>closed</u> into 2014 after ④<u>it</u> was damaged by an earthquake last year.

[30] Choose the sentence that is NOT grammatically correct.

30   ① I felt something touch my foot.
        ② Did you hear a dog bark?
        ③ I let her talk without interrupting.
        ④ The doctor forbade me smoke.

동명사

1 동명사의 성격

준동사	공통점	차이점
부정사		명사/형용사/부사의 역할
동명사	동사의 기능	명사의 역할
분사		형용사의 역할

명사와의 차이: 동사의 기능, 목적어/보어를 취함, 부사로 수식

　동명사:

　(His) **examining** the patient carefully required much time. (그가) 환자를 세밀하게 진찰하는 것은 많은 시간을 요했다.

　명사:

　His careful **examination** of the patient required much time. 환자에 대한 그의 세밀한 진찰은 많은 시간을 요했다.

2 부정사와의 차이

　동명사: 일반적, 추상적인 것

　Driving is not difficult. 운전은 어렵지 않다.

　부정사: 구체적인 행위

　To drive on a muddy road was dangerous. 진창길 운전은 위험했다.

2 동명사의 기능

1 주어

Parking is prohibited on this street. 이 도로에서는 주차가 금지되어 있다.

2 보어

It's not **saying** very much. 과언이 아니다.

3 목적어

You should avoid **calling** her after ten at night. 〈동사의 목적어〉
밤 10시 이후에 그녀에게 전화하는 것을 피해야 한다.

He relaxes on weekends by **playing** tennis. 〈전치사의 목적어〉
그는 주말에는 테니스를 치며 피로를 푼다.

3 동명사의 의미상 주어

의미상의 주어는 명사, 대명사의 소유격으로 나타내는 것이 원칙이나 무생물이나 부정대명사가 주어일 경우 목적격으로 나타내며, 일반적인 사람이나 문맥상 그 주어를 알 수 있을 때에는 생략한다.

1 명시하지 않는 경우

Do you like **going** to concerts? 〈문장의 주어와 일치할 때〉

Fishing is forbidden here. 〈일반주어일 때〉

2 명시하는 경우

① 원칙: 소유격

I am aware of *John's* **going** abroad.

② 목적격을 쓰는 경우

I am glad of *the exam* **being** over. 〈무생물이 동명사의 주어일 때〉

I have no doubt of *this* **being** true. 〈대명사는 그대로 표시〉

4 동명사의 시제

주절 동사와 같은 시제의 의미는 원형동사에 ~ing를 붙인 단순동명사를 쓰고, 주절 동사보다 한 시제 앞선 의미는 'having 과거분사'의 완료동명사를 쓴다.

1 단순동명사 : 동사원형 +~ing

① 주절의 동사와 시제가 같은 경우

I am sure of his **being** idle. = I *am* sure that he *is* idle. 〈동일시점〉

② 주절의 동사보다 시제가 나중인 경우

I am sure of his **refusing**. = I *am* sure that he *will* refuse. 〈미래시점〉

③ 주절의 동사보다 시제가 앞선 경우

remember, forget, regret +~ing 〈한 시제 앞선 뜻〉

I regret **criticizing** her. = I *regret* that I *criticized* her.

> a few years ago, in my youth 등과 같이 시간적으로 거리가 있는 부사구, 부사절이 있으면 완료형을 쓴다.
>
> I regret not **having worked** hard *in my youth*.

2 완료동명사 : having +p.p

I admitted **having written** the article. = I *admitted* that I *had written* the article.

5 동명사의 태

1 단순 수동형 : being +p.p
People don't like **being treated** unfairly.

2 완료 수동형 : having been +p.p
The boy with black eyes admitted **having been hit**.

3 능동형이지만 수동의 의미로 쓰이는 경우:
능동형 동명사가 다음과 같은 동사, 형용사의 목적어가 될 때는 수동의 의미가 된다.
동사: need, want, bear, deserve, require
형용사: worth, worthy of
His proposal deserves **mentioning**.
= His proposal deserves *to be mentioned*.

6 동명사의 부정 | 동명사 바로 앞에 not이나 never가 온다.

He insisted on **not paying** the bill.
I was blamed for **not having done** it.

7 동명사의 관용적 표현

1 be accustomed to ~ing: ~에 익숙하다
He **is accustomed to rising** at dawn. (이때 to는 전치사임)

2 of one's own ~ing: 손수 ~한
This is a picture **of my own painting**.

3 keep A from ~ing: A로 하여금 ~하지 못하게 하다
The rain **kept me from going out**.

4 spend +시간/돈/노력 + (in) ~ing: ~하면서 시간을 보내다/돈을 쓰다/노력하다
Nowadays children **spend much time watching** television.

5 have +difficulty/a hard time/trouble +(in) ~ing: ~하느라 애를 먹다
I **had difficulty solving** the problem.

6 be busy (in) ~ing: ~하느라 바쁘다
She **is very busy preparing** for the party.

7 look forward to ~ing: ~하기를 학수고대하다
I am **looking forward to going** home on a week's leave. (이때 to는 전치사임)

8 be on the +verge/point +of ~ing: 막 ~하려 하다
They **were on the verge of leaving** when I came back home.

출제 포인트

1. 동명사의 부정은 동명사 앞에 부정어(not, never)를 쓴다.

2. 동명사가 주어로 쓰일 때는 단수 취급한다.

3. 동명사의 의미상 주어를 표기하는 경우 소유격이 원칙이며, 무생물/부정대명사가 주어일 때는 목적격으로 쓴다.

4. 단순동명사는 본동사의 시제와 같을 때 쓰고, 완료동명사는 본동사보다 한 시제 앞설 때 사용한다.

5. 전치사 다음에는 동사원형이 아닌 (동)명사가 와야 한다.

ex.) object to ~ing / look forward to ~ing

[01-11] Choose the one that best completes the sentence.

01   Instead of _____ formal and well rehearsed, the performance was spontaneous, contradictory and mutually respectful.

① that   ② being
③ its   ④ such

02   Medical experimentation on chimpanzees has ended, but _____ all of them into retirement will be a difficult task.

① move   ② moved
③ has moved   ④ moving

03   He is proud of _____ a goal in the World Cup in his twenties.

① score   ② having scored
③ being scored   ④ having been scored

04   _____ international quality standards imposed on our industry is our main focus.

① Exceeding   ② Exceeded
③ Exceeds   ④ Exceed

05   There isn't really any point _____ here in the rain.

① stand   ② standing
③ to stand   ④ for standing

06   Data compiled by government agencies suggest that _____ breakfast to school-age children has lessened behavior problems.

① provide   ② providing

③ provided   ④ being provided

07   I remember _____ for the job, but I forget the exact amount.

① to be paid   ② that I receive pay

③ being paid   ④ get paid

08   Since Elizabeth Browning's father never approved of _____ Robert Browning, the couple eloped to Italy.

① her to marry   ② her marrying

③ she marrying   ④ she to marry

09   Before I got this job, I used to get up late. Now I have to be at work at 8:00 in the morning. It was difficult but now I _____ up early.

① am used to get   ② used to getting

③ am used to getting   ④ used to get

10   She still has nightmares from _____ in a small dark cupboard for hours.

① locking up   ② having locked up

③ having been locked up   ④ locked up

11   I am certainly looking forward to _____.

① watch the champion play

② watching the champion to play

③ watch the champion to play

④ watching the champion play

[12-29] Choose the one that is NOT correct in standard English.

12   ①Stormy weather kept them ②to leave ③their base camp in order to ④go to his rescue.

13   We are not close to ①get the job ②done in ③reducing the greenhouse gas emissions that ④warm the planet.

14   I do not understand ①why mother ②should object to ③me playing the piano ④at the party.

15   I ①remember ②I had a terrible struggle ③to find anything ④anti-religious in the school libraries.

16   Far from ①be ②of no consequence, this confusion ③plays a positive role ④in his theoretical edifice.

17   Korean children are ①accustomed to have ②their parents ③interfere with their marriage ④plans.

18   They felt ①overwhelmed by every small ②setback instead of ③energizing by the ④possibilities in front of them.

19   Cynthia ①did not have ②enough time to go ③to the movies ④last night because she was busy ⑤to prepare for her trip to Busan.

20 A recidivist is a person who keeps ①going back to a life of crime ②even ③after punished; in other words, an ④incurable criminal.

21 ①Besides ②to be an outstanding student, he is ③also a leader in school government and a ④trophy-winner in school sports.

22 The thief undoubtedly ①waited for Mr. Smith to go out and entered ②by the back window and ③removed the silver without ever ④been seen.

23 The director, ①barely 32 years old, expressed ②to his staff the difficulty he ③was having ④to make his work attractive to both the film-maker and the critics.

24 ①During yesterday's monthly meeting, the president admitted ②to violate the by-laws of the association ③by allowing a relative ④to act as a member of the finance committee.

25 Men spend ①more time than women ②to watch the sports segment of local newscasts, ③reading the sports section of newspaper, and talking about sports ④on a regular basis.

26 ①With the help of modern mass communication, an ②increasing number of governments in the developing world ③are committed to ④support family-planning programs.

27 After ①disembark from the airplane, the traveler ②was asked to submit to a health examination, as she ③had shown various signs of illness during the flight, including ④coughing and a runny nose.

28 ①Examining the link between nationality and prosperity in the age of globalism, Milanovic has concluded that ②a human being's place and culture ③have become the dominant factor ④in determination standard of living.

29 People, especially ①those of Generation Z, are used ②to acquire information through smartphones, ③resulting in a significant increase in video sharing and creativity alongside the rapid development of the internet and its ④ever-growing number of users.

[30] Choose the sentence that is NOT grammatically correct.

30 ① I am not used to being treated like this.
② I had my watch stolen.
③ You might have offered to help me.
④ I enjoyed to read science fiction.
⑤ I could not write properly with an eye bandaged.

08

분사

1 분사의 의미와 기능

		현재분사(V-ing)	과거분사(V-ed)
기본의미		~하고 있는 〈진행〉 ~하는 〈능동〉	~한 〈완료〉 ~해진[된] 〈수동〉
기능	동사	He is **writing** a letter.	He has **written** a letter. A letter was **written**.
	형용사	the **burning** house 타고 있는 집	the **broken** glass 깨진 유리잔
	분사구문	**Seeing** a policeman, he ran off.	Very **tired**, we soon fell asleep.

2 분사의 용법(한정/서술)

 한정적 용법: 분사가 명사의 앞이나 뒤에서 직접 명사를 수식하는 것

① 현재분사: 능동의 의미

    a **sleeping** boy = a boy who is sleeping

    A **rolling** stone gathers no moss. 구르는 돌은 이끼가 끼지 않는다.

② 과거분사: 수동의 의미

    ▪ 자동사의 과거분사: 상태나 완료의 의미를 지님

      the **vanished** treasure = the treasure which has vanished

    ▪ 타동사의 과거분사: 수동의 의미를 지님

      a **broken** vase 깨진 화병

      a **newly-born** child 새로 태어난 아이

      The only car **(being) repaired** by that mechanic is mine. 그 정비사가 수리한 유일한 차는 내 차이다.

2 서술적 용법: 문장에서 분사가 주격보어나 목적보어로 쓰이는 것

The prices of commodities keep **rising**. 〈주격보어〉
물가가 계속 오르고 있다.

I became **acquainted** with him many years ago. <주격보어>
나는 여러 해 전에 그를 알게 되었다.

She felt a vague sense of happiness **stealing** over her. 〈목적보어〉
막연하나마 행복하다는 생각이 그녀에게로 스며들어 오고 있음을 느꼈다.

We found the whole class **collected** on the ground. 〈목적보어〉
우리는 반 전체가 운동장에 모여 있는 것을 알았다.

3 분사형용사/의사분사 | 분사가 동사적 성질은 없어지고 완전한 형용사처럼 쓰이는 것

1 감정 및 심리유발 동사의 분사: 현재분사 → 무생물 / 과거분사 → 사람

I was **bored** by the program.

The program was **boring**.

2 의사분사: '형용사(A)-명사(B)ed'의 형태로 'B가 A한'의 뜻이다.

a **yellow-haired** girl 머리가 노란 소녀

a **bad-tempered** man 성질이 고약한 남자

a **warm-blooded** animal 온혈(= 피가 따뜻한) 동물

4 분사구문 | <접속사 +주어 +동사>인 절을 <동사원형 +ing> 또는 <동사원형 +ed>로 간단히 줄여 만든 구로, 분사가 주절을 부사적으로 수식하는 구를 분사구문이라 한다.
분사구문에는 시간/이유/조건/양보/연속동작 등을 나타내는 접속사의 의미가 내포되어 있다.

1 분사구문 만드는 법

① 종속접속사를 없앤다.

② 주절의 주어와 동일할 때는 주어를 없애고, 주절의 주어와 다를 때는 주격의 형태로 둔다.

③ 종속절의 동사를 분사형으로 고친다. 〈동사원형 +ing〉, 〈동사원형 +ed〉

④ 부사절의 시제가 주절의 시제와 다른 때는 완료분사를 사용한다. 〈having +p.p〉

⑤ 부사절이 수동태이거나 진행형일 때는 〈Being, Having been〉을 생략한다.

⑥ 분사를 부정할 때는 부정어(not, never)를 분사 앞에 둔다.

When **we reached** the river, **we** pitched camp for the night.

➡ **Reaching** the river, **we** pitched camp for the night.

When **the dog wags** its tail, we find it feels happy.

➡ **The dog wagging** its tail, **we** find it feels happy.

After I **had said** the word, **I** recognized my mistake.

➡ **Having said** the word, **I** recognized my mistake.

> 분사구문은 반드시 주절과 연결될 때 의미가 결정되며,
> 단독으로는 의미가 없다.

2 분사구문을 쓰는 절

① 부사절: 시간, 원인, 이유, 조건, 양보절 - if, though, whether

Turning to the right, you will find the post office.

= If you turn to the right, you will find the post office.

Knowing that he is idle, I still like him.

= Though I know that he is idle, I still like him.

② 부대상황: with +목적어 +목적보어

He was reading a book **with his wife knitting beside him**.

She was standing **with her eyes closed**.

Don't speak **with your mouth full**.

③ 연속동작: 그리고 ~하다 - and

He went into his room, **slamming** the door shut.

= He went into his room and slammed the door shut.

3 분사구문과 관련한 주의 사항

① being이나 having been은 생략할 수 있다.

Because I was worried about him, I called him.

➡ **(Being)** worried about him, I called him.

② 접속사를 생략하지 않는 경우 (의미를 보다 명확하게 하기 위하여)

Though I live next door, I seldom see her.

➡ **Though living** next door, I seldom see her.

③ 분사구문이 문두에 나오고 그 다음 주절이 빈칸으로 된 문제는 반드시 분사구문의 의미상 주어가 주절의 주어로 되어야 한다.

Reading the book, **a misprint was found**. (×)

➡ Reading the book, he found a misprint. (○)

④ 종속절의 시제가 주절과 다른 경우에는 완료형(having p.p)을 쓴다.

After he had eaten the hamburgers, the boy watched television.

➡ **Having eaten** the hamburgers, the boy watched television.

⑤ 분사구문의 위치

(Being) tired, he could not control his emotion.

The pilot, **(being)** exposed to a greater danger, still kept his temper.

I wrote him a letter, **asking** him for a job.

⑥ 부정의 부사 not, never는 분사 바로 앞에 온다.

Not knowing his phone number, I could not call him.

Not having lived in America, he is poor at English.

 출제 포인트

1. 현재분사는 진행/능동을 뜻하고, 과거분사는 완료/수동을 뜻한다.

2. 분사구문을 만들 때 부사절의 시제가 주절의 시제와 다른 때는 완료분사를 사용한다.

3. 분사구문의 주어가 주절의 주어와 같을 때는 생략하고, 다를 때는 반드시 명시해줘야 한다.

4. 분사구문에서 의미를 명확하게 하기 위해 접속사를 생략하지 않을 수 있다.

08 분사 | TEST 01

[01-11] Choose the one that best completes the sentence.

01 Books do not make life easier or simpler, but harder and more _____.

① interest   ② interesting
③ interested   ④ to interest

02 Morale has improved greatly among those workers _____ the option of working flextime schedules.

① given   ② done
③ doing   ④ giving

03 Women's roles have always been more tightly _____ than men's to parenthood, more limited by conceptions of reproduction.

① to bind   ② binding
③ bound   ④ bind

04 Epilepsy is not a single entity but an assortment of different seizure types and syndromes _____ from several mechanisms that have in common the sudden, excessive, and synchronous discharges of cerebral neurons.

① originate   ② originates
③ originating   ④ originated

05 _____ by the boy's behavior, she complained to the head teacher.

① Annoyed   ② Annoying
③ She annoyed   ④ She was annoyed

06   _____ what to do, he just waited until his father arrived.

① Not knowing   ② Not to know

③ Knowing not   ④ No knowing

07   In recent years, there has been a general trend for new buildings to be more environmentally friendly. These buildings use energy and water efficiently, _____ waste and pollution.

① being reduced   ② reduced

③ having reducing   ④ reducing

08   The *Washington Post* editorial today, _____ the hierarchy of rich and poor, worried about the claims of the working class as a political force.

① it criticized   ② it criticizing

③ while criticizing   ④ while criticized

09   She peeled the woolen blanket from her lap, _____.

① revealing the pistol   ② revealed the pistol

③ the pistol revealing   ④ the revealed pistol

10   _____, tropical region, Indonesia has a lot of rain and sunshine.

① Situating in a warm   ② In a warm situation

③ Situated in a warm   ④ In situated in warm

11   In the picture he depicts a group of farm laborers _____.

① struggled the sheeps   ② struggling with their sheep

③ struggling their sheeps   ④ struggled with their sheep

[12-30] Choose the one that is NOT correct in standard English.

12 ①Human beings and animals ②lack skin color ③are generally ④called albinos.

13 The question is very ①understandable, but no one ②has found a ③satisfied answer to it ④so far.

14 All passengers ①travel on commercial jets ②are advised ③to allow an hour ④for boarding.

15 ①Poor nutrition made him so ②tiring that he had no strength ③to walk through an airport ④without a wheelchair.

16 Freddie Mercury was ①a British singer-songwriter and record producer, best ②knowing ③as the lead vocalist of ④the rock band.

17 Some of the crucial issues in ①this upcoming election include ②rises in the cost of living, worries about possible ③inflation, and ④skyrocketed house prices.

18 The qualities ①requiring ②of a hero ③vary with the times, and some great figures of a certain period ④would surprise the people of another generation.

19 Nations ①affecting by terrorism also ②experience the emigration of ③educated and talented people, further ④impacting on their development.

20   Elementary schoolchildren's ①most-desired job was athlete, ②followed teacher, and doctor; middle school students wanted ③to become teachers ④most.

21   They ①had expected signs of economic recovery by ②the latter half of this year, while ③considered ④adopting more aggressive business strategies.

22   Although ①the poem describes one of ②Matisse's ballerina drawings, her description presents ③the danced girl as the victim of ④a bomb explosion.

23   For Nietzche, the use of language ①detached people from the actual ②experiences of the world, thereby ③make them less sensitive ④to living.

24   Fox, ①who is 47, said he saw some impatient ②shuffling in the pews, but he was ③stunning that the church's lay leaders had ④turned on him.

25   We ①were terrified by sounds; ②the screaming of the wind; the ③restless rustle of leaves in the trees; and the sudden, ④overwhelmed ⑤explosions of thunder.

26   ①In 1914, the U.S. congress passed a bill ②establishing Mother's Day as a national holiday; the holiday ③has become one of the most ④celebrating holidays today.

27   ①There is an old legend ②telling among people in my country about a man who lived in the seventeenth century and ③saved a village ④from destruction.

28 ①Having invented in China in the year 106, paper was manufactured in Baghdad and ②later in Spain four hundred ③years before the first English paper mill ④was founded.

29 A crescent-shaped cluster of broadleaf ①evergreen trees climbs ②up and down the mountainside, ③hugged the village's white-washed mudbrick cottages ④at the bottom of the slope.

30 Overconsumption by the ①fortunate is an environment problem ②unmatching in severity by anything except perhaps population growth. Their ③surging exploitation of resources threatened to exhaust or unalterably ④disfigure forests, soils, water, air, and climate.

[01-11] Choose the one that best completes the sentence.

01 The federal government obviously had its hands full trying to enforce environmental laws while _____ residents happy.

① keep   ② kept

③ to keep   ④ keeping

02 Foreign aid refers to very large sums of money _____ poor countries that have serious economic problems.

① gave to   ② given as

③ given to   ④ and to give

03 With the road _____ by the fallen tree, we had to make a detour.

① blocking   ② to block

③ blocked   ④ have blocked

04 They need to drive under more _____ conditions before we turn them loose under full licensure.

① control   ② controlling

③ controlled   ④ have controlled

05 Silently I was walking to the door with my eyes _____.

① closing   ② are closed

③ closed   ④ have closed

06   _____ the world's longest life expectancy — 82.1 years for women, 76.1 years for men
— the "graying of Japan" is already a national obsession.

① Given   ② Given with
③ Giving   ④ Giving with

07   Anyone _____ for a train to arrive should check the posted schedule for delays and
cancellations.

① waiting   ② who wait
③ who waiting   ④ whoever is waiting

08   _____ India's Goa state, where football is hugely popular, a newly unveiled statue of the
football star will inspire young people.

① When placing in   ② Placed in
③ Before placed on   ④ Placing on

09   A sheet of clear glass, _____ with a film of metal, results in a luminously clear mirror.

① when backed   ② it is backed
③ is backed   ④ when is it backed

10   _____ artifacts from the early Chinese dynasties, numerous archaeologists have
explored the southern Silk Road.

① Searching for   ② They were searching for
③ Searched for   ④ It was a search for

11   While staying in Florence, Italy, in 1894, _____ that she had a talent for sculpture.

① philanthropist Winifred Holt was discovered
② philanthropist Winifred Holt discovered
③ that the philanthropist Winifred Holt discovered
④ discovered by philanthropist Winifred Holt

[12-29] Choose the one that is NOT correct in standard English.

12   She ①entertained ②all the crowd with ③a lot of ④amused stories.

13   ①Creating a *hwagak* artifact is a ②complicated process ③involved a great deal of time and ④effort.

14   The sound of ①crying rang out ②as people ③searched frantically for family members, some ④discovered the worst.

15   A ①proposed law ②would make the illegal consumption or sale of dog meat ③punishing by ④a fine of up to 5,000 euros.

16   Korean ①was her second language, Jen constantly ②had to look up ③unfamiliar words ④while reading Korean novels.

17   2,000 ①representatives ②from 150 nations agreed on new policies for ③reducing the release of gases ④linking to global warming.

18   An American ①borne in 2020 has an ②average life expectancy of 79.1 years, but this can vary ③widely from place to place ④across the country.

19   The restaurant industry constantly evolves, ①adopting new technologies ②mean to improve diner experience or ③bring new tools to ④business management.

20 Those ①answered the survey ②ranged ③in age from 9 to 80. They participated in the survey ④by logging onto a website ⑤during a period between 2017 and 2018.

21 Communicative language ①teaching remains the ②most advocating language teaching concept worldwide, yet, there ③are limited signs of ④its implementation in Asia.

22 The idea ①that a language ②is based on a system of rules ③determined the interpretation of its infinitely many sentences is ④by no means novel.

23 SBL Group, ①a Colorado-based company, said Mr. Sam Butler will ②resign as CEO ③due to a long health problem ④followed a stroke three years ago.

24 The scenic games, ①adopting from those of Greece, ②consisted of tragedies, comedies, and satires, ③represented at the theater ④in honor of Bacchus, Venus and Apollo.

25 Today some ①talk of a "speed virus." They complain that people ②have difficulty keeping up with society's obsession with speed ③are being left behind and ④neglected.

26 ①Buoyed by the winter sports season, consumption of instant noodles ②has spiked, with the monthly sales for last December ③exceeded 40 billion won ④for the first time.

27 ①Over many years, the explorer James Cook sailed thousands of miles ②through largely uncharted regions, ③ranged from the coast of Alaska in the far north ④to the tip of South America in the far south.

28 The Chinese are believed to ①have signed important documents by ②using thumbprints long ago. Documents ③signed in this manner are superior to those ④signing in handwriting, because thumbprints ⑤make forgery impossible.

29 Boyle's experimental essay not only formalized an atomistic world view, but also ①promoted the social ideal of knowledge that ②had been nurtured in the experimental science clubs, ③included the Royal Society. ④No error.

[30] Choose the sentence that is NOT grammatically correct.

30 ① Fully understanding his problem, I wanted to do something to help him.
② Before being changed last year, the speed limit in this area was 55 mph.
③ After spending so much money on it, the car still has many problems.
④ Considering his age, his skills in golf are truly extraordinary.
⑤ Following the keynote lecture, the meeting proceeded to a discussion session.

09

접속사

1 등위접속사

1 and

① 단어/구/절을 연결하는 경우

I like playing soccer **and** watching games.

② 단일 개념의 연결: 동사는 단수 취급

Bread and butter is my favorite food.

③ 명령문 +and ~: …하라, 그러면 ~할 것이다

Take this medicine, **and** you will feel better.

이 약을 먹어라, 그러면 몸이 좀 더 좋아질 것이다.

2 but

① 대조의 표시: 그러나, 그렇지만

Bob has done it quickly **but** accurately.

② not A but B: A가 아니고 B이다

It is **not** Jane **but** I who broke the statue.

3 or

① 선택: 또는

Do you go there on foot **or** by bus?

② 명령문 +or ~: …하라, 그렇지 않으면 ~할 것이다

Drive carefully, **or** you will have an accident.

조심해서 운전해라, 그렇지 않으면 사고를 당할 것이다.

4 nor: ~도 또한 아니다

He cannot speak English, **nor** can his wife.

(nor 다음에 주어와 동사가 도치됨)

5 for: 때문에, 왜냐하면

She is not happy, **for** her husband is seriously ill in bed.

그녀는 행복하지 않다. 왜냐하면 남편이 중병으로 몸져누워 있으니까.

(because절은 문두에도 문미에도 올 수 있지만 for절은 문미에만 온다.)

2 등위상관접속사

1 both(= at once) A and B: A, B 둘 다 (항상 복수 취급)
We visited **both** New York **and** London.

2 either A or B: A, B 둘 중의 하나 (동사는 **B**에 일치)
Either you **or** Mike **has** to be present at the meeting.

3 neither A nor B: A, B 둘 다 아니다 (동사는 **B**에 일치)
Neither she **nor** I **know** his phone number.

4 not only A but also B: A뿐만 아니라 B도 역시 (동사는 **B**에 일치)
Not only the children **but also** the teacher **is** honest.

> **not only**의 의미를 강조하기 위해 문두에 올 경우(주어와 동사가 도치)
> **Not only** did I protest **but also** refused.

5 B as well as A: A뿐만 아니라 B도 역시 (동사는 B에 일치)
Her parents **as well as** the woman **are** very honest.

3 명사절을 이끄는 종속접속사 that

1 주어가 되는 경우
That he will come home is certain.
= It is certain that he will come home.

2 보어가 되는 경우
The trouble is **that** I don't have enough money.

3 목적어가 되는 경우
She said **(that)** her mother was out.

4 앞에 있는 명사를 보충 설명하는 동격이 되는 경우
The news **that** he married is not true.

4 명사절: 간접의문문

의문문이 문장 속에서 주어/목적어/보어/전치사의 목적어 역할을 하는 것으로 어순은 평서문의 어순을 따른다.

1 평서문의 어순: 의문사 +주어 +동사

I wonder **what John saw** this morning.

2 동사 think, believe, imagine, suppose, say 등이 있는 의문문: 의문사가 문두로 간다

Do you think who wrote the novel? (×)

➡ **Who do you think** wrote the novel? (○)

3 if, whether가 이끄는 경우

① if를 쓰는 경우: if는 ask, doubt, know, wonder 등과 같은 동사의 목적어절에 whether를 대신해 쓰일 수 있을 뿐이며 주어절과 전치사의 목적어절에는 쓰일 수 없으며 to부정사도 오지 못한다. 또한 or not 표현이 바로 뒤에 이어질 수 없다.

He asked me **if(= whether)** I knew her phone number.

② whether를 쓰는 경우

It is doubtful **whether** he will come on time.

= **Whether** he will come on time is doubtful.

5 부사절을 이끄는 종속접속사

시간/원인·이유/목적/결과/양태/제한·범위/조건/양보절 등을 이끈다.

1 시간

when, while, as, before, after, since, till 등

You must take off your hat **when** you enter the room.

2 원인·이유

because, as, since, now that, seeing that 등

The salary was not a bad one, **seeing that** he was still young.

3 목적

so that, in order that, lest ~ should(= for fear that) 등

I got up early in the morning **so that** I **might** catch the train.

4 결과

so ~ that, such ~ that, ~ so that 등

It was **so** fine **that** we went on a picnic.

She is **so honest a** woman **that** I like her.

She is **such an honest** woman **that** I like her.

[어순] so +형용사[부사] +that절

     so +형용사 +a(n) +명사 +that절

     such +a(n) +형용사 +명사 +that절

5 양태

as, as if 등

Do in Rome **as** the Romans do.

6 제한·범위

as[so] far as ~, as[so] long as ~ 등

He went **as far as** Chicago.

Play the piano **as long as** five hours.

7 조건

if, in case, on condition that, provided that, unless 등

Unless you start at once, you'll be late for school.

I'll go **on condition that** I am paid.

8 양보

though, although, even if, even though, no matter +의문사, for all / with all 등

Even if we could afford it, we wouldn't go abroad for our holidays.

출제 포인트

1. 상관접속사 either A or B와 neither A nor B에서 동사의 수는 B에 일치시킨다.

2. 명사절을 이끄는 접속사에는 that, whether 등이 있다.

3. 간접의문문은 의문문이 문장 속에서 주어/보어/목적어/전치사의 목적어 역할을 하는 것으로 '의문사 +주어 +동사'의 어순을 따른다.

4. 목적어절에는 if와 whether 모두 가능, 주어절/보어절/동격절/전치사 뒤/to부정사 앞에는 whether만 가능하다.

[01-18] Choose the one that best completes the sentence.

01 _____ the archaeologists had located the ancient site, they organized its excavation.

① If   ② Till

③ Once   ④ That

02 _____ seeing a tragic war movie, I was in a melancholy mood for days.

① Since   ② After

③ If   ④ That

03 As the mountain of material grows, _____ the possibility of error.

① as does   ② so is

③ as is   ④ so does

⑤ as did

04 _____ all behavior is learned behavior is a basic assumption of social sciences.

① Nearly   ② It is nearly

③ When nearly   ④ That nearly

⑤ While nearly

05 But _____ the other's desire and the subject's possession are fantasies of the subject.

① both   ② alike

③ not   ④ not only

06 _____ an employee works more than 2 years, he or she becomes eligible for stock options.

① While ② After
③ Since ④ Although

07 Television now plays such an important part in so many people's lives that it is essential for us to try to decide _____ it is a blessing or a curse.

① that ② what
③ whether ④ which

08 _____ mild wine seems, it will have an effect on the drinker.

① Little ② Even though
③ Provided that ④ However

09 _____ people with high blood pressure may not exhibit symptoms, they may not be aware they have the disease.

① So that ② Because
③ Although ④ However
⑤ Therefore

10 The restaurant was so far beyond my means _____ I had never even thought of going there.

① although ② for
③ that ④ unless

11 George Orwell distrusted the leaders who lived in mansions _____ the common folk toiled in the fields.

① in spite of ② while
③ if ④ and

12 Such house chores, _____ important for home management, may be not favorite job for anyone.

①they are   ②as
③though   ④despite

13 _____ a teacher in New England, Webster wrote the Dictionary of the American Language.

①It was while   ②When
③When was   ④While

14 In a study of children after divorce, Martin Holland found that _____ mothers and daughters had reestablished close and positive relationships, problems between mother and sons persisted.

①when   ②as if
③whereas   ④what if

15 During their famous clash, Jung was ambivalent about Freud; he attacked the father of modern psychoanalysis _____ he revered him.

①despite   ②at the same time
③even though   ④rather than

16 As for Covid-19 inoculation, wealthy nations in Europe and North America have secured the bulk of limited stocks of vaccines, _____ developing countries are left to secure their own.

①however   ②nevertheless
③whereas   ④meanwhile

17   I really wonder _____.

① that John failed the exam

② who John failed the exam

③ the fact that John failed the exam

④ why John failed the exam

18   _____ are phosphorescent in the dark intrigues many people.

① That certain species of centipedes

② Certain species of centipedes which

③ Certain species of centipedes

④ It is certain species of centipedes that

[19-30] Choose the one that is NOT correct in standard English.

19   I ①used to work ②as a salesman, and I know how important ③is image in ④any job.

20   ①Despite there were signs ②explicitly prohibiting ③the use of cell phones in the airport customs line, some people still used ④them.

21   ①That there are certain ②merits to the current system, the program cannot ③be useful in ④such a larger organization.

22   The ①adult gorilla ②looks fierce, ③and it is actually a shy, friendly animal ④that needs companionship and attention.

23   I knew the restaurant ①would be busy on ②a Friday evening, ③since I made reservations earlier in ④the week.

24   It is assumed ①<u>what</u> Homo erectus ②<u>must have had</u> a communication system ③<u>more complex</u> than ④<u>any of</u> today's living primates.

25   But ①<u>to</u> the extent ②<u>where</u> the new naturalism is true, ③<u>its</u> pursuit ④<u>seems</u> certain to generate two great spiritual dilemmas.

26   Company CEOs should encourage ①<u>childcare leave</u> for either mothers ②<u>and</u> fathers ③<u>to create</u> a more family-friendly workplace and promote a healthy ④<u>work-life balance</u>.

27   Roads and canals ①<u>were</u> increasingly privately held, meaning ②<u>what</u> non-elite free farmers were entirely dependent ③<u>on</u> the patronage of planters ④<u>to</u> conduct their business.

28   If we ①<u>adopted</u> these measures, I believe fewer people ②<u>would</u> take up smoking as a result. ③<u>To some extent</u> these things are already happening. ④<u>And</u> further efforts ⑤<u>are needed</u>.

29   ①<u>A newer</u> method of ②<u>carbon dating</u> relies on a specially designed mass spectrometer ③<u>that separates</u> and counts both the ^{14}C atoms ④<u>as well as</u> the ^{12}C atoms in a sample.

30   No sooner ①<u>had</u> scientists at Stanford University in 1973 begun rearranging DNA molecules in test tubes ②<u>than</u> critics ③<u>begin</u> likening these DNA procedures ④<u>to</u> the physicist's power to break apart atoms.

[01-18] Choose the one that best completes the sentence.

01 The new tax proposal was rejected by everyone — the rich and the poor _____.

① similarly   ② identical

③ alike   ④ likewise

02 _____ many of the designs for the new capital were considered lost forever, Benjamin Banneker helped reproduce the original plans.

① During   ② If as

③ How   ④ When

03 _____ information is encoded effectively in the memory, it may not be easily recalled when necessary.

① If   ② So

③ The   ④ Unless

04 _____ Russia was Christianized by the Eastern Church, whose official language was Greek, its alphabet was borrowed from Greek.

① Although   ② Considering

③ While   ④ Because

05 Just as Napoleon faced defeat in Russia, _____ Hitler saw his dreams of conquest evaporate at the siege of Leningrad.

① but   ② and

③ as   ④ yet

⑤ so

06   _____ peaches are classified as freestone or clingstone depends on how difficult it is to remove the pit.

① The   ② About
③ Whether   ④ Scientifically

07   _____ the average salary has increased, people are still concerned about the high prices of goods and services.

① Since   ② Although
③ Despite   ④ In so far as

08   The president of the US appoints the cabinet members, _____ appointments are subject to Senate approval.

① their   ② with their
③ because their   ④ but their

09   The US economy remained surprisingly robust in 2005 _____ the surge in energy prices.

① in spite   ② even though
③ whereas   ④ despite

10   _____ an omicron surge could lead to a breakdown in essential services spurred new quarantine rules.

① Worries that   ② Worries over
③ Worrying about   ④ Worrying on

11   _____ they are widely perceived as gentle creatures, hippopotamuses are responsible for more human deaths in Africa than any other animal.

① Despite of   ② In spite of
③ Nonetheless   ④ Even though

12 _____ some mammals came to live in the sea is not known.

① Since ② Although

③ How ④ Which

⑤ That

13 A boy who will play an unselfish game for his side, not caring whether his own efforts are noticed or not, _____ his side wins, learns to do the same in later life.

① though ② unless

③ in spite that ④ so long as

14 The Constitution is a document written, ratified, and imposed upon us by people in the distant past. _____ it had been democratically accepted by them, we have not actually approved it. Why, then, should we be led at all by them?

① As if ② Because

③ Even if ④ In addition

⑤ Therefore

15 _____ granted by the Patent Office, it becomes the inventor's property and he or she can keep it, sell it, or assign it.

① Once a patent is ② When a patent

③ A patent, once ④ A patent, whenever it is

16 [I] I'll give you my phone number _____ you need to contact me.

[II] I was advised to get insurance _____ I needed medical treatment while I was abroad.

① in spite of ② if

③ in case ④ as

17   Due to _____ a lack of supply _____ increasing house prices, Seoul is the least affordable city in South Korea.

① neither — for   ② hardly — both

③ both — and   ④ enough — too much

18   _____ the surface of metal, but also weakens it.

① Not only does rust corrode

② Not only rust corrodes

③ Rust, which not only corrodes

④ Rust not only corrodes

[19-30] Choose the one that is NOT correct in standard English.

19   ①Even he has ②a number of relatives ③who live close by, he never visits ④them.

20   No visitor ①or relative can ②enter the patient's room ③except he ④is invited by the doctor.

21   ①Like the committee ②has written in ③its current report, the rules need to be enforced ④more strictly.

22   Unless I ①don't ②hear from you within a week, I will ③have no choice but ④to file a suit against you.

23   The ①reporting was ②too real that ③most people ④were convinced that the invasion was really ⑤taking place.

24 　There is no reason ①for the city ②not to complete the park restoration project ③on schedule, ④unless it avoids further funding difficulties.

25 　The cost of college education ①has risen ②as rapidly ③during the past several years that it is now ④beyond the reach of many people.

26 　Thoughts and dreams ①are impossible to touch or see, ②accordingly they are ③very difficult to study by the scientific methods ④taken by doctors of that time.

27 　He confessed ①that the reason ②for him to visit his sister's house last month was ③because she wanted him to return her painting which she ④had bought in Canada.

28 　Conservation is an issue ①which gets a lot of attention these days — whether ②it means ③preserving old buildings, ④and protecting the environment.

29 　①Starting in 1811, traders and manufacturers were ②more easily able to send goods upriver ③so that steamboats provided the necessary power ④to counteract the flow of the waters.

30 　①Despite the ideas behind ②banning smoking in public places are good, an alternative approach ③needs to be taken. Schools ④should lead the way in discussing the harmful effects of smoking ⑤on the smokers.

관계사

1 관계대명사의 역할과 종류

관계대명사 = 접속사 +대명사
관계대명사의 격은 자신이 이끄는 절에서의 역할에 따라 결정됨

선행사 \ 격	주격	소유격	목적격
사람	who	whose	whom
사물·동물	which	whose / of which	which
사람·사물·동물	that	-	that
선행사를 포함	what	-	what

1 who: '사람'을 나타내는 관계대명사

the man **who** lives next door 〈주격〉

the man **whose** car was stolen 〈소유격〉

the man **whom** I met 〈목적격〉

2 which: '사물/동물'을 나타내는 관계대명사

the report **which** is on the desk 〈주격〉

the picture **of which** the price is high 〈소유격〉

the newspaper **which** you read 〈목적격〉

3 that: '사람/사물/동물'을 나타내는 관계대명사

the man **that** lives next door 〈주격〉

the report **that** is on the desk 〈주격〉

the man **that** I met 〈목적격〉

> 선행사가 수사/최상급/의문사/사람의 속성 명사인 경우, 주로 that을 쓴다.
>
> That is **the tallest building** that mankind has ever built.

4 what

① 특징: 선행사를 따로 가지지 않고 자체에 선행사를 포함하고 있음

  the thing(s) which ~, that which ~로 표현됨

② 역할: 명사절을 이끌어 문장에서 주어/보어/목적어로 쓰임 (해석: ~하는 것)

  What made her sad was his bad manners. 〈주어〉

  This is **what** you want. 〈보어〉

  Tell me **what** you want me to do. 〈목적어〉

> believe/guess/say/suppose/think 등의 인식동사가 사용된 삽입절은 관계대명사의 격에 영향을 주지 않는다.
>
> This is my friend **who I think** is very honest.
>
> There is another man **who they believe** is suspicious.

2 관계대명사의 용법

1 제한적 용법

① 관계대명사 앞에 콤마(,)가 없다.

② 모든 관계대명사에 가능하다.

③ 선행사와의 관계: 선행사를 수식[한정]

He had two sons **who** became doctors.

그에게는 의사가 된 아들이 둘 있었다. (아들이 둘 이상일 수도 있음)

2 계속적 용법

① 관계대명사 앞에 콤마(,)가 있다.

② who, whose, whom, which에만 가능, that은 계속적 용법에 쓰이지 않는다.

③ 선행사와의 관계: 선행사에 대하여 보충설명

He had two sons, **who** became doctors. = He had two sons, and they became doctors.

그에게는 아들이 둘 있었는데, 그들은 의사가 되었다. (아들이 둘뿐임)

3 전치사 + 관계대명사

1 관계대명사가 전치사의 목적어로 쓰인 경우

'전치사 + 관계대명사'의 어순을 취하거나 전치사가 관계대명사절 끝에 온다.

This is the book **for which** I am looking.

2 반드시 관계대명사 앞에 오는 경우

all of, both of, half of, most of, beside, beyond, during, outside 등

She turned to the door **outside which** her brother was sitting.

3 동사의 관용구인 전치사가 뒤에 오는 경우

be fond of, look up to 등

He is a poet **whom** I <u>look up to</u>.

4 관계대명사의 생략

목적격 관계대명사와 '주격 관계대명사 +be동사'는 생략 가능하다.

 목적격 관계대명사

① 동사의 목적어

She has a boy **(whom)** everybody loves.

② 전치사의 목적어: 단, 전치사가 관계대명사 앞에 있을 때는 생략할 수 없다.

This is the house **(which)** she lives in.

The man **with whom** he is speaking is my uncle.

 '주격 관계대명사 +be동사'의 생략

The girl **(who is)** sitting in the front row is my niece.

5 관계대명사와 선행사의 일치

관계대명사를 받는 동사는 반드시 선행사의 성, 수, 인칭과 일치해야 함

The man has **a son** who **is** a doctor.

She is one of **the applicants** who **have** been called for the job interview.

6 복합관계대명사

'관계대명사 +ever'의 형태로 선행사를 포함하고 있으므로 선행사와 관계대명사의 역할을 동시에 하며, 명사절을 이끄는 경우와 양보의 부사절을 이끄는 경우가 있다.

주격	소유격	목적격
whoever (= anyone who)	whosever (= anyone whose)	whomever (= anyone whom)
whichever (= anything that)	-	whichever (= anything that)
whatever (= anything that)	-	whatever (= anything that)

Whoever comes is welcome. 〈주격〉

Whosever it was, it is now mine. 〈소유격〉

Ask **whomever** you meet. 〈목적격〉

7 유사관계대명사

본래 접속사로 쓰이는 as, but, than 등이 관계대명사와 비슷한 역할을 하는 것을 말한다.

1 as: 선행사에 as, such, the same이 포함될 때 사용
He welcomed **as** many children **as** came.

2 but: 선행사에 부정어구 no, never 등이 있을 때 사용
There was no man **but** admired her. (= Everybody admired her.)
= There was no man that did not admire her.

3 than: 선행사에 비교급이 있을 때 사용
There are more books **than** are needed.

8 관계부사

관계부사 = 접속사 +부사
관계부사 뒤에는 완전한 절이 온다.

종류	선행사	관계대명사의 관계
when	때(the time)	at[on, in] which
where	장소(the place)	at[on, in, to] which
why	이유(the reason)	for which
how	방법(the way)	in which
that	때/장소/이유/방법	선행사를 생략할 수 없음

I remember the day **when** we first met.
This is the village **where** he was born.

1 관계부사, 선행사의 생략
관계부사나 선행사 어느 한 쪽을 생략해도 뜻이 분명할 경우에는 생략할 수 있다.
Monday is (the day) **when** people feel blue. 〈선행사 the day 생략〉
This is **the reason** (why) I came to see you. 〈관계부사 why 생략〉

2 복합관계부사

whenever(때), wherever(장소), however(방법)

Whenever I am in trouble, I consult him.

나는 곤란에 빠질 때마다 그와 상의한다.

My dog follows me **wherever** I go. (= to any place where ~)

나의 개는 내가 가는 곳이면 어디든지 따라간다.

However stupid he is, he wouldn't do that. (= no matter how ~)

그가 아무리 어리석다 하더라도 그렇게 하지는 않을 것이다.

 출제 포인트

1. 관계대명사 that은 계속적 용법으로 쓸 수 없다.

2. 목적격 관계대명사와 '주격 관계대명사 +be동사'는 생략 가능하다.

3. 문장 전체를 선행사로 받을 수 있는 관계대명사는 which이다.

4. 관계대명사 다음에는 불완전한 절이, 관계부사 다음에는 완전한 절이 온다.

5. 관계부사는 '전치사 +관계대명사' 형태로 바꿔 쓸 수 있다.

6. 선행사에 비교급이 있을 때는 유사관계대명사 than을, as/such/the same 등이 있을 경우 as를 쓴다.

[01-13] Choose the one that best completes the sentence.

01 Language is a tool for saying as well as possible _____ we intend to say.

① which
② when
③ where
④ what

02 The new soot standard has been highly anticipated by environmental and business groups, who have battled over the extent _____ which it would protect public health.

① from
② to
③ by
④ for

03 _____ chiefly lies behind slang is simply a kind of linguistic exuberance, an excess of word-making energy.

① What
② That
③ It
④ How
⑤ Why

04 A keystone species is a species of plant or animal _____ absence has a major effect on an ecological system.

① that its
② its
③ whose
④ with its

05 My father is looking for _____ he thinks is beautiful.

① which
② that
③ what
④ where

06 We admire the ambition of one _____ means to be a manly man, to be a kindly friend, to get on in the world himself and to help others get on in it.

① who   ② which
③ whose   ④ what

07 I'd like to have a word with _____ broke the window.

① whosever   ② whom
③ whomever   ④ whoever

08 A person with heat stroke has overheated to the point _____ the body is unable to cool itself: at this point, internal temperature may have risen to as high as 41℃ and the sweating mechanism has ceased to function.

① that   ② where
③ while   ④ in which

09 The post-Fukushima public backlash against nuclear power, _____ in Germany's decision to shut its older reactors, leaves an unpalatable choice for many governments.

① evident   ② is evident
③ evidently   ④ is evidently

10 MBA programs make excellent use of genuine industry figures _____ their experiences and advice in the classroom.

① that share   ② are sharing
③ have shared   ④ being shared

11 English has an alphabet _____ 26 letters.

① that consists of   ② which consisting of
③ consisting in   ④ which consists in

12 All _____ is a continuous supply of fuel oil.

① the thing needed   ② that is needed

③ what is needed   ④ for their needed

13 Kahlo showed an energetic lack of restraint _____.

① that she often got herself into trouble

② often got her into trouble

③ that often got her into trouble

④ she often got herself into trouble

[14-29] Choose the one that is NOT correct in standard English.

14 The person ①whom lost ②a wallet may claim ③it ④at the information desk.

15 *Nirvana* is the word ①that Hindus ②use it ③to describe ④a sense of inner peace.

16 He ①keeps an office in Santa Claus Village, ②which more than ③a million people visit him ④each year.

17 I would like ①to write about several ②challenges which I ③have faced them since I ④came to this university.

18 The strike ①for increased wages ②consisted of hundreds of immigrants, most of ③them ④were earning less than minimum wages.

19 He was the author ①whom I believed was ②most likely to receive the ③coveted award, and ④I guess everybody would ⑤agree with me.

20 The tour operators at Angel Eco-Tours ①take an interesting approach ②in what they emphasize the park and ③its people more than Angel Falls. ④No error.

21 Technological innovation is ①so rapid that by the time their students ②graduate, they will face ③a world of work that is totally different ④from which we see today.

22 China ①has been aggressively researching tests and a possible vaccine for SARS, ②who is believed to ③have originated in Guangdong in ④late 2002.

23 Over 1,000,000 of the hearing aids ①have been implanted worldwide, approximately ②half are in children, down to the age of ③less than one year. ④No error.

24 In an attempt to control inflation ①by eliminating social security programs, ②there are ethical limits ③beyond where many economists and politicians are reluctant ④to go.

25 The term bilingual education ①refers to programs ②designed to instruct nonnative speakers of English ③which ④have not yet mastered English as their second language.

26 Mountainous countries with ①plenty of snowfall are always ②picked as venues for the winter Olympics as proper conditions ③should be met for winter events, which ④including skiing and sledding.

27 ①Limiting the number of full-time employees who we have to pay benefits for ②them, and using more part-time people ③should reduce expenses considerably and ④increase profits.

28   Governments are paying ①increasing attention to international ②comparisons as they search ③for effective policies ④whose enhance individuals' social and economic prospects.

29   ①Whether you are an aspiring beginner ②or an accomplished home cook, this book is an invaluable source for the tricks, tips, ③and insider knowledge ④what, until now, you could learn only in a cooking class.

[30] Choose the sentence that is NOT grammatically correct.

30   ① She did that which she had to do.
② She is not that she was.
③ Are you mad that you did such a thing?
④ It's not really that surprising.
⑤ It is ridiculous that he should behave like this.

[01-14] Choose the one that best completes the sentence.

01   The building _____ was destroyed in the fire has now been rebuilt.

① which   ② when

③ where   ④ how

02   High and low atmospheric pressure systems are _____ cause changing weather patterns.

① what   ② whose

③ that   ④ which

03   The regional manager has been looking for an applicant _____ language skills include Korean and Chinese.

① who   ② which

③ whom   ④ whose

04   The aim of this study is to see _____ could have been done differently to prevent the problem.

① what   ② that

③ it   ④ how

⑤ which it

05   The greatest reward you get in the Police Department is _____ you do with the people you work with.

① what   ② as

③ that   ④ which

06 Canada, _____ I spent most of my childhood, is a country of vast plains and heavy forested areas.

① whom   ② that
③ in which   ④ what

07 According to the Freudian theory and that of many others _____ writings have preceded his, dreams do not reveal anything about the future.

① which   ② who
③ that   ④ whose

08 George Pullman introduced a dining car _____ its own kitchen in 1868.

① it had   ② what had
③ that it had   ④ that had
⑤ having

09 The fort _____ as Fort McHenry was built prior to the War of 1812 to guard Baltimore harbor.

① now known   ② is now known
③ has now known   ④ having now known

10 A desert is described as a region _____ an average of less than ten inches of rain falls in a year.

① in which   ② which is
③ which has   ④ in which is
⑤ there is

11 _____ have settled, one of their first concerns has been to locate an adequate water supply.

① There are people who   ② Wherever people
③ People   ④ Whether people

12   _____ the tourism industry accounts for 38% of its GDP, the lockdowns meant layoffs, bankruptcies, and permanent business closures.

① A country where   ② A country that
③ In a country where   ④ In a country that

13   The author thoroughly understood the society _____.

① she had grown up   ② which had she grown up
③ in which she had grown up ④ she had grown up in it

14   The Delaware Indians lived on the site of _____ long before Europeans arrived.

① what is now Philadelphia
② now Philadelphia is
③ it is now Philadelphia
④ where is now Philadelphia

[15-29] Choose the one that is NOT correct in standard English.

15   ①It is the way ②how Susan draws pictures ③that makes her ④unique.

16   Individuals ①differ greatly ②in the degree ③which culture shock ④affects them.

17   The water buffalo is ①the only ②kind of buffalo ③what has ever ④been tamed.

18   The woman, ①of whom red car is ②parked ③in front of our house, is a prominent lawyer ④in this city.

19 Every sound ①what occurs ②in human languages can be represented ③by means ④of the phonetic alphabets.

20 Write a letter of complaint ①to a company ②which you have ③recently purchased something ④that does not work well.

21 In 1932, ①New York's Museum of Modern Art assembled ②that was ③clearly meant to be a ④definitive exhibition of modern architecture.

22 Speech, as ①a means of communication, is ②of major importance because ③it is the ④way which culture ⑤is shared and passed on.

23 Not ①seeing any video games the kids ②wanting and ③acknowledging we certainly don't need any of them, I continued ④browsing in the toy department.

24 The baseball fan ①which arrived ②earliest at the stadium to buy World Series tickets camped ③on the sidewalk by the box office for two days ④before the first game.

25 One of the ①small ironies of history occurred in 1787, ②then the planners of Marietta, Ohio, discovered some ③ancient remains ④at the center of their new city.

26 Adolescence is the time of life ①between childhood and adulthood. The word is ②derived from ③the Latin word *adolescere*, ④that means "to grow into maturity."

27   While we sleep, research indicates, the brain replays the patterns of activity ①it experienced during waking hours, ②allowing us to ③enter what one psychologist calls ④it a neural virtual reality.

28   ①Since that December day five years ago, the Hook families' nightmare ②has been felt by ③thousands of other families in this country ④which have lost their loved ones in a shopping mall, at the movies, a club, and a church.

29   In Saudi Arabia's conservative society, ①which religious police patrol the streets to enforce segregation of the sexes, women are not allowed ②to work in public places ③where they have contact with men, ④such as sale clerks or cashiers.

[30] Choose the sentence that is NOT grammatically correct.

30   ① Do you get embarrassed easily?
② The bed I slept last night wasn't very comfortable.
③ Neither restaurant is expensive.
④ We stayed at the hotel, which John recommended to us.

[01-14] Choose the one that best completes the sentence.

01   The pugilist has the record of knocking down three opponents, which _____ pretty good
for an amateur boxer.

① are   ② is

③ be   ④ were

02   Critics argue the new rule imposes bureaucratic hurdles on patients who rely on the
program, 33% of _____ are Hispanic or Latino.

① them   ② whom

③ which   ④ patients

03   The son of working-class immigrants from _____ is now Slovakia, Andy Warhol

presented a fascinating view of 20th century American culture.

① that   ② what

③ where   ④ which

04   There are situations _____ the best way to heal the patient is to help him die peacefully.

① in that   ② in which

③ from where   ④ for whom

05   Typically, food banks rely on volunteers, many of _____ are retired.

① them   ② those

③ whom   ④ which

06 Billie Holiday, _____ unique singing style made her famous, was also known as Lady Day.

① who has   ② she is a

③ who   ④ whom

⑤ whose

07 He knows from experience that money is not _____ gives a person happiness.

① which   ② that

③ who   ④ what

08 Fire safety in family houses, _____ most fire deaths occur, is difficult to achieve.

① where   ② why

③ how   ④ when

09 He is one of those men _____, I am sure, always do their best, even in the most difficult time.

① whom   ② who

③ what   ④ which

10 He gave several reasons, only a few _____ were valid.

① of which   ② of that

③ for which   ④ for that

11 Angelina is trying to buy the same necklace _____ she lost two months ago.

① as   ② that

③ which   ④ whose

12   Nitrogen gas, _____ up about 78 percent of our atmosphere, is constantly being used by plants and animals.

① which makes   ② which it makes

③ makes   ④ it makes

13   Greeting cards can be traced to the written messages _____ New Year's gifts in Egypt six centuries before the birth of Christ.

① were accompanied

② accompanied

③ to be accompanied

④ that accompanied

⑤ and accompanied

14   The many people _____ must be willing to commute a long distance to work.

① wished to live in rural areas

② wished that they lived in rural areas

③ who wish to live in rural areas

④ those wishing to live in rural areas

[15-29] Choose the one that is NOT correct in standard English.

15   They were not free ①to leave the ②estates ③which they were born or ④to change jobs.

16   A river ①delta refers to the ②mouth of a river and the alluvial land ③where borders ④it.

17   Can you ①pick up some shopping ②on your way home? I want ③some of those ④bread rolls ⑤what we had last week.

18   ①Although the medical test has been ②strongly recommended, ③few doctors are actually using it, ④that is very unfortunate.

19   Speed can be ①developed into a permanent habit ②only if you do ③that naturally fast readers ④have always done from childhood on.

20   The city of New Orleans ①is ②a major international port and a banking center ③which export ④includes machinery, paper and grains.

21   The basketball league ①imposes severe fines on players who, ②when they are ③involved in outside disputes, ④they violate league policy.

22   ①During the last 30 years of his life, Matthew Arnold's literary energies ②were devoted to prose, ③which he published ④more than 15 volumes.

23   Efficiency enters the picture ①when the resources ②demanded to achieve an objective ③are weighed against ④which was actually accomplished.

24   Aristotle described the leisure ①as a realm ②which human beings gain freedom for self-development ③when the necessities of life have been ④taken care of.

25   ①Although memory function is difficult to understand and analyze, memory loss is something that many people ②experience and worry ③about it as they ④age.

26 ①Living a minimal life made me better understand ②that I really need, and the sense of accomplishment from ③emptying things out ④has a positive effect ⑤on my mental health too.

27 In plain ①yet poetic and forceful language, James Lee ②highlights the essential difference between the white man, ③whom land is a commodity, ④and the Native Americans, who cannot own land.

28 ①Saying that the Miss World pageant should be focused more on ②that a woman could ③do with a title like Miss World, the organization announced that ④future pageants will not include a swimsuit round.

29 ①To Warren Buffet, his father's library ②must have been like a recommended booklist. When he was eight years old, Buffet started ③reading the books in the library. His reading habit might have been ④that turned him into the Oracle of Omaha.

[30] Choose the sentence that is NOT grammatically correct.

30 ① To whom do you want to talk?
② Who do you want to talk to?
③ To who do you want to talk?
④ Whom do you like to talk to?
⑤ Who would you like to talk to?

22만 6천 편입합격생의 선택

김영편입 영어 문법

기출 **1**단계

11

명사

1   가산명사와 불가산명사

명사는 가산명사와 불가산명사로 나뉜다.

1 가산명사: 보통/집합명사 - 부정관사와 복수형 적용

I have a son and two **daughters**. <보통명사>
The English are a rich **people**. <집합명사>

> **집합명사는 구성원 하나하나를 가리키는 의미일 때 복수 취급 - 군집명사**
> His <u>**family is**</u> the oldest in the village. <집합명사>
> Her <u>**family are**</u> all music lovers. <군집명사>

2 불가산명사: 물질/추상/고유명사 - 원칙적으로 부정관사와 복수형 적용 불가

I like **gold** better than **silver**. <물질명사>
Knowledge is power. <추상명사>
Seoul is a beautiful city. <고유명사>

3 불가산명사의 단위 표시 - 조수사 이용

a cup of coffee / **a glass of** milk / **a piece of** advice / **a piece of** information

2   주의해야 할 명사의 수

1 단수형이고 단수 취급하는 명사

복수형도 틀리며 앞에 a(n)가 있어도 틀린다. '많다'는 뜻은 much로 수식한다.
baggage, equipment, furniture, information, knowledge 등

2 단수형이고 복수 취급하는 명사

앞에 the가 있는 것과 없는 것이 있으며 복수어미 -s(es)가 없어도 복수 취급한다.
the police, the public, cattle, people 등

3 복수형이고 단수 취급하는 명사

학과명: economics, mathematics, politics 등
병명: measles, mumps 등
국가명/기타: the Philippines, the United States, news 등

4 복수형이고 복수 취급하는 명사

의복류, 기구, 도구: pants, socks, trousers, glasses, scissors 등

5 복수일 때 의미가 달라지는 명사

arm (팔) — **arms** (무기)
custom (풍습, 관습) — **customs** (관세; 세관)
good (이익, 선) — **goods** (상품)
manner (방법, 태도) — **manners** (예절; 풍습)
mean (평균, 중간) — **means** (수단, 방법)
pain (고통, 아픔) — **pains** (노고, 수고)
paper (종이) — **papers** (서류, 문서)

3 명사의 수량 표시

1 가산명사 (수의 개념)

many, few, a few, a (great/good) number of, some 등

2 불가산명사 (양의 개념)

much, little, a little, a (great/good) deal of, a (large/great) amount of, some 등

3 가산명사, 불가산명사 모두 가능

a lot of, lots of, plenty of 등

4 막연한 수 표시

hundreds of, thousands of, tens of thousands of 등

> 막연한 수를 표시하는 경우를 제외하고 수사에 -s를 붙이지 않음에 주의!
> five **hundred** stars 500개의 별 / five **hundreds** stars (×)
> **hundreds of** stars 수백 개의 별

4 명사의 소유격

1 생물은 「명사's」, 무생물은 「of 명사」가 원칙이다.
John's legs / **legs of** the table

2 시간, 거리, 무게, 천체, 사람의 집합체 등은 무생물이어도 「명사's」로 나타낼 수 있다.
today's newspaper / a **day's** wit / ten **miles'** distance

3 이중소유격
소유격은 다른 한정사(a/the/this/that/every/any/no 등)와 같이 나란히 명사 앞에 올 수 없다. 이때는 다른 한정사는 명사 앞에 두고 소유격을 소유대명사로 바꾸어 명사 뒤에 「of 소유대명사」의 형태로 놓는데 이를 이중소유격이라 한다.
a book of mine (○) / a my book (×) / my a book (×)

5 복합명사(명사 +명사) | 용도, 재료 부분, 신체부위, 장소, 때 등을 나타내는 명사가 뒤의 명사를 형용사처럼 수식하여 '명사 +명사' 형태가 된 것이다.

1 선행명사는 항상 단수로 하며, 복수인 경우 뒤의 명사를 복수로 한다.
a conference room 회의실, tennis shoes 테니스 신발

2 선행명사는 항상 단수형이지만 자체가 복수형이거나 관용적일 때는 예외로 한다.
customs house 세관, communications satellite 통신위성

출제 포인트

1. 가산명사는 반드시 부정관사를 붙이거나 또는 복수형으로 표기해야 한다.
2. 불가산명사는 원칙적으로 부정관사를 붙이거나 복수형으로 표기할 수 없다.
3. 가산명사는 many, few 등으로 수식하고 불가산명사는 much, little 등으로 수식한다.

명사 | **TEST 01**

▶ ▶ ▶ ANSWERS P.361

[01-10] Choose the one that best completes the sentence.

01 Because Roman farmers had an ample supply of cattle, cattle _____ as a measure of wealth.

① was used   ② is used

③ are used   ④ were used

02 Prior to the product launch, managers had to provide additional training to _____ of their sales force.

① many   ② a few

③ much   ④ several

03 He is not _____ I used to know.

① Jack   ② the Jack

③ Jack who   ④ this Jack

04 _____ applicants were accepted into the program this year due to a cut in funding.

① All of   ② Much

③ Less   ④ Fewer

05 The arthropods, including insects and spiders, are _____ economic and medical significance.

① both great   ② great

③ of great   ④ still greater

06   They were able to give him _____ money but not enough to live on, so he had to work while he studied.

① a little   ② a few

③ little   ④ few

07   You can reach us either by phone or e-mail when you need technical _____ or have any questions about your purchase.

① supported   ② supporter

③ supportive   ④ support

08   That is _____ newly built house.

① Lee's and Kim's   ② Lee and Kim

③ Lee and Kim's   ④ Lee's and Kim

09   He drank two bottles of wine and _____.

① as much beer   ② as many beer

③ as much as beer   ④ as many as beer

10   As a safety measure, the detonator for a nuclear device may be made of _____, each of which is controlled by a different employee.

① two equipments

② two pieces of equipment

③ two piece of equipments

④ two equipment pieces

[11-19] Choose the one that is NOT correct in standard English.

11 The ①softwares are ②installed in the car, and ③it can drive ④on its own.

12 ①Million of people from ②all over the world ③visited the New York World's Fair ④from 1964 to 1965.

13 ①With the start of the penny papers in the 1830's, ②a number of people ③regularly reading a newspaper rose ④considerably.

14 ①Success stories are a frequently investigated ②genres of culturally ③shared narratives in areas ④such as literature, journalism, and sport.

15 The recent statistics ①shows that the number of upcoming students ②is expected to be more than ③two thousand ④next year in Tonawanda.

16 United Nations ①is accusing the militia ②of blocking emergency food supplies to ③tens of ④thousand of people in the suburban area.

17 Many people tune into psychology podcasts because they enjoy ①listening to the hosts ②give others ③an advice on everyday issues ranging from raising children ④to finding romance.

18 In recent years, public libraries in the United States ①have experienced ②reducing in their ③operating funds due in large part ④to cuts ⑤imposed at the federal, state, and local government levels.

19 ①Almost every European country ②is seeing a rise in the ③number of homeless peoples, including those who live in temporary accommodation, as well as the ④smaller number who live on the street.

[20] Choose the sentence that is NOT grammatically correct.

20 ① Don't forget to buy a few butter.

ㅤㅤㅤ② I stopped to see the queen's parade.

ㅤㅤㅤ③ She was used to being teased by her sister.

ㅤㅤㅤ④ The author is known by the book to everybody.

12

관사

1 부정관사와 정관사

부정관사(a/an)는 불특정한 대상을 가리키고, 정관사(the)는 특정한 대상을 가리킨다.

I bought **a** car yesterday, and **the** car is now in the parking lot.
나는 어제 차를 한 대 샀는데, 그 차는 지금 주차장에 있다.

2 부정관사의 용법

① one (하나의)
   I waited for **an** hour.

② the same (같은)
   Birds of **a** feather flock together.

③ per (~마다)
   I can type about 300 words **a** minute.

④ a certain (어떤)
   In **a** sense, it is fraud.

⑤ some (약간의)
   You should look at the picture from **a** distance.

⑥ 관용적 표현
   in a hurry 서둘러 **all of a sudden** 갑자기 **at a loss** 당황하여
   as a rule 대체로 **a great many** 많은

3 정관사의 용법

 기본 용법

① 앞에 나온 명사를 반복할 때
   Planning a trip is as much fun as **the trip** itself.

② 이미 나온 사물에 관련된 것을 가리킬 때
   He made a kennel and painted **the roof** red.

③ 특정 상황에서 명백한 것, 화자와 청자가 서로 알고 있는 것을 가리킬 때
   I feel cold. Please shut **the door**.

④ 최상급의 형용사 및 first, last, only, same, very, 서수 등으로 제한할 때
   What is **the commonest food** in your country?

⑤ 유일한 것을 가리킬 때

the air, the army, the Bible, the earth, the east, the horizon 등

⑥ 명사에 수식어구가 따를 때

The houses <u>in that street</u> are very expensive to buy.

2 특별 용법

① 총칭적 용법: 'the +보통명사' → 종족대표

The lion is the king of beasts.

② 총괄적 용법: 'the +복수명사' → 전체 표시

The stars are bright tonight. (= all the stars we see in the sky)

③ 신체의 일부 표시: 동사 +목적어(사람) +전치사 +the +몸의 일부

She caught me by **the** hand. (catch +목적어 +by the hand)

④ 계량·수량의 단위 표시: 계량의 단위에 붙어 '~당(per, each)'이란 뜻을 나타낸다.

by the dozen, by the day, by the hour, by the pound 등

⑤ the +형용사: 복수보통명사(사람) / 추상명사(사물의 성질)

The rich are apt to look down on **the poor**. (the rich = 부자들 / the poor = 가난한 사람들)

The sublime is in a grain of dust. (the sublime = 숭고한 것)

4 관사의 생략(무관사)

① 신분, 관직 명사가 호칭이나 동격이나 보어일 때

Professor Sohn, **author** of the book, was elected **mayor** of our city.

② 건물 등의 명사가 본래의 목적을 의미할 때

go to **church**, go to **bed**, go to **school** 등

③ 운동, 게임, 식사 명사 앞

I play **tennis** before **breakfast** and play **chess** after **supper**.

④ 앞에 관사가 없는 고유명사(역, 공항, 공원 등)

Seoul **Station**, Incheon International **Airport**, Hyde **Park** 등

5 관사의 위치

① a(n) +형용사 +명사

a cute doll

② all/both/double/half +the +명사

I know **all**/**both**/**half the** visitors.

③ what/many/such/quite/rather +a(n) +형용사 +명사

What a beautiful girl she was!

④ how/so/as/too/however +형용사 +a(n) +명사

so cute **a** doll 그렇게도 예쁜 인형

as cute **a** doll 그만큼 예쁜 인형

how cute **a** doll 얼마나 예쁜 인형

too cute **a** doll 너무나도 예쁜 인형

 출제 포인트

1. 부정관사는 불특정한 대상을, 정관사는 특정한 대상을 가리킨다.

2. 최상급의 형용사 및 first/last/only 등으로 제한할 때, 유일한 것을 가리킬 때, 명사에 수식어구가 따를 때 정관사를 쓴다.

3. 원칙적으로 운동, 게임, 식사, 질병의 명사 앞에는 관사를 쓰지 않는다.

4. 'such +a(n) +형용사 +명사'와 'so +형용사 +a(n) +명사'의 어순은 반드시 숙지해야 한다.

12

관사 | TEST 01

ANSWERS P.364

[01-07] Choose the one that best completes the sentence.

01   You will work from ten to three and get paid by _____.

① hour   ② an hour

③ hours   ④ the hour

02   Astronomy is _____ of stars and planets.

① a science   ② sciences

③ the science   ④ science

03   The Amazon River in Brazil is _____ longest river in _____ South America.

① the / -   ② - / the

③ the / the   ④ a / -

04   Will went to _____ greengrocer's and bought _____ bunch of blue bananas. Lord, what will they come up with next?

① a — the   ② a — (nothing)

③ the — (nothing)   ④ the — a

⑤ (nothing) — a

05   Sally Ride, _____ American woman to travel in space, participated in two space shuttle missions to launch communication satellites.

① first   ② the first

③ the first of   ④ the first among

06 However _____ you may have, you will have to work it out soon.

① a serious problem   ② serious a problem

③ serious problem   ④ serious problems

07 In the nuclear era, revenge may _____ of redress and self-gratification to be endured.

① too be a hairy form   ② be too hairy a form

③ too a hairy form be   ④ be a hairy too form

[08-20] Choose the one that is NOT correct in standard English.

08 ①The soccer is ②a ball game ③played by two teams, each ④made up of 11 players.

09 ①The point is that we have ②so a small piece of gold that ③it would be beyond our ability ④to cut it.

10 ①A man walked into a room, then walked out of ②a room (same room). Then, ③the man returned to ④the room (same room).

11 ①The Mauryan dynasty ②Chandragupta Maurya founded reached its peak under his grandson ③Ashoka, who conquered much of ④the India.

12 ①A handful of movie theaters have already ②gone dark permanently, and 70% of small ones are at ③the risk of shutting down without ④federal aid.

13 ①Earliest written record of ②a locust plague is probably in the Book of Exodus, ③which describes an attack that took place in Egypt ④in about 3500 B.C.

14   ①In 1821 the Boston School Committee ②established the English Classical School, which ③was first public ④secondary school in the United States.

15   ①The constellation Orion includes ②the all stars in the familiar pattern of the hunter, ③along with the region of the sky ④in which these stars are found.

16   Radio, television, the internet, and other ①means of transmission have transformed music into ②an universal phenomenon and further enhanced ③its status as a ④commodity.

17   ①A good health is not something you are able to buy at the drugstore, and you can't ②depend on getting ③it back with a quick visit to the doctor when you're sick, ④either.

18   ①Effective public speakers know ②how to use body language and eye contact to maintain ③an attention of their audience and to emphasize the ④most important points in their speech.

19   The cowboy pulled his gun to ①shoot at the rattlesnake, but he was too late. If he ②had been quicker to pull the trigger, the snake wouldn't have bitten him ③on foot. ④No error.

20   Though the term *individualism* did not appear ①until late 1820s, when market societies were well established, the principles ②it encompasses ③were already instated ④by the mid-eighteenth century.

22만 6천 편입합격생의 선택

김영편입 영어
문법

기출 **1**단계

13

대명사

1 인칭대명사

인칭의 구별을 나타내는 대명사를 인칭대명사라 하며, 말하는 자를 가리키는 것을 1인칭, 듣는 자를 가리키는 것을 2인칭, 그 이외의 사람 또는 사물을 가리키는 것을 3인칭이라 한다.

인칭	수	주격	소유격	목적격	소유대명사	재귀대명사
1인칭	단수	I	my	me	mine	myself
	복수	we	our	us	ours	ourselves
2인칭	단수	you	your	you	yours	yourself
	복수	you	your	you	yours	yourselves
3인칭	단수	he	his	him	his	himself
		she	her	her	hers	herself
		it	its	it	-	itself
	복수	they	their	them	theirs	themselves

2 it의 용법

① 앞이나 뒤에 나온 명사를 받는 경우

He took a stone and threw **it**. (it = the stone)

② 앞에 나온 구나 절을 받는 경우

The two boys love Mary, and she knows **it**. (it = The two boys love Mary)

③ 비인칭 주어 it: 기후/기온/시간/거리 등을 나타내며, 해석하지는 않는다.

It is hot in this room. 〈기온〉

④ 가주어 it: 주어로 구나 절이 올 때 간단하게 하기 위해 가주어 it을 사용하며, 해석하지는 않는다.

It is a pity to make a fool of yourself. 〈to부정사〉

(= To make a fool of yourself is a pity.)

⑤ It ~ that 강조구문: 동사 이외의 모든 것을 강조할 수 있고 시제는 원문과 일치한다.

Yesterday Peter bought the shoes at that store.

➡ **It** was <u>**yesterday**</u> that Peter bought the shoes at that store. 〈부사 강조〉

➡ **It** was <u>**Peter**</u> that[who] bought the shoes at that store yesterday. 〈주어 강조〉

➡ **It** was <u>**the shoes**</u> that[which] Peter bought at that store yesterday. 〈목적어 강조〉

3 소유대명사

인칭대명사의 소유격이 형용사적으로 쓰이는 데 반해 mine, yours 등은 명사적으로 쓰이며, 소유격 뒤에 오는 명사가 생략되고 단독으로 쓰이는 소유격으로 소유대명사 또는 독립소유격이라 한다.

① 명사의 중복을 피하기 위해서

His shoes are big and **mine**(= my shoes) are small.

② 이중소유격에서

Those daughters **of yours** are very charming.

4 재귀대명사

① 재귀적 용법: 동사나 전치사의 목적어가 주어와 동일할 때

She looked at **herself** in the mirror.

② 강조적 용법: 주어, 목적어, 보어와 동격이 되어 뜻을 강조

You have to do your homework **yourself**.

③ 관용적 용법

for oneself 자력으로　　**by oneself** 홀로　　**to oneself** 독점하여
in spite of oneself 무의식적으로　　**beside oneself** 제 정신이 아닌

5 지시대명사

 this, that

① 기본용법: this는 가까이 있는 물건이나 사람을 가리키며 시간상 현재를 나타내는 반면, that은 멀리 있는 물건이나 사람을 가리키며 시간상 과거를 나타낸다.

② 일반인: those

Heaven helps **those** who help themselves.

③ 전자/후자: that/this

Work and play are both necessary to health; **this** gives us rest, and **that** gives us energy.

(that = work, this = play)

 such

① 지시대명사: 그런 것, 그런 사람

He wrote to her every day, **such** was his love for her. (such = 앞 문장 전체)

② 지시형용사: 저렇게 좋은, 대단한

It was **such** a hot day.

6 부정대명사

1 one

① one과 it의 차이

one은 'a(n) +명사'의 뜻으로 '같은 종류'를 나타냄

it은 'the +단수명사'의 뜻으로 앞에서 언급한 '바로 그것(동일한 것)'을 나타냄

This hat is too small. I want another **one**. 〈a hat의 반복을 피함〉

Do you want this pen? Yes, I want **it**. 〈this pen대신 사용되어 동일물을 나타냄〉

② 수식어가 붙는 경우: 관사를 붙이기도 하고, 복수형이 될 수도 있다.

The dictionary is better than **the one (that)** you have. (dictionary = one)

③ 일반적인 사람을 나타내는 경우

One must work hard to achieve success.

2 none

no one이나 nobody보다 뜻이 약하며, 문어적인 표현이다.

① of를 수반하여 '아무도 ~않다, 어느 것도 ~않다'의 의미로 쓰인다.

None of us have received any letters.

② 'no +단수명사'를 대신하여 '그러한 사람[것]은 ~없다'의 의미로 쓰인다.

Half a loaf is better than **none**. (= no loaf)

3 other, another

① one ~ the other: 둘 중 하나는 ~ 다른 하나는 ~

He has two books; **one** is red and **the other** is blue.

② one ~ another: (셋 이상 중) 하나는 ~ 또 다른 하나는 ~

I don't like this **one**. Will you show me **another**?

one 하나는 ~ **another** 또 하나는 ~ **a third** 또 하나는 ~ **the others** 나머지 전부는
some 몇몇은 ~ **others** 또 다른 몇몇은 ~

4 either, neither

둘에 대해서만 쓰며 neither는 전부부정의 의미이고, either는 때로 both의 뜻으로도 쓰인다.

① either: 둘 중에서 한쪽 긍정

There are two hotels in the town and you can stay at **either** of them.

② neither: 둘 다 부정

Neither candidate wants to increase the tax rate.

> either, neither는 원칙적으로 단수 취급
>
> **Either** of them **has** to attend the meeting. 그들 중 하나는 회의에 참석해야 한다.
>
> **Neither** of them **has** to attend the meeting. 그들 중 누구도 회의에 참석해서는 안 된다.

> either는 때로 both의 의미로도 사용
>
> **Either** candidate(= **Both** candidates) would be ideal for the job.

5 most, almost

① most +일반명사 / most of the +일반명사

Most boys like sports.

Most of the boys died.

② almost +부정대명사

Almost all of them died. (○) (= Nearly all~) (부정대명사: all, everyone 등)

거의 모두가 죽었다.

Most all of them died. (×)

[01-12] Choose the one that best completes the sentence.

01   There is no paper in our office, so if yours has _____, please let us know immediately.

① any   ② few

③ little   ④ none

02   A bill is suggested largely by the constituents that will benefit from _____ enforcement.

① its   ② it

③ them   ④ they

03   The most obvious difference between an aircraft and a space vehicle is _____ of speed, but this alone cannot account for the greater stamina required of astronauts.

① those   ② this

③ which   ④ that

04   The two brothers got up at 8:30 that day. _____ of them were tired, because neither of them had slept well.

① Both   ② None

③ All   ④ Either

05   _____ of the new workers receives a booklet that contains company information at the orientation.

① Every   ② Each

③ Most   ④ All

06 I was wondering if you had any books on zoology. I'd like to borrow _____.

① it ② one

③ another ④ the book

07 I'm afraid we can't have coffee; there's _____ left.

① no ② none

③ never ④ not

08 Totem poles provide eloquent records of a tribe's lineage and _____ history.

① its ② it's

③ his ④ their

09 _____ of the money donated is spent directly on the refugees.

① Near all ② The all

③ Most ④ The most

10 As _____ of our employees can afford cars of _____ own, they all have to rely on public transport.

① few — them ② some — his

③ none — their ④ most — our

11 Bill asked me for the money he'd lent me, but I'd already _____. He just forgot.

① paid them back ② paid back them

③ paid it back ④ paid back it

12 The more one knows about Elizabethan England, the more _____ the importance of the British navy.

① you understand ② one understands

③ they understand ④ we understand

[13-30] Choose the one that is NOT correct in standard English.

13 ①Never would I ②have had a letter of ③her seen by you in ④former days.

14 For ①these looking for ②one-of-a-kind gifts, the Portland Night Market ③is a ④must.

15 John ①loves Mary, but Mary ②doesn't love John. So he loves ③she, but she doesn't love ④him.

16 James and Jack are very much ①alike in ②appearances, but their parents can ③tell one from ④another.

17 ①Many of CEOs appear ②to see it ③as vital for the future of the company to ④expand into the Asian market.

18 The sun contains 99.9% of the mass of the ①solar system and thus ②induces the ③other planets to orbit around ④them.

19 The populations of ①most developing countries grow ②at a rate ③much faster than ④that of industrialized countries.

20   Farmers ①would take pollen from the sweetest melon plants and ②add ③them to the flowers of plants that produced ④the biggest melons.

21   ①One can learn more ②about new computers by actually working with ③it than one can by ④merely reading the instruction manual.

22   ①Because of their color and shape, seahorses blend ②so well with the seaweed ③in which they live that it is almost impossible to see ④themselves.

23   Most people learn either the British ①or American form of English. Canadians speak in their own style, ②which contains some elements ③in common with each of ④others.

24   She ①has since tried so many different insulin types, tools and devices ②that her experiences have almost mirrored the evolution of insulin ③themselves. ④No error.

25   Automobiles, escalators, and computers ①have not obviated the need ②for humans to put ③one foot in front of ④another in the course of their daily life.

26   While many couples ①still want to have a large, traditional wedding, ②other now prefer ③to hold a small, intimate ceremony with only close friends and family members ④present.

27   Princess Phillips has followed ①in her mother's footsteps in becoming ②an equestrian champion and has carved out ③his own life away ④from palace pressures.

28 Microbes affect ①<u>human life</u> in many ways, from the day of our birth to the day of our death, and ②<u>even thereafter</u>, since ③<u>it attacks</u> our mortal remains and reduce them ④<u>to mere</u> dust.

29 Through the 1950s and 1960s, shopping centers added ①<u>characteristics</u> of the ②<u>true</u> modern shopping mall, such as ③<u>enclosed</u> ceilings and ④<u>another</u> commercial functions.

30 Martin Luther King Jr.'s assassination ironically ①<u>resulted</u> in a series of violent ②<u>riots</u> across nearly every major city in America, though ③<u>it</u> always ④<u>advocated</u> the use of nonviolent protest.

형용사

1 형용사의 용법 (한정/서술)

 한정적 용법

① 원칙: 형용사일 때만 명사 앞에 놓이고, 두 단어 이상이 되면 뒤에서 수식

An orange has its **peculiar** flavor.

This is a flavor **peculiar to an orange**.

② 예외

- -thing으로 끝나는 말을 수식할 때

He takes a great interest in **things Korean**.

- -able, -ible로 끝나는 형용사가 all, every, 형용사의 최상급을 수식할 때

It was **the finest** thing **imaginable**.

- present가 '참석한'의 뜻으로 쓰일 때

All the people **present** burst out laughing.

 서술적 용법

① 자동사의 보어가 되는 경우

We all got **wet** to the skin.

Her voice was **low and breathless**.

② 타동사의 보어(목적보어)가 되는 경우

We found him **dead** in the snow.

③ 준보어

- 주격보어로서의 준보어: 변화나 이동을 나타내는 완전자동사 뒤에 써서 주어의 내용을 보충하는 말로, 준보어가 없이도 문장은 성립하기 때문에 주격보어와는 다르다.

He died **young/poor/rich**.

He returned home **safe/different**.

- 목적보어로서의 준보어

We can purchase meat not only **fresh** but also **canned and frozen**.

 서술적 용법으로만 쓰는 형용사

① a-로 시작되는 형용사(afraid, alike, alive, alone, ashamed, asleep, averse, awake 등)

He is **averse** to study.

② 감정 등을 나타내는 형용사(be bound to V, be content with, be fond of, be liable to V, be subject to 등)

All men are **liable** to make mistakes.

4 한정적 용법과 서술적 용법에 따라 뜻이 다른 형용사

① certain: '어떤' / '확실한'

He arrived at a **certain** town. / He is **certain** to come.

② late: '고(故)' / '늦은'

The **late** Mr. Kim was a millionaire. / Mr. Kim was **late** for the last train.

③ ill: '나쁜' / '아픈'

Ill news runs apace. / He is **ill** in bed.

④ present: '현재의' / '참석한'

The **present** government is clean. / Were you **present** at the meeting?

5 목적어를 취하는 형용사

① like, unlike, near, opposite, worth

He sat down **opposite** his mother.

② as/like/such as의 비교

- as: ~으로서(자격, 역할, 기능을 표시) - 동일성이 있음
- like: ~처럼 - 동일성이 없음
- such as: 예를 들면, ~와 같은

He works here **as** a teacher. (He = a teacher)

He swims **like** a fish. (He ≠ a fish)

They are all men of letters **such as** Gibbon and Johnson.

---

2 형용사의 어순

'전치한정사-한정사-서수-기수-대소-형상-성질-신구-재료'의 어순을 따른다.

 원칙

일반적으로 형용사의 수식을 받는 명사와 가장 관계가 깊은 형용사일수록 뒤로 가서 명사와 가까이 놓는다. '기수'까지는 순서가 엄격히 지켜지나, '대소' 이하에서는 서로 인접한 형용사들끼리 다소 순서가 바뀔 수도 있다.

① 전치한정사 - all/both/half/double 등

② 한정사 - a(n)/the/my/this/that 등

③ 서수 - first/second/third 등

④ 기수 - two/three/four 등

⑤ 대소 - large/big/small/tall 등

⑥ 형상 - square/round/oval/diamond 등

⑦ 성질 - honest/bad/good 등

⑧ 신구 - old/new 등

⑨ 재료 - wooden/English 등

2 명사적 형용사가 명사를 수식하는 경우: 형용사가 그 사이에 올 수 없다.

the **urgent Papal** appeal (○) / the Papal urgent appeal (×)

a **new world** record (○) / a world new record (×)

3 척도 표시 형용사: 척도명사 다음에 온다.

The tower is five hundred **feet high**.

4 수사 +명사

① 순서가 있는 명사: the +서수 +명사 = 명사 +기수

the Second World War = **World War Two** 제2차 세계대전

the second chapter = **chapter two** 제2장

② 순서가 없는 명사: 명사 +기수

Gate 8 = Gate eight 8번 문 / Room 2 = Room two 2호실

Track 4 = Track four 4번 선 / Flight 15 = Flight fifteen 15번 비행기

3 형용사 구문

1 'It is ~ for 사람 +to V ~ 구문'으로 사용하는 형용사는 'It is ~ that 구문' 사용 불가

dangerous, difficult, easy, hard, tough, useless, usual, unusual 등

It is difficult **for** us **to** know the difference between the two. (○)

It is difficult **that** we know the difference between the two. (×)

2 'It is ~ that 구문'으로 사용하는 형용사는 'It is ~ for 사람 +to V ~ 구문' 사용 불가

apparent, certain, clear, uncertain, unclear, evident, fortunate, hesitant, likely, unlikely, obvious, probable, true, well-known 등

It is certain **that** she will win the contest. (○)

It is certain **for** her **to** win the contest. (×)

She will **certainly** win the contest. (○)

3 'It is ~ of 사람 +to V ~ 구문'으로 사용하는 형용사는 사람의 성격이나 성향을 나타냄

arrogant, brave, careless, clever, cowardly, crazy, cruel, foolish, good, honest, dishonest, impudent, kind, naughty, nice, polite, impolite, right, rude, sensible, silly, stupid, sweet, ungrateful, unkind, wise, wrong 등

It was foolish **of** him **to** do so. (○)

He was foolish **to** do so. (○)

It was foolish **for** him **to** do so. (×)

4 사람을 주어로 할 수 없는 형용사는 'It is ~ for 사람 +to V ~ 구문'으로만 사용

convenient, dangerous, delightful, difficult, easy, hard, important, impossible, natural, necessary, painful, regrettable, useful, useless 등

It is impossible **for** Mary **to** master English. (○)
English is impossible **for** Mary **to** master. (○)
Mary is impossible **to** master English. (×)

> **It** is hard **to please** him. (○)
> = **He** is hard **to please**. (○)

5 사람만을 주어로 하는 형용사는 무생물을 주어로 쓸 수 없음

afraid, angry, anxious, ashamed, delighted, excited, glad, happy, pleased, proud, sorry, sure, surprised, thankful, willing 등

I am **sure** that she will succeed. (○)
She is **proud** of being rich. (○)

> healthy/healthful, imaginative/imaginable, pleasant/pleased, satisfactory/satisfied는 주어가 사람이냐 사물이냐에 따라 형용사가 달라진다.
> **Your work** was **satisfactory**. 〈사물주어〉
> **I** was **satisfied** with your work. 〈사람주어〉

6 이성적 판단의 형용사는 that절의 동사는 '(should) 동사원형'으로 쓰임

advisable, essential, imperative, important, insistent, natural, necessary, proper, rational, required, urgent 등

It is essential **that** he **(should) be** the director of the English program.

🖉 **출제 포인트**

1. a-로 시작하는 형용사는 서술적 용법으로만 사용한다. ex.) afraid, alike, alive, alone, asleep, awake

2. 전치사적 형용사인 like, unlike, near, opposite, worth는 뒤에 목적어를 취한다.

3. 형용사의 어순은 '전치한정사-한정사-서수-기수-대소-형상-성질-신구-재료'를 따른다.

4. '수사 +명사'를 표현할 때 순서가 있는 명사는 'the +서수 +명사' 또는 '명사 +기수'의 어순을, 순서가 없는 명사는 '명사 +기수'의 어순을 따른다.

형용사 | TEST 01

[01-09] Choose the one that best completes the sentence.

01   The _____ president has long been respected.

① lately   ② late

③ belated   ④ later

02   Dogs that are trained to lead _____ must be loyal, intelligent, and calm.

① a blind   ② the blind

③ blinds   ④ blind

03   Scientists are searching for the oldest _____ because it can teach them a great deal about many matters.

① tree alive   ② tree live

③ tree lively   ④ alive tree

04   Despite the promise of the field and the brilliant people who work in it, biomimetics has led to surprisingly _____ business successes.

① little   ② many

③ much   ④ few

05   _____ the people who saw the painting thought it was fantastic.

① Every one   ② Most

③ Each   ④ All

⑤ None

06 Government economists are taking a _____ view of the country's IT market this year, citing a recent pattern of slowing growth.

① conserved   ② conserving

③ conservation   ④ conservative

07 The Taj Mahal is really worth _____.

① to visit it   ② visiting

③ you visit it   ④ visit

08 It is essential that every student _____ fully in the program to get credits.

① participates   ② participate

③ has participated   ④ shall participate

09 The grape is the _____, juicy fruit of a woody vine.

① smooth-skinned   ② skinned is smooth

③ skin, which is smooth   ④ smooth skin

[10-30] Choose the one that is NOT correct in standard English.

10 One of the ①majority causes of ②tides is the ③gravitational ④attraction of the moon.

11 If you have ①farther questions, ②please feel free ③to call me ④at 233-4556.

12 The ①victory students ②ran through the streets ③in an ④exalted state of excitement.

13   Unless ①the fans become ②ordered, the game will ③be forfeited ④to ⑤the visiting team.

14   ①Although the two signatures are ②supposed to be exactly ③the same, ④they are not at all ⑤like.

15   ①Although pineapple plants need ②few water and ③only fair soil, the land has to be ④heavily fertilized.

16   The ①irritable sergeant ②was insistent that nothing ③supersedes the drilling of ④the forty new men.

17   ①Despite what I ②had heard about Dr. Smith, I found him ③to be a ④considerable and compassionate man.

18   Why a person has ①none friendship is ②something that cannot ③be adequately ④determined by ⑤a survey.

19   The threat of ①rapidly urbanization ②to the environment is increasingly ③becoming certain in Africa, ④where urban growth is booming.

20   The fertility rate of women with ①higher incomes ②is higher while women who ③pursue careers tend to have ④less babies.

21 ①Those who are interested ②in applying for the position ③should submit their ④detailing resumes to the Personnel Department.

22 I don't think ①going for a walk is a good idea. It's quite cold, and, ②besides, it's ③getting late and we don't like to be ④outward in the dark.

23 The new residence hotels, which are ①presently under construction, ②will be the most ③luxury living quarters ④available in the city.

24 Certain therapies, such as ①behavior therapy, use rewards and ②punishments to encourage patients ③to act in a ④way healthier.

25 The Billboard magazine publishes a ①week chart that ranks the ②best-selling albums in the United States. In 1946, twelve albums ③by eleven artists ④topped the chart.

26 An alligator is ①an animal ②somewhat like a crocodile, ③but with broad and ④flatten snout.

27 In the last decade ①or so, average wages in this country have risen ②at ③double-digits rates, and other production costs have increased along with ④them.

28 ①To the most fully extent possible, these model format and schemes ②should comply with the ③existing standards ④developed by the federal government.

29   Doctors are known for using ①complicating words that make ②them sound either extremely intelligent or really ③out of touch with ④what most people can understand.

30   For the president who has been under fire for the way he deals with the ①ailing company, the ②challenged thing is how he will be able to complete the ③ongoing economic restructuring without ④asking for any further sacrifices on the part of workers.

15

부사

1 부사의 기능

1 형용사/동사/부사/문장을 수식하는 수식어로서의 기능 밖에 없으므로 문장의 주요소가 되지 못하며, 생략되어도 문장이 성립된다.

That was a **very** funny film. 〈형용사의 수식〉

I am **only** slightly acquainted with her. 〈부사수식〉

2 보어로 사용되는 것은 명사/형용사이며, 부사는 보어로 사용되지 못한다.

My English teacher is very **kind**. (○)

My English teacher is very **kindly**. (×)

2 부사의 형태

1 형용사 +ly형: 대부분 '형용사 +ly'의 형태를 취하며, 다음과 같은 경우는 주의를 요한다.

어미의 형태	만드는 방법	예
-y	y를 i로 바꾸고 -ly를 더한다.	easy — easily / heavy — heavily
-ue	e를 없애고 -ly를 더한다.	true — truly / undue — unduly
-le	e를 없애고 -y를 더한다.	noble — nobly / gentle — gently
-ic	ally를 더한다.	dramatic — dramatically
-ll	-y를 더한다.	full — fully / chill — chilly

2 형용사, 부사의 형태가 같은 것

early, far, fast, hard, high, late, long, near, quick, straight, wide, wrong 등

We've had a **long** wait for the bus. 〈형용사〉

We've waited **long** for the bus. 〈부사〉

3 -ly가 있고 없음에 따라 뜻이 달라지는 경우

close 접하여, 바로 곁에; 빈틈없이 / **closely** 밀접하게; 엄중히

dear 귀여워하여, 소중히; (상품이) 비싸게 / **dearly** 극진히, 끔찍이

late 늦게; 지각하여 / **lately** 요즈음, 최근에

most 가장, 매우 대단히 / **mostly** 대개, 대부분; 주로

near 가까이, 근접하여 / **nearly** 거의, 대략

The bus arrived ten minutes **late**. 버스가 10분 늦게 도착했다.

I haven't seen him **lately**. 최근에 나는 그를 보지 못했다.

3 부사의 위치

1 동사를 수식하는 경우
① 보통은 동사 뒤에 위치
The girls were laughing **happily** over comic books.

② 동사가 목적어를 취하는 경우: 동사 앞이나 목적어 뒤에 위치
He closed the door **softly**.

③ [조동사/be동사] +부사 +[본동사/현재분사/과거분사]
I have **never** seen her since that Saturday.

2 형용사를 수식하는 경우
원칙은 형용사 앞에서 수식하나 부사 enough 또는 부사구·부사절은 형용사 뒤에 위치한다.
He is a **very** good man. 〈단순부사 +형용사〉
This house is large **enough** for all of us. 〈형용사 +enough〉

3 빈도부사
일반 동사 앞/be동사 뒤/조동사 뒤에 온다.
I **sometimes** go fishing with my friends.
He is **often** late for school.
I can **hardly** believe it.

4 초점부사
① only/also: 수식하는 말 앞에 위치
Only John kissed her. 〈주어 강조〉
John **only** kissed her. 〈동사 강조〉

② alone/else: 수식받는 말 뒤에 위치
John **alone** kissed her. (= Only John kissed her.)

③ even: 수식받는 말 앞에 위치
Even a fool knows it.

5 still의 위치
① 다른 부사, 형용사를 수식할 때: 그 앞에 위치
He worked hard while **still** young.

② 부정문에서: 조동사 앞에 위치
He **still** hasn't finished the work.
= He hasn't finished the book **yet**.

6 부사구가 겹칠 때의 어순

① 시간·빈도부사가 겹칠 때: 짧은 시간(빈도) → 긴 시간(빈도) 순

He was born **at 11 a.m. on April 23 in 1939**.

② '시간, 장소, 양태, 방법'의 부사어가 겹칠 때
- 일반적으로 '양태, 방법 +장소 +시간'의 순서

She sang **perfectly in the town hall last night**.

- 왕래발착동사(go, come, arrive) +장소 +양태 +시간

arrived **here safely yesterday**.

---

4 주의해야 할 부사의 용법

1 very/much

① very: 형용사·부사의 원급, 현재분사 수식

It is a **very** serious situation.

He encountered a **very** embarrassing situation.

② much: 형용사·부사의 비교급, 최상급, 동사, 과거분사 수식

This is **much** better.

This is **much** the worst.

She was **much** surprised at the news.

2 already/yet

① already: 긍정문에서 '이미, 벌써'

I have **already** prepared my lessons.

② yet: 의문문 '이미, 벌써' / 부정문 '아직'

He has not reviewed his lessons **yet**. 〈부정문: 아직〉

Have you read through the novel **yet**? 〈의문문: 이미, 벌써〉

3 ago, before/ahead, behind

① ago, before
- ago: 현재를 기점으로 '~전에'를 뜻하여 과거시제와 함께 쓰인다.

I finished it two hours **ago**.

- before: '~보다 먼저'의 의미로 단독으로 쓰이는 경우에는 현재완료, 과거완료, 과거에 쓰이며 the day before, a month before 따위의 부사구를 형성하는 경우에는 과거완료에 쓰인다.

He knew her because he had seen her **a month before**.

② ahead: 앞서; 능가하여 / behind: 늦게, 늦어

This clock is ten minutes **ahead/behind**.

4 well/good

① well: 부사로 쓰여 '좋게, 훌륭하게', 형용사로 쓰여 '만족스러운, 건강한'을 뜻한다.

The job was **well** done. 〈부사〉
I'm fairly **well**. 〈형용사〉

② good: 형용사로 쓰여 '좋은, 훌륭한, 유익한'을 뜻한다.

He has been a **good** husband.

5 quite a

① quite a +형용사 +명사: 아주 ~한

It is **quite a** good thing.

② quite a +명사: 정말 ~인, 훌륭한 ~인

It's **quite a** disappointment to me.
He isn't **quite a** gentleman.

6 비교급, 최상급을 수식하는 부사

① 비교급, 최상급을 모두 수식하는 부사: much, (by) far

He is **by far** the better singer of the two. 〈비교급〉
She is **by far** the best tennis player in the world. 〈최상급〉

② 비교급만 수식하는 부사: even, still, far, a good deal

This book is **even** more useful than that.
E-mail is **far** more convenient than the telephone.

 출제 포인트

1. 동사를 수식하는 것은 형용사가 아니라 부사이다.
2. very는 형용사·부사의 원급과 현재분사를, much는 형용사·부사의 비교급, 최상급, 동사와 과거분사를 수식한다.
3. already는 긍정문에서 '이미, 벌써', yet은 의문문에서는 '이미, 벌써', 부정문에서는 '아직'의 뜻을 가진다.
4. much, by far는 비교급과 최상급을 수식하는 부사이다.

[01-07] Choose the one that best completes the sentence.

01 Once we finish this project, _____ we can go have a picnic in the park.

① and   ② therefore

③ but   ④ thereafter

02 Our records show that _____ 50% of the eligible students chose not to enroll in the program for financial reasons.

① closely   ② nearly

③ close   ④ near

03 The automobile is very reliable and _____ ever needs repairs or maintenance, other than usual tune-ups.

① quite   ② nearly

③ hardly   ④ just

04 Did your team play _____?

① good or bad   ② good or badly

③ well or bad   ④ well or badly

05 A local philanthropist offered _____ toward the renovation of the public park.

① quite a generous donation

② a quite generous donation

③ quite generous a donation

④ quite a donation generous

06 _____ west of the Rocky Mountains.

① Tornadoes almost occur never

② Tornadoes never almost occur

③ Tornadoes occur almost never

④ Tornadoes almost never occur

07 The Previa's _____ provides easy access to the vehicle's optional DVD system.

① contoured uniquely design interior

② uniquely interior design contoured

③ interior uniquely contoured design

④ design contoured uniquely interior

⑤ uniquely contoured interior design

[08-30] Choose the one that is NOT correct in standard English.

08 These thin pancakes are ①<u>a cinch</u> to ②<u>make</u> and ③<u>wonderful</u> buttery, as the name ④<u>suggests</u>.

09 The young pitcher ①<u>threw</u> the ball ②<u>so hardly</u> ③<u>that</u> the batter ④<u>could not hit</u> it at all.

10 ①<u>Affluent</u> people are able to protect ②<u>their</u> health and livelihood more ③<u>effective</u> than ④<u>others</u>.

11 ①<u>As soon as</u> I saw the smoke, I ②<u>called</u> the fire department but they ③<u>haven't arrived</u> ④<u>already</u>.

12 ①To sing a song good, you must ②focus your attention ③not only on the music but ④on the words.

13 ①The question of ②whether computers can have ③minds is ④rapid becoming ⑤a significant issue.

14 The scribes of the Middle Ages ①used quill pens ②to produce ③their ④high decorated manuscripts.

15 Ariana Grande's ①Manchester memorial concert was ②aired lively ③on BBC One and ④other major networks.

16 ①In spite of a tremendous amount of ②electronic gadgetry, ③air traffic control still depends ④heavy on people.

17 ①Most people think ②of deserts as dry, flat areas with little vegetation and little ③or no rainfall, but this is ④hard true.

18 Mercury and alcohol ①are ②widely used in thermometers because ③their volume increases ④uniform with temperature.

19 ①The country sank ②deeply into a recession ③that ④lasted 10 years and caused ⑤many issues for the economy into the next decade.

20   Hummingbirds use ①their long tongues to suck nectar from flowers and ②inadvertent ③transfer pollen to ④other plants they ⑤sample.

21   ①Humans leave their ②nuclear families when they ③get married. ④Similar, chimpanzees often join a new group to ⑤mate and reproduce.

22   ①Learning to use a language ②free and full is a ③lengthy and effortful process. Teachers ④cannot learn the language for their students.

23   Although ①it cannot ②be proven, ③presumable the expansion of the universe will slow down as ④it approaches a critical radius.

24   ①Almost students in the advanced class ②have been studying English for many years, ③which is why their grades are ④better than average.

25   ①No content with ②turning his hotel into a museum, Mr. Robinson also ③sponsors ambitious events ④at the adjacent office tower and shopping mall.

26   In my family, we ①eat usually ②most of our meals together in the dining room. However, ③sometimes we eat in the living room ④in front of the TV.

27   ①Maintaining a common good often ②requires that particular individuals or particular groups ③bear costs that are ④very greater than those borne by others.

28   Tomatoes, ①actual a fruit that is used as ②a vegetable, began ③gaining wide acceptance as ④a food plant in the United States ⑤between 1820 and 1850.

29   ①In particular, I remember the ②constant growing tension ③between the widow of the deceased and the creditors who ④claimed that her late husband owed them money.

30   ①For the better part of the 20th century, Korea ②was primarily a country of outmigration, as residents were forcibly relocated, ③fled from the devastations of colonialism, war and dictatorship, or sought a better life ④in overseas.

16

전치사

1 전치사의 특성

1 전치사의 역할: 명사류를 연결하여 문장 속에서 형용사와 부사의 역할을 한다.

① **부사의 역할**

He solved the problem **with** ease. 〈동사 수식〉

② **형용사의 역할**

He is a man **of** promise. 〈명사 수식〉

It's **of** great use. 〈보어〉

2 전치사의 목적어

① **명사·대명사** : She looked **at** him for a while.

② **동명사** : He insisted **on** going there alone.

③ **부정사** : 원칙적으로 전치사의 목적어로 쓰이지 않으나, but(= except) 다음과 be about to V (막 ~하려하다) 에서만 쓴다.

He does nothing **but(= except)** eat all day.

He looked like a man **about to** faint.

④ **절** : There is a question **as to** what happened then.

2 방향 표시

1 to, for, toward(s)

① **to 동반 동사 (도착지)**

bring, come, go, return, send 등

② **for 동반 동사 (출발방향)**

depart, head, leave, start 등

③ **toward 동반 동사 (~쪽으로)**

face, turn, rush, walk 등

He went **to** the office. 〈~에: 방향과 도착점〉

The plane is bound **for** Hong Kong. 〈방향과 목적지〉

He turned his face **toward** the window. 〈~쪽으로: 운동의 방향만 표시〉

2 up, down, into, out of

She carried the child **up** the ladder to the attic. 〈위로〉

The ball rolled **down** the roof and fell to the ground. 〈아래로〉

She went **into** the kitchen. 〈내부로 들어가는 운동 상태〉

I rushed **out of** the house, shouting for help. 〈외부에 있는 운동 상태 또는 나오는 운동 상태〉

3 across, along, through, throughout, past

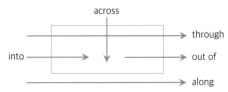

across: ~을 가로질러
along: ~을 따라서
through: ~을 통하여
throughout: ~의 구석구석까지
past: ~을 지나쳐서

4 from, off

This train is **from** New York. 〈기점, 원전으로부터 떨어짐〉
We left our car **off** the road and walked. 〈선, 면으로부터 떨어짐〉

5 round, around, about

The earth goes **round**[around] the sun. 〈운동 상태〉
They were walking **about**[around] the park. 〈막연한 주위〉

3 위치 표시

1 at, in

① at: 비교적 좁은 장소·한 지점, 주소 - 번지표시, 분명하지 않은 위치
② in: 비교적 넓은 장소 - 도시·국가 등, 어느 지역 구역 안 표시

2 above, on, over, below, beneath, under

① above: (보다) 위에 / on: (표면에 접촉해서) 위에 / over: (똑바로) 위
② below: (보다) 아래 / beneath: (표면에 접촉해서) 아래에 / under: (똑바로) 아래

3 in, by, before, in front of, after, behind

① in: 안에 / by: 옆에
② before: ~의 앞에 / in front of: ~의 바로 앞에
③ after: ~의 뒤에 / behind: ~의 바로 뒤에

4 시간 표시

1 시각

① at: 분, 시, 정오, 새벽, 밤 등의 짧은 시각

    at four o'clock / **at** Christmas / **at** sunset / **at** night / **at** the time

② on: 요일, 날짜, 특정일의 아침, 저녁, 밤

    on Sunday / **on** the evening of July 4 / **on** the following day

③ in: 세기, 년, 계절, 월, 오전, 오후

    in the 21st century / **in** 2007 / **in** the morning[evening]

2 기간

① for: 일정 기간의 단위 표시

    I have been waiting for you here **for** two hours.

② during: 어떤 동작·상태의 계속 표시

    During my stay in Chicago I met Mr. Brown.

5 원인·이유·동기

1 for

동사 blame, scold, praise / 형용사 sorry, grateful, thankful과 사용

Many people praised him **for** his courage.

I am grateful **for** the opportunity to speak.

2 of, from, through, out of

① of: 죽음의 원인이 병일 경우

② from: 죽음의 원인이 병이 아닐 경우

③ through: mistake, neglect가 원인일 때

④ out of: 동기를 나타냄, curiosity, fear, gratitude 등과 사용

6 수단·도구

1 with: ~으로, ~을 사용하여 – 도구나 수단
She cut the apple **with** a knife.

2 by: ~에 의해
He earns his living **by** singing.

3 in: ~을 가지고 – 필기도구, 미술재료 등의 도구를 표시
My friend sketched it **in** ink, not **in** pencil.

7 재료

1 from: 재료가 변하여 제품이 되는 경우 〈화학적 변화〉
Cake is made **from** flour, milk and eggs.

2 of: 재료의 형태가 남아 있는 경우 〈물리적 변화〉
A quilt is made **of** pieces of cloth.

3 into: 재료·원료가 주어인 경우
Heat changes water **into** steam.

8 양보/예외/분리·제거

1 양보
in spite of, despite, for[with] all, notwithstanding 등
We enjoyed our day at the zoo, **despite** the bad weather.

2 예외
but, except, except for, with the exception of 등
Everyone in the car was asleep **except for** me.

분리·제거

① of: 동사 +〈A: 사람/장소〉 +of +〈B: 사물〉 (A에서 B를 제거하다)
rob, deprive, empty, cure, cheat, clear 등

② from: 동사 +사물 +from +사람/장소
steal, take, separate, keep, hide 등

9 전치사에 따라 뜻이 달라지는 경우

① agree with +사람: ~와 의견이 일치하다
agree to/on +사물: ~에 동의하다

② compare with: 비교하다
compare to: 비유하다

③ angry at +사물: (사물에) 화를 내다
angry with +사람: (사람에) 화를 내다

④ be familiar with +사물: (사물에) 정통하다
be familiar to +사람: (사람에) 친숙하다

 출제 포인트

1. by는 어떤 시점까지 동작의 완료, until은 어떤 시점까지 동작의 계속을 의미한다.

2. for는 주로 수사를 동반하여 일정한 시간의 길이, during은 특정한 기간의 명사를 동반하여 동작·상태의 계속을 나타낸다.
ex.) for three hours / during the vacation

16

전치사 | TEST 01

▶▶▶ ANSWERS P.379

[01-11] Choose the one that best completes the sentence.

01 The date the event occurred was _____ the 25th of March, in 2016.

① on   ② in
③ at   ④ then

02 _____ IQ and EQ, which are largely inherited, your degree of hope, your "Hope Quotient" or HQ, can be developed to any level.

① Due to   ② Since
③ As   ④ Like
⑤ Unlike

03 I don't see why our boss would object _____ cancelling the meeting this afternoon. All the city streets are closed due to a heavy snowstorm.

① with   ② about
③ to   ④ for
⑤ above

04 Everyday language contains countless reminders of Islam's basic belief that nothing on earth happens _____ God's will.

① to   ② as
③ for   ④ without

05 Bill has been absent _____ his school for three months because of an unknown illness.

① in   ② at
③ from   ④ away

06   In case of twins, even though one takes _____ the other, they are not totally identical.

① over   ② in

③ after   ④ up

07   The electricity produced _____ 300 wind turbines in northern California has resulted _____ savings of approximately 60,000 barrels of oil per year.

① by — in   ② of — to

③ in — into   ④ by — of

08   In the 1960s, the registration of foreign marriages was resumed, and _____ the trickle of Russian brides abroad has turned into a powerful torrent.

① before then   ② from when

③ since then   ④ until when

09   _____ third richest country in the world, the country is among the gloomiest.

① In spite the   ② In spite a

③ Despite being a   ④ Despite being the

10   The country has pledged to cut greenhouse gas emissions _____ 20 percent by 2030.

① by more than   ② on more than

③ that is more than   ④ those are more than

11   In *The Education of Henry Adams*, the author recalls teaching at Harvard University _____.

① while the 1870's   ② in the 1870's

③ for the 1870's   ④ at the 1870's

[12-29] Choose the one that is NOT correct in standard English.

12 ①At the insistence of his wife, ②Mary, Eric started ③taking a day off ④for a week.

13 On her way ①to home, she ②used to buy ③a slice of carrot cake ④at the baker's.

14 He ①is expected to visit Britain ②in February ③although a public spat with Theresa May ④over his Twitter account.

15 At the train station, he asked ①for the name of the ②leading hotel and went to the Brown, ③where he was assigned ④in room 307.

16 ①Because her connection ②to the scandal-plagued governor, the secretary ③was called upon to give testimony ④before a public inquiry.

17 ①Since our guests are due ②to arrive around seven o'clock, make sure that you ③get to the venue ④until four to prepare the reception.

18 In response ①of the ②rapid rise in obesity rates among ③youths, the government is urgently seeking to promote ④healthier lifestyles.

19 Elon said Tuesday that Tim ①refused to meet with him ②about a possible ③acquisition of his electric vehicle company when it was ④into dire straits.

20 She wants to ①continue making positive changes to society ②by reaching out ③on more children with disabilities ④through a non-profit foundation.

21 Addiction ①to TV is similar ②with drug or alcohol dependence; people almost never believe they are addicted. The cure is ③to throw ④away the TV set.

22 One important point, ①beside killing and specific ②restrictions, is meat and dairy must be ③kept totally ④separate including duplicate ⑤preparation.

23 The manager went there ①on last night at ②the behest of the shareholders who hoped ③to resolve the issue ④before the next shareholders' annual meeting.

24 The rapidly ageing population and low birthrate ①have put our society ②to risk, inevitably ③landing the younger generations in ④a more severe economic condition.

25 ①After three days, I will pick up my airline ticket. I'll fly to New York six days ②later. Two weeks ③after I arrive in New York, my uncle ④will meet me in Boston.

26 The player received the fair play accolade ①to world football's ②governing body for his campaign to combat child poverty and pressure the British government ③into providing ④free meals.

27 ①Despite of decades of ②tirelessly scouring some of the most ③familiar and remote places on Earth, biodiversity scientists ④estimate that more than 90% of nature's species ⑤remain unknown.

28   He visited Ebola treatment centers in the countries at the heart of the ①epidemic during a 36-hour tour ②to raise the profile of the struggle ③on the virus and ④encourage healthcare workers.

29   ①By the time Ralph Rogers completes his testimony, every major executive of our company but Mark Jamieson ②and I ③will have been accused of complicity in the stock swindle. ④No error.

[30] Choose the sentence that is NOT grammatically correct.

30   ① Jack is going to order wine with cheese as usual.
② Tom used to go climbing in college but not anymore.
③ Eileen is not interested in losing her weight in the least.
④ In spite of the snow, Lory still went skiing this week.
⑤ Sam should have received the package until Christmas.

비교

1 원급비교

1 as +형용사(부사) +as / as +형용사 +a(n) +명사 +as: …만큼 ~하다

He is **as good a** swimmer **as** you.

She has **as** many records **as** I have.

2 not so(= as) ~ as: …만큼 ~하지 못하다

His condition is **not so** good **as** (it was) yesterday.

3 배수비교

① 배수 +as ~ as

I have only **half as** many books **as** he.

A is **half as** large **again as** B.

= A is **one and a half times as** large **as** B.

② 배수 +more ~ than

이 형태는 3배(**three times**) 이상의 경우에만 쓴다.

twice는 **as much[many]** ~ as의 형태로만 쓴다.

The new model costs **twice more than** last year's model. (×)

The new model costs **twice as much as** last year's model. (○)

③ 배수 +명사 +of

The river is **three times as long as** the Thames.

= The river is **three times longer than** the Thames.

= The river is **three times the length of** the Thames.

4 the same ~ as: same은 항상 정관사 the와 함께 쓴다.

He is **as** heavy **as** his brother. = He is **the same** weight **as** his brother.

5 원급에서 최상급 표현

① as ~ as one can(= as ~ as possible): 가능한 ~한

He left home **as** early **as he could**.

= He left home **as** early **as possible**.

② as ~ as ever +V: 지금까지 …한 누구 못지않게 ~하다

He is **as** great a policeman **as ever lived**.

= He is the greatest policeman that ever lived.

③ as ~ as any …: 어떤 …에 못지않게 ~하다

He is **as** brave **as any** man in the village.

= He is the bravest man in the village.

④ Nothing ~ so … as: 그 어떤 것도 …만큼 ~하지는 않다

Nothing is **so** precious **as** unselfish love on the earth.

= Unselfish love is the most precious thing on the earth.

6 관용적 표현

① not so much A as B: A라기보다는 B

He is **not so much** a scholar **as** a writer.

= He is **more** a writer **than** a scholar.

= He is a writer **rather than** a scholar.

② as many/as much: 같은 수(양)만큼의

What takes you only three hours may take me **as many** days.

③ as good as(= no better than): ~나 다를 바 없는

He is **as good as** a beggar. = He is **no better than** a beggar.

2 비교급

1 비교급과 최상급 만드는 법

① 단음절의 경우와 2음절어 중 어미가 -y로 끝나는 경우, 끝에 -er(비교급)이나 -est(최상급)를 각각 붙인다.

② 2음절어 중 어미가 -ful, -less, -ive, -ous 등으로 끝나는 경우와 3음절 이상의 경우, 형용사 앞에 more(비교급)와 most (최상급)를 각각 붙인다.

strong — stronger — strongest

pretty — prettier — prettiest

active — more active — most active

beautiful — more beautiful — most beautiful

2 불규칙 비교

many[much] — more — most

good[well] — better — best

bad[ill] — worse — worst

little — less — lest

3 비교급, 최상급이 둘인 경우

old — older — oldest(늙은, 낡은)

　　— elder — eldest(가족관계에서 손위의)

late — later — latest(시간이 늦은)

　　— latter — last(순서가 늦은)

far — farther — farthest(거리가 먼)

　　— further — furthest(정도가 훨씬 더)

4 우등비교, 열등비교

① **우등비교: 비교급 +than**

Betty is **more beautiful than** Judy.

② **열등비교: less +원급 +than**

She is **less talkative than** her mother.

5 비교급에 than을 쓰지 않는 경우

① **The more** he has, **the more** he wants. 〈the +비교급, the +비교급〉

② It was getting **darker and darker**. <비교급 and 비교급>

③ Mary is **the more beautiful of the two** girls. 〈the +비교급 +of the two〉

④ He is three years **junior to** me. 〈라틴어 계통의 비교급〉

= He is **junior to** me by three years.

= He is three years my **junior**.

⑤ You look **prettier** in this dress. 〈문맥상 비교대상을 알 수 있을 때〉

6 관용적 표현

① **A is no more B than C is D: C가 D가 아니듯이 A도 B가 아니다**

A whale is **no more** a fish **than** a horse (is a fish).

He is **no more** kind **than** his brother.

② John is **no less than** ten years old. 존은 열 살이나 된다.

John is **no more than** ten years old. 존은 겨우 열 살이다.

I have **not less than** ten books. 나는 적어도 책 10권을 가지고 있다.

I have **not more than** ten books. 나는 기껏해야 책 10권을 가지고 있다.

③ much[still] more: 하물며(긍정문)

much[still] less: 하물며 ~은 아니다(부정문)

He can speak French, **much more** English.

He cannot speak English, **much less** French.

④ He is **no better than** a beggar. 그는 거지와 다를 바 없다.

He is **not better than** a beggar. 그는 거지만도 못하다.

⑤ She lives here **no longer**. 그녀는 더 이상 여기 살지 않는다.

I'm **not** hungry **any more**. 더 이상 배고프지 않다.

⑥ The story of the erupted land is **more than** a story. (= beyond)

It takes **more than** 10 hours. (= over)

He was **more than** pleased. (= very)

3 최상급

1 최상급의 표현 형태
① He is **the tallest** of (all) the boys in his class. <the +최상급 +of +복수명사>
② He is **the tallest** boy in his class. <the +최상급 +in +장소 표시 명사>
③ This is **the cheapest** watch that I can choose. <the +최상급 +명사 +that>
④ Income tax is **the government's largest** revenue source. <소유격 +최상급 +명사>

2 비교급의 최상급 표현: 비교급 +than any other +단수명사
This is **more difficult than any other book** here. = This is **the most difficult** of all the books here.

3 최상급에 the를 쓰지 않는 경우: 동일인[물]의 성질을 비교할 때, 보어가 되는 경우, 부사의 최상급, 소유형용사가 앞에 오는 경우
The lake is **deepest** at this point.
She is **happiest** when she is with her mother.
My mother gets up **earliest** in our family.
Tom's **most excellent** work is exhibited in the gallery.

4 기타 관용어구

get the better of 이기다 **know better than to** ~할 만큼 어리석지 않다
more often than not 종종 **breathe one's last** 숨을 거두다
think better of ~을 다시 생각하다 **make the most of** 최대한 이용하다
not in the least 조금도 ~않다 **the sooner, the better** 빠를수록 더 좋다
at best 기껏해야 **at most** 많아야
at least 적어도 **more or less** 다소

🧭 **출제 포인트**

1. same은 항상 정관사 the와 함께 쓴다.
2. ~or로 끝나는 라틴어계 비교급 형용사는 than 대신 to와 함께 쓴다. ex.) prior, superior
3. 비교급 강조부사에는 much, even, far, still, a lot 등이 있다.
4. 비교급을 이용한 최상급 표현은 '비교급 +than any other +단수명사'로 한다.
5. 최상급 앞에는 일반적으로 정관사 the를 붙이지만, 동일인의 성질을 비교할 때, 부사의 최상급 등에는 정관사를 붙이지 않는다.

[01-08] Choose the one that best completes the sentence.

01   I prefer the table by the window _____ the table at the back.

① as   ② to

③ of   ④ than

02   The primary danger of the television screen lies not so much in the behavior it produces — although there is danger there — _____ in the behavior it prevents.

① instead   ② but

③ than   ④ as

03   The stronger _____ magnetic field, the greater the voltage produced by a generator.

① than the   ② is the

③ is equal to   ④ the

04   The situation is so bad that the public service is now less than half _____ it had been before the coup in 1994.

① productive than   ② productive as

③ as productive as   ④ to be productive as

05   There is _____ of the convicted prisoner than the fingerprint on the revolver.

① no clear evidence   ② no clearer evidence

③ no clearest evidence   ④ no most clear evidence

06   We take drugs that do _____, work too many hours, and stress ourselves.

① more harm than good

② harmer than good

③ better than harm

④ more than harm and good

07   White families are _____ blacks or Hispanics to have computers at home.

① three times as likely as

② as three times likely as

③ as likely three times as

④ likely as three time as

08   Jenny's writing skills _____.

① are better than any other student's

② are better any other student's

③ are better than any other students

④ is better than any other student's

[09-29] Choose the one that is NOT correct in standard English.

09   ①Some people are ②so ③reliable and trustworthy ④as the sunrise.

10   We really ①do perceive the sun ②as ③close to us ④than it actually is.

11   The new computer ①that ②I bought yesterday is ③as twice ④fast as the old one.

12 ①Studies show ②that the new strategy is not ③very effective as the ④previous one.

13 When ①completed, the new plant ②will be the ③larger facility of ④its kind in the nation.

14 Some explorers say ①that we should focus on the part of the ocean ②that is 20,000 feet ③deep or ④little.

15 He said ①to me that he is senior ②than me ③by two years, but I found that we are ④of the same age.

16 After the gym class ①is dismissed, there's no better ②place to relax ③as the spa, ④especially for massages.

17 Research ①has shown that college students can learn as ②much from peers ③since they ④do from instructors.

18 She makes ①much high grades than her sisters; however, ②they are a great deal ③more sociable than ④she is.

19 ①Of the nominees for the Pulitzer Prize in Journalism this year, ②few are ③influential as Professor Blake. ④No error.

20 New York City commuters spend ①little time ②annually delayed by traffic congestion ③than the average ④for very large cities.

21 ①Light-wave communication systems can handle an ②immensely ③great number of telephone calls than ④the current systems.

22 The risks of laser surgery ①are lower than ②conventional surgery, but ③a great deal ④depends on the skills of individual surgeons.

23 ①Getting your heart rate up ②during exercise helps your body ③circulate blood and oxygen ④to your muscles and organs ⑤the more efficiently.

24 ①The new employees enjoyed ②their first day at work, although everyone agreed ③that the lunch was ④the bad food they had ever eaten.

25 Film director Kwon wanted his staffs ①to work faster. But they ②said to him, "We can't work ③very faster. We're working ④as fast as we can."

26 ①Few companies have more experience in the practical work of ②breaking down cellulose ③to Denmark's Novozymes, the world's ④leading maker of industrial enzymes.

27 ①Most of the telephone ②systems in Vietnam were installed in ③the 50's and 60's and are inherently ④inferior than the modern systems already in use in Malaysia and Thailand.

28 Researchers have found ①in a review of studies that the density of billboards advertising tobacco products ②is ③more than twice as high in black neighborhoods ④than in white.

29   One could hardly ask ①for more important evidence of the dangers of considering persons ②as split ③between what is "inside" and what is "outside" ④to that interminable half-comic half-tragic tale, the oppression of women.

[30] Choose the sentence that is NOT grammatically correct.

30   ① Paul has no less than two thousand books on yoga.

② Harry has far more advanced ideas to his colleagues.

③ Phil is notorious for cruelty to illegal immigrants.

④ Bill will try to win over the investors at the meeting.

⑤ John prefers working out to being idle on the weekend.

[01-08] Choose the one that best completes the sentence.

01   For example, small dinosaurs like raptors and large dinosaurs like tyrannosaurs were just as active _____ any mammalian hunter, and mammals require a warm-blooded metabolism to maintain such activity.

    ① as   ② for

    ③ than   ④ due to

02   The car was _____ expensive than I had anticipated.

    ① too more   ② ever more

    ③ very more   ④ much more

03   If you went back to the mid-19th century, the cost of living would be _____ one-twentieth of what it is today.

    ① lesser than   ② less than

    ③ still lesser than   ④ fewer than

04   It is harder, Montesquieu has written, to release a nation from servitude _____ a free nation.

    ① enslaves   ② to enslave

    ③ and enslaves   ④ than to enslave

05　Ozone depletion results when ozone destruction occurs at _____ than ozone production.

① a fast rate　　　　　　　　② a faster rate
③ the fastest rate　　　　　④ the faster rate
⑤ the fast rate

06　Because hybrid cars use _____ than traditional cars, they could help reduce or even eliminate our dependence on foreign oil.

① so little fuel　　　　　　　② so much less fuel
③ less fuel so much　　　　　④ so much fuel less

07　The final exam will be here _____.

① sooner than you think　　　② as soon as than you think
③ sooner than think you　　　④ as soon as you think

08　The more the horse tried to free itself from the restraint, _____.

① the tighter it became　　　② it became tighter
③ the horse could not escape　④ it was unable to move

[09-30] Choose the one that is NOT correct in standard English.

09　①Peanuts are ②closely ③related to peas than ④to nuts.

10　①Not surprisingly ②many people live ③in apartments than ④ever before.

11　①I know of ②no man in the neighborhood ③who is more intelligent ④as him.

12   Because Elizabeth ①ate ②very faster than ③I, she was ④able to get home in time.

13   We ①shall have to agree ②with you when you say that Dick is ③taller than ④any boy in our class.

14   ①Looking forward to her vacation was Mary's ②most favorite way ③of ④occupying her mind.

15   ①Although ②both Stephen King and Tom Clancy write ③thrilling books, King is ④the best storyteller.

16   ①A jet stream is a flat and narrow tube ②of air that moves more ③rapid than the ④surrounding air.

17   Telephoto lenses ①allow distant objects ②to seem ③close than they actually are ④to the camera user.

18   ①To my surprise, he did not ②take into his consideration ③the fact that she was ④much older than ⑤him.

19   We needed ①thousands of pencils for the convention, ②so we bought the ③less expensive ④ones we could find.

20   We are as much delighted ①by benevolence ②than we are gratified by the scent ③of perfume ④or nauseated by a foul stench.

21 A story ①always sounds clear enough ②at a distance, but ③nearer you get to the scene of events, the ④vaguer it becomes.

22 Participants who ①took on the challenging intellectual tasks ②consumed up to 29.4 percent more calories ③to ④those who did not.

23 They have to be ①better educated first, or become ②more wealthy, or be ③more disciplined, ④more virtuous or whatnot.

24 ①The peoples of North Africa found themselves in the ②much ③same position as ④those in the south of the Sahara.

25 The more one ①knows ②about Canadian culture, the more ③you understand the ④importance of social security and stability in Canada.

26 The study of anatomy is ①so old as the history of medicine, ②but its progress was ③greatly retarded by ancient bans ④against the ⑤dissection of dead people.

27 Young adults who live with their parents are ①nearly as ②likely to say they are satisfied with their housing situation ③like those who live ④on their own.

28 Of several word processors that are ①being used these days, most of Americans and Europeans think that MS Word is ②the better since it is ③easier to learn than other ④ones.

29 Mortgage ①approvals in Britain were more than ②a third higher in November ③as a year earlier as government subsidies for homebuyers helped the property recovery ④gather pace.

30 The institutions of science mean ①that the theories and ideas that scientists have developed are far superior ②than the ③ones that we human ④beings had before the growth of modern science.

18

일치

1 주어와 동사의 수의 일치

술어동사는 그 주어의 인칭과 수에 일치시켜야 한다.

1 There +단수동사 +단수주어
There +복수동사 +복수주어
There **is** *a storm* approaching.
There **have been** *a number of telephone calls* today.

2 one of +복수명사 +단수동사
One of the pupils **is** missing.

3 주어의 역할을 하는 구와 절 → 단수 취급
To treat them as hostages **is** criminal.
Learning the language **is** key to understanding the culture.
How they got there **doesn't** concern me.

4 상관접속사와 동사의 일치
① Either A or B / Neither A nor B / Not A but B / Not only A but also B → **동사를 B에 일치**
Either you or I **am** supposed to attend the meeting.
② A as well as B / A together with B → **A에 일치**
I as well as she **am** interested in music.

5 후치 수식어가 있는 주어와 동사의 일치 → 수식받는 주어의 핵심명사를 잘 찾아야 한다.
Every member of the vast crowd of 50,000 people **was** pleased to see him.

6 주어가 and로 연결될 때의 수
① **동일 개념·사물 → 단수 취급**
Early to bed and early to rise **makes** a man healthy and wise.
② **별개의 것 표시 → 복수**
Good and bad taste **are** inculcated by example.

7 many +복수명사 → 복수 취급
many a +단수명사 → 단수 취급
Many boys **have** made the same mistake.
Many a boy **has** made the same mistake.

8 a number of +복수명사 → 복수 취급
the number of +복수명사 → 단수 취급
A number of farmers **were** working in the field.
The number of cars in this city **is** increasing rapidly.

9 every[each] +단수명사 +단수동사

every[each] A and B +단수동사

Every[Each] boy **has** his house.

Every boy and every girl in the class **is** from South.

10 most/half/some/the rest/percent +of +복수명사 +복수동사

most/half/some/the rest/percent +of +단수명사 +단수동사

Most of them **were** strangers to me.

Most of the performance **was** successful.

---

2 명사와 대명사의 일치 | 대명사는 그 앞에 나온 명사와 성·수·인칭이 일치해야 한다.

Garlic is an herb grown for **its** pungently flavored bulb.

People often use gestures in **their** daily life.

---

3 수식어와 피수식어의 일치

this pen — these pens

either[each] side — both sides

출제 포인트

1. 문장의 주어와 동사는 반드시 그 수가 일치해야 한다.

2. There 구문에서 동사의 수는 뒤의 명사(주어)에 맞춘다. (There + 동사 + 주어)

3. 명사를 받는 대명사는 앞의 명사와 수를 일치시켜야 한다.

4. '부분 표시어 of 명사 + 동사' 구조에서 동사는 of 다음의 명사의 수에 일치시킨다.

18

일치 | **TEST 01**

[01-03] Choose the one that best completes the sentence.

01   Neither my shirts nor my hat _____ with this pair of pants.

① goes   ② go

③ becomes   ④ become

02   Developing more effective treatments _____ by the large size of the inhaled drug particles that fail to reach the deep lung.

① has limited   ② has been limited

③ have been limited   ④ have limited

⑤ limited

03   The guitarists Rod and Jake both started their careers as actors, but neither of them _____ a big success. Both of them _____ they are happier as musicians. And they are all vegetarians. None of them _____ meat.

① was — says — eat   ② was — say — eats

③ were — says — eats   ④ were — say — eat

[04-29] Choose the one that is NOT correct in standard English.

04   ①Whoever inspected ②this radio ③should have put ④their identification number on the box.

05   The game is played in ①two half of ②45 minutes each; the teams change ③ends at ④halftime.

06 Neither your ①unkind remarks nor your ②unfriendly attitude ③have caused me any ④great distress.

07 ①Famed for their flashing beauty, ②diamonds are the hardest ③substance on earth and ④among the prettiest.

08 I think using your smartphone ①when you ②are with other people ③are rude, but I still ④do it all the time.

09 ①Those with narcolepsy experience the uncontrollable ②desire to sleep, perhaps several ③time in one ④day.

10 Economics ①are considered ②one of the most important ③subjects that business ④majors take in graduate school.

11 It was ①the British Prime Minister Harold Wilson who ②does the observation that a week ③is a long time ④in politics.

12 Research in ①learning ②suggests that ③getting good grades ④depend more on effective study skills than on a high IQ.

13 The use of linguistic signs ①independent of specific situations ②are ③linked to consciousness, but only ④to a certain degree.

14 *The Carrier of Ladders*, which ①are written by William S. Merwin, ②was ③awarded the Pulitzer ④Prize for ⑤poetry in 1971.

15 Doctors ①treating Nelson Mandela ②waited to perform the endoscopic surgery as ③he waited to first attend to ④his lung ailment.

16 Mineral prospectors ①use their ②knowledge of geophysics ③to locate deposits of oil, uranium, and ④another valuable minerals.

17 ①There are ②many a single person who believes that ③being married doesn't necessarily mean ④living happily ever after.

18 Miami, Florida, is ①among the few cities in the United States ②that ③has been awarded official status ④as bilingual municipalities.

19 Two ①bus-crashes in separate locations in Morocco ②have claimed 27 lives, including ③that of a German and a ④Dutch tourist.

20 Hope that ①widespread vaccinations will nurse the economy back to some ②semblance of normal ③have been a big ④reason for this decision.

21 China's ①increasing role in cental Asia ②not only has ③overtaken Russia, but has ④also been buttressed by the waning influence of the US.

22 ①Despite the fact that ②they had lived in France until they were 8 years old, neither of the boys ③is able to speak French any more. ④No error.

23 ①A number of companies and agencies in the developed world ②has already ③set to work trying to bring the benefits of the new technologies ④to developing countries.

24 ①While many museums are strictly no-go zones for ②photography, for one "museum" in the Philippines taking happy snaps ③are an ④essential part of the visitor's experience.

25 People ①who want to ②stop smoking usually ③remind themselves of the health risks, the bad smell, the cost, and ④other's reactions to their smoking — the drawbacks of smoking.

26 ①Outside of insects and bum sleeping, the rock that ②wrecks ③most camping trips is cooking. The average tyro's idea of cooking is to fry everything and fry ④them good and ⑤plenty.

27 In the eastern hickory and oak forests, the suppression of fires ①have ②meant that forest animals — ③ranging from small insects and birds to large deer and bears — are not burned ④to death.

28 With today's radio equipment, the problem of ①sending speech to other planets ②are so easy. But the message will take hours on ③its journey, because radio waves travel at the ④limited speed of 186,000 miles a second.

29 Advances ①in technology now allow us to prolong life ②in ways that were unimaginable decades ago. But should people be forced or expected to prolong lives that ③are unbearably painful, or that ④is in effect "lifeless"?

[30] Choose the sentence that is NOT grammatically correct.

30   ① Both my mother and my sister are here.

② Not only my mother but also my sister are here.

③ Neither my uncle nor my parents are here.

④ You as well as he are to blame for the accident.

⑤ My sister, not you, is to blame.

18

일치 | **TEST 02**

일치 | **TEST 02**

[01-03] Choose the one that best completes the sentence.

01   Our presentation skills were overshadowed by _____ of other candidates.

① those   ② it

③ this   ④ that

02   For the investors who _____ money, silver or bonds are good options.

① has a few   ② have too little a

③ has so little a   ④ have very little

03   _____ scholars who regularly publish their professional works has doubled since 2002.

① As many as   ② As most of

③ The quantity of   ④ The number of

[04-29] Choose the one that is NOT correct in standard English.

04   ①Some people like fish. ②Another people like different ③kinds of ④seafood.

05   Twenty million dollars ①are needed to take ②care of the inflow of ③immigrants from ④Eastern Europe.

06   In ①most people, the areas of the brain ②that ③controls speech are ④located in the left hemisphere.

07 Because the plan ①that was made yesterday is ②no longer feasible, the manager ③had to choose ④other alternative.

08 The overall ①odds of someone winning the lottery two times ②in a row ③is approximately ④one in 13,000,000.

09 ①Either the carpenters or the electrician can store ②their tools in the shed, but ③there is no room for ④both sets.

10 ①Approximately ②one-fourth of a worker's income ③are paid ④in taxes and social security to the government.

11 Every open space in the ①targeted area that ②has grass and a few bushes ③are ④occupied by the white-crowned sparrow.

12 ①During the twentieth century there ②were much concern ③over the relationship ④between social conditions and mental health.

13 ①Once the requirements for the vacant position ②was relaxed, a flood of people applied, ③taking the manager ④quite by surprise.

14 Asking ①existing readers for donations ②on top of subscription fees ③were seen as a disrespectful attempt ④to finance the newspaper.

15 ①Soon after the United States' ②entrance into the war, ③the major hotels in Atlantic City ④was transformed into military barracks.

16 ①Convincing evidence from the field of behavioral genetics ②implies that certain biological predispositions ③to criminal behavior ④is inherited.

17 ①There has long been suspicions that the sons of ②the rich and influential have been ③able to buy or negotiate ④their way out of military service.

18 ①By the fourth century, Christianity was the official religion of ②the Roman Empire, ③and Bethlehem swiftly became one of ④its holiest ⑤site.

19 ①Most of his works have found their way into museums since he died ②a sudden death, and the rest ③is the treasures of ④wealthy amateurs.

20 The shameful fact ①that nearly one-third of American teenagers ②drop out of school ③are deeply connected to ④declining literacy and reading comprehension.

21 ①Delivering pizza, editing my high school newspaper, babysitting my nephew, and doing my homework ②leaves me with ③scarcely any free time. ④No error.

22 ①One should try to avoid breaking rules, not only because ②doing so is wrong, but also because you do not ③know whether you will be caught. ④No error.

23 The duties of the priest ①towards the secrecy of the ②confessional seemed so grave to me that I wondered ③how anybody had ever found in himself the courage to undertake ④it.

24 Some scientists propose that thumb ①sucking in children ②are a habit which is ③developed at random, but recent theory suggests that is neurologically and genetically ④based.

25 Across the Continent, Europeans find themselves ①increasingly caught up in ②a debate over the treatment of migrants as rising hostility to newcomers ③clash with ④long-held values of tolerance and diversity.

26 The takeover of the New York Stock Exchange's owner illustrates ①starkly how trading in commodities and derivatives ②have become ③much more lucrative than ④trading in corporate shares.

27 The prominence of names like Rockefeller, Carnegie, Hill and Armour ①indicate that business ②was still thought of as a field of personal competition, ③of heroic endeavor, and ④not of corporate manipulation.

28 ①While most of these technologies are still in ②its early stages of development and many will no doubt prove ③impractical, others are clearly on the edge of commercial application or ④will be within a decade or two.

29 Prime numbers are what ①are left when you ②have taken all the patterns away. I think prime numbers are like life. They are very logical but you ③could never work out the rules, even if you ④spent all your time thinking about them.

[30] Choose the sentence that is NOT grammatically correct.

30   ① Most of his ideas was wrong.

② Half of the food has been eaten.

③ About 75 percent of the sailors were sick.

④ The majority of passengers are on board.

⑤ The rest of the milk has spoiled.

18

일치 | TEST 03

[01-03] Choose the one that best completes the sentence.

01 Not only you but also your manager _____ right.

① were ② are

③ was ④ as

02 The hammer as well as the saw _____ work easier.

① make ② makes

③ was made ④ were made

03 "Mary and I have a lot in common."
"Yes, your ideas, _____ somewhat unusual to me."

① like she, is ② like her, is

③ like she, are ④ like hers, are

[04-29] Choose the one that is NOT correct in standard English.

04 The government ①is defending ②their foreign policies ③against a growing ④chorus of criticism.

05 ①It is well known that ②a number of ③battles ④was fought between Napoleon ⑤and his enemies.

06 ①Almost as soon as the potato ②was introduced to Europe, the Irish ③made it a staple of ④its daily diet.

242 **김영편입 영어** 문법 기출 1단계

07 One of ①the most common ②last names for Koreans ③are "Kim", ④which is sometimes spelled "Gim".

08 Studies show that perfectionism in education, ①looks, work ②and relationships ③are ④largely a female affliction.

09 The author's novels ①may seem somewhat old and musty, but ②its form ③survives in modern popular novels. ④No error.

10 ①The willow tree is one of ②the first trees to get its leaves ③in the spring and one of ④the last to ⑤lose it in the autumn.

11 The house ①opposite to the post office is ②among ③the few higher ones that ④has been put up during ⑤the last few years.

12 Sunscreens have the energy of ①the sun's ultraviolet rays ②transformed into other ③less harmful ④form of radiation.

13 A decent ①respect to the opinions of mankind ②require that they ③should declare the causes ④which impel them to the separation.

14 There ①are always a lot of untrue news ②spread on the stock exchange market ③during inflation or ④economic depression.

15   ①Neither of my parents, ②who was born in Eastern Europe, ③understands the full implications of ④a democratic electoral system.

16   The ①New Testament's ascription ②of divine titles and functions ③to the Father and the Son ④offer significant grounds for Trinity doctrine.

17   Although much ①are gained by replacing aristocratic institutions and ②suppositions ③with democratic ④ones, something valuable is often lost.

18   Each of the Medic Alert bracelets ①worn by millions of Americans who ②suffer from ③diabetes ④are engraved with the wearer's name.

19   ①Even after you have endured a cold winter in subzero weather, ②one finds ③it possible ④to become adaptable to tropical temperatures in summer.

20   The rumors ①surrounding the CEO's retirement plan ②was determined ③to have come from a ④wholly unreliable source and therefore to be without merit.

21   The average lifespan of a tree ①surrounded by tall buildings and inner-city traffic ②are ③significantly shorter than ④that of a tree growing in a natural environment.

22   As demand increases, companies which ①previously produced only a large, luxury speaker ②is compelled ③to make a ④smaller model in order to compete in the market.

23   His father had emigrated to the U.S. in 1927, ①when the Exclusion Act, which limited the number of Chinese ②entering the country, ③were still ④in effect.

24   Each year the number of students who ①are unable to find ②a dorm room for the semester and forced to live ③off campus without meal plans ④are soaring.

25   ①College dropouts ②whose biological parents gave him up for ③adoption, Mr. Jobs has become one of the ④most successful technological entrepreneurs of our age.

26   Although sleep disorder is ①associated with heart disease in both men and women, ②they may negatively ③affect the heart rates of women more than ④those of men.

27   ①For the experienced writers ②the heaviest concentration of changes ③are on the sentence level, and the changes are predominantly made ④by addition and deletion.

28   A poet from the Tang Dynasty (618~907) ①once wrote that a "sandstorm covered the sun." Tales of the yellow dust storms ②that blow down from China and spread out over Asia every year ③dates back ④that far.

29   As urban populations grew, the number of nickelodeons declined ①by degrees because audiences increasingly ②preferred the comfortable and well-appointed surroundings of larger theaters ③with ④its first-run movies, better-quality musical accompaniments and well-dressed ushers.

[30] Choose the sentence that is NOT grammatically correct.

30   ① Many a book has been published everyday, but few come into our hands.

② There are a number of spectators on the street.

③ Every boy and girl must do his or her best.

④ Twenty minus eight is equal to twelve.

⑤ The number of high-rise buildings have increased recently.

병치

1 병치의 개념

같은 성격을 지닌 둘 이상의 단어, 구, 절을 접속사로 연결하는 법
She calculated the expenses **accurately** and **quickly**.
John's new sports car costs much more than **his friend Tom's**.

2 등위접속사에 의한 병치

A and B / A, B and C의 구조를 이룰 때,
A와 B(혹은 C)는 병치를 이루어야 한다.

① 명사의 병치
Mr. Park is **a lawyer**, **a politician**, and **a teacher**.

② 형용사의 병치
This house is **old** and **uncomfortable**.

③ 부사의 병치
This work is **handsomely** and **skillfully** done.

④ to부정사의 병치
To know and **to teach** are quite different things.

⑤ 동명사의 병치
My hobby is **swimming**, **hunting**, and **reading**.

⑥ 동사의 병치
Dr. Robert **went** to New York, **bought** some books, and **visited** his daughter.

⑦ 구의 병치
A river usually begins far up **in the mountains** or **in the hill**.

⑧ 절의 병치
Exposition is the writer's way of presenting facts or of explaining **what a thing means**, **how it works**, or **why it is important**.

3 상관접속사에 의한 병치

① both A and B (A와 B 둘다)
He is well known **both** in his country **and** abroad.

② Either A or B (A와 B 둘 중 하나)
He wants to go **either** by train **or** by plane.

③ Whether A or B (A든지 B든지)

He couldn't decide **whether** to ignore the book **or** to write an unfavorable review.

④ Neither A nor B (A와 B 둘다 아닌)

The critics all said that she was **neither** attractive **nor** talented.

⑤ not only A but also B (A뿐만 아니라 B도)

He is interested **not only** in sports **but also** in music.

4 전치사에 의한 병치

① like, unlike

Her eyes are just **like** her mother's.

② similar to

In many ways, riding a bicycle is **similar to** driving a car.

5 비교에 의한 병치

① as ~ as/not so ~ as

Trying to get used to food seems as hard as **learning** a language.

② 비교급 구문

Swimming is a more strenuous daily exercise than **walking**.

 출제 포인트

1. 등위/상관접속사로 이어진 어구는 반드시 형태와 시제에서 병치를 이뤄야 한다.

2. 비교되는 대상은 동일한 것이어야 한다.

병치 | **TEST 01**

▶▶▶ ANSWERS P.404

[01-07] Choose the one that best completes the sentence.

01 Some Roman soldiers had special skills. They shot bows and arrows, flung stones from slingshots, or _____ rivers to the surprise of an enemy.

① swim   ② swam
③ could swam   ④ were swum

02 Ellen Swallow Richards became the first woman to enter, graduate from, and _____ at the Massachusetts Institute of Technology.

① teach   ② a teacher
③ who taught   ④ teaching

03 We see ourselves reaching out to one another, sharing talents, combining energies, _____ encouragement to those striving.

① offered   ② offer
③ and offering   ④ we offer

04 Seismographs are used to locate oil, to determine ocean depth, and _____ and measure earthquakes.

① detect   ② to detect
③ detecting   ④ be detecting
⑤ are detecting

05   She wondered if children loved pink and blue out of instinct, _____ a social compulsion that they are not aware of.

① because   ② because of

③ or because   ④ or because of

06   It would make my day perfect to see my girl friend, _____, and to have dinner with her.

① going to a movie   ② to go to a movie

③ to going to a movie   ④ to go a movie

07   In the alpine tundra, the summer is intense, winds are prevalent _____ highly variable.

① and the precipitation is   ② precipitation being

③ that the precipitation is   ④ with precipitation

[08-30] Choose the one that is NOT correct in standard English.

08   ①<u>Synthetic</u> rubies and diamonds ②<u>have</u> ③<u>the same</u> ④<u>hard</u> and composition as the ⑤<u>real</u> stones.

09   The labor union members ①<u>shouted</u> that they ②<u>would</u> rather ③<u>die</u> than ④<u>losing</u> their jobs.

10   Some repairs are ①<u>too</u> extensive for a DIY attempt, ②<u>such as</u> replacing ③<u>a</u> floor surface or ④<u>install</u> a large patch of drywall.

11   Ordinary people ①<u>had to</u> spend part of each year ②<u>working</u> for the state-mining, ③<u>building roads</u>, or ④<u>serve</u> in the army.

12　The Allegheny Plateau ①covers the ②entire eastern ③part of Ohio and ④extensive into West Virginia and Pennsylvania.

13　To make candles, pioneers ①twisted string into wicks, dipped the wicks into ②hot fat, then ③hung the candles to cool and ④hard.

14　New York is mountainous ①in its eastern part, level or ②hill in the center and west, and ③rolling in ④the southern section.

15　Writers devote time to ①sketching out the structure of ②the piece and perhaps to ③obsess a bit about their ④first few sentences.

16　①Recent research shows that some 86% ②of all working Koreans ③feel that working hard and ④do their best on the job is personally important.

17　①While in college, Michael not only enjoyed ②learning both Japanese ③and ④China, but also was ⑤interested in other Asian languages.

18　①Founded by the Spanish ②as Yerba Buena in 1835, what is now San Francisco ③was taken over by the United States in 1846 and later ④renamed it.

19　Babe Ruth was ①recognized for both his ②outstanding skill on the baseball field and ③because of his humanitarian concern ④with the poor.

20 Classroom routines are ①an important factor in keeping children ②constructively busy, in ③encouraging self-discipline, and above all, ④to facilitate learning.

21 ①By living temporarily with his parents and ②drastically cut his leisure expenses, Peter hoped to save ③enough money to buy a modest house ④in two years.

22 I like the word wisdom because it ①applies to people who have been through extraordinary journeys and ②survives them ③to pass on what they ④have learned.

23 Acupuncture is ①used to ②treat a variety of ③ailments, such as anxiety, depression, back pain and high blood pressure, and ④helping treat drug addiction ⑤with considerable success.

24 A painting is more likely ①to be evoked because it is more likely to create images or ②memories in your mind, ③whereas a carpet is more likely to be ④simply functional.

25 ①I am still undecided ②whether I should insist upon complete performance of the contract ③or to forgive the obligation ④in anticipation of concessions in later negotiating sessions.

26 After ①finding success in the worlds of entertainment, ②publish and entrepreneurship, they felt the ③need to build something their whole family could own for years ④to come.

27 At the moment, Dr. Nathan's projects include ①building a laser ②that can zap the wings ③off mosquitoes and ④attempt to solve global warming by ⑤shooting particles into the atmosphere.

28 Rory, a ranger in an African National Park, ①believes that people should ②do their bit to stop poaching, "whether it's putting some coins ③in a tin, writing an article, or ④just spread the word."

29 At the turn of ①that century, there were ②few automobiles, or horseless carriages, as they ③were called at the time. They were rather fragile machines that sputtered, smoked, and ④broken down often.

30 Although Americans are accepting foreigners who speak English, poor English habits can limit your ability ①to communicate clearly, which ②in turn can keep you ③from getting the job of your choice and ④achieve other successes.

[01-07] Choose the one that best completes the sentence.

01   Deaf people are often politically and socially isolated, have fewer educational opportunities, _____ limited access to information and services.

① have   ② having

③ and have   ④ which have

02   The worldwide race to develop a synthetic fuel has so far consumed billions of dollars and _____ few results.

① yielded   ② yielding

③ yield has   ④ has a yield of

03   He was trying to show cause and effect _____ scientific method and inductive reasoning to the study and interpretation of human change and development.

① application to   ② and application to

③ apply to   ④ and to apply

04   The system of weight and measurement in one country is not always the same _____.

① as that in another   ② like that in the other

③ as this in another   ④ as it in the other

05   To answer quickly is more important than _____.

① accurate answer   ② answering accurate

③ to answer accurately   ④ your accurate answer

06   _____ online is not so very different from _____ offline.

① To be in — be in ② Being in — being in
③ Be in — be in ④ Being — being

07   Agronomists work to improve the quality of crops, increase the yield of fields, and _____ of the soil.

① the quality is maintained

② maintain the quality

③ the maintenance of the quality

④ maintaining the quality

[08-30] Choose the one that is NOT correct in standard English.

08   He ①advised his employees ②not to compare ③their working conditions ④with the USA.

09   We have ①several errands to run before we can ②go to the movie: go to the bank, ③washing the car, and ④drop the dog off at the vet.

10   The development of photographic techniques and ①equipment provided ②an important ③aid to industry, ④medical, and research.

11   Mary wanted to be ①free of the digestive problems and joint pain ②that kept her ③from exercising and ④to make her life miserable.

12   Our universities must develop and ①to maintain procedures ②that protect ③professors' ability ④to teach and learn without fear of retaliation.

13 ①Despite concerns that such an exercise would lead to a witch ②hunt, the mayor contends it ③may acquit rather than ④implicating the clergy as a whole.

14 Robert Mills, ①born in Charleston, South Carolina, ②was South Carolina's ③state engineer and ④design of public buildings in Washington, D.C.

15 The ①most highly praised performances in theatrical history ②were achieved by creating believable ③characters who behaved ④logical and truthfully.

16 With a ①win, the university would ②clinch the title and ③gaining the right to ④host the inaugural conference championship game in December.

17 ①Self-distancing allows us to ②rein in undesirable feelings like anxiety, increases our ③perseverance on challenging tasks, and ④boost our self-control.

18 ①Determined to help ②other people become democratic and ③order, Woodrow Wilson ④became the greatest military interventionist in U.S. history.

19 In certain cases of ①aphasia the possibilities of acting, of ②understanding situations, ③and having normal relations with ④the other sex are lost.

20 My desire ①to continue my career inspired me ②not only to walk again, but also ③endure more than 20 surgeries ④during the ⑤ongoing years of my recovery.

21 The Indian cobra snake and the king cobra use poison from ①their fangs in two ways: ②by injecting ③it directly into their prey or ④they spit it into the eyes of the victim.

22 Many beginning physics students ①are eager to substitute, but ②once numbers are substituted, it's harder ③to understand relationships and ④easy to make mistakes.

23 Everyone in the office ①could sense the tension between Mary and Frank all that week and ②wondering what ③had happened between them the weekend ④before.

24 The Indians ①along the Eastern seaboard of North America ②helped the early English ③colonists establish settlements, raise crops, and ④adjustment to living in a wilderness.

25 ①Launched in 1993 by an eminent college professor, the dance company ②has played ③a role in promoting global cultural exchanges and ④to introduce unique arts from different countries.

26 ①In the coming years, the Internet will have ②an even greater impact — on the way we shop, get our news, ③entertained, conduct financial affairs, and ④talk with friends and family.

27 When he ①was a little boy, Mark Twain ②would walk along the piers, ③watch the river boats, ④swimming and fish in the Mississippi, ⑤much like his famous character, Tom Sawyer.

28 ①His dog having barked a warning, the watchman ②who had been assigned to guard the valuable truckload of chemicals ③pulled out his gun quickly and ④proceeding to search out a possible intruder.

29 ①For the past century ②or so, we've been performing an open-ended experiment on ③ourselves, extending the day, shortening the night, and ④short-circuit the ⑤human body's sensitive response to light.

30 We are physical beings, ①bounded and set off from the rest of the world by the surface of our skins, and ②experienced the rest of the world ③as outside us. Each of us is a container, with a ④bounding surface and an in-out orientation.

22만 6천 편입합격생의 선택

김영편입 영어
문법

기출 **1**단계

20

도치

1 도치의 종류

'주어(S) +동사(V)'라는 정상어순이 여러 가지 이유로 인해
'동사 +주어'의 어순이 되는 현상

1 크게 의문문의 질서를 따르는 도치와 따르지 않는 도치로 나눌 수 있다.

Never have I **seen** her.

Here he **comes**.

2 술어동사가 일반동사일 경우 대동사 do를 써서 'do +주어 +동사원형'의 어순으로 쓴다.

Not until today did he **divulge** his secret.

Little did I **think** that he would come back

2 의문문의 질서를 따르는 도치

1 부정의 부사어가 문두에 오는 경우

Not until then, **did she know** where her husband was.

Hardly had he left the house before it began to rain.

2 only를 포함한 부사어가 문두에 올 때

Only then could she find where her husband was.

Only when he returned home did he hear the news.

3 so, neither, nor 다음에서

John likes apples, and **so do I**.

John doesn't like apples, and **neither do I**.

= John doesn't like apples, **nor do I**.

3 의문문의 질서를 따르지 않는 도치

1 장소 부사어가 문두에 올 때

There goes his father.

Out of the room came a little boy.

2 가정법에서 If절 내에 had, were, should가 있는 경우

If you should need my help, call me please.

➡ **Should you need** my help, call me please.

3 접속사 as, than 다음에서 주어가 길 경우

He travelled widely **as did most of his friends**.

(= as most of his friends travelled widely)

4 보어가 문두에 오는 경우

The poor in spirit are blessed. → **Blessed are the poor** in spirit.

So shy was she that she couldn't ask others for help.

출제 포인트

1. 부정의 부사구나 only를 포함한 부사구가 문두에 위치한 경우 주어와 동사의 도치가 일어난다.
   (일반동사의 경우 대동사 do 사용)
2. 장소 부사구가 문두에 위치할 경우 주어와 동사의 도치가 일어난다. (일반동사가 직접 도치)
3. 주어부의 길이가 긴 경우 문장의 끝으로 도치될 수 있다.

[01-19] Choose the one that best completes the sentence.

01 No sooner _____ gone home than it began to rain heavily.

① I have   ② I had
③ had I   ④ have I

02 _____ here are major natural disasters that occurred in 2006.

① Listed   ② List
③ Listing   ④ To list

03 Only since the promotion began _____ customers started using Clayton's online payment system to purchase new policies.

① has   ② have
③ are having   ④ has been

04 Not until a frog develops lungs _____ the water.

① leaves it   ② it leaves
③ does it leave   ④ when it leaves

05 No longer _____ I know everything about Americans.

① I will think   ② will I think
③ think I will   ④ think will I

06 _____ arrived at the hotel before heavy snow came down.

① Hardly he has   ② Hardly has he

③ Hardly he had   ④ Hardly had he

07 Never again _____ to go back, but where I could go from here I did not know.

① wanted I   ② I wanted

③ I did want   ④ did I want

08 Not until the late Middle Ages _____ a major construction material.

① became glass   ② glass became

③ did glass become   ④ glass had become

09 _____ a step further back, you would have fallen off the cliff.

① Had you taken   ② You had taken

③ If you took   ④ Suppose you

10 _____ a television program leave me wanting to inflict physical injury upon someone.

① Does seldom   ② Seldom

③ Seldom does   ④ Does

11 Only occasionally _____ reading Tom's newspaper, over his shoulder, as she sat in the station waiting room.

① found she herself   ② she finds herself

③ did herself she find   ④ did she find herself

12   Not until newly developed germfree surgery was introduced in the nineteenth century
_____ ligatures extensively.

① surgeons used   ② did surgeons use

③ when surgeons used   ④ was used by surgeons

13   I am not ridiculing this, _____ an intellectual tear over the commercial expansion of the
West. I see it as a typical expression of this multicultural era.

① nor am I shedding   ② nor I am shedding

③ but shed   ④ but am I shedding

14   _____ that John would have been able to achieve international fame for his reporting of
the war.

① We hardly have dreamed

② Scarcely we had dreamt

③ Scarcely had we dreamed

④ Hardly had we dream

15   Coinciding with the development of jazz in New Orleans in the 1920's _____ in blues
music.

① was one of the greatest periods

② one of the greatest periods

③ was of the greatest periods

④ the greatest periods

16   _____ in this city will you find any stores open on Sundays.

① Hardly any place

② In hardly places

③ There is scarcely any place

④ No place barely any place

17   Little _____ how important continuing the negotiation was.

① most people have realize

② most people realized

③ did most people realize

④ did realize most people

18   Only in the last few days _____ to help them.

① anything has been done

② something is done

③ has anything been done

④ is anything done

⑤ has something been being doing

19   _____ received law degrees as today.

① The women aren't ever

② Women who have never

③ Women who never have

④ Never so many women have

⑤ Never have so many women

[20-30] Choose the one that is NOT correct in standard English.

20   ①Rarely ②should a child ③is ④discouraged by his teacher.

21   ①Hiding ②from ③view beneath the desk was a ④tray of small objects.

22   ①Not until an infant hedgehog ②opens its eyes ③it leaves its nest ④to follow its mother about.

23   Mary objects ①to our buying this house ②without the approval ③of our president, and ④John does so.

24   Never before ①she has seen anyone ②who has the musical talent that Tom ③has when he plays ④the guitar.

25   No sooner ①the Great Fire had burned itself out ②than ③plans were laid for the rebuilding of the city. ④No error.

26   Not only ①there are not ②any easy roads ③to success, but there are not any ways to ④get rich quick ⑤either.

27   ①Only then ②he became aware of the fact that there were more ③difficulties ahead than he ④had expected.

28   Only when play is ①a recognized cultural function — a rite, a ceremony — ②it is ③bound up with ④notions of obligation and duty.

29   Disabilities do not diminish ①the rights of individuals ②nor ③they have to reduce opportunities to ④participate in or contribute to society.

30   ①Not until the aftermath of World War One in 1918 did the formation of an ②international council ③became a common goal of American ④politicians.

21

문의 구성

1 문장의 구성 요소

 주요소: 문의 구성상 없어서는 안 될 뼈대(주어, 술어동사, 보어, 목적어)

〈주요소의 품사〉

① 주어와 목적어 - 명사류가 쓰임

② 보어 - 명사류, 형용사류가 쓰임

> **명사류** - 문장에서 명사의 기능을 하며 명사, 대명사, 동명사, 부정사(명사적 용법), 명사구, 명사절이 있다.
> ① 명사: **Good manners** bring their own reward.
> ② 대명사: **They** gave me a good book.
> ③ 동명사: He enjoys **reading** books.
> ④ 부정사(명사적 용법): To see is **to believe**.
> ⑤ 명사구: I know **how to drive**.
> ⑥ 명사절: I know **that he is honest**.

 종속요소

〈수식어: 형용사류, 부사류〉

① 형용사류: 명사 수식
- 형용사: He is a **great** artist.
- 분사: He was frightened by an **approaching** train.
- 부정사(형용사적 용법): He is a man **to betray** us.
- 전치사 +명사: He is a man **of promise**.
- 형용사절: Those **who make the best of their time** will succeed.

② 부사류: 형용사, 부사, 동사 수식
- 부사: He plays the piano **well**. (plays를 수식)
- 부정사(부사적 용법): He is difficult **to please**. (difficult를 수식)
- 전치사 +명사: He ran **out of the house**. (ran을 수식)
- 부사절: He was absent **because he was sick**. (absent를 수식)

〈연결어: 전치사, 접속사〉

① 전치사: 명사류를 연결하며, 형용사구와 부사구가 있다.
- 형용사구: The machine is **of great use**. = The machine is very useful.
- 부사구: The game was canceled **on account of heavy rain**.

② 접속사: 절을 연결하는 역할을 하며, 등위접속사(and, but, or 등)와 종속접속사(명사절, 형용사절, 부사절)가 있다.
- 등위접속사: Take this medicine, **and** you will feel better.
- 종속접속사: You must study hard **(so) that** you can pass the exam.

2 동격의 의미와 주의할 점

1 동격: 주어, 목적어, 보어를 명사 상당어구로 구체적으로 설명하는 것

Mr. Brown, an English teacher, lives in the next door.

A neighbor of yours, Mary Johnson, will be visiting us this evening.

The trouble is **his father, an alcoholic**.

My sister weighs **100 pounds**, or **45 kilograms**.

> **명사와 대명사는 동격이 될 수 없다.**
> They considered **him, our English teacher,** as a suspected criminal. (×)
> ➡ They considered our English teacher as a suspected criminal. (○)
> 그들은 우리 영어선생님을 범죄용의자로 생각했다.

3 There 구문에서 주의할 점

1 There 구문에서 주의할 동사

be, go, come, live, exist, stand, remain 등

There comes the bus. 저기 버스가 온다.

There stood an old house in the forest. 숲 속에 오래 된 집 한 채가 있었다.

There remains only for me to apologize. 이제 남은 것은 내가 사과할 일뿐이다.

2 a lot of/plenty of +복수명사: 복수형 동사를 쓴다.

In Barcelona there **are plenty of things** for visitors to do.

3 There seem[appear] to be +S

There seems to be some misunderstanding between us. 우리 사이에 오해가 있는 것 같다.

There appears to be a problem with the system. 그 시스템에 문제가 있는 것 같다.

4 전치사의 주의할 점

1 전치사 다음에 절 또는 동사가 와서는 안 된다.

Upon he saw me, he ran away. (×)

➡ **As soon as** he saw me, he ran away. (○)

➡ **Upon** seeing me, he ran away. (○)

There is no use **of** warning him. (= It is no use to warn him.) (○)

> **about**
>
> I often think **about** when I was young. 나는 어렸을 때를 종종 생각한다.
>
> The police questioned me **about** where I had been. 경찰이 나에게 어디에 있었느냐고 캐물었다.

2 전치사구는 대개 부사적 의미로 쓰이지만, 형용사적 의미로도 쓰인다.

Safety is **of paramount importance**. <주격보어: 형용사적 용법>

5 접속사의 주의할 점

1 접속사는 완전한 절을 연결한다.

Although she was tired, she went to work.

= She was tired, **but** she went to work.

2 한 문장에 동사가 두 개일 수는 없다.

She went to work, stayed there long. (×)

➡ She went to work **and** stayed there long. (○)

> **두 개의 절을 연결하기 위해서는 하나의 접속사가 필요하다.**
>
> I asked him **that how** he was travelling. (×)
>
> ➡ I asked him **how** he was travelling. (○)

6 It ~ to부정사 / It ~ that 구문

1 주어나 목적어로 구나 절이 사용될 때 지나치게 길어지면, 가주어나 가목적어로 it을 쓰고, 진주어나 진목적어를 뒤로 보낸다. 이때 주어 또는 목적어는 to부정사나 that절 형태로 표기한다.

It is not very useful **to read** the whole book.

I felt **it** my duty **to tell** him the whole truth.

It is true **that he failed in the examination**.

We took **it** for granted **that they would consent**.

7 It ~ that 강조구문

1 It, be동사, that을 제거하면 하나의 완전한 문장이 된다.

I got a car here today.

➡ It was **I** that got a car here today.

➡ It was **a car** that I got here today.

➡ It was **here** that I got a car today.

➡ It was **today** that I got a car here.

2 that 대신 강조어구에 따라 관계대명사 who/which를 쓸 수 있다.

It is **I who** got a car here today.

3 부사구나 부사절을 강조할 때는 that만을 쓴다.

It was **in September that** I first noticed it. (○) (which 사용불가)

4 that절의 시제가 현재일 경우, 문두의 'It be동사'의 시제를 일치시켜야 한다.

It **is** Mary that[who] **enjoys** reading the novel.

🧭 출제 포인트

1. 하나의 절에 동사가 두 개일 수는 없다.
2. 두 개의 절을 연결하기 위해서는 반드시 접속사가 필요하다.
3. 전치사는 명사를, 접속사는 절을 연결한다.
4. It ~ that 강조구문에서 It, be동사, that을 제거하면 완전한 문장이 된다.

21

문의 구성 | **TEST 01**

▶▶▶ ANSWERS P.417

[01-11] Choose the one that best completes the sentence.

01   _____ all teachers left early this afternoon; some stayed late and finished grading examination papers.

① No   ② Not
③ None   ④ Nor

02   _____ the winter sports, curling seems to be the one that is most beloved.

① All to   ② All with
③ When all   ④ Of all

03   Most people do not know the right-of-way rules, but a starting point should be that pedestrian _____ and safety take priority.

① needed   ② needing
③ need   ④ needs

04   The goal of unemployment insurance _____ workers who have lost their jobs until they are reabsorbed into industry.

① support   ② supporting
③ to support   ④ is to support

05   _____ small specimen of the embryonic fluid is removed from a fetus, it will be possible to determine whether the baby will be born with birth defects.

① If a   ② That a
③ A   ④ After it is a

274 **김영편입 영어** 문법 기출 1단계

06 The mockingbird _____ because of its ability to mimic other birds' songs and calls.

① was so called

② called was so

③ so was called

④ called so

07 Being religious means _____ passionately the question of the meaning of our existence and being willing to receive answers, even if the answers hurt.

① being asking

② asking

③ ask

④ having been asked

08 Once a student is identified as gifted, she or he receives advanced instruction by _____.

① highly trained teachers

② highly training teachers

③ teachers trained highly

④ teachers training highly

09 Russia says _____ its troops freely on its own soil.

① it is titled to move

② it is entitled to move

③ it is titled to movement

④ it is entitled to movement

10   Kim _____ to go to the cinema, so she will just do her homework at home.

① does not have money enough

② is not enough money

③ does not have enough money

④ is not money enough

11   Education is _____ you can use to change the world.

① most powerful weapon what

② the powerful weapon what

③ weapon the most powerful

④ the most powerful weapon

[12-29] Choose the one that is NOT correct in standard English.

12   While ①walking, ②including moves that ③focus on ④toning your back and arms.

13   The best way ①making employees ②satisfied about their work is ③to help them ④get away from it as much as possible.

14   ①It was ②her ③who represented her country in the United Nations and ④later became an ambassador to the United States.

15   ①A major cause of the American Revolution ②was that the colonists' belief that the taxes ③being imposed on them ④were unfair.

16   ①Seoul citizens are ②considerably proud ③of beautiful mountains in the city, and the most breathtaking ④of which is Mt. Bukak.

17   Although he ①has worked in other ②media and other forms, ③but Bean gained considerable success with his ④pit-fired earthenware ⑤bowls.

18   ①Recently there ②has been a number of security incidents ③involving theft of equipment and personal ④belongings and ⑤unauthorized entry.

19   Burns are currently ①treated with skin grafting, ②which involves transplanting healthy skin from other parts of the body ③onto the wounds. ④No error.

20   The right hemisphere of the human brain is less ①crucial to language production and ②appears to be ③more concerned the ④creation of images.

21   ①An early form of softball ②that originated in 1895, when ③a Minneapolis fire fighter decided to provide a simple and inexpensive recreational outlet ④for his colleagues.

22   Frederick Law Olmsted, who ①designed Manhattan's Central Park, ②wanting the park ③to be a "democratic playground" ④where everyone ⑤was equal.

23   Detroit was the birthplace of ①both the industrial age and the ②nation's middle class, and the ③city's rise and fall ④being a window into the challenges ⑤facing all of modern America.

24 ①In the meantime, some of us had to ②stay in the old building, ③though it was rather primitive. ④For a start, there was no hot water. ⑤In addition to there were cockroaches everywhere.

25 The ①musician's orchestra, playing his original compositions and arrangements, ②achieving ③a fine unity of style and made numerous ④innovations in modern jazz.

26 ①Undoubtedly, Cathy was taking ②a social science class when her father went to ③the school to see her. Anyone ④has taken the course was not ⑤allowed to use a mobile phone.

27 ①Even though the nation ②is experiencing serious economic problems, ③few political leaders seem willing to fight for the difficult reforms ④are needed to put the country on a path toward a sustainable recovery.

28 If students are not able to use the already ①acquired knowledge as a process ②to unveil new knowledge, they will never be able to participate ③rigorously in dialogue as a process of learning and knowing. ④No error.

29 I am not sure ①why it was necessary to evacuate ②the whole airport, but ③there was discovered a knife in someone's bag ④after they had gone through an electronic security check ⑤without being stopped.

[30] Choose the sentence that is NOT grammatically correct.

30   ① Those sentenced were involved in organized crime.

② The majority remained satisfying with the new treatment.

③ People living in town by themselves had a hard time.

④ The door has been kept closed all day long.

해설편

01 ③	02 ④	03 ③	04 ②	05 ③	06 ④	07 ②	08 ③	09 ④	10 ③
11 ④	12 ②	13 ②	14 ③	15 ①	16 ②	17 ②	18 ②	19 ③	20 ③
21 ②	22 ①	23 ⑤	24 ①	25 ①	26 ④	27 ②	28 ②	29 ②	30 ③

01 2009 경희대 ▶▶▶ MSG p.33 ③

사역동사 make의 목적보어 ▶ 사역동사 make는 목적보어로 동사원형, 형용사, 과거분사 등이 올 수 있다. 주어진 선택지에서 문장의 빈칸에 made의 목적보어로 올 수 있는 것은 원형동사이다. ③ do가 정답이다.

chore n. 잡일, (집안의) 자질구레한 일

아버지는 가족 구성원이 서로 도와야 한다고 믿었고, 그리하여 우리로 하여금 매주 토요일마다 집안일을 하게 했다.

02 2009 경희대 ▶▶▶ MSG p.34 ④

지각동사 see의 목적보어 ▶ '지각동사 + 목적어 + 목적보어'의 형태에 있어서, 목적어와 목적보어가 능동관계이면 목적보어 자리에 동사원형 또는 현재분사가 오고, 수동관계이면 목적보어 자리에 과거분사가 온다. 주어진 문장에서, him과 repair는 능동관계이므로 현재분사인 ④가 적절하다.

repair v. 수리하다 roof n. 지붕 pass by (옆을) 지나가다

나는 지나가면서 그가 지붕을 수리하고 있는 것을 보았다.

03 2008 계명대 ▶▶▶ MSG p.24 ③

제공의 의미를 나타내는 동사 provide ▶ '…에게 ~을 제공하다, 공급하다'라는 의미는 provide someone with something 또는 provide something for someone으로 표현한다.

textbook n. 교과서

그 학교는 모든 학생들에게 교과서를 제공해준다.

04 2022 서울여대 ▶▶▶ MSG p.30 ②

view A as B ▶ 'A를 B로 보다[여기다]'는 view A as B로 나타낸다. 따라서 빈칸에는 ②가 들어가야 한다.

intrusive a. 침입하는 compromise v. (평판을) 더럽히다 multitude n. 군중

대부분의 사람들은 카메라, 사생활 침입성 앱, 스마트 기기들이 대중들의 사생활을 점점 더 침해하는 데 기여해 온 것으로 간주한다.

05 2016 홍익대 ▶▶▶ MSG p.33 ③

have + 목적어 + 과거분사 ▶ have가 사역동사로 쓰인 5형식 문형에서, 목적보어의 형태는 목적어와 목적보어의 관계에 따라 결정되는데, 목적어가 행위의 주체이면 목적보어로 능동을 나타내는 동사원형이 오고, 목적어가 행위의 대상이면 목적보어로 수동을 나타내는 과거분사가 온다. 주어진 문장에서 my car는 tow하는 행위의 대상이므로 수동 관계에 있으며, 따라서 빈칸에는 과거분사가 들어가야 한다. tow의 과거분사는 towed이므로 정답은 ③이 된다.

tow v. 끌다, (배·자동차를) 밧줄[사슬]로 끌다, 견인하다 highway n. 고속도로

어제 고속도로 위에서 내 차가 갑자기 멈춰 섰기 때문에, 내 차를 경찰에 견인시켜야 했다.

06 2022 덕성여대 ▶▶▶ MSG p.30 ④

목적격 보어 ▶ 빈칸 앞에 동사 find와 목적어 him이 나와 있으므로 빈칸 이하는 목적어의 행위를 나타내는 목적격 보어가 적절한데, 목적어와 목적격 보어의 관계가 '능동과 진행'의 관계이므로 현재분사인 ④의 browsing이 빈칸에 적절하다. or 다음의 re-reading과 병치를 이루고 있다.

mystery story 추리소설 browse v. 대강 읽다

바비(Bobby)는 추리소설의 열렬한 팬이다. 당신은 그가 서점에서 신간 추리소설을 훑어보고 있거나 개인 서재에서 그가 특히 좋아하는 소설들을 다시 읽고 있는 모습을 발견하게 될 것이다.

07 2007 대구대 ▶▶▶ MSG p.24 ②

remember + 동명사(과거)/to부정사(미래) ▶ remember 뒤에는 to부정사나 동명사가 올 수 있다. to부정사는 미래에 할 것을 기억하는 것인 반면, 동명사는 이미 과거에 한 일을 기억하는 것이다. 주어진 문장에 yesterday라는 과거 시점 부사가 있으므로 후자(後者)의 경우에 해당한다. 따라서 빈칸에는 동명사 ② posting이 들어가야 한다.

post v. (편지)를 보내다 package n. 꾸러미, 소포

나는 어제 그 소포를 보낸 것을 분명히 기억한다.

08 2005 동덕여대 ▶▶▶ MSG p.16 ③

타동사 enter ▶ enter가 '~에 들어가다'라는 의미일 때는 'enter + 목적어'의 형태로 쓰며 전치사를 필요로 하지 않는다. 따라서 정답은 ③이 된다. 참고로 '~을 시작하다'라는 의미로 쓰일 때는 'enter into + 목적어'의 형태로 쓴다. 'in + 연도'는 특정 과거시점을 나타내는 표현이므로, 현재완료시제와 함께 쓸 수 없다.

convent n. 수녀원

나의 큰 누이는 2002년에 수녀원에 들어갔다.

09 2007 아주대 ▶▶▶ MSG p.31 ④

5형식 동사 allow의 목적보어 ▶ allow의 목적보어는 to부정사만 가능하다. 또한 고해상도 지도를 보고 과학자들이 좋은 착륙지점과 천연자원을 직접적으로 '취할 수 있다'는 의미의 동사 take보다는 '골라낼 수 있다'는 의미로 동사 pick이 내용상 옳다.

lunar reconnaissance orbiter 달 정찰 인공위성 launch v. 발사하다
high-resolution n. 고해상도

달 정찰 인공위성이 2008년에 발사될 계획인데, 그것은 과학자들이 좋은 착륙지점과 천연자원을 골라낼 수 있도록 해주는 고해상도 지도를 만들어줄 것이다.

10 2020 수원대 ▶▶▶ MSG p.16 ③

주장·제안·권고 동사의 목적절 형태 ▶ recommend는 '주장, 제안, 권고'를 나타내는 동사로, 목적어인 that절 안의 동사로는 'should+동사원형'이나 '동사원형'이 와야 한다. 따라서 should가 생략된 ③의 be discussed가 빈칸에 적절하다.

committee n. 위원회 recommend v. 권고하다

그 위원회는 그 프로젝트가 다음 회의에서 논의되어야 한다고 권고한다.

11 2019 세종대 ▶▶▶ MSG p.9 ④

불완전자동사의 보어 ▶ 주체가 '안건'이므로 동사 remain의 보어로는 '실현되지 않은'이라는 의미의 unfulfilled가 적절하고 분사나 형용사는 부사로 수식해야 하므로 largely여야 한다.

agenda n. 안건, 의제 renewal n. 재생; (도시 따위의) 재개발 unfulfilled a. 이행되지 않은; 실현[성취]되지 못한

공공 서비스와 민주적인 도시재개발에 대한 그의 개인적인 안건은 대체로 실현되지 못한 채로 있다.

12 2021 세종대 ▶▶▶ MSG p.33 ②

사역동사의 목적격 보어 ▶ 문장의 정동사가 필요하므로 making이 아닌 make가 필요하며, make가 5형식 구문에 쓰이는 경우 목적격 보어로는 형용사가 와야 하므로 explicitly가 아닌 explicit이어야 한다.

verbalize v. 말로 나타내다 orally ad. 구두로, 말로 explicit a. 명백한, 분명한

소리 내어 생각하기 방법에서, 교사들은 소리 내어 읽으면서 생각을 말로 표현함으로써 자신들의 생각을 명확하게 한다.

13 2021 세종대 ▶▶▶ MSG p.28 ②

awaken + 목적어 + 전치사 to ▶ awaken은 4형식 문형에 쓰지 않으며, '~에게 …을 일깨워주다'라는 의미로 쓸 때 'awaken ~ to …'의 형태로 쓴다. 따라서 ②를 to the importance로 고쳐야 한다.

pandemic n. 전국적[세계적]으로 유행하는 병 awaken v. 자각시키다, 일깨우다
robust a. 튼튼한, 강건한; 강한, 건전한

전 세계적인 유행병은 우리에게 튼튼한 공중보건체계의 중요성을 일깨워 주었다.

14 2004 경기대 ▶▶▶ MSG p.33 ③

사역동사 have의 목적보어 ▶ have가 사역동사로 쓰였을 때, 목적어와 목적보어의 관계가 능동인 경우에는 목적보어로 동사원형이, 수동인 경우에는 목적보어로 과거분사가 온다. 주어진 문장에서 목적어인 someone's name은 의미상 타동사 tattoo의 객체이다. 따라서 수동관계에 있으므로, 과거분사를 써서 표현해야 한다. ③의 tattoo를 tattooed로 고친다.

tattoo v. 문신하다

당신의 몸에 누군가의 이름을 문신하는 것보다 더 큰 사랑의 표현은 없다.

15 2006 덕성여대 ▶▶▶ MSG p.8, p.56 ①

완전자동사 occur ▶ occur는 자동사이므로 수동태가 불가능하다. ①의 are commonly occurred를 commonly occur로 고쳐야 한다.

typhoon n. 태풍 coastal a. 해안의

태풍은 일반적으로 아시아 국가, 특히 가을과 봄에 해안 국가에서 일어난다.

16 **2019 경기대** ▶▶▶ MSG p.22

동명사를 목적어로 취하는 타동사 ▶ appreciate는 동명사를 목적어로 취하는 타동사이므로, ②를 coming으로 고쳐야 한다.

appreciate v. 감사히 여기다 recognize v. 인정하다 on one's behalf ~을 위하여

나는 사무실에서 하루 종일 열심히 일한 뒤에 사랑하는 아이들이 있는 집으로 돌아오는 것을 감사하게 생각하는데, 아이들은 내가 자기들을 위해 노력하고 있다는 것을 인정해준다.

17 **2018 경기대** ▶▶▶ MSG p.15

타동사 join ▶ join은 '(군에) 입대하다', '~에 가입하다'라는 의미의 타동사이므로, 목적어를 취하는 경우 목적어 앞에 전치사가 필요하지 않다. 그러므로 ②에 쓰인 전치사 in을 삭제해야 옳은 문장이 된다.

electronics n. 전자공학

그는 17세의 나이에 육군에 입대했으며, 뉴저지 주의 포트 몬머스(Fort Monmouth)로 보내져서 전자공학 분야에서 추가 교육을 받았다.

18 **2007 세종대** ▶▶▶ MSG p.36

lie down ▶ '눕다'는 lie down이며 과거형은 lay down이다. lied를 쓰면 '거짓말했다'라는 의미로 문맥상 어울리지 않는다. 따라서 ②를 lay down으로 바꾸어야 한다. ③의 경우, 뒤에 목적어가 있으므로 타동사 raised를 쓴 것이다.

arduous a. 힘든, 곤란한 raise v. 들어 올리다 or more ~이상

끝이 없어 보이는 일로 고된 하루를 보낸 매일 오후에, 해롤드(Harold)는 소파에 누워 1시간 이상동안 발을 올리고 있었다.

19 **2004 강남대** ▶▶▶ MSG p.23

부정사와 동명사 모두를 목적어로 취하는 동사 start ▶ 타동사 start는 목적어로 to부정사와 동명사 형태 둘 다 취할 수 있으며, to부정사의 형태는 'to + 동사원형'이다. 따라서 ③을 started to choke 또는 started choking으로 고쳐야 한다.

choke v. 숨이 막히다, 목메다 swallow v. 삼키다

내가 식당에서 조용히 앉아 식사를 하고 있을 때, 갑자기 옆에 있던 한 남자가 방금 전에 자신이 삼킨 음식 조각이 목에 걸렸다.

20 **2021 세종대** ▶▶▶ MSG p.39

타동사의 목적어 ▶ 문맥상 prosperity and good health가 타동사

bring의 목적어가 돼야 하므로, bring 뒤에 전치사는 필요하지 않다. ③에서 from을 삭제한다.

patch n. 작은 구획, 밭 old-growth n. 오래된 나무의 숲; 처녀림 heritage n. (대대로) 물려받은 것; 유산 prosperity n. 번영

이 대대로 전해져 온 처녀림 숲지대들은 이 지대들을 보호하는 공동체 사회에 번영과 건강을 가져다주는 것으로 여겨지고 있다.

21 **2009 대구가톨릭대** ▶▶▶ MSG p.37

rise와 raise의 구분 ▶ raise는 목적어가 필요한 타동사이고, rise는 자동사이다. 주어진 문장에서 ② 뒤에 목적어가 주어져 있지 않으므로 타동사를 쓴 것은 잘못이다. raises를 rises로 고쳐야 한다.

preference n. (다른 것보다) 더 좋아함; 선호 blimp n. (관측용) 소형 연식(軟式) 비행선

상품이 작은 비행선 또는 소형 연식(軟式) 비행선으로 광고되고 나면 상품의 소비자 선호도가 19퍼센트 증가한다는 것이 한 여론조사에서 나타났다.

22 **2006 삼육대** ▶▶▶ MSG p.11

consist in/of ▶ consist in은 '~에 있다'라는 뜻으로 문맥에 맞지 않는다. '~로 구성되다, ~로 이루어져 있다'라는 뜻의 consist of로 바꿔야 의미가 통한다. ①을 of millions로 고친다. ④의 related는 앞의 명사(구)를 수식하는 과거분사이며, 그 앞에 '관계대명사 + be동사'가 생략돼 있는 것으로 파악해도 무방하다.

coral reef 산호초 coral polyp 산호폴립 anemone n. 아네모네(관상식물) jellyfish n. 해파리

산호초는 수백만 개의 작은 산호폴립으로 이루어져 있는데, 이것들은 아네모네와 해파리의 친족관계에 있는 작은 동물의 일종이다.

23 **2006 한국외대** ▶▶▶ MSG p.9

자동사 remain ▶ remain은 자동사이므로 수동태가 될 수 없다. ⑤를 remain으로 고친다. 'one of + 복수명사'이므로 ②에서 복수명사 instruments를 썼다.

instrument n. 도구 ancient a. 고대의 in use 사용되는

이 (문자) 체계는 통일된 중국 전통 문화를 창출하는 데 있어 가장 중요한 도구들 중 하나인 것으로 증명되었다. 심지어 오늘날에도 많은 고대 문자들이 여전히 사용되고 있다.

24 **2019 경기대** ▶▶▶ MSG p.28

수여동사의 어순 ▶ give, send, mail 등의 수여동사가 4형식 문형에 쓰이는 경우, '수여동사+간접목적어+직접목적어'의 어순을 취하며, 3

형식 문형으로 쓰면, '수여동사+직접목적어+to+간접목적어'의 어순이 된다. 그러므로 ①을 customers fliers나 fliers to customers로 고쳐야 한다.

customer n. 고객 flier n. 광고쪽지, 전단 alert v. 주의를 환기시키다 branch n. 지점

대형 세일을 앞두고 가게들은 때때로 고객들에게 전단을 우편으로 보낸다. 이는 고객들이 시간을 내서 지점을 방문하여 세일 품목을 둘러보면 절약을 할 수 있다는 점에 고객들의 주의를 환기시키기 위한 것이다.

---

25 2021 세종대 ▶▶▶ MSG p.38 ①

올바른 동사의 쓰임 ▶ ①은 '(나무를) 베어 넘어뜨리다'라는 의미를 가진 fell의 과거형이므로 문맥상 적절하지 않다. 따라서 이것을 '떨어지다', '하락하다'라는 의미를 가진 fall의 과거형인 fell로 고쳐야 한다.

potentially ad. 잠재적으로 infectious a.전염성의 strain n. 혈통; 변종

영국에서 발견된 잠재적으로 보다 전염력이 높은 새로운 변종 코로나 바이러스가 우려를 불러일으킴에 따라, 월요일에 월가의 주가가 폭락하여, 최근에 있었던 상승폭의 일부를 잃어버리고 말았다.

---

26 2021 경기대 ▶▶▶ MSG p.15 ④

타동사 visit ▶ visit은 '~을 방문하다'라는 의미의 타동사이므로 목적어를 취할 때 전치사가 필요하지 않다. ④에서 to를 삭제한다.

reputation n. 평판 reasonable a. (가격 따위가) 합리적인 incredibly ad. 매우

훌륭한 음식을 합리적인 가격에 제공한다는 평판 때문에, 릴리 레스토랑은 포트 모리슨(Port Morrison)을 방문하는 관광객들 사이에서 엄청나게 인기 있게 되었다.

---

27 2013 단국대 ▶▶▶ MSG p.12 ②

participate in + 명사 ▶ participate는 자동사이므로 목적어를 취하려면 전치사 in이 필요하다. 따라서 ②는 participate in이 되어야 한다.

in line with ~에 따라 briefing n. 브리핑(정보나 지시를 전달하는 회의); 상황 설명; 기자회견

회사 안전 정책에 따라 모든 신입 직원들은 위험한 기계를 작동시키기 전에 반드시 제일 먼저 안전 브리핑에 참여해야 한다.

---

28 2018 상명대 ▶▶▶ MSG p.22 ②

동명사를 목적어 취하는 타동사 ▶ involve는 동명사를 목적어로 취하는 타동사이므로, ②를 developing으로 고쳐야 한다. ① 5형식동사 get의 목적보어로 쓰인 to부정사이다. ③ does는 강조의 용법으로 쓰

인 조동사이다. ④ 관계대명사 that의 선행사가 단수명사 packaging이므로 이것에 수를 일치시킨 것이다. ⑤ 5형식동사 encourage의 목적보어로 쓰인 to부정사이다.

packaging n. 포장재; 포장 stimulate v. 자극하다 systematic processing 체계적인 사고

소비자들로 하여금 브랜드를 변경하게 하는 것에는 체계적인 사고를 자극하여 소비자들로 하여금 자신들의 일상적인 제품 선택이 타당한지를 의심하게 하는 포장을 개발하는 것이 포함될지도 모른다.

---

29 2004 경기대 ▶▶▶ MSG p.15 ②

타동사 reach ▶ reach는 '~에 이르다, 도착하다'라는 의미의 타동사이다. 따라서 ②에서 전치사 at을 삭제해야 한다. 주어진 문장의 with 이하는 이른바 'with 분사구문'으로서, with의 목적어인 manufacturers와 unveil의 관계가 능동이므로, ③과 같이 현재분사를 쓴 것이다.

peak n. 절정 unveil v. (정체를) 드러내다 resolution n. (TV 등의) 해상도 built-in a. 붙박이로 맞추어 넣은

생산업체에서 고화질 카메라가 내장된 송수화기를 선보임에 따라, 이번 주에 이동전화 제조회사들 간의 경쟁이 절정에 이르고 있다.

---

30 2006 계명대 ▶▶▶ MSG p.34 ③

정비문 ▶ ③의 동사 get은 준사역동사로서 사역의 의미를 갖고 있으나 일반 사역동사들과는 달리 목적보어로 to부정사를 쓴다. 그러므로 help를 to help로 고친다. 그러나 목적어와 목적보어의 관계가 능동일 경우에만 to부정사를 쓰고 그 관계가 수동일 때는 과거분사를 쓴다.

pretend v. ~인 체하다 smoking n. 흡연

① 나는 TV 보는 것을 즐긴다.
② 그녀는 나를 보지 못한 척했다.
③ 나는 누군가 나를 돕도록 했다.
④ 그녀는 집에서 담배를 피우는 것을 허용하지 않는다.

01 ①	**02** ②	**03** ②	**04** ③	**05** ④	**06** ③	**07** ①	**08** ②	**09** ②	**10** ①
11 ④	**12** ③	**13** ②	**14** ③	**15** ④	**16** ③	**17** ③	**18** ④	**19** ③	**20** ①
21 ③	**22** ②	**23** ③	**24** ②	**25** ④	**26** ②	**27** ④	**28** ④	**29** ④	**30** ②

01 2016 상명대 ▶▶▶ MSG p.25   ①

prevent … from ~ing 구문 ▶ 'prevent … from ~ing'는 '…로 하여금 ~을 하지 못하게 하다'의 의미의 관용표현이다.

branch n. 지부, 지점 keep an appointment 약속을 지키다 client n. 고객, 단골손님

홍콩 지점장으로부터 장거리 전화가 걸려오는 바람에 마케팅 팀장은 고객과의 약속을 지키지 못했다.

02 2018 서울여대 ▶▶▶ MSG p.30   ②

적절한 전치사 ▶ 'denounce+목적어'의 뒤에 비난의 이유가 오는 경우에는 그 이유 표현 앞에 전치사 for를 쓰고, '목적어+as 보어' 구문으로서 비난의 대상인 목적어와 같은 것을 나타내는 보어 표현이 오는 경우에는 as를 쓴다. 주어진 문장의 경우, 빈칸 뒤의 '근본적인 위험요인'이 목적어인 '기술발전'과 같은 것을 나타내므로 빈칸에는 as가 적절하다.

denounce v. 비난하다 fundamental a. 근본적인 risk n. 위험요인 civilization n. 문명

기술발전을 인간 문명의 존재에 대한 근본적인 위험요인으로 비난하는 사람들이 많이 있다.

03 2005 경기대 ▶▶▶ MSG p.33   ②

사역동사 have의 목적보어 ▶ have가 사역동사로 쓰이는 경우, 목적어와 목적보어의 관계가 능동인 경우에는 동사원형이, 수동인 경우에는 과거분사가 목적보어로 온다. the conference center는 목적어로서 동사 had의 행위의 객체, 즉 동작 대상이므로 수동적 의미인 과거분사 ② cleared가 정답이다.

prime minister 총리 clear v. 깨끗이 하다, 치우다

총리가 도착하기 전에 경찰은 회담장을 깨끗이 치웠다.

04 2007 강남대 ▶▶▶ MSG p.34   ③

5형식 동사 get의 목적보어 ▶ get의 용법 중 사역의 5형식 동사구문을 묻는 문제이다. 목적어인 the roof가 수리하는 주체가 아니라 수리

가 되는 대상이므로 수동관계이다. 따라서 과거분사인 repaired가 적절하다.

roof n. 지붕 repair v. 수리하다

브라이언(Brian)은 가능한 한 빨리 그 지붕을 수리할 것이다.

05 2006 인천대 ▶▶▶ MSG p.31   ④

encourage + 목적어 + to부정사 ▶ 조동사 should 뒤에는 동사원형이 와야 하므로 ①과 ②는 정답이 될 수 없다. ③ make는 사역동사이므로 목적보어로 동사원형이 온다. 따라서 정답은 ④이며, encourage는 5형식 동사일 때 목적어 뒤에 to부정사가 온다.
ex.) She encouraged her daughter to study the piano.(그녀는 자기 딸에게 피아노를 배우라고 권했다.)

encourage v. 격려하다 for oneself 남에게 의지하지 않고, 혼자 힘으로

부모는 자녀들이 스스로 생각하게끔 격려해야 한다.

06 2008 계명대 ▶▶▶ MSG p.21   ③

stop + 동명사/to부정사 ▶ stop ~ing(동명사)는 '~하는 것을(이) 중단하다'이고 stop to V는 '~하기 위해 멈추다'라는 의미이므로, 문맥상 빈칸에는 raining이 들어간다.

go out 외출하다

나는 비가 멈출 때까지 나가지 않을 것이다.

07 2008 서경대 ▶▶▶ MSG p.33   ①

사역동사 let의 목적보어 ▶ or는 등위접속사이므로 앞뒤 문장의 구조가 유사해야 한다. 사역동사 let이 있으므로 목적보어로 빈칸에도 동사원형인 ① take out이 쓰여야 make a deposit과 병치구조를 이룬다.

automatic teller 자동 현금 입출금기 deposit n. (은행) 예금 take out 꺼내다, 인출하다

자동 현금 입출금기는 돈을 예치하거나 은행 계좌에서 현금을 인출하는 것이 가능한 기계이다.

08 **2015 홍익대** ▶▶▶ MSG p.9   ②

자동사 remain ▶ 동사 remain은 수동태 표현이 불가능한 자동사이므로, ①과 ③은 정답이 될 수 없다. 또한 현재분사 단독으로는 문장에서 정동사의 역할을 할 수 없으므로, ④도 적절하지 않다. 그러므로 주어인 The bodily processes에 대해 복수 동사를 쓴 ②가 정답이 된다.

process n. 진행, 경과; 과정 to date 지금까지

맛을 느끼는 것 이면에서 일어나는 신체 과정은 지금까지 불분명한 채로 남아있다.

09 **2007 덕성여대** ▶▶▶ MSG p.33   ②

5형식 동사 have의 목적보어 & 지시대명사 ▶ 'have + 목적어 + made'는 '~을 마련하다'라는 표현으로 made가 목적보어로 쓰인 5형식 구조이다. 또한 I가 마련할 책장은 정해지지 않은 불특정한 책장이다. 그러므로 대명사 one으로 대신할 수 있다. 정답은 ②가 되며, 참고로 it은 특정한 단수명사를 지칭하는 대명사이다.

decent a. 제대로 된, 괜찮은, 어울리는 bookcase n. 책장

나는 괜찮은 책장이 없어서 하나 마련하려고 한다.

10 **2014 단국대** ▶▶▶ MSG p.8, p.56   ①

자동사 happen ▶ I remember best from my childhood는 앞에 목적격 관계대명사 that 혹은 which가 생략된 관계절이며, 주어인 The Christmas를 수식하고 있다. 따라서 빈칸에는 동사가 와야 하겠는데, happen은 자동사이므로 수동태로 쓸 수 없으며 시제가 과거이므로 ①의 happened가 적절하다.

happen v. 일어나다, 발생하다

내가 가장 잘 기억하는 어린 시절의 크리스마스는 남동생이 태어난 직후인 다섯 살 때였다.

11 **2007 세종대** ▶▶▶ MSG p.20   ④

to부정사를 목적어로 취하는 동사 tend ▶ tend는 to부정사를 취하여 '~하는 경향이 있다'라는 뜻으로 쓰이며, the other way around는 '반대로'의 뜻이다.

tend v. ~하는 경향이 있다 the other way around 반대로

리사(Lisa)는 세상을 반대로 보는 경향이 있다.

12 **2019 강남대** ▶▶▶ MSG p.25   ③

제거·박탈의 동사 ▶ rid A of B는 'A에게서 B를 제거하다'는 의미이다. ③의 from을 '분리, 제거, 박탈'의 의미를 나타내는 전치사 of로 고쳐야 한다.

hopefully ad. 바라건대 terrible a. 끔찍한 disease n. 질병 manage to 어떻게든 ~해내다

바라건대 우리는 AIDS라 불리는 이 끔찍한 질병을 어떻게든 세상에서 없앨 것입니다.

13 **2014 상명대** ▶▶▶ MSG p.37   ②

동사 rise와 raise의 구분 ▶ '(해·달이) 뜨다'는 의미일 경우 자동사 rise가 쓰인다. raise는 '올리다'는 뜻의 타동사로 적절하지 않다. 따라서 ②를 rising으로 고쳐야 한다. ① 뒤에 raising이 있어 과거 진행형이 되어야 하므로 진행형을 만드는 be동사 was가 왔다. ④ '~에서 일어나다'는 뜻의 자동사 rise의 과거형이다. ⑤ '~에 앉다'의 뜻의 자동사 sit의 과거형이다.

mountain n. 산 rise out of bed 침대에서 일어나다

내가 침대에서 일어나 식탁에 앉았을 때 해가 산 위로 떠오르고 있었다.

14 **2014 경기대** ▶▶▶ MSG p.15   ③

자동사로 혼동하기 쉬운 타동사 ▶ outlive는 타동사로 뒤에 바로 목적어가 와야 하며, 또한 '~보다 오래 살다'라는 뜻으로 동사 자체에 이미 than의 의미를 가지고 있기 때문에 ③의 than은 삭제되어야 한다. ④ 다음은 strong personal relationships를 가리키는 them이 생략되어 있다.

personal relationship n. 인간관계 outlive v. ~보다 오래 살다

공고한 인간관계가 있는 사람들이 그렇지 않은 사람들보다 오래 살 가능성이 50% 더 높다.

15 **2022 세종대** ▶▶▶ MSG p.10   ④

2형식 동사의 보어 ▶ 2형식동사의 보어로는 형용사가 온다. ④를 형용사 different로 고친다.

hundred n. 100 differently ad. 다르게

300년도 더 전에, 유럽 사람들은 오늘날과 다르게 식사를 했다. 그들은 생김새 또한 다르게 보였다.

16 **2014 상명대** ▶▶▶ MSG p.33 ③

사역동사 have의 목적보어 ▶ 사역동사 have가 'have + 목적어 + 목적보어' 형태로 쓰일 때, 목적어와 목적보어가 능동관계에 있다면 목적보어로 원형부정사를 쓰고, 수동관계에 있다면 목적보어로 과거분사를 쓰는 것이 원칙이다. 컴퓨터는 '수리되는 것'이므로 둘은 수동관계이다. 따라서 ③을 serviced로 고쳐야 한다. ① 주절에 next week가 왔으므로 미래시제인 will have가 왔다. ⑤ 주절이 미래시제여도 회사가 은행의 추천을 받은 시점이 과거일 경우, 과거시제를 쓸 수 있다.

service v. (기계를) 점검[정비]하다 recommend v. 추천하다, 권고하다

다음 주에 우리는 은행에서 추천해 주었던 회사에 우리 컴퓨터 수리를 맡길 것이다.

17 **2009 계명대** ▶▶▶ MSG p.9 ③

get + 형용사 ▶ get이 '~이 되다'는 의미를 가지면서 변화, 추이를 나타내는 경우엔 2형식 동사로 쓰인 것이다. 보어로는 부사가 아닌 형용사가 와야 하므로 ③ darkly를 dark로 바꾸어야 한다. ④는 cold를 수식하는 부사이다.

have a dream 꿈을 꾸다 garden n. 정원 terribly ad. 무섭게; 몹시

나는 지난밤에 이상한 꿈을 꾸었다. 내가 정원 안에 있었는데, 날은 어두워지고 있었고 날씨는 몹시 추웠다.

18 **2008 강남대** ▶▶▶ MSG p.23 ④

사역동사 have의 목적보어 ▶ have는 사역동사이며, them은 wisdom teeth이다. wisdom teeth는 뽑는 것이 아니라 뽑히는 것이므로 ④에서 목적보어는 수동적 의미를 지닌 과거분사 pulled가 되어야 적절한 표현이 된다. 따라서 ④를 them pulled로 고친다.

wisdom tooth 사랑니 trouble v. 괴롭히다 see about ~을 조사하다 pull v. (치아를) 뽑다

사랑니가 계속 성가시게 하자 존(John)은 그것들을 뽑아내는 문제에 대해 알아보기 위해 치과의사에게 갔다.

19 **2003 경기대** ▶▶▶ MSG p.33 ③

사역동사 make의 목적보어 ▶ 5형식에서 사역동사로 쓰인 make는 목적보어로 동사원형을 취한다. ③ seems를 seem으로 고쳐야 한다.

extraordinary a. 엄청난 marvellous a. 놀라운 aesthetic a. 미적 감각이 있는

엄청난 다양성으로 인해 그 도시는 마치 미(美)의 폭풍우가 가져온 놀라운 산물과도 같아 보인다.

20 **2009 명지대** ▶▶▶ MSG p.7 ①

주어와 호응하는 동사 ▶ ①은 분사의 형태인데, 분사, 부정사, 동명사 등의 준동사 단독으로는 문장의 정동사 역할을 할 수 없으므로 ①은 have gotten이 되어야 올바른 문장이 성립된다. ②에서 saying은 앞의 postcard를 꾸며주는 분사이며, that절은 say의 목적어로 쓰인 명사절이다. ③에서 접속사 and는 또 다른 say의 목적어인 that절을 이어주므로 병치구조상 맞다.

gert v. 받다 postcard n. 엽서 send v. 보내다

나는 물건이 이미 준비됐고 그것을 6월 말까지는 보내겠다는 그녀의 엽서를 받았다.

21 **2004 광운대** ▶▶▶ MSG p.36 ③

lie와 lay의 구분 ▶ '눕다'라는 의미의 자동사 lie의 시제 변화는 lie-lay-lain이고 '눕히다, 놓다'라는 의미의 타동사 lay의 시제 변화는 lay-laid-laid이다. 주어진 문장에서 ③ 뒤에 목적어가 주어져 있지 않으므로 자동사로 쓰였음을 알 수 있다. 따라서 ③은 lay down으로 써야 한다. ①의 형용사 smooth는 2형식 동사 felt의 보어로 쓰인 것이다.

smooth a. 부드러운 effortlessly ad. 손쉽게, 애쓰지 않고서

땅이 너무 부드럽게 느껴져서 그녀는 매트리스가 필요 없었다. 그녀는 바닥에 누워서 힘들이지 않고 잠들 수 있었다.

22 **2008 숙명여대** ▶▶▶ MSG p.7 ②

문장을 구성하는 동사 ▶ 주어 climatic conditions에 대한 동사가 없다. 따라서 ② variable을 동사 vary로 바꾸는 것이 적절하다.

vary n. 다양하다 largely ad. 주로 latitude n. 위도 elevation n. 해발 높이, 고도

주로 위도와 해발 고도 차이 때문에 유타주(州)의 기후 변화는 상당히 다양하다.

23 **2005 강남대** ▶▶▶ MSG p.16 ③

타동사 discuss ▶ discuss는 뒤에 전치사를 취하지 않고 바로 목적어를 취하는 타동사이다. 따라서 discuss 다음의 about을 삭제한다. ①에 쓰인 suggest는 제안의 의미를 갖는 동사이고, 이것이 취하는 that절 속의 동사는 '(should) 동사원형'이어야 한다. 그런 이유로 ②에 be called의 형태가 온 것이다.

police officer 경찰관 serial murder 연쇄살인

그 경찰관은 마을에서 일어난 연쇄살인사건에 대해 논의하기 위해 또 한 번 회의를 소집할 것을 제안했다.

comfort v. 안심시키다 frightened a. 겁먹은 march v. 걸어가다

나는 어머니들이 겁먹은 아이들을 안심시키기 위해 노력하는 것을 볼 수 있었다. 나는 흥분한 선생님들이 학교 아이들에게 밖으로 차분하게 걸어 나가라고 일러주는 것을 들을 수 있었다.

---

24 2014 숙명여대 ▶▶▶ MSG p.21 ②

동명사를 목적어로 취하는 동사 finish ▶ finish는 동명사를 목적어로 취하는 동사이므로 ②는 reading이 되어야 한다. ① 주절이 과거시제일 때 when절도 과거시제인 것이 일반적이나 '신문 기사를 다 읽은' 완료의 의미여서 과거완료시제는 옳다. ③ begin은 to 부정사를 목적어로 취한다. ④ among ourselves는 '우리끼리, 은밀히'의 의미이다. ⑤ 명사 앞에 쓰인 양보를 나타내는 전치사이다.

discuss v. 토론[논의]하다 ignorance n. 무지, 모름 biology n. 생물학

우리는 신문 기사를 다 읽고 나서, 생물학을 잘 모르고 있음에도 불구하고 우리끼리 그것에 대해 토론하기 시작했다.

---

28 2007 서울여대 ▶▶▶ MSG p.10 ④

불완전자동사 smell의 보어 ▶ smell은 불완전자동사로서 주격보어 역할을 하는 명사나 형용사를 필요로 한다. 부사 sweetly는 주격보어 역할을 할 수 없으므로 ④를 형용사 sweet로 바꾸어야 한다. ①의 species는 단수와 복수의 형태가 같으며, 주어진 문장에선 복수로 쓰인 것이다.

prickly a. 가시가 많은 stem n. 줄기 pinnate a. 깃털 모양의

북미지역에는 20종의 야생장미들이 있는데, 그것들 모두는 가시가 돋은 줄기와 깃 모양의 잎들과 대개 향기로운 냄새가 나는 큰 꽃들을 가지고 있다.

---

25 2021 서울여대 ▶▶▶ MSG p.22 ④

동명사를 목적어로 취하는 타동사 risk ▶ ④ 앞의 risk는 조동사 can 뒤에 쓰였으므로 명사가 아닌 동사로 쓰인 것이며, risk는 동명사를 목적어로 취하는 타동사이다. 그러므로 뒤에 전치사 없이 바로 목적어가 와야 한다. 따라서 ④를 obscuring으로 고친다. ② 동사 help의 목적어로는 to부정사와 원형부정사 둘 다 가능하다.

tackle v. (문제 등을) 다루다 foster v. 촉진하다, 조장하다 risk v. 위험을 감수하다 obscure v. 모호하게 하다

역사적 주제를 다루는 영화는 과거에 대해 더 많이 배우는 데 대한 관심을 키우는 데 도움을 줄 수 있지만, 실제로 일어난 일을 모호하게 만들 위험을 감수할 수도 있다.

---

29 2013 경기대 ▶▶▶ MSG p.37 ④

effect와 affect의 의미 구분 ▶ effect는 '초래하다'라는 의미인데 '재선을 위한 선거운동을 초래하다'는 의미상 부자연스럽다. '재선을 위한 선거운동에 영향을 미치다'는 뜻이 되도록 ④를 '~에 영향을 미치다'는 의미의 affect로 써야 자연스러운 의미의 문장이 된다. ① free of는 '~이 없는, ~이 면제된'이라는 의미의 표현이다. ② assure는 'assure + 목적어 + that절'의 형태로 사용이 가능하다. ③ stem이 '유래하다, 생기다'라는 의미의 자동사로 쓰였으며, 앞의 명사 physical limitations와 능동 관계이므로 현재분사를 쓴 것이다.

assure v. 안심시키다 physical a. 육체의 limitation n. 한계 stem v. 유래하다, 생기다 recuperation n. 회복 campaign n. 선거운동

우고 차베스(Hugo Chavez) 대통령은 월요일에 자신의 암이 완치됐다고 말했으며, 회복 과정에서 생겨나는 육체적 한계가 자신의 재선을 위한 선거운동에 영향을 주지는 못할 것이라고 베네수엘라 국민들을 안심시켰다.

---

26 2020 덕성여대 ▶▶▶ MSG p.24 ②

remember + 동명사(과거)/to 부정사(미래) ▶ remember 뒤에는 to 부정사나 동명사가 올 수 있다. to 부정사는 미래에 할 일을 기억하는 것인 반면 동명사는 이미 과거에 한 일을 기억하는 것이다. 문맥상 '잊지 말고 꼭 지적하라'라는 미래의 일에 대한 당부의 의미가 되어야 하므로, ②는 to 부정사인 to point가 되어야 한다.

point out 지적하다 trade-off n. (서로 대립되는 요소 사이의) 균형 opponent n. 상대, 반대자 demerit n. 단점 proposition n. 명제

상대방이 특정 명제의 장단점을 언급할 때, 당신은 항상 균형의 존재를 잊지 말고 꼭 지적해야 한다.

---

30 2019 국민대 ▶▶▶ MSG p.17 ②

자동사로 착각하기 쉬운 타동사 및 수일치 ▶ ②에서 who의 선행사가 복수명사인 characters이므로, 3인칭 단수동사 형태인 inhabits는 inhabit이 되어야 하며, inhabit은 자동사로 착각하기 쉬운 타동사이므로, 전치사 in을 삭제해야 한다. 따라서 ②를 inhabit the natural landscape로 고친다. ① 강조를 위한 조동사 does이다. ④ in harmony with와 병치되어 living에 연결된다.

inhabit v. 거주하다 celebrate v. 찬양하다 corrupt a. 부패한, 타락한

워즈워스(Wordsworth)는 자연의 세계와 자연환경에서 사는 인간들의 세계를 묘사한다. 그는 자연환경과 조화를 이루며 타락한 도시를 떠나서 살고 있는 인간의 정신을 찬양한다.

---

27 2013 한국외대 ▶▶▶ MSG p.32 ④

tell + 목적어 + to do ▶ tell someone to do something(~에게 …하라고 일러주다)의 구문으로 쓰이므로 ④를 to march로 고쳐야 한다. ① 'try + to 부정사' 구문이므로 적절하다. ② excited는 감정타동사의 과거분사로 사람인 teachers를 꾸미고 있으므로 적절하다. ③ telling은 현재분사로서 지각동사 hear의 목적보어이므로 적절하다.

01 ②	02 ①	03 ①	04 ⑤	05 ④	06 ④	07 ②	08 ④	09 ②	10 ①
11 ④	12 ①	13 ④	14 ④	15 ①	16 ③	17 ②	18 ②	19 ②	20 ③
21 ④	22 ②	23 ④	24 ④	25 ③	26 ②	27 ⑤	28 ③	29 ②	30 ⑤

---

01 **2005 경기대** ▶▶▶ MSG p.31　　②

require + 목적어 + to부정사 ▶ 동사 require가 '요구하다'라는 뜻으로 쓰이면 '목적어 + 전치사 + 명사' 또는 '목적어 + to do/that절' 형태를 취한다. 따라서 주어진 문장의 빈칸에는 ② to limit이 들어간다.

budget n. 예산　cost n. 비용

예산 절감이 우리로 하여금 세계 여행에 대한 비용을 제한하도록 한다.

---

02 **2009 강남대** ▶▶▶ MSG p.33　　①

사역동사 have의 목적보어 ▶ 사역동사 have의 목적어인 her purse가 낚아채는 것이 아니라 낚아챔을 당하는 대상이므로 목적보어인 빈칸은 과거분사 형태가 되어야 한다. 따라서 ①이 정답이다.

all the way 내내, 줄곧　snatch v. 잡아채다, 강탈하다

케이티(Katie)는 지갑을 소매치기 당했기 때문에 집으로 가는 내내 걸어야만 했다.

---

03 **2015 가톨릭대** ▶▶▶ MSG p.21　　①

동명사를 목적어로 취하는 동사 ▶ anticipate, predict, expect 모두 '예상하다'라는 뜻을 가지고 있다. 이중에서 동명사를 목적어로 취하는 동사는 ① anticipate이다. ② predict는 목적어로 명사, that절, wh-절을 받을 수 있다. ③ expect는 to 부정사를 목적어로 취하는 동사이며, ④ prepare는 의미적으로 적절하지 않다.

meet opposition 반대에 부딪히다　traffic control 교통 통제

그 위원회는 교통 통제에 대한 새로운 계획이 강력한 반대에 부딪힐 것을 실제로 예상하지 못했다.

---

04 **2014 아주대** ▶▶▶ MSG p.17　　⑤

자동사와 타동사의 구분 ▶ 빈칸 다음에 the archipelago라는 명사가 목적어로 주어져 있다. 따라서 빈칸에는 타동사가 와야 하며, '~에 살다, 거주하다, 서식하다'라는 의미의 타동사 inhabit이 정답이다.

brown bear 불곰　mammal n. 포유동물　archipelago n. 군도(群島); 다도해

우리는 불곰 그리고 아마도 다른 대형 포유류들이 적어도 4만 년 동안 계속해서 그 군도(群島)에서 살아왔을 것으로 추정하고 있다.

---

05 **2013 경기대** ▶▶▶ MSG p.33　　④

have + 목적어 + 과거분사 ▶ 사역동사 have가 'have + 목적어 + 목적보어'의 문형으로 쓰일 때, 목적어와 목적보어의 관계가 능동이면 목적보어 자리에 원형부정사가 오고, 수동이면 목적보어 자리에 과거분사가 온다. 주어진 문장에서 applications는 제출하는 행위의 대상이므로 동사 submit과는 수동관계에 있다. 따라서 빈칸에는 ④의 과거분사 submitted가 적절하다.

applicant n. 지원자　application n. 신청서　major n. 전공과목　finance n. 재정; 재정학　subject n. 과목　submit v. 제출하다

지원자는 25세 미만이어야 하며, 신청서는 재정학 혹은 관련 과목의 전공을 지원하는 때에 대학에 제출해야 한다.

---

06 **2007 덕성여대** ▶▶▶ MSG p.35　　④

가목적어 it을 취하는 동사 make ▶ 5형식 문형에서 목적어가 부정사구나 명사절이 되어 길어지면 반드시 뒤로 빼고 빈자리에 가목적어 it을 쓴다. ex.) He made it his duty to look after those who lived on their poverty.(그는 가난한 사람들을 보살피는 것을 자신의 의무라 여겼다.) 빈칸에는 가목적어 it이 들어가야 한다.

movement n. 움직임; 동작, (주로 pl.) 행동

그가 입고 있는 하얀 가운 때문에 그의 행동을 선명하게 살펴보는 것이 가능했다.

---

07 **2006 한성대** ▶▶▶ MSG p.24　　②

remember + 동명사(과거)/to부정사(미래) ▶ remember 뒤에는 to부정사나 동명사가 올 수 있다. to부정사는 미래에 할 것을 기억하는 것인 반면 동명사는 이미 과거에 한 일을 기억하는 것이다. but 앞의 절이 과거시제이므로, ~ing가 적절하며 목적어 them을 취하므로 능동태인 ②가 적절하다.

---

key n. 열쇠 pocket n. 주머니, 호주머니

내 열쇠는 내 주머니 안에 있었다. 하지만 나는 거기에 열쇠를 두었다는 것을 기억하지 못한다.

lavish a. 아끼지 않는 funeral n. 장례식 coffin n. 관(棺) request v. 부탁하다

죽기 전에 투투(Tutu) 대주교는 그의 장례식에 "돈을 낭비하지" 말 것을 부탁했고, 그의 관을 "가장 싸게 구할 수 있는 것"으로 해달라고 요청했다.

---

08 2008 홍익대 ▶▶▶ MSG p.22   ④

동명사를 목적어로 취하는 동사 & 동명사의 의미상 주어 ▶ 타동사 appreciate는 사물인 명사나 동명사를 목적어로 취하므로 ②의 부정사와 ③의 사람 you는 제외된다. ①은 타동사의 목적어가 없다. ④의 동명사 letting이 정답이고 동명사의 의미상 주어는 소유격이 원칙이므로 your가 왔다.

appreciate v. 감사하다 as soon as possible 되도록 빨리

그곳에서 무슨 일이 발생했는지를 가능한 한 빨리 제게 알려주시면 감사하겠습니다.

---

09 2016 단국대 ▶▶▶ MSG p.30   ②

5형식 구문의 목적보어 ▶ 'find + 목적어 + 목적보어' 구문은 '…가 ~임을 알아내다[발견하다]'는 의미이다. 빈칸은 목적보어의 자리이며, 보어가 될 수 있는 것은 형용사나 명사이므로, 형용사의 비교급 형태인 ②가 정답이 된다. find가 that절을 목적어로 취할 수도 있으므로 ④를 정답으로 고려할 수도 있지만, 주절에 쓰인 과거시제에 종속절의 시제를 일치시켜야 하는데, 현재시제인 are와 호응하지 않는다.

architect n. 건축가, 설계사 look to ~으로 시선을 돌리다 inspiring a. 영감을 주는

1900년대 초에 미국 건축가들 대부분이 아이디어를 찾아 유럽 쪽으로 눈을 돌린 동안, 프랭크 로이드 라이트(Frank Lloyd Wright)는 일본의 디자인과 미술이 더 큰 영감을 준다고 생각했다.

---

10 2009 홍익대 ▶▶▶ MSG p.25   ①

prevent + 목적어 + from + 동명사 ▶ 동사 prevent 다음에는 '목적어 + from + 동명사'의 형태가 오므로 ①이 정답이다.

Give him an inch and he'll take an ell. <속담> 한 치를 주면 한 자를 달라 한다, 봉당을 빌려주니 안방까지 달란다.

그녀는 이미 나에게 조금의 양보를 한 터라 아무리 대비를 해도 더 많은 것을 내놓으라는 나의 요구를 막을 수 없었다.

---

11 2022 세종대 ▶▶▶ MSG p.33   ④

요구·제안 동사의 용법 ▶ 주장, 제안, 요구 동사가 that절을 목적어로 취하는 경우, that절속의 동사는 주어의 수나 시제와 상관없이 '(should) 동사원형'이어야 한다. 그러므로 ④가 정답으로 적절하다.

---

12 2005 중앙대 ▶▶▶ MSG p.15   ①

타동사 book ▶ book이 동사로 쓰이면 '(방·표·좌석을) 예약하다, 사다'라는 뜻의 타동사이다. 따라서 뒤에 전치사가 필요하지 않다. ①에서 for를 삭제한다.

book v. (좌석을) 예약하다 take a course 수업[강좌]을 듣다

주디스(Judith)는 자신의 셰익스피어 강좌를 듣는 모든 학생을 위해 연극표를 예약했다.

---

13 2007 서울여대 ▶▶▶ MSG p.33   ④

사역동사 let의 목적보어 ▶ 사역동사 let은 목적보어로 동사원형을 취한다. ④ to see를 see로 고친다.

patent n. 특허(권) grant v. 부여하다, 주다 curious a. 궁금해 하는

마이어스(Meyers) 박사는 특허를 받고 난 후에는 과학자들과 궁금해 하는 누구에게나 그것이 어떻게 행해졌는지를 보여줄 것이라고 말했다.

---

14 2011 가천대 ▶▶▶ MSG p.36   ④

lay와 lie의 구분 ▶ lay는 '놓다'라는 뜻으로 쓰이는 타동사이다. ④ 뒤에 목적어가 없으므로, 타동사를 쓴 것은 옳지 않으며 자동사 lie를 써야한다. laying을 lying으로 고쳐야 옳은 문장이 된다.

get off 내리다 suitcase n. 여행가방 belongings n. 재산, 소유물

버스를 청소하는 동안 당신은 내려야 하지만, 여행가방과 그 밖의 다른 소지품들은 좌석에 두고 내려도 된다.

---

15 2005 경기대 ▶▶▶ MSG p.9   ①

불완전자동사 become ▶ become은 불완전자동사이므로 보어가 필요하다. 명사 또는 형용사를 보어로 쓸 수 있는데, 주어진 문장에서는 상태를 나타내는 형용사가 필요하다. ①을 active로 바꿔야 한다.

active a. 적극적인 community n. 공동체 opportunity n. 기회

공동체 조직에서 적극적이 된다는 것은 또한 기회를 열어줄 수 있다는 사실을 잊지 마라.

16 **2013 성균관대** ▶▶▶ MSG p.37

arise와 rise의 구분 ▶ arose는 '(문제나 상황이) 생기다, 발생하다'라는 의미의 자동사 arise의 과거형이다. 주어진 문장은 '사망자의 수가 증가하다'라는 의미이므로, '(수량 또는 수준 등이) 상승하다, 오르다'라는 의미의 동사 rise를 써야 한다. 따라서 ③을 rose로 고친다. ② that은 a storm을 선행사로 하는 관계대명사이다. ⑤ missing은 '행방불명된, 실종된'이라는 의미로 올바르게 쓰였다.

death toll 사망자수 storm n. 폭풍우

남부 필리핀을 강타한 폭풍우로 인한 사망자가 325명 이상에 이르렀고, 수백 명이 여전히 실종상태이다.

17 **2004 성균관대** ▶▶▶ MSG p.39 ②

bring과 take의 구분 ▶ 쇼핑하러 갈 때 가지고 가는 것이므로 ② bring을 take로 고친다. bring은 '사람이나 물건을 데리고[가지고] 오다'의 의미이고, take는 '다른 곳으로 데리고[가지고] 가다'의 의미이다.

go shopping 물건 사러가다 grocery 식료품 및 잡화; 식료품 가게

네가 물건 사러 갈 때 나를 대신해서 식료품점 사장님께 이 노트를 건네주겠니?

18 **2013 단국대** ▶▶▶ MSG p.9 ②

자동사 grow up ▶ where가 이끄는 관계부사절에서 동사 was born과 grown up이 병치를 이루고 있다. '태어났다'의 의미인 was born은 올바른 수동태 표현이지만 '자라다, 성장하다'의 뜻인 grow up은 자동사이기 때문에 수동태로 표현할 수 없다. 따라서 ②의 grown up은 grow up의 능동태 과거형인 grew up이 되어야 한다.

tropical a. 열대의, 열대지방의 survey line 측량선 forest n. 숲

나는 태어나고 자란 보르네오(Borneo)에서 정글과 같은 숲속으로 측량선을 내면서 열대환경에서 일해 왔다.

19 **2014 상명대** ▶▶▶ MSG p.8, p.56 ②

자동사 happen ▶ happen은 수동태가 불가능한 자동사이므로 ② was는 삭제되어야 한다. ① coincidence는 '(우연의) 일치'의 뜻으로 가산, 불가산 명사 둘 다 가능하므로 앞에 부정관사 a가 왔다. ③, ④ news는 추상명사로 단수 취급하므로 단수동사 was가 쓰였다. ⑤ news는 announce하는 행위의 대상이므로 수동태로 쓰였다.

coincidence n. 우연의 일치, 동시발생 announce v. 발표하다

오늘 아침 그 소식이 발표되자 기이하게도 같은 일이 일어났다.

20 **2003 경기대** ▶▶▶ MSG p.16

타동사 enter ▶ enter가 '~에 들어가다'라는 의미일 때는 뒤에 전치사를 필요로 하지 않으며, '~을 시작하다'라는 의미로 쓰일 때에는 'enter into + 목적어'의 형태로 쓴다. 주어진 문장에서는 '들어가다'라는 의미이므로, ③에서 into를 삭제해야 한다. ②에서 복수동사를 쓴 것은 주어인 관계대명사의 선행사 workers가 복수이기 때문이다. ④의 경우, 문장의 주어 The number가 단수이므로 has를 쓴 것이다.

foreign worker 외국인 노동자 decrease v. 감소하다

국내 입국이 허용된 외국인 노동자들의 수는 감소해 왔다.

21 **2005 강남대** ▶▶▶ MSG p.9 ④

상태지속동사 stay ▶ 동사 stay는 '~상태를 유지하다'는 의미로 보어를 필요로 하는 동사이다. 따라서 ④에서 stay 다음에 있는 actively를 보어가 될 수 있는 형용사 active로 바꿔야 한다.

cold-blooded a. 냉혈의, 냉혹한

뱀과 같은 냉혈동물은 온기를 유지하고 활발한 상태로 있기 위해서는 태양의 열을 필요로 한다.

22 **2014 상명대** ▶▶▶ MSG p.24 ②

동명사와 부정사를 둘 다 목적어로 취하는 동사 forget ▶ 동사 forget은 동명사와 부정사 둘 다 목적어로 취하는 동사인데, 동명사가 오면 '과거에 했던 일을 잊다'라는 의미를 나타내고, 부정사가 오면 '미래에 해야 할 일을 잊다'라는 의미를 나타낸다. '지도를 가져갈 것'을 잊어버린 것이므로 부정사로 쓰는 것이 옳다. 따라서 ②를 to take the map으로 고쳐야 한다. ① 동사 decide는 부정사를 목적어로 취한다. ④ stop 다음에 부정사가 쓰인 경우 '~을 하기 위해 멈추다', 동명사가 쓰인 경우 '~을 하는 것을 멈추다'라는 뜻이 된다. 지도를 '사기 위해' 주유소에 멈춘 것이므로 to buy는 올바르게 쓰였다. ⑤ 불특정한 지도를 가리키므로 it이 아니라 one이다.

go on a trip 여행을 가다 gas station 주유소

우리는 산으로 여행을 가기로 결정했지만 지도를 가져갈 것을 잊어버려서 지도를 사기 위해 주유소에 들렀다.

23 **2008 광운대** ▶▶▶ MSG p.15

타동사 interest ▶ interest는 '(~에게) 흥미를 일으키다'라는 의미의 타동사이므로 목적어를 바로 취한다. 따라서 ④에서 전치사 to를 삭제해야 한다. interests 앞에 있는 that은 주격 관계대명사이다.

content a. 만족하는 nothing less than 다름 아닌 바로 subject n. 주제

우리는 당신이 당신의 관심을 불러일으키는 주제에 대한 완전한 진리에만 만족하기를 바란다.

24 2012 동덕여대 ▶▶▶ MSG p.13 ④

interfere with ▶ 내용상 강력한 정부가 국민의 자유를 침해한다는 것이 자연스러우므로 ④에 '(어떤 상황·활동·작용 등에) 손해를 입히다, 방해하다, 지장을 입히다'라는 의미의 동사 interfere를 쓴 것은 맞지만, interfere는 자동사이기 때문에 목적어를 바로 취할 수 없다. 따라서 전치사 with를 함께 써서 interfere with가 되어야 한다. ①은 부사어 역할을 한다. ②는 미 헌법 제정자들에 관한 내용이므로 과거 시제가 적절하며, oppose는 뒤에 목적어를 바로 취할 수 있는 타동사이다. ③은 주절에서의 강력한 정부에 대한 반대의 부가설명으로 종속절에 이유의 접속사가 올바르게 사용됐다.

Founding Fathers 미합중국 헌법 제정자들 oppose v. 반대하다

게다가 미국의 헌법 제정자들은 강력한 정부에 반대했는데 이는 강력한 정부가 국민의 자유를 침해할 수 있기 때문이었다.

25 2004 경기대 ▶▶▶ MSG p.37 ③

rise와 raise의 구분 ▶ rise는 '오르다, 상승하다'라는 의미의 자동사이므로 목적어 interest rates를 취할 수 없다. 따라서 ③은 '올리다, 들어올리다'라는 의미의 타동사 raise로 써야 옳은 문장이 된다. ②의 뒤에는 동격의 접속사 that이 생략돼 있다.

stock index 주가지수 concern n. 우려, 염려 interest rate 금리

중국 정부가 (과열된) 경기를 진정시키기 위해 빠르면 7월에 금리를 올릴 거라는 염려 때문에 한국의 주가지수가 어제 이달 중 최저치로 떨어졌다.

26 2003 아주대 ▶▶▶ MSG p.38 ②

say의 용법 ▶ say는 목적어 두 개를 갖는 수여동사로 사용될 수 없으므로 ②에서 him을 삭제한다.

chairman n. 의장, 회장 focus on ~에 초점을 맞추다 settlement n. 해결 conflict n. 갈등, 분쟁

정부 교섭 위원단의 회장인 지저스 듀레자(Jesus Dureza)는 회담이 "아직 정치적 분쟁 해결에 초점을 맞추고 있지 않고 분쟁 지역들의 개발에 집중돼 있다"고 말하고 있다.

27 2013 상명대 ▶▶▶ MSG p.21 ⑤

동명사를 목적어로 취하는 동사 avoid ▶ avoid는 동명사를 목적어로 취하는 3형식 동사이므로 ⑤의 to take를 taking으로 고친다. ① 사고가 자동차를 '포함하고, 연루시키는' 능동관계이므로 현재분사 involving이 올바르게 쓰였으며, 이것이 an overturned van을 목적어로 취한다. ②

사고는 처리될 것이라 예상되므로 수동태로 표현했다. ③ 의미상 주어는 accident이고 사고는 처리되는 것이므로 수동형 부정사가 쓰였다. ④ half는 전치한정사로 취급해 관사 a(n) 앞에 쓸 수 있고, 형용사로 취급해 a half hour라고도 할 수 있다.

overturn v. 뒤집다, 전복하다 clear v. 제거하다, 처리하다

509번 고속도로 서쪽방향 좌측 차로에서 밴 한 대가 전복된 교통사고는 최소한 30분 이내에는 처리되지 않을 것으로 예상됩니다. 따라서 509번 고속도로를 이용하지 마십시오.

28 2015 국민대 ▶▶▶ MSG p.36 ③

목적보어의 형태 ▶ '~을 …인 채로 남겨두다'는 'leave+목적어+목적보어'의 형태로 표현할 수 있다. 주어진 문장의 경우, leaving 이하의 many people there가 목적어에 해당하므로 ③에서 be동사 are를 삭제해야만 skeptical이 목적보어가 될 수 있다.

economic slump 경기 침체 skeptical a. 회의적인 reform n. 개혁 liberalization n. 자유화

유럽, 일본, 미국에서 최근 발생한 심각한 경기 침체가 개발도상국들에게 깊은 인상을 심어주지 못해서, 그곳의 많은 사람들은 시장 중심의 개혁과 경제 자유화에 대해 회의적인 채로 있다.

29 2020 홍익대 ▶▶▶ MSG p.15 ②

타동사 confront ▶ confront는 '~에 직면하다', '~와 마주 대하다'라는 의미의 타동사이므로 뒤에 전치사 없이 바로 목적어가 온다. ②를 have confronted로 고친다.

confront v. ~에 직면하다 depress v. 불경기로 만들다 livelihood n. 생계 mortgage v. 저당 잡히다 undermine v. 음험한 수단으로 훼손하다[손상시키다] cohesion n. 결속력

1999년 이래로, 멕시코와 중앙아메리카의 소규모 커피 생산업체들은 심각하게 침체된 수출 시장에 직면해 왔다. 침체된 수출 시장은 그들의 생계를 파괴하고 있고, 자녀의 미래를 저당 잡히고 있으며, 가족과 공동체의 결속력을 해치고 있다.

30 2006 한국외대 ▶▶▶ MSG p.33 ⑤

정비문 ▶ 사역동사인 let은 목적보어로 원형동사를 쓴다. ⑤의 to tell을 tell로 고친다.

truth n. 진실 persuade v. 설득하다

① 나는 그가 진실을 말하길 원했다.
② 나는 그가 진실을 말할 것이라 생각했다.
③ 나는 그에게 진실을 밝히라고 말했다.
④ 나는 그에게 진실을 말하도록 설득했다.
⑤ 나는 그에게 진실을 말하도록 했다.

01 ①	02 ②	03 ④	04 ④	05 ③	06 ③	07 ④	08 ④	09 ①	10 ④
11 ①	12 ②	13 ②	14 ①	15 ③	16 ①	17 ④	18 ②	19 ①	20 ③
21 ②	22 ③	23 ④	24 ①	25 ③	26 ①	27 ②	28 ①	29 ③	30 ①

01 2005 숭실대 ▶▶▶ MSG p.47 ①

현재완료시제 ▶ 주어진 문장에서 since가 이끄는 절은 특정 과거시점에 대한 내용이므로, 주절은 현재완료시제가 되어야 한다. 그런데 주어인 improvements가 복수이므로, 동사의 수를 일치시킨 ①이 정답이 된다.

elect v. 선출하다 representative n. 대표 improvement n. 개선; 개선점

그녀가 대표로 선출된 이후 많은 것이 개선되었다.

02 2002 홍익대 ▶▶▶ MSG p.48 ②

과거완료시제 ▶ 주절에 과거 동사 recalled가 있으므로 종속절은 과거완료형이 되어야 한다. 왜냐하면 어릴 때의 일들이 회상한 때보다 더 과거에 일어난 일이기 때문이다.

recall v. 회상하다 childhood n. 어린 시절 impression n. 인상, 감명

알버트 아인슈타인(Albert Einstein)은 그에게 강한 인상을 주었던 어린 시절의 수많은 사건들을 회상했다.

03 2004 계명대 ▶▶▶ MSG p.44 ④

과거시제 ▶ five years ago라는 명백한 과거 시점 부사가 있으므로, 과거시제로 표현해야 한다.

branch n. 지점, 지부

우리 회사의 뉴욕 지점은 5년 전 오늘 문을 열었다.

04 2006 동아대 ▶▶▶ MSG p.47 ④

현재완료시제의 수동태 ▶ 'for + 기간'이나 'since + 시점' 등의 부사구가 나오면 주절의 시제는 주로 현재완료시제가 된다. since 이하가 시점을 나타내는 시간 부사구이므로 주절의 동사시제는 현재완료의 형태가 되어야한다. 또한 주어인 lead는 사물로서 '사용되는' 수동의 입장이므로 수동태의 형식이 된다.

lead n. 납 material n. 재료 sculpture n. 조각

납은 초기 그리스 시대 이래로 조각의 재료로 사용되어 왔다.

05 2008 계명대 ▶▶▶ MSG p.43 ③

시간/조건 부사절에서 현재시제의 미래시제 대용 ▶ 시간, 조건 부사절에서는 현재시제가 미래를, 현재완료시제가 미래완료시제를 대신한다. 따라서 빈칸에는 ③ arrives가 들어가야 한다.

manager n. 관리자, 운영자 letter n. 편지

관리자가 도착할 때 그에게 이 편지를 전달해 주시겠습니까?

06 2005 서울여대 ▶▶▶ MSG p.52 ③

현재완료진행시제 ▶ 기간을 나타내는 for a very long time이 있으므로 완료시제가 온다. 그런데 기준시점이 '현재'이며 and 앞에서 현재에도 욕설하는 행위를 하고 있다고 밝혔으므로, 동작이 계속되는 개념이다. 따라서 현재완료진행시제가 적절하다.

culture n. 문화 swear v. 맹세하다; 욕하다

일부 문화는 욕설 표현을 전혀 사용하지 않지만, 대부분의 문화는 그런 욕설 표현을 사용하며 또 오랫동안 그렇게 해오고 있다.

07 2008 서경대 ▶▶▶ MSG p.48 ④

과거완료시제 ▶ '아기를 낳은' 과거 시점을 기준으로 그 이전에 3년 동안 계속된 동작이므로 과거완료시제인 ④ had been married가 쓰여야 올바른 표현이 된다.

by the time ~때는 이미 have a child 자식을 낳다 marry v. 결혼하다

톰(Tom)과 로라(Laura)가 첫 아기를 갖게 되었을 때는 이미 3년 동안 결혼 생활을 했었다.

08 **2007 한양대** ▶▶▶ MSG p.50

미래완료시제 ▶ 시간이나 조건의 부사절에서는 미래의 일을 현재시제로 나타내므로, when절이 현재동사 gets로 되어 있지만 이것이 뜻하는 것은 미래시점의 일이 된다. 이 미래시점에 이미 행해졌을 일은 미래완료가 적합하다.

go to bed 자다, 취침하다 get there 도착하다

빌(Bill)은 언제나 10시에 잠자리에 든다. 수잔(Susan)은 오늘 저녁 10시 30분에 빌의 집을 방문할 계획이다. 그래서 수잔이 거기에 도착할 때, 빌은 이미 잠자리에 들었을 것이다.

---

09 **2021 덕성여대** ▶▶▶ MSG p.50 ①

미래완료시제 ▶ 'by the time S+V(현재)'의 표현이 있으므로 빈칸에는 미래완료시제가 와야 하며, recover는 '(병·상처 등에서) 회복하다, 낫다'는 의미일 때 자동사이므로 능동태로 표현되어야 한다. 따라서 빈칸에는 ① will have recovered가 적절하다.

recover v. 회복하다 cold n. 감기

남자친구가 도착할 때쯤이면 나는 이미 감기가 나았을 것이다.

---

10 **2004 영남대** ▶▶▶ MSG p.43 ④

시간/조건 부사절에서 현재시제의 미래시제 대용 ▶ 미래의 어느 일정한 시점까지의 완료, 계속, 경험, 결과를 나타낼 때에는 미래완료시제를 써서 표현한다. 주어진 문장에서, '책을 다 읽으면'이라는 표현은 '미래시점까지 동작의 완료'를 나타내므로, 미래완료시제를 써서 표현하는 것이 옳다. 그런데, 시간과 조건의 부사절에서는 미래완료 대신 현재완료를 쓰고, finish는 동명사를 목적어로 취하는 동사이므로, ④가 빈칸에 들어가야 한다.

give back 되돌려주다

당신이 그 책을 다 읽고 나면 나에게 되돌려 주세요.

---

11 **2022 단국대** ▶▶▶ MSG p.48 ①

과거완료 시제 ▶ 그녀가 유방암 진단을 받은 시점이 발표한 시점보다 앞서므로 빈칸에는 과거완료시제인 ① had been diagnosed가 적절하다.

clinical a. 임상의 diagnose v. 진단하다 breast cancer 유방암

임상 우울증에 대한 논의로 시작된 그녀 특유의 할 수 있다는 정신은 그녀가 2015년에 유방암 진단을 받았다고 발표한 후에도 계속되었다.

---

12 **2007 성균관대** ▶▶▶ MSG p.47 ②

현재완료시제 ▶ 뒤에 기간을 나타내는 부사구 for more than three years가 있으므로 ②는 현재완료 have played가 되어야 적절하다.

play golf 골프를 치다 manage to V 그럭저럭 ~하다

나는 3년이 넘게 골프를 쳐왔지만 아직도 90타를 깨지 못하고 있다.

---

13 **2009 가톨릭대** ▶▶▶ MSG p.44 ②

과거시제 ▶ 주절의 동사 find가 과거이므로, not until절의 동사 ②도 과거시제 pulled여야 한다. ③은 not until 구문이 문두에 와서 '조동사 + 주어 + 동사원형'의 형태로 도치된 것이며, ④는 코트가 없어진 시점이 그것을 알게 된 시점보다 앞서므로 과거완료로 쓴 것이다.

station n. 역 pull v. (차 따위가) 나아가다; 배[차]를 움직이다

기차가 유니언 역으로 들어왔을 때야 비로소 프랭크(Frank)는 자신의 코트가 없어진 것을 알았다.

---

14 **2020 강남대** ▶▶▶ MSG p.44 ①

불규칙동사 swim의 과거시제 ▶ 첫 문장에 과거시점의 부사 Yesterday가 있으므로 과거시제 동사가 와야 한다. 그런데 swim의 과거시제는 swimmed가 아니라 swam이다. ①을 swam으로 고친다.

swim v. 수영하다

어제 제인은 수영을 했다. 오늘 그녀는 수영을 할 것이다. 내일 제인은 수영을 할 것이다. 그녀는 지금 수영을 하고 있다.

---

15 **2008 상명대** ▶▶▶ MSG p.44 ③

과거시제 ▶ ago와 같이 명확한 과거시점을 나타내는 표현은 현재완료와 함께 쓸 수 없고, 반드시 단순과거시제와 함께 써야 한다. ③을 opened로 고친다.

multinational a. 다국적의 factory n. 공장

수년 전, 한 다국적 기업이 미국에 자동차 공장을 열었다.

---

16 **2003 경희대** ▶▶▶ MSG p.44 ①

과거시제 ▶ '초기의 한국 신문'에 대해 설명하는 내용이므로, ①에서 동사의 시제는 과거형이 적절하다. has consisted를 consisted로 고친다. ③ of는 ①의 consisted에 이어지는 전치사인데, consist of는 '~로 구성돼 있다'라는 의미이다. ④ what we call은 '소위(所謂), 이른바'의 의미를 갖는 관용 표현이다.

newspaper n. 신문 leading article 사설, 논설

초기의 한국 신문은 거의 대부분이 소위 사설들로 구성되어 있었다.

17 **2014 경기대** ▶▶▶ MSG p.44 ④

과거시제 ▶ 과거시제를 나타내는 부사구인 last Monday가 왔으므로 동사도 과거시제로 쓰여야 한다. 따라서 ④의 has는 삭제되어야 한다. ① Tim Morrison을 선행사로 하는 주격 관계대명사이다. ② 재귀대명사는 주어와 목적어가 동일할 경우에 쓴다. 팀 모리슨이 자신의 목을 매려 한 것이므로 재귀대명사가 적절하다. ③ 전치사 of의 목적어로 명사나 동명사의 형태가 올 수 있는데 뒤에 bullied가 있으므로 수동형 동명사 형태를 만드는 being이 쓰였다. 팀 모리슨이 괴롭힘을 당하는 객체이므로 수동태로 쓰인 것이다.

hang v. 교수형에 처하다, 목을 매달다 bully v. (약자를) 괴롭히다, 왕따시키다

수년간 괴롭힘을 당한 후에 스스로 목을 매려 했던 팀 모리슨(Tim Morrison)이 지난 월요일에 사망했다.

18 **2005 세종대** ▶▶▶ MSG p.44 ②

과거시제 ▶ 주절의 시제가 과거이므로, 종속절의 시제는 이것에 맞춰야 한다. ② become을 became으로 바꾼다.

marsh n. 늪, 습지 swamp n. 습지, 늪 bury v. 묻다, 매장하다 decay v. 썩다

석탄과 석유는 식물들이 늪과 습지에 묻힌 뒤에 부패하여 만들어졌다.

19 **2005 성균관대** ▶▶▶ MSG p.44 ①

현재완료시제와 과거시제 구분 ▶ but 이하의 내용을 보면 지금은 이 집에서 살지 않는 것이 분명하므로, ①을 현재완료로 쓸 수 없다. 왜냐하면 현재완료시제는 어떤 식으로든 현재와 연결돼 있음을 내포하고 있는 개념의 시제이기 때문이다. 따라서 과거시제 lived로 고쳐야 한다. ⑤는 '인근에, 부근에'라는 뜻의 부사이다.

neighborhood n. 이웃; 동네

나는 이 집에서 3년간 살았지만 지금은 부근의 다른 동네에서 산다.

20 **2003 세종대** ▶▶▶ MSG p.43 ③

시간/조건 부사절에서 현재시제의 미래시제 대용 ▶ 시간이나 조건의 부사절에서는 현재시제가 미래시제를 대신한다. while이 이끄는 절은 시간 부사절이므로 미래시제인 ③ will take 대신에 현재시제 takes로 고쳐야 한다.

depend on 의존하다, 의지하다 leave of absence (유급) 휴가

엡스타인(Epstein) 교수는 내년에 자리를 비우는 동안 그의 연구 조교들의 도움을 받을 것이다.

21 **2006 세종대** ▶▶▶ MSG p.45 ②

미래시제 ▶ in the next few years는 '다가오는 몇 년 안에'의 뜻으로 미래에 관련된 표현이므로, 동사의 시제도 미래가 되어야 한다. ②를 will[can] discover로 고친다.

wish n. 바람, 소망 cure n. 치료제 cancer n. 암

오늘날 인간의 가장 큰 소망 중 하나는 우리가 향후 몇 년 안에 암(癌) 치료제를 발견하는 것이다.

22 **2005 아주대** ▶▶▶ MSG p.44 ③

과거시제 ▶ 현재완료시제는 특정 과거시점을 명확히 나타내고 있는 표현과 함께 쓸 수 없다. ③ have gone은 현재완료시제인데, 뒤에 last night라는 과거를 뜻하는 부사구가 있으므로 현재완료시제를 쓴 것은 옳지 못하다. ③을 과거시제 went로 고쳐야 한다.

wake up (잠 등에서) 일어나다, 깨어나다

이웃에 사는 모든 아이들이 지난밤 서커스에 갔었기 때문에 오늘 아침에 일찍 일어날 수 없었다.

23 **2005 한성대** ▶▶▶ MSG p.45 ④

미래시제 ▶ after가 이끄는 절은 '미국에서 몇 개월 더 산 이후', 즉 미래의 의미를 갖고 있다. 그러나 시간과 조건의 부사절에서는 현재시제가 미래시제를 대신하므로, 현재시제 lives로 쓴 것이다. 미래에 대한 내용이므로 주절은 현재시제가 아닌 미래시제로 써야 한다. ④의 is able to를 will be able to로 고친다.

for a few months 몇 달 동안

민수는 지금은 영어를 많이 알지 못한다. 그러나 그가 미국에서 몇 개월 살고 난 후에는 훨씬 더 많은 것을 이해하게 될 것이다.

24 **2015 숙명여대** ▶▶▶ MSG p.44 ①

동사의 시제 ▶ 건강이 나빠졌음을 알게 된 것보다 건강이 나빠진 것이 먼저 발생했던 일일 것이므로, 동작의 선후 관계가 분명하게 되도록 ①을 ②에 쓰인 과거완료 시제보다 한 시제 뒤진 과거시제로 써야 한다. 따라서 ①을 learned로 고친다.

exposure n. 노출 radiation n. 방사선 pile n. 원자로

버로우스 박사는 손상된 원자로에서 나온 방사선에 거의 지속적으로 노출됨으로써 자신의 건강이 이미 나빠졌다는 사실을 너무 늦게 알게 되었다.

to-grave a. 요람에서 무덤까지의, 평생의 segregation n. (인종·성별에 따른) 분리; 인종차별

1896년에 연방 대법원이 남부 주(州)들의 '분리는 하지만 평등한' 인종정책에 대해 우호적인 판결을 내렸을 때, 연방정부는 인종들을 평생 분리하도록 한 주법(州法)에 승인도장을 찍었다.

---

25 2018 상명대 ▶▶▶ MSG p.53   ③

시제의 일치 ▶ announced 뒤에는 접속사 that이 생략돼 있으며, ③은 announced의 목적절에 쓰인 동사이다. 주절의 시제가 과거인 경우, 종속절의 시제는 과거 혹은 과거완료여야 하므로, ③은 주절의 시제에 맞춰 과거시제로 나타내야 한다. ③을 will의 과거형 would를 사용하여 would be offering으로 고친다.

up to 최대 retirement n. 퇴직, 은퇴 cover v. 감추다

현지 회사 앵글사이드(Angleside)에서는 최대 150명의 직원이 일자리를 잃을 것이다. 전무이사 다니엘 웨스트(Daniel West)는 회사가 조기퇴직을 제안할 것이라 발표했으며, 감원을 이런 방식으로 감추기를 바랐다.

---

29 2015 중앙대 ▶▶▶ MSG p.48   ③

과거완료시제 ▶ 과거의 특정 시점까지 45분 동안 작업을 계속했다는 의미에서 ③의 was working을 과거완료시제인 had worked나 과거완료진행시제인 had been working으로 고쳐야 한다.

cascade v. 폭포처럼 떨어지다 staunch v. 물을 막다 leak n. 새는 구멍, 누출구

층계를 따라 내려갔을 때, 나는 지하실에 적어도 약 1피트 깊이의 물이 고여 있다는 것을 알게 되었다. 잭(Jack)은 수도관 밑에 서 있었고, 물이 계속 그의 얼굴 쪽으로 쏟아져 내렸다. 그는 45분 동안 작업을 했지만, 물이 새는 구멍을 막지는 못했다.

---

26 2013 중앙대 ▶▶▶ MSG p.48   ③

과거완료시제 ▶ 그녀의 응급처치 지식이 경찰의 목숨을 살린(saved) 것이 앞선 시제이고, 응급대원이 그렇다고 말한(told) 것이 나중에 오는 시제이므로 과거시제 saved를 과거완료시제 had saved로 바꾸어야 한다. ① bleeding은 saw의 목적보어로 사용된 현재분사이므로 옳은 표현이다.

bleed to death 피 흘려 죽다 fasten v. 단단히 매다, 묶다 tourniquet n. 지혈대, 압박대 paramedic n. 응급대원 first aid 응급처치

앨리스(Alice)는 경찰이 피를 흘리며 죽어가는 것을 보았다. 그래서 그녀는 그의 팔을 지혈대로 묶었다. 나중에 환자를 넘겨받은 한 응급대원이 그녀의 응급처치에 대한 지식이 경찰의 목숨을 구했다고 말했다.

---

30 2020 광운대 ▶▶▶ MSG p.47   ①

정비문 ▶ ② 현재완료시제는 현재를 포함하므로, today와 함께 쓰일 수 있다. ③ 휴가에서 지금 막 돌아온 것이므로 현재완료시제가 맞게 쓰였다. ④ '지금까지 ~한 몇 번째'라는 의미는 'the 서수 time that 현재완료 관계절'로 나타내며, 'have been to 장소'는 '~에 갔다 왔다'라는 표현이다. ⑤ 지금 시각이 11시 정각이므로, 현재시제 is가 쓰였으며, 아침식사를 지금까지 아직 못 끝낸 것이므로, 현재완료시제가 맞게 쓰였다. 반면 ①의 경우 1992년부터 현재까지 살아왔으므로 현재완료시제나 현재완료진행시제가 쓰여야 한다. 따라서 live를 have lived나 have been living으로 고쳐야 한다.

do a lot of work 많을 일을 하다 holiday n. 휴가, 휴일

① 우리는 1992년 이후 여기서 살고 있다.
② 우리는 오늘 꽤나 많은 일들을 했다.
③ 우리는 이제 막 휴가를 마치고 돌아왔다.
④ 우리가 아일랜드에 갔다 온 것은 이번이 처음이다.
⑤ 지금 11시인데, 그는 아직 아침식사를 마치지 않았다.

---

27 2012 홍익대 ▶▶▶ MSG p.44   ②

과거시제 ▶ and 이하는 과거시제로 쓰인 앞 절에 이어지고 있는 내용이므로, 앞 절과 마찬가지로 과거시제로 써야 한다. 따라서 ② makes를 made로 고쳐야 한다. ① what은 선행사를 포함한 관계대명사로, was의 보어가 되는 명사절을 이끌고 있다. ④의 as per는 '~에 따라'는 의미의 관용 표현이다.

enrichment n. 풍부하게 함 solar system 태양계 chemistry n. 화학작용

물질을 더하는 이러한 과정으로 인해 45억 년 전에 태양계의 구성이 이뤄지게 되었으며, 궁극적으로는 '빅뱅'이론에 따라 지구상의 생명체의 화학작용이 가능하게 되었다.

---

28 2017 홍익대 ▶▶▶ MSG p.44   ①

과거시점 부사와 함께 쓰이는 과거시제 ▶ in 1896은 과거시점 부사로, 연방대법원이 판결을 내린 시점은 과거에 해당한다. 따라서 현재시제인 ①의 rules를 과거시제인 ruled로 고쳐야 한다.

Supreme Court 미국 연방 대법원 in favor of ~에게 유리하게 doctrine n. 주의; 정책 federal a. 연방의 stamp of approval 승인 도장; 승인 cradle-

01 ③	02 ③	03 ③	04 ③	05 ①	06 ④	07 ①	08 ③	09 ④	10 ②
11 ③	12 ②	13 ③	14 ①	15 ①	16 ②	17 ③	18 ③	19 ②	20 ②
21 ②	22 ②	23 ③	24 ①	25 ②	26 ③	27 ③	28 ③	29 ①	30 ②

01 2020 단국대 ▶▶▶ MSG p.52 ③

자동사 lie & 과거완료진행시제 ▶ '놓여있다'는 뜻의 자동사 lie의 동사 형태는 lie-lay-lain으로 변하며, 현재분사의 형태는 lying이다. 빈칸 앞의 it은 부사절의 the medal을 가리키며, 내가 도랑에서 메달을 발견하기에 앞서 메달이 한동안 도랑에 놓여있었던 것이므로 과거완료나 과거완료진행형이 빈칸에 적절하다. 따라서 ③ been lying이 정답이다. 참고로 타동사 lay의 동사 형태는 lay-laid-laid(놓다)로 현재분사는 laying이다.

gutter n. (도로의) 도랑, 배수로

내가 도랑에서 메달을 발견했을 때, 그것은 한동안 그곳에 놓여 있었던 것으로 보였다.

02 2005 총신대 ▶▶▶ MSG p.47 ③

현재완료시제 ▶ 'since + 과거시점'이 있으므로 동사의 시제는 현재완료가 되어야 한다. ③ have used가 적절한 표현이다.

bicycle n. 자전거

나는 이 자전거를 5년 전에 샀고, 그때 이래로 매일 그것을 이용해왔다.

03 2008 총신대 ▶▶▶ MSG p.43 ③

시간/조건 부사절에서 현재시제의 미래시제 대용 ▶ 주절 What will happen의 시제가 미래인 점으로 미루어, 조건절의 시제도 미래가 되어야 한다. 그런데 시간과 조건의 부사절에서는 현재시제가 미래시제를 대신하므로 빈칸에는 ③ turns가 쓰여야 한다.

turn out to V ~로 밝혀지다

만일 그녀가 방금 말해버린 것이 사실로 판명된다면 무슨 일이 일어날까?

04 2009 강남대 ▶▶▶ MSG p.53 ③

과거시제의 일치 ▶ 주어진 문장은 but 앞뒤로 두 절이 병치된 구조이다. 따라서 빈칸에는 시제를 가진 동사가 들어가야 하므로 ②는 부적절하고, 의미상 두 절이 함께 일어난 사건이므로 were found처럼 과거시

제 동사여야 한다. ③ were proven이 정답이다.

defective a. 결함이 있는, 하자가 있는

두 품목에서 하자가 발견되었지만, 나머지 모든 품목은 결함이 없는 것으로 밝혀졌다.

05 2015 단국대 ▶▶▶ MSG p.47 ①

현재완료 시제 ▶ 문장의 동사가 필요한 상황인데, 분사와 같은 준동사(시제 없는 동사)는 단독으로 문장에서 정동사(시제를 가진 동사)의 역할을 할 수 없으므로 ②, ③은 정답이 될 수 없다. 한편, through the generations는 '여러 세대에 걸쳐'라는 의미로, 과거 어느 시점에서부터 현재까지 지속되고 있는 동작이나 상태를 나타내므로 현재완료시제와 호응한다. 따라서 정답으로 적절한 것은 ①이다. 참고로 ④는 주어와의 수일치도 어기고 있다.

wage n. 임금 virtually ad. 사실상 proportion n. 비율

임금과 생활비는 여러 세대에 걸쳐 사실상 같은 비율로 늘어났다.

06 2007 강남대 ▶▶▶ MSG p.52 ④

과거완료진행시제 ▶ 앞 문장의 시제가 과거로, 입은 비어 있었고 배는 가득 차 있었던 것으로 보아 그들이 먹은 것은 그 이전의 일이므로 한 시제 앞선 과거완료진행으로 쓰는 것이 적절하다.

mouth n. 입 empty a. 텅 빈 stomach n. 배

내가 도착했을 때 모든 사람이 탁자 주위에 앉아서 이야기를 나누고 있었다. 그들의 입은 비어있었고 배는 가득 차 있었다. 그들은 앞서 식사를 했던 것이다.

07 2021 단국대 ▶▶▶ MSG p.48 ①

과거완료시제 ▶ by the time 뒤의 절이 과거시제이면 주절 동사는 과거완료시제가 되어야 하므로, 주절의 시제가 과거완료인 ①이 빈칸에 적절하다.

landlord n. 집주인 shelter n. 쉼터, 보호시설

집주인이 그의 아파트를 필요로 했을 때는 이미 아파트를 쉼터로 삼은 거주자들 대부분이 호텔로 옮겨진 후였다.

---

08 2002 경기대 ▶▶▶ MSG p.51 ③

과거진행시제 ▶ '~을 보다'는 stare at 또는 look at으로 표현하므로 ②와 ④는 제외된다. 주절의 시제가 과거이므로 while절을 진행형으로 나타낼 때, 현재진행이 아니라 과거진행이어야 한다. 따라서 ③ was staring at이 정답이 되며, while은 '~하는 동안에'라는 뜻의 접속사로 동시에 일어난 일을 나타낸다.

stare at ~을 응시하다 door n. 문

그가 포스터를 보고 있는 동안 그의 뒤쪽 어딘가에서 문이 열렸다.

---

09 2007 총신대 ▶▶▶ MSG p.48 ④

과거완료시제 ▶ 사무실이 폐쇄된 일이 과거시제이고, 사원들의 사기가 저하되었던 것은 그 이전부터 계속되던 일이므로 과거완료시제로 표현해야 한다.

morale n. 사기, 근로의욕 deteriorate v. (질·가치가) 저하되다

사기와 품질이 계속 저하되고 있었기 때문에 사무실이 곧 폐쇄될 것이라는 사실에 아무도 놀라지 않는 것 같았다.

---

10 2003 명지대 ▶▶▶ MSG p.48 ②

과거완료시제 ▶ 기준 시제는 과거이며, 그 이전에 일어난 상황을 기술하고 있으므로 과거완료를 써야 한다.

quiet a. 조용한 go to bed 자다, 취침하다

내가 집에 도착했을 때 집은 조용했다. 모두들 이미 자고 있었다.

---

11 2017 숙명여대 ▶▶▶ MSG p.48 ③

과거완료시제 ▶ 영희가 서커스를 보기 위해 서울에 도착한 시점보다 서커스가 먼저 서울을 떠난 것이므로, 첫 번째 빈칸에는 과거완료시제인 had left가 적절하다. 그리고 그녀가 서울까지 운전해 갔던 것은 그녀가 서울에 도착하기 이전의 일이므로 had driven이 적절하므로, ③이 정답이다.

drive v. 운전하다 for nothing 까닭 없이, 헛되이

영희는 서울에서 서커스를 보기 위해 300킬로미터를 운전했다. 영희가 서울에 도착했을 때, 그녀는 서커스를 찾을 수 없었다. 서커스가 이미 그 도시를 떠났던 것이었다. 그녀는 서울까지 내내 운전해 갔지만 허사가 되어버린 것이었다.

---

12 2005 아주대 ▶▶▶ MSG p.48 ②

과거완료시제 ▶ 그녀가 그가 담배 끊은 사실을 알았던 것이 과거시제(knew)라면, 그가 담배를 끊은 것은 그녀가 알기 이전의 일이 되는 것이 시간상 자연스럽다. ②를 과거완료시제 had stopped로 고쳐야 적절하다. stop은 동명사를 목적어로 취하는 타동사이므로 ③을 smoking으로 쓴 것이다.

smoke v. 흡연하다

그녀는 그가 5년 전에 담배를 끊었다는 것을 알았다.

---

13 2004 동덕여대 ▶▶▶ MSG p.50 ③

미래완료시제 ▶ 미래완료는 미래의 어느 일정한 시점까지의 완료, 경험, 결과, 계속을 나타낸다. 주어진 문장은 '다음 주에도 쉬지 않는다면, 일 년 내내 휴가 없이 일한 셈이 된다'는 의미이므로, ③을 미래완료시제로 표현하여 will have worked로 써야 옳은 문장이 된다.

be off 비번이다, 일이 없다 vacation n. 휴가

모리어(Morea) 씨가 다음 주에 비번이 아니라면, 그녀는 휴가 없이 일 년 내내 일한 셈이 된다.

---

14 2004 동덕여대 ▶▶▶ MSG p.44 ①

과거시제 ▶ 주어진 문장에서 from 1924 until his death in 1972는 과거의 특정 기간을 나타내는 표현으로 현재와는 아무런 관련이 없다. 따라서 '과거의 행위가 현재 시점에 영향을 미치고 있는 경우'에 쓰는 현재완료시제는 잘못된 표현이다. 그러므로 ①은 과거시제인 served로 써야 옳은 문장이 된다. ④에 쓰인 until은 전치사로 쓰인 것이다.

serve v. 근무하다, 복무하다 director n. 국장

에드가 후버(Edgar Hoover)는 1924년부터 1972년에 사망할 때까지 FBI 국장으로 일했다.

---

15 2003 세종대 ▶▶▶ MSG p.44 ①

과거시제 ▶ 과거시점 표시 부사어 yesterday가 있으므로, 시제는 과거가 되어야 한다. ① has met을 met으로 고친다.

committee n. 위원회 presentation n. 발표

위원회는 어제 소집되었지만 문(Moon) 씨는 발표 준비가 되어 있지 않았다.

16 **2005 아주대** ▶▶▶ MSG p.53 ②

시제 일치 ▶ ②의 주절 동사 had가 옳은 표현이라면, 시제 일치의 원칙에 따라 종속절의 동사 will be는 would be가 되어야 한다. 그런데 종속절의 동사가 will be로 주어져 있는 상황이므로, 주절의 동사를 has로 고쳐야 적절하다.

at the beginning of ~의 초반부에 have no idea ~을 전혀 모르다

그 소설의 초반부에 샘(Sam)은 자신이 대단히 성공한 기업가가 될 것이라는 것을 알지 못한다.

17 **2003 세종대** ▶▶▶ MSG p.44 ③

과거시제와 함께 쓰는 부사 ▶ 때를 나타내는 어구와 같이 쓰일 때 before는 보통 과거완료시제와 함께 쓰고 ago는 현재를 기점으로 '~전에'라는 의미로 과거시제와 함께 쓴다. ③ before를 ago로 고쳐야 한다.

continent n. 대륙 land mass (대륙과 같은) 광활한 땅덩어리

약 2억 년 전에 모든 대륙은 판게아(Pangaea)라 불리는 거대한 땅 덩어리의 일부였다.

18 **2018 세종대** ▶▶▶ MSG p.53 ③

시제의 일치 ▶ 과거 사건을 기술하는 문장에서 주절의 시제가 과거(concentrated)이므로, 종속절의 시제도 과거여야 한다. ③을 faded로 고친다. ② 과거시제로 쓰였다.

survivor n. 생존자 fade v. 희미해지다 volunteer n. 자원봉사자 concentrate v. 집중하다

쓰나미가 밀어닥치고 나서 며칠 후, 생존자를 찾을 가망이 희박해지자, 자원봉사자들은 살아있는 사람들을 구제하는 데 집중했다.

19 **2000 경기대** ▶▶▶ MSG p.51 ②

현재진행시제 ▶ have 뒤에 진행형 분사가 올 수 없다. 앞 문장의 시제가 현재이므로 뒤 문장의 시제는 현재진행 또는 현재완료진행이 되어야 한다. 그런데 어떤 특정 기간이 없으므로 현재진행이 더 적절하다. 그러므로 ② have를 are로 고쳐야 한다. ③에 쓰인 best는 '~에게 이기다, ~을 앞지르다(= outdo)'의 의미로 쓰인 동사이다.

even as 바로 ~할 때에 battle v. ~와 싸우다 quota n. 몫, 한도, 할당량[액] scramble v. 서로 다투다

(수입) 할당량을 놓고 싸우는 바로 그 순간에, 세계의 자동차 회사들은 전기에 의해 구동되는 자동차 기술에서 서로를 능가하기 위해 다투고 있다.

20 **2005 중앙대** ▶▶▶ MSG p.50 ②

미래완료시제 ▶ '3년이 지나(in three years)'와 다음에 이어지는 문장 '나는 캐나다로 가서 쉴 것이다'로 미루어, When절의 시제는 미래의 시간, 즉 미래의 어떤 시점에서의 행위를 나타낸다. 따라서 주절의 동사인 ②는 미래완료진행시제인 will have been working이 되어야 올바른 표현이 된다. ①의 경우 When 이하가 시간 부사절이므로 미래시제 대신 현재시제를 사용하였다.

retire v. 퇴직하다, 은퇴하다 have a rest 쉬다

3년 후 퇴직할 때면, 나는 이 회사에서 막 45년이 넘는 기간 동안 일하고 있는 셈이 될 것이다. 그때 나는 캐나다로 날아가서 거기서 쉴 것이다.

21 **2013 서울여대** ▶▶▶ MSG p.47 ②

현재완료시제에 쓰이는 전치사 since ▶ 레이저는 1960년 이래로 존재해 온 것이다. be around가 '세상에 나와 있다, 우리 주위에 있다'는 뜻으로 여기서 around는 부사이지 1960에 대한 전치사가 아니다. 따라서 1960에 대한 전치사로 현재완료시제에 맞게 since를 써서 ②를 have been around since 1960으로 고쳐야 한다.

intense a. 강렬한 put together 조립하다, 합치다

강렬하고 집중된 빛을 만드는 장치인 레이저는 시어도어 H. 메이먼(Theodore H. Maiman)이 첫 번째 레이저를 만든 해인 1960년 이후부터 있어왔다.

22 **2021 홍익대** ▶▶▶ MSG p.53 ②

시제의 일치 ▶ 잘못을 시인한 것과 후회의 뜻을 밝힌 것은 동일 시점에서 연이어 일어난 일일 것이므로, ②는 admitted처럼 과거시제여야 한다. ②를 expressed로 고친다. ① '부하'라는 의미의 명사로 쓰였다. ④ even은 비교급을 강조하는 역할을 한다.

admit v. 시인하다, 자백하다 express v. 표현하다 remorse n. 후회 forgive v. (사람·죄를) 용서하다 loyal a. 충성스러운

그가 자신이 잘못을 저질렀음을 부하들에게 인정하고 후회한다는 뜻을 밝혔을 때, 그들은 그를 용서했을 뿐만 아니라 훨씬 더 충성하게 되었다.

23 **2011 중앙대** ▶▶▶ MSG p.48 ③

과거완료시제 ▶ 현재완료의 의미는 과거의 일이 현재에 영향을 미친다는 것이다. ③은 '그리스인들이 바로 지금 막 포위를 풀었다'는 부적절한 의미가 된다. 본동사의 시제가 과거임을 고려해 과거완료 형태인 had given up으로 고친다. ①의 전치사 on은 요일, 날짜, 특정일의 아침/저녁/밤을 나타낼 때 사용되므로 바른 표현이다. ②의 경우, 원래는 and wrongly believed인데 분사구문화 되어 wrongly believing이 되었다.

siege n. 포위 공격 celebration n. 잔치, 축하행사 depart v. 출발하다, 떠나다

그들의 도시가 함락되던 그날 밤, 트로이 시민들은 그리스인들이 포위 공격을 포기하고 떠나버렸다고 잘못 생각하여 기쁨에 넘쳐 축하의 잔치를 벌였다.

---

24 2006 경기대 ▶▶▶ MSG p.44   ①

과거시제 ▶ 1837년이라는 과거시점에 행해진 일이므로 동사는 과거시제이어야 한다. ①을 awarded로 고친다. ③ until은 전치사로 사용된 것이다.

award v. 주다, 수여하다 degree n. 학위 coeducation n. 남녀 공학

오버린(Oberin) 대학은 일찍이 1837년에 남녀 모두에게 학위를 수여했지만, 미국의 남녀 공학은 19세기 후반이 되어서야 비로소 확산되었다.

---

25 2005 아주대 ▶▶▶ MSG p.43   ②

since와 in의 구분 ▶ ②에 쓰인 since는 일반적으로 현재완료시제와 함께 사용되므로, 주어진 문장에서 적절하지 않다. September는 달(月)을 나타내는 명사이므로 전치사 in과 함께 쓰는 것이 자연스럽다. ② since를 in으로 고친다. ③은 research proposals를 받는 대명사이다.

solicit v. 간청하다, 요청하다 exchange n. 교류

아시아 연구 기금(The Asia Research Fund)은 9월에 연구 계획안들을 받아들이면서 학술적 연구와 사회, 문화적 교류에 관한 계획안들을 요청한다.

---

26 2022 단국대 ▶▶▶ MSG p.43   ③

현재시제 ▶ 일반적인 사실에 대한 진술이므로 ③의 시제도 바로 앞에 쓰인 be동사 are처럼 현재시제로 써야 한다. ③을 involve로 고친다.

financial a. 금융의 complicated a. 복잡한 premise n. <논리학> 전제

금융 정치 같은 사회경제 정치는 모든 미국인들에게 큰 영향을 미치지만, 그것들은 무미건조하고 복잡하며 많은 숫자를 포함하기 때문에, 우리들 중에 그 기본적인 전제조차도 실제로 이해하고 있는 사람은 거의 없다.

---

27 2013 홍익대 ▶▶▶ MSG p.53   ③

시제의 일치 ▶ 주절의 시제가 과거이므로, 종속절인 관계대명사절 또한 시제를 일치시켜 과거시제로 써야 한다. ③을 purchased로 고친다.

plenty n. 많음, 풍부, 다량 purchase v. 사다, 구입하다 dessert n. 디저트

집에 우유가 많이 있음에도 불구하고 쇼핑할 때마다 우유를 구입하는 사람들이 있었으며, 살을 빼려고 하는 때에도 항상 디저트를 구입하는 사람들이 있었다.

---

28 2017 상명대 ▶▶▶ MSG p.50   ②

미래완료시제 ▶ by the time 다음에 현제시제가 오면, 주절의 동사는 미래완료시제가 되므로 ②를 will have spent로 고쳐야 한다.

graduate v. 졸업하다 pay off 성공하다, 이득을 가져다주다

라이언(Ryan)이 졸업할 때가 되면, 그는 대학에서 4년, 그리고 학교에서 그의 인생 중 총 16년을 보낸 셈이 될 것이다. 많은 학생들처럼 라이언도 교육에 투자한 시간과 돈이 이득을 가져다줄 것이라고 생각하고 있다.

---

29 2009 세종대 ▶▶▶ MSG p.47   ①

현재완료시제 ▶ ①에는 have와 결합할 수 있는 과거분사 discovered가 와야 현재완료시제를 이룰 수 있다. ②와 ④는 명사이며, ③은 전치사 from의 목적어로 쓰인 동명사이다.

undoubtedly ad. 틀림없이 step n. 단계 path n. 행로

가장 좋은 학습이란 옳은 질문들을 함으로써 생겨난다는 것을 당신은 틀림없이 깨달았을 것이다. 물론 가장 어려운 질문들은 '정답'이 없다. 그러나 그것들은 이해를 향한 행로에 있어서 중요한 단계이다.

---

30 2003 가톨릭대 ▶▶▶ MSG p.52   ②

정비문 ▶ ②에서 주절의 시제가 과거이므로 종속절의 시제는 과거나 과거완료가 되어야 한다. 따라서 have been living을 had been living으로 고친다.

prehistory n. 선사시대 ripe a. 익은; 한창의 whale n. 고래 accessible a. 이용 가능한

① 선사시대의 캄브리아기 암석은 5~6억 년 전에 형성되었다.
② 아주 오랫동안 살았던 다양한 물고기에 대한 아주 많은 전설이 존재했다.
③ 흰긴수염고래는 길이가 약 100피트 정도이며 이 세상에 존재했던 어떤 공룡보다 몸무게가 많이 나간다.
④ 자동차의 등장으로 사람들이 여행하기에 더 편리해졌다.

01 ①	**02** ①	**03** ②	**04** ①	**05** ③	**06** ①	**07** ①	**08** ②	**09** ③	**10** ②
11 ③	**12** ④	**13** ③	**14** ③	**15** ④	**16** ③	**17** ①	**18** ④	**19** ④	**20** ④
21 ③	**22** ③	**23** ①	**24** ②	**25** ②	**26** ④	**27** ①	**28** ①	**29** ②	**30** ③

01 **2008 총신대** ▶▶▶ MSG p.43 ①

시간/조건 부사절에서 현재시제의 미래시제 대용 ▶ 주절의 시제가 미래이고, 접속사 if가 이끄는 종속절은 조건 부사절이므로, 현재시제를 써서 미래시제를 나타내야 한다. 주어가 3인칭 단수이므로 ① gets가 쓰여야 한다.

take v. 데려가다 mall n. 쇼핑몰, 쇼핑센터

만약 그녀가 6시까지 여기에 온다면 나는 그녀를 쇼핑몰에 데려갈 것이다.

02 **2020 수원대** ▶▶▶ MSG p.44 ①

왕래발착동사의 시제 ▶ 빈칸에는 주어인 either of these buses에 대한 동사가 와야 하므로 ②는 빈칸에 올 수 없으며, either는 단수취급하므로 복수형으로 쓰인 ④ 역시 빈칸에 들어갈 수 없다. go와 같은 왕래발착동사는 미래시제 대용으로 현재시제를 사용하므로, ①의 goes가 빈칸에 적절하다.

national museum 국립 박물관

"국립 박물관에 가려면 어느 버스를 타야 할까요?"
"이 두 버스 중 어느 버스든 국립 박물관으로 갑니다."

03 **2004 아주대** ▶▶▶ MSG p.43 ②

시간/조건 부사절에서 현재시제의 미래시제 대용 ▶ after, as soon as, before, if, till, when, while 등이 이끄는 시간이나 조건의 부사절에서는 현재시제가 미래시제를 대신한다. 주어가 3인칭 단수이므로 ② comes가 적절하다.

have lunch 점심식사를 하다

내일 리차드(Richard)가 오면 수잔(Susan)과 케빈(Kevin)이 점심 식사를 할 것이다.

04 **2011 가천대** ▶▶▶ MSG p.50 ①

미래완료시제 ▶ by the time이 이끄는 절에 현재동사가 왔으므로 주절에 미래완료 형태인 ① will have left가 와야 한다.

chapel n. 부속 예배당, 예배실 get married 결혼하다

데이비드(David)가 이 메시지를 받을 때면 이미 안네(Anne)는 결혼하기 위해 예배당으로 떠났을 것이다.

05 **2008 아주대** ▶▶▶ MSG p.48 ③

현재완료시제의 since절 ▶ since는 현재까지의 계속을 의미하므로 since절의 동사는 과거이고 주절 동사의 시제는 현재완료이다. since절의 주어 method는 타동사 revise의 대상이므로, 수동태 문장이 되어야한다. 과거 수동태의 문장인 ③이 정답이 된다.

controversial a. 논쟁의; 물의를 일으키는 role n. 역할

팬 투표는 그 방식이 1934년 개정된 이후 중요하면서도 종종 논란이 되는 역할을 해왔다.

06 **2006 숭실대** ▶▶▶ MSG p.43 ①

시간/조건 부사절에서 현재시제의 미래시제 대용 ▶ 주절은 미래이고 종속절은 시간을 나타내는 부사절이므로, 부사절에서 현재시제가 미래시제를 대용한다. 정답은 ①이다. (the) next time은 접속사 역할을 할 수 있다.

a bowl of 한 그릇의 clam chowder 대합 수프

다음에 그 레스토랑에서 식사를 할 때 나는 대합을 넣은 수프 한 그릇을 먹을 것이다.

07 **2021 덕성여대** ▶▶▶ MSG p.48 ①

현재완료 시제 ▶ '~(과거시점) 이래로'의 뜻인 since는 일반적으로 현재완료 시제와 함께 사용된다. 주어진 문장의 경우, since 이하의 과거 특정 시점인 2002년부터 현재까지 계속되는 동작(혹은 상태)을 의미하므로 현재완료 시제가 적합하다.

middle school 중학교

그들은 그가 중학생이었던 2002년 이래로 계속 캐나다에서 살아왔다.

08 2003 가톨릭대 ▶▶▶ MSG p.51 　　②

과거진행시제 ▶ while은 '~하는 동안에'라는 뜻의 접속사로, 동시에 일어난 일을 나타낸다. 따라서 과거진행시제인 ②가 정답으로 적절하다.

roommate n. 동거인, 한방 친구

내가 우리 아파트의 방에서 공부하고 있을 동안 내 동거인은 다른 방에서 파티를 하고 있었다.

09 2022 단국대 ▶▶▶ MSG p.48 　　③

과거완료 시제 ▶ 꽃병을 찾으려고 한 행위는 웹사이트에서 그 꽃병을 발견한 시점보다 먼저 있었던 일이다. 따라서 과거 시제보다 한 시제 앞선 시제인 과거완료 시제가 적절하고, '나'는 찾는 행위를 한 주체이므로 능동태여야 한다.

vase n. 꽃병 exactly ad. 정확히; 바로, 꼭

웹사이트에서 그 꽃병을 봤을 때, 나는 그것이 바로 내가 찾고 있었던 것임을 알았다.

10 2017 숙명여대 ▶▶▶ MSG p.51, p.43 　　②

시제 ▶ 가까운 미래의 예정이나 계획은 현재진행시제로 나타낸다. 수잔이 오늘 밤늦게 한국을 향해 떠날 예정이라고 했으므로, 현재진행시제인 is leaving이 첫 번째 빈칸에 적절하다. 그리고 시간의 부사절에서는 현재시제로 미래를 표현하므로, 시간의 접속사 before절에서 현재시제 goes가 두 번째 빈칸에 적절하다. 따라서 ②가 정답이다.

leave for ~로 떠나다 say good-bye 작별인사를 하다

수잔(Susan)의 가방은 여행 갈 준비가 거의 되어있다. 그녀는 오늘 밤늦게 한국을 향해 떠날 예정이다. 우리는 그녀가 출국하기 전에 그녀에게 작별인사를 할 것이다.

11 2013 한국외대 ▶▶▶ MSG p.48 　　③

과거완료시제 ▶ 실험참가자가 죽은 과거시점 이전에 제대로 평가하지 않은 것이므로 과거완료시제가 적절하고, '실험과정의 위험'이라는 목적어를 취할 수 있는 능동형으로 써야 한다.

participant n. 참가자 gene-therapy n. 유전자 치료 experiment n. 실험

1999년에 18세 된 실험참가자가 유전자 치료를 실험하던 중에 사망했다. 그의 죽음은 연구원들이 실험과정의 위험을 제대로 평가하지 않았다는 것을 보여주었다.

12 2006 경기대 ▶▶▶ MSG p.48 　　④

현재완료시제의 since ▶ 문장의 시제가 현재완료시제이므로 과거시점 부사어 in 1954는 옳지 않고 since 1954로 고쳐야 한다. ④를 since로 고친다. one of 뒤에는 복수 가산명사가 오므로 ③은 옳은 표현이다.

island n. 섬 state park 국립공원

제크 섬(Jek Island)은 1954년 이래로 조지아(Georgia)주의 주립공원 중 하나였다.

13 2005 아주대 ▶▶▶ MSG p.43 　　③

시간/조건 부사절에서 현재시제의 미래시제 대용 ▶ 시간이나 조건을 나타내는 부사절에서는 미래시제 대신에 현재시제를 사용한다. 'by the time S + V'는 '~할 때는 이미'의 뜻으로 시간 부사절에 해당한다. 따라서 미래의 일을 의미하지만 동사는 현재시제로 써야 한다. will get이 get으로 되게 ③을 삭제한다.

box office 매표소

우리가 매표소에 도착할 때면 이미 쇼는 시작했을 것이다.

14 2008 가천대 ▶▶▶ MSG p.48 　　③

과거완료시제 ▶ 내가 그를 만난 시점과 그가 나에게 말을 한 시점은 모두 과거이고, 그의 아버지가 돌아가신 것은 이것보다 3주 전에 있었던 일이므로 ③의 died는 대과거인 had died가 되어야 옳다. 또한 '기간 + before'는 주로 완료시제와 결합하는 시간부사구이다.

yesterday n. 어제 week n. 주(週), 일주일

내가 어제 그를 만났을 때, 그는 나에게 자신의 아버지가 3주 전에 돌아가셨다고 말했다.

15 2014 동덕여대 ▶▶▶ MSG p.44 　　④

과거완료시제 + before + 과거시제 ▶ before절 앞의 주절에 과거완료시제가 쓰였는데 before절에 미래시제를 쓴 것은 옳지 않다. ④를 과거시제 took으로 고치는 것이 적절하다. 시험을 보기(과거) 전에 시험문제를 미리 검토한(과거완료) 것이다.

instructor n. 강사, 교사 go over 복습하다; 검토하다

선생님은 학생들이 기말시험을 보기 전에 시험문제들을 여러 번 검토해보았다.

16 2004 광운대 ▶▶▶ MSG p.48 　　③

before와 since의 구분 ▶ 대통령으로 당선된 것은 경제가 좋아지기 이

전의 일이므로 ③에 접속사 before를 쓴 것은 잘못이다. 문맥상 '대통령이 3월에 선거에 당선되고 난 이후로'라는 의미가 되어야 하는데, 주절에 현재완료시제의 동사가 쓰였으므로 접속사 since로 고쳐 쓰는 것이 가장 적절하다.

elect v. 선거하다, 선임하다 office n. 임무, 직책; 공직

대통령은 자신이 3월에 당선된 이래로 경제가 크게 호전됐다고 말했다.

---

17 2013 가천대 ▶▶▶ MSG p.47   ①

현재완료시제 ▶ for the past five years는 기간을 나타내는 표현으로 past가 있으므로, 동작이나 상태가 과거의 특정시점부터 현재까지 지속되고 있음을 나타내는 현재완료 표현을 써야 한다. 따라서 ①을 have worked로 고쳐야 한다.

lawyer n. 변호사 caliber n. 능력, 역량

나는 피터(Peter)와 함께 지난 5년 동안 일해 왔으며, 나는 항상 그가 가장 뛰어난 변호사임을 알았다.

---

18 2003 계명대 ▶▶▶ MSG p.43   ④

현재시제 ▶ 일반적인 사실을 말할 때는 현재시제를 사용한다. 주절의 시제가 emphasize라는 현재시제로 쓰였으므로, ④에서도 dealt가 아닌 현재시제 deal이 쓰여야 한다.

emphasize v. 강조하다 current news 시사뉴스 whereas conj. ~에 반하여

일반적으로 잡지에서는 배경이 되는 문제들을 좀 더 다루는 반면, 신문은 시사뉴스를 강조한다.

---

19 2012 국민대 ▶▶▶ MSG p.48   ④

현재완료시제 + since ▶ in 1812처럼 'in + 연도' 표현은 과거의 특정한 시점을 나타내므로, 과거시제 동사와 쓰여야 하는데 주어진 문장의 동사의 시제는 현재완료이다. 따라서 ④의 in을 '과거의 어떤 시점에서 현재까지'의 의미인 since로 고쳐야 올바른 문장이 된다. ① a transportation center는 Harrisburg의 동격 명사로 온 것이다. ②의 day는 '(특정한) 시기, 시대'를 나타낼 경우 복수로 쓸 수 있으며, in the days of는 '~시절에'를 의미한다.

transportation n. 수송, 운송 traffic n. 교통 capital n. 수도

수상교통시대에 수송의 중심지였던 해리스버그(Harrisburg)는 1812년 이래로 펜실베이니아(Pennsylvania)의 주도(州都)였다.

---

20 2007 세종대 ▶▶▶ MSG p.44   ④

과거시제 ▶ 명백한 과거시점을 나타내는 부사는 현재완료시제와 함께 쓸 수 없다. 따라서 ④를 was made로 바꾸어야 한다. ②는 genetic

---

elements를 수식하는 현재분사이며, ③은 앞의 명사를 후치수식하고 있는 과거분사이다.

wander v. 헤매다, 돌아다니다 gene n. 유전자

'뛰는 유전자(jumping genes)'로 알려져 있는, 돌아다니는 유전요소의 발견은 대략 30년 전에 이루어졌다.

---

21 2006 영남대 ▶▶▶ MSG p.48   ③

since절의 시제 ▶ since가 '~한 이래 죽'의 의미가 있을 때는 뒤에 과거동사 또는 과거 표시 시간명사가 와야 한다. 따라서 ③ leaves를 left로 바꾼다. 또한 주절에는 보통 현재완료가 오지만, 과거 시점의 제한을 받으면 과거시제를 써야한다. 본 문장에서 본동사를 과거로 쓴 것은 뒤에 따라오는 문장에서 보듯 그때 시점이 4시 30분이라는 과거 시점이기 때문이다.

glance at ~을 힐끗 쳐다보다 get dark 어두워지다

그녀는 집을 나서고 나서 처음으로 시계를 힐끗 봤다. 4시 30분이었으며 어두워지기 시작했다.

---

22 2012 단국대 ▶▶▶ MSG p.44   ③

과거시제 ▶ 주절의 시점이 과거이고, 사고가 난 것도 과거의 일이므로 before절의 동사의 시제는 과거가 되어야 한다. 따라서 ③을 happened로 고친다. remember는 to부정사와 동명사 모두를 목적어로 취할 수 있지만 시제의 차이가 있는데, 동명사는 '과거사실'을 의미하고, to부정사는 '미래사실'을 의미한다. 과거사실을 기억한 것이므로 remember의 목적어로 동명사 ① driving이 쓰인 것이다.

road n. 길, 도로 accident n. 사고

그는 사고 나기 바로 전에 도로를 따라 운전했다는 것을 기억할 수 있었지만, 그 사고 자체에 대해서는 기억할 수 없었다.

---

23 2012 홍익대 ▶▶▶ MSG p.53   ①

시제 일치 ▶ 종속절의 시제가 과거이므로, 주절의 시제를 이것에 일치시켜야 한다. ①을 was로 고친다. ③의 in은 연도 앞에 쓰인 전치사 in이며, 이것은 앞의 과거시제와도 자연스럽게 호응한다. ④는 a local furniture dealer를 수식하는 과거분사로, 앞에 '관계대명사 + be동사'가 생략돼 있는 것으로 봐도 무방하다. 타동사 name은 '~라고 이름을 붙이다'라는 의미인데, a local furniture dealer가 동사 name의 목적어에 해당하므로 과거분사를 쓴 것이며, 이때 William Warren은 목적보어가 된다.

furniture n. 가구 dealer n. 중개인 name v. ~에게 이름을 붙이다

1941년에 그녀가 그랜드래피즈(Grand Rapids)로 되돌아가서 윌리엄 워렌(William Warren)이라는 이름의 지역 가구 중개인과 결혼했을 때, 그 힘은 유용했다.

24 2015 경기대 ▶▶▶ MSG p.44 ②

과거시제와 과거완료시제의 구분 ▶ Throughout his school life는 '그의 학창시절 내내'라는 의미로, 과거의 특정 기간을 나타낸다. 의미상 과거시제와 호응해야 하므로, ②는 complained로 써야 한다. ④ get one's thoughts on paper는 '자신의 생각을 지면에 옮기다(글로 표현하다)'는 뜻으로 paper 앞에 the를 쓰지 않는 것이 일반적이다.

complain v. 불평하다 terrible a. 끔찍한; 지독한 spelling n. 철자법, 맞춤법

그의 학창시절 내내, 선생님들은 로알드 달(Roald Dahl)이 맞춤법이 엉망이고 자신의 생각을 지면에 옮기지도 못한다고 불평했다.

25 2022 단국대 ▶▶▶ MSG p.46 ②

be likely to 동사원형 ▶ '~할 것 같다'는 의미의 be likely to 뒤에는 동사원형이 온다. ②를 lead로 고친다.

government bond 국채 issuance n. 발행, 발급 interest rate 금리 financing n. 자금 조달, 융자 on the part of ~으로서는, ~쪽에서는 enterprise n. 기업, 사업; 기획

국채 발행의 이러한 증가는 시장 금리 인상과 기업 입장에서의 자금 조달 비용 증가로 이어질 가능성이 높다.

26 2008 서울여대 ▶▶▶ MSG p.43 ④

시간/조건 부사절에서 현재시제의 미래시제 대용 ▶ 접속사 after 이하의 절은 시간을 나타내는 부사절이므로, 미래의 뜻도 반드시 현재시제로 나타내야 한다. 따라서 ④를 is served로 고친다. 주절은 'A에게 B를 금하다'라는 의미의 bar A from B 구문의 수동태이다.

go to prison 감옥에 가다 commit a crime 범죄를 저지르다 sentence n. 판결, 선고 serve v. (형기 등을) 채우다, 복역하다

만약 어떤 사람이 인터넷을 사용하여 범죄를 저지른 죄목으로 감옥에 간다면, 형기를 다 마친 후 그의 인터넷 사용을 금지시킬 수 있는가?

27 2004 아주대 ▶▶▶ MSG p.52 ①

미래완료진행시제 ▶ 미래진행형은 미래의 진행 중인 동작을 표현한다. 하지만 주어진 문장의 경우, 미래의 어느 일정한 때를 기준으로 해서 그 이전부터 그때까지의 동작이나 상태를 나타내므로, 미래완료진행시제로 써야 한다. 미래완료진행시제는 보통 by this time/ tomorrow/next week/next year 등의 부사(구)를 동반한다. 따라서 ①을 have been teaching으로 고쳐야 한다.

class n. 수업 dull a. 지루한, 따분한 exciting a. 흥분시키는 challenging a. 도전 의식을 북돋우는

내년이면 댈리(Daly) 교수님은 30년 넘게 철학을 가르치시는 셈이 된다. 하지만 그분의 수업은 결코 지루하지 않고 오히려 재미있고 의욕을 불러일으킨다.

28 2016 광운대 ▶▶▶ MSG p.44 ①

과거시제 ▶ in the middle of the last century는 명확한 과거를 나타내는 표현이므로, 과거시제의 동사와 호응한다. 따라서 ①을 과거동사 held로 고쳐야 한다. 한편, ④는 and they demanded를 연속동작을 나타내는 분사구문으로 나타낸 것이다.

convention n. (정치·종교의) 집회 right n. 권리 franchise n. 선거권, 참정권

지난 세기 중반에 흑인 지도자들이 흑인의 권리를 높이기 위한 첫 전국 집회를 열었을 때, 그들은 감성선언을 발표하면서, 교육, 경제적 기회, 법, 참정권에 있어서 백인과 동등한 권리를 요구했다.

29 2013 경희대 ▶▶▶ MSG p.48 ②

since + 현재완료시제 ▶ 접속사이자 전치사인 since는 과거 시점을 나타내는 단어, 구, 절을 수반하며, 주절을 현재완료 형태로 쓴다. 따라서 ②를 have sought in vain for로 고쳐야 한다. ③ 가장 큰 제국을 점령한 것은 과거사실이므로 동사는 과거시제로 적절하게 쓰였다. ④ stretch는 '(어떤 지역에) 펼쳐지다'라는 자동사로 쓰였고, 밑줄 부분은 '~ and it stretched …'를 분사구문으로 만든 형태이다.

in vain 헛되이, 보람 없이 conqueror n. 정복자 imperial a. 제국의

그의 죽음 이후 8백 년 동안, 사람들은 칭기즈칸(Genghis Khan)의 무덤을 찾기 위해 노력해 왔지만 헛수고였다. 13세기의 정복자이며 제국의 통치자였던 그는, 그가 죽었을 당시에 땅으로 이어진 것으로는 가장 큰 제국을 점령하고 있었는데, 그 제국은 카스피 해(Caspian Sea)에서 태평양까지 뻗어 있었다.

30 2006 광운대 ▶▶▶ MSG p.48 ③

정비문 ▶ since는 과거의 특정 시점부터 현재까지의 계속적인 기간을 포함하므로, 현재완료시제와 함께 쓰이는 것이 적합하다. ③의 manufactured를 have manufactured로 고친다.

bathe v. 목욕하다 engagement n. 약혼 manufacture v. 제조하다

① 상어 때문에 우리는 여기서 목욕을 할 수 없다.
② 톰(Tom)이 앤(Ann)의 약혼에 대해서 어떻게 알았는지 난 궁금하다.
③ 우리는 1970년 이래로 이 특정 모델을 제조해왔다.
④ 다른 길을 택했더라면 우리는 더 일찍 도착했을지도 모른다.

01 ④	02 ②	03 ②	04 ④	05 ④	06 ①	07 ④	08 ⑤	09 ①	10 ②
11 ③	12 ②	13 ③	14 ③	15 ②	16 ②	17 ④	18 ①	19 ③	20 ①
21 ①	22 ①	23 ③	24 ④	25 ③	26 ②	27 ④	28 ④	29 ②	30 ④

01 2022 서강대 ▶▶▶ MSG p.57 ④

3형식 동사의 수동태 ▶ 앞에 After로 시작하는 종속절이 왔으므로 이어지는 주절에서 their trunks라는 주어 뒤에 시제를 가진 정동사가 필요하고, trunk는 자르는 행위의 주체가 아니라 객체이므로 수동태가 되어야 한다. 지금 진행되고 있는 일이 아니라 일반적 사실을 기술하므로 현재 진행형이 아니라 현재시제가 적절하다.

logger n. 벌목꾼 chop down 베어 버리다 trunk n. 줄기 log n. 통나무 haul v. 끌다 sawmill n. 제재소

벌목꾼들이 나무를 베어 넘어뜨린 후, 나무줄기는 잘려서 통나무로 된 다음 제재소로 운반되어 목제품을 만들게 된다.

02 2005 세종대 ▶▶▶ MSG p.59 ②

5형식 문형의 수동태 ▶ 'think + 목적어 + (to be) 형용사/to be 명사'의 5형식 문장구조인데, 이것을 수동형으로 바꾸면 'be thought + (to be) 형용사/to be 명사'가 된다. 따라서 정답은 ②이다.

saturated a. 포화된, 흠뻑 젖은 dairy n. 낙농, 낙농업(장)

유제품 속의 포화 지방이 심장병의 한 요인으로 생각되어지고 있다.

03 2003 명지대 ▶▶▶ MSG p.57 ②

수동태와 능동태의 구분 ▶ succeed가 타동사로 쓰이는 경우, '~의 뒤를 잇다', '~의 상속자가 되다'라는 의미이다. "아들 헨리 8세에 의해서 왕위가 계승되었다"라는 의미가 되어야 하므로 수동태가 적절하다. ②가 정답이 된다. ①의 경우, 아버지가 아들의 뒤를 잇는다는 의미가 되어 정답이 될 수 없으며, ③의 경우, succeed가 자동사로 쓰이기는 하나, succeed to 뒤에는 지위나 신분이 와야 하므로 역시 답이 될 수 없다.

succeed v. ~의 뒤를 잇다, (지위·재산 등을) 계승하다; 성공하다

엘리자베스(Elizabeth)의 조부(祖父)인 헨리 튜더(Henry Tudor)는 1485년 영국의 왕 헨리 7세가 되었다. 그는 1509년 그의 아들 헨리 8세에게 왕위를 계승시켰다.

04 2004 동아대 ▶▶▶ MSG p.57 ④

수동태와 능동태의 구분 ▶ 문장 전체의 동사가 필요하다. 준동사 단독으로는 문장의 정동사가 될 수 없으므로 ②와 ③을 먼저 답에서 제외시킬 수 있다. 주어인 chart는 출판되는 대상이므로 수동태로 써야 한다. 따라서 ④ was published가 적절하다.

systematic a. 체계적인; 조직적인 ocean current 해류 publish v. 출판하다

체계적인 최초의 해류 지도는 벤자민 프랭클린(Benjamin Franklin)에 의해 출판되었다.

05 2004 삼육대 ▶▶▶ MSG p.55 ④

현재완료시제의 수동태 ▶ 1934년 이래 매년 열리고 있다는 것이므로 현재완료가 적절하다. 또한 hold는 타동사로 '개최하다, 열다'의 뜻인데, 골프대회는 개최되는 대상이므로 수동태가 되어야 한다. 따라서 현재완료 수동의 표현인 ④가 정답이 된다.

tournament n. 토너먼트, 승자 진출전 hold v. (회의를) 개최하다, 열다, (식을) 거행하다

마스터즈(Masters)는 가장 중요한 골프 토너먼트 중의 하나인데, 1934년 이래로 조지아 주 오거스타(Augusta)에서 매년 열리고 있다.

06 2005 세종대 ▶▶▶ MSG p.55 ①

수동태와 능동태의 구분 ▶ 문장의 주어는 Chemicals in paint이고 that pose a fire hazard는 관계대명사절이다. 따라서 빈칸에는 문장의 정동사가 들어가야 한다. 주어인 Chemicals는 타동사 list의 대상이므로, 수동태 문장을 만드는 ①이 정답이다.

pose v. (~에게) 불러일으키다 combustible a. 타기 쉬운, 가연성의 flammable a. 인화성의, 불타기 쉬운

페인트 속에 있는 화재 위험 화학 물질들은 (그 정도에 따라) 가연성 물질, 인화성 물질, 극인화성 물질 등으로 기입돼 있다.

07 **2020 세종대** ▶▶▶ MSG p.57 ④

3형식 동사의 수동태 ▶ 빈칸에 들어갈 동사의 주어는 The talks이며, 이것은 인쇄(print)하는 행위의 주체가 아닌 인쇄되는 대상이므로 수동태 문장이 되어야 한다. 따라서 ④가 정답이 된다. ③의 경우에는 부정어 not이 be동사 앞에 와야 한다.

test book 시험지

대화는 한번만 들려줄 것이며 시험지에는 인쇄돼 있지 않을 겁니다.

08 **2002 성균관대** ▶▶▶ MSG p.65 ⑤

올바른 수동태 표현 ▶ involve는 '포함하다, 수반하다; 관련시키다'라는 의미의 타동사이며, '~에 연루되다, 관련되다'라는 의미로 쓸 때에는 be involved in으로 표현한다. 따라서 ⑤가 정답이다. ①은 '대통령이 스캔들을 연루시키다'는 의미가 되어 어색한 문장이 된다.

spokesman n. 대변인 deny v. 부인하다

그 정당의 대변인은 대통령이 스캔들에 연루되었다는 것을 부인했다.

09 **2005 광운대** ▶▶▶ MSG p.57 ①

올바른 수동태 표현 ▶ 접속사 when 뒤이므로 주어와 동사가 나와야 하는데, hurt는 타동사로 쓰이므로 목적어가 주어져 있지 않은 ②, ③, ④는 정답이 될 수 없다. 따라서 수동태 표현인 ①이 정답이 된다.

whimper v. 처량하게 울다 whine v. (동물이) 낑낑거리다

우리는 동물들이 다쳤을 때 처량하게 울부짖거나 낑낑거릴 수 있는 것을 알고 있다. 그러나 울부짖음은 이러한 감정과 함께 눈물을 수반하는데, 동물들은 그럴 수 없다.

10 **2021 덕성여대** ▶▶▶ MSG p.57 ②

능동태와 수동태의 구별 ▶ 빈칸 뒤에 experience 동사의 목적어 problems가 있으므로 빈칸에는 능동태로 된 ②가 적절하다.

physical a. 신체의 psychological a. 심리적인 fame n. 명성; 평판

많은 팝 스타들은 그들의 명성으로 인해 신체적, 심리적 문제들을 겪어왔다.

11 **2022 세종대** ▶▶▶ MSG p.57 ③

be evacuated from ▶ 주어인 Tens of thousands of people은 대피시키는 대상이므로 수동태 문장이 되어야 하며, their homes로부터 다른 곳으로 옮겨 가게 되는 것이므로 전치사는 from이 적절하다.

evacuate v. 피난시키다, 대피시키다 wildfire n. 산불 destroy v. 파괴하다

산불이 확산되면서 수백 채의 집과 점포가 파괴됨에 따라, 수만 명의 사람들이 집에서 대피하였다.

12 **2005 단국대** ▶▶▶ MSG p.57 ②

수동태와 능동태의 구분 ▶ 주어인 The normal course of events는 연기되는 대상이므로, 수동태로 표현하는 것이 적절하다. ② has postponed를 has been postponed로 고쳐야 옳은 문장이 된다.

postpone v. 연기하다, 늦추다 indefinitely ad. 무기한으로

그 행사의 정규 과정이 관심 부족으로 무기한 연기되었다.

13 **2008 서울여대** ▶▶▶ MSG p.59 ③

동사 classify의 수동태 ▶ 주어진 문장에서 classify는 '분류하다'라는 의미의 타동사로 쓰이고 있다. 주어로 쓰인 화산은 분류되는 대상이므로, 수동태 문장이 되어야 한다. 따라서 ③을 be classified로 고친다. ④는 'classify + 목적어 + as + 보어'의 구문에서 보어로 형용사 active가 온 것이므로 옳은 표현이다.

volcano n. 화산 classify v. 분류하다 active a. 활동적인

전 세계 1,300여 개 이상의 화산들 중에서 단지 600여 개만이 활화산으로 분류될 수 있다.

14 **2018 단국대** ▶▶▶ MSG p.57 ③

시제 및 태 ▶ ③에 있어서, 지난밤에 모든 사람이 집으로 가고 난 이후에 이상한 소리를 들은 것이므로, 시제는 과거여야 하며, 주어인 a strange sound는 듣는 행위의 주체가 아닌 대상이므로 수동태로 나타내야 한다. 따라서 ③을 was heard로 고쳐야 한다. 참고로 부사 almost 뒤에는 부정대명사를 사용할 수 있으므로 almost everyone은 옳은 표현이다.

strange a. 이상한 sound n. 소리 library n. 도서관

지난밤 거의 모든 사람이 집으로 가고 난 이후에 이상한 소리가 도서관에서 들렸다.

15 **2007 삼육대** ▶▶▶ MSG p.55 ②

올바른 수동태 표현 ▶ 물고기들은 먹힘을 당하는 대상이므로 수동태로 표현해야 한다. 수동태 문형은 'be + 과거분사'이므로, ②의 ate는 과거분사 eaten이 되어야 한다.

contamination n. 오염 industrial waste 산업폐기물

어떤 종류의 물고기들은 산업폐기물로 인한 오염 때문에 사람이 먹을 수 없다.

16 **2005 동덕여대** ▶▶▶ MSG p.63 ②

감정동사의 올바른 표현 ▶ 주어가 사람일 경우 감정동사는 과거완료 형태로 쓰이며, 주어가 사물일 경우 현재완료 형태로 쓰인다. surprise 는 '놀라게 하다'라는 의미의 감정동사이며, 주어인 No one은 사람이 므로 ② surprising은 surprised가 되어야 한다.

engage v. 약혼시키다

그녀의 룸메이트가 약혼을 했었다는 사실을 알고서 수(Sue)보다 놀란 사람은 없었다.

---

17 **2006 경희대** ▶▶▶ MSG p.56 ④

수동태와 능동태의 구분 ▶ 동사 rise는 '오르다'라는 의미의 자동사이 므로 수동태가 될 수 없다. ④ has been risen을 능동태인 has risen으로 고쳐야 한다.

crime rate 범죄율 prison n. 감옥

미국에서 범죄율은 내려간 반면 수감된 사람 수는 증가했다.

---

18 **2004 명지대** ▶▶▶ MSG p.57 ①

수동태와 능동태의 구분 ▶ ①의 bring up은 '기르다, 가르치다'라는 의미이다. 주어인 She가 bring up되는 대상이므로, 이것은 수동태로 표현해야 한다. 따라서 ①을 was brought up으로 써야 옳은 문장이 된다.

sinful a. 죄 있는, 죄 많은 ascetic a. 금욕주의의; 고행의

그녀는 쾌락이 죄라는 믿음 속에서 자랐고, 그 결과 그녀는 지금 금욕주의적 삶을 살고 있다.

---

19 **2014 가천대** ▶▶▶ MSG p.56 ③

수동태가 불가능한 자동사 ▶ remain은 자동사로 수동태에 쓰일 수 없다. 따라서 ③의 are remained를 remain으로 고쳐야 한다. ① that이 가주어 it에 대한 진주어절을 이끄는 접속사로 쓰였다. ② which are considered에서 which are가 생략되었다. ④ 복수명사 countries를 대신하는 대명사이다.

pesticide n. 농약; 살충제 unsuitable a. 부적당한; 어울리지 않는

부유한 국가에서 부적합한 것으로 여겨지는 농약들이 많은 가난한 국가에서 여전히 사용되고 있다는 것은 사실이다.

---

20 **2015 한양대** ▶▶▶ MSG p.66 ①

능동태와 수동태 구분 ▶ compose는 '~을 구성하다'는 의미의 타동사이다. 물질이 분자로 구성돼 있는 것이므로, 다시 말해 분자가 물질을 구성하는 개념이므로, 타동사 compose와 주어인 all objects는 수동 관계에 있다. 따라서 ①을 수동태로 고쳐 are composed of로 써야 한다.

object n. 물건, 물체 molecule n. 분자 gravity n. 중력

과학자들은 지금 모든 물체가 수많은 분자들로 이루어져 있으며 중력이 그것들 각각을 끌어당기고 있다는 사실을 알고 있다.

---

21 **2006 세종대** ▶▶▶ MSG p.59 ①

동사 call의 수동태 ▶ 동사 call이 '~을 …라고 이름 짓다, ~을 …라고 부르다(=name); ~을 …라고 일컫다'라는 뜻으로 쓰일 때에는, 전치사 as 없이 '목적어 + 보어' 형식을 취한다. ex.) He called me a fool.(그는 나를 바보라고 불렀다.) 따라서 ①의 전치사 as를 삭제해야 한다. 그러나 view의 경우 '~을 …라고 간주하다, 판단하다'라는 뜻으로 쓰일 때 '목적어 + as 보어' 형식을 취하므로, ④는 옳은 표현이다.

healer n. 치료사 witch doctor 주술사 colonizer n. 식민지 개척자 inferior a. (품질·정도가) 떨어지는

전통적인 치료사들은 식민지 개척자들 사이에서 주술사라고 불렸는데, 식민지 개척자들은 그들의 의료 시술을 수준이 낮다고 여겼다.

---

22 **2009 서경대** ▶▶▶ MSG p.57 ①

bind와 bound의 구분 ▶ bind와 bound의 의미를 구별할 수 있는지 묻는 문제이다. bind는 '속박하다, 얽매다', bound는 '되튀다'라는 뜻이다. 문맥상 '협회의 규칙에 따라 ~해야 한다'는 의미가 되어야 하므로, ①의 bounded를 bind의 과거분사 형태인 bound로 고쳐야 한다. ②의 refer는 '주의를 돌리다, 언급하다'라는 의미일 때는 자동사로 쓰이고, '조회하다, 맡기다, 회부하다'라는 의미일 때는 타동사이다. 주어진 문장에서는 후자(後者)에 해당한다.

be bound to 반드시 ~하게 되어 있다 general meeting 총회

위원회는 협회의 규칙에 따라 이런 모든 것들을 연례 총회에 회부해야 한다.

---

23 **2022 단국대** ▶▶▶ MSG p.55 ③

능동태와 수동태 구분 ▶ ③의 주어는 The president of GM인데, 문맥상 이것은 forbid하는 행위의 대상이므로 수동태로 나타내야 한다. 따라서 ③을 forbidden으로 고쳐야 하며, 이 과거분사 forbidden은 ①에 쓰인 was 뒤에 이어진다.

indict v. 기소하다, 고발하다 the prosecution 검찰당국 in relation to ~에 관하여 dispatch n. 파견 forbid v. 금지하다

GM 회장은 올해 7월 근로자 파견과 관련하여 검찰에 의해 기소되었고 한국에서의 출국이 금지되었다.

---

24 2001 아주대 ▶▶▶ MSG p.55　　　　④

수동태와 능동태의 구분 ▶ ④ 이하에 'by 행위자'가 주어져 있으므로 ④는 수동태로 표현해야 한다. are not determined로 고친다. ①의 경우 '교과과정이 한정된 것'이므로 정관사를 썼으며, 주어가 복수이므로 ②는 복수 동사를 썼다. 동사 set의 과거분사는 set이므로 ③은 옳은 표현이다.

state n. 주(州) federal a. (국가가) 연방의

미국 공립학교의 교과 과정은 개별 주(州)에서 정해진다. 즉, 연방 정부에 의해 결정되지 않는다.

---

25 2016 단국대 ▶▶▶ MSG p.59　　　　③

be obliged to + 동사원형 ▶ 'be obliged to + 동사원형'은 '~하지 않을 수 없다'는 의미의 표현이므로, ③을 to postpone으로 고친다. ①의 품사는 부사이다. ② was to be는 'be + to부정사'의 용법이며, '예정'의 의미로 쓰였다. be obliged to 뒤에 명사가 오는 경우에는 '(주로 사람에게) ~에 감사하다, 고맙게 여기다'라는 의미로 쓰인다.

fair n. 박람회 outdoors ad. 야외에서 postpone v. 연기하다 on account of ~때문에 blizzard n. 강한 눈보라

야외 도서박람회가 어제 열릴 예정이었으나, 갑작스럽게 불어 닥친 눈보라로 인해 그들은 그 박람회를 연기할 수밖에 없었다.

---

26 2020 성균관대 ▶▶▶ MSG p.56　　　　②

수동태가 불가한 자동사 ▶ climb은 '오르다, 상승하다'를 의미하는 자동사다. 자동사는 수동태로 사용할 수 없으므로 ② was climbed를 climbed로 고쳐야 한다.

life expectancy n. 기대 수명 sanitation n. (공중) 위생 take hold 확립하다

1900년에 50세 미만이었던 기대 수명이 영양, 위생, 의료 서비스의 개선이 확립되면서 1930년대에는 60세 이상으로 상승했다.

---

27 2003 단국대 ▶▶▶ MSG p.56　　　　②

수동태가 불가한 자동사 ▶ 주어진 문장에서 grow는 '(크기 따위가) 증대하다, 커지다'는 의미의 자동사로 쓰였다. 원칙적으로 자동사는 수동태로 쓸 수 없으므로, ② have been grown을 have grown으로 고쳐야 한다.

---

collapse n. 붕괴 investment n. 투자 scheme n. 계획

고위험 투자계획이 실패한 이래로 정부에 대한 시위가 점점 거세졌는데, 거의 모든 알바니아 가정이 그로 인해 돈을 잃었다.

---

28 2021 단국대 ▶▶▶ MSG p.65　　　　④

동사 involve의 수동태 ▶ ④의 앞에 있는 관계대명사 that의 선행사는 all the costs인데, 이것은 involve하는 행위의 주체가 아닌 대상이다. 따라서 수동태 문장이 되어야 할 것이므로, ④를 are involved in the installation으로 고쳐야 한다.

transition n. 전환, 변천 afford v. ~을 살[소유할] 돈이 있다 installation n. 설치, 설비

우리는 재생 가능한 에너지로의 전환이 필요한데, 이 학교들 중 상당수가 시골 지역에 있기 때문에 태양 전지판이나 난로와 그것들의 설치와 관련된 모든 비용들을 감당할 수 없다.

---

29 2014 경기대 ▶▶▶ MSG p.57　　　　②

credit A with B의 수동태 표현 ▶ 'credit A with B'는 'A(사람·물건)가 B(성질·덕·능력 등)를 가지고 있다고 생각하다'라는 뜻으로, 이 문장은 A가 주어로 앞으로 나가 수동태가 된 문장이다. 따라서 ②를 과거분사 credited로 고쳐야 한다. ① the liberal theologian을 선행사로 하는 주격 관계대명사이다. ③ 전치사 with의 목적어로 동명사가 온 것이며 이 문장에서 found는 '설립하다'라는 뜻의 타동사로 목적어 Rhode Island를 취한다. ④ by Hawthorne's great grandfather가 뒤에 있으므로 수동태가 된 것이다.

liberal a. 진보적인 theologian n. 신학자 credit v. ~의 소유자[공로자]로 생각하다 banish v. 추방하다

1636년 로드아일랜드 설립에 기여한 것으로 여겨지고 있는 진보 신학자인 로저 윌리엄스(Roger Williams)는 호손(Hawthorne)의 증조부에 의해 매사추세츠만 식민지에서 추방당했다.

---

30 2020 홍익대 ▶▶▶ MSG p.57　　　　④

행위자를 나타내는 전치사 by ▶ ④의 앞에 수동태 구문 has been misunderstood가 있으므로, ④는 수동태 문장에서 행위자를 나타내는 표현 앞에 쓰는 전치사 by가 되어야 한다.

engagement n. 참여, 개입 analytic a. 분석적인 misunderstand v. 오해하다 humanist n. 인문주의자 intellectual n. 지식인

분석철학자들이 20세기의 중요한 과학적·수학적 발전에 참여했음에도 불구하고, 철학에서의 분석적인 전통은 특히 전통적인 인문주의자들과 문학 지식인들에 의해 종종 오해되었다.

03 수동태

01 ②	02 ①	03 ②	04 ①	05 ③	06 ②	07 ①	08 ①	09 ③	10 ④
11 ③	12 ③	13 ②	14 ③	15 ②	16 ③	17 ②	18 ①	19 ③	20 ②
21 ③	22 ②	23 ③	24 ②	25 ②	26 ④	27 ②	28 ①	29 ③	30 ②

01 2008 총신대 ▶▶▶ MSG p.59 ②

사역동사 make의 수동태 ▶ 사역동사 make가 능동태 문장이 수동태
가 되면, 목적보어로 쓰인 원형부정사는 'to부정사'로 바뀌게 된다. 따
라서 ②가 적절한 표현이다.

play the piano 피아노를 연주하다 against one's will 본의 아니게

그 가엾은 소년은 본의 아니게 무대에서 피아노를 연주해야 했다.

02 2005 총신대 ▶▶▶ MSG p.59 ①

5형식 동사의 수동태 ▶ 동사 find의 목적어가 주어져 있지 않으므로
수동태 표현이 빈칸에 들어가야 한다. 따라서 ①이 정답이다. 주어진 문
장은 5형식 문장을 수동태로 바꾼 문장이다.

be found guilty 유죄 판결을 받다 fraud n. 사기

정부의 한 장관은 어제 사기행위를 벌인 것에 대해 유죄판결을 받았다.

03 2017 경기대 ▶▶▶ MSG p.59 ②

동사 incline의 수동태 ▶ 타동사 incline은 'incline + 목적어 + to부정
사'의 형태로 '목적어로 하여금 ~할 마음을 내키게 하다'는 뜻으로 쓰이
는데, 주어진 문장의 경우, 주어인 they가 incline하는 행위의 대상이
되므로, 수동태 표현이 적절하다. 따라서 과거분사 inclined가 정답이
다. be inclined to는 '~하고 싶어지다', '~하는 성향이 있다'라는 의미
의 관용표현으로 잘 쓰인다.

consult v. ~의 의견을 듣다 employee n. 직원 decision-making n. 의사결정

많은 사람들은 여성들이 보다 더 훌륭한 관리자가 된다고 생각하는데, 이는
여성들이 다른 사람들의 의견을 듣고 의사결정에 직원들을 포함시키는 성향
을 더 많이 갖고 있기 때문이다.

04 2016 홍익대 ▶▶▶ MSG p.61 ①

동사구의 수동태 ▶ 행위의 주체를 나타내는 by everybody가 있으므
로 수동태 문장이 되어야 한다. laugh는 자동사이므로 그 자체로는 수동
태 문장에 쓸 수 없지만, '비웃다'라는 의미의 laugh at은 수동태가 가능

하다. 이와 같은 '자동사 + 전치사' 형태의 2어동사의 경우, 동사구 전체
를 하나의 단어처럼 취급하여 수동태로 바꾸며, 전치사 뒤에 'by + 행위
자'를 나타낸다. 따라서 빈칸에 적절한 표현은 ①이다.

stupid a. 어리석은, 우둔한 behavior n. 행동, 행실

그의 어리석은 행동 때문에, 맥스(Max)는 모든 사람들에게 비웃음을 받았다.

05 2001 세종대 ▶▶▶ MSG p.57 ③

올바른 수동태 표현 ▶ 빈칸에는 문장의 동사역할을 할 어구가 들어가
야 한다. 준동사 단독으로는 문장의 정동사 역할을 할 수 없으므로 ②
는 적절하지 않으며, 주어인 들장미는 bring의 주체가 아닌 대상이므로
수동태로 표현되어야 한다. ③이 적절한 표현이다.

sweetbrier n. 들장미, 야생장미 pilgrim n. 성지(聖地) 참배자, 순례자

야생장미의 한 종류인 들장미는 청교도들이 미국으로 가져왔다.

06 2004 경희대 ▶▶▶ MSG p.57 ②

수동태와 능동태의 구분 ▶ acclaim이 자동사와 타동사 둘 다로 쓰이기
는 하지만, 의미상 병원이 인정을 받은 것이므로 수동태로 쓰는 것이
적절하다. 또한 several years ago라는 특정 과거시점부사구가 있으므
로 시제는 단순 과거로 써야 한다. 두 조건을 모두 만족시키는 것은 ②
was acclaimed이다.

acclaim v. ~을 인정하다 heart transplant 심장이식 surgery n. 수술

그 병원은 몇 년 전 심장이식수술로 명성을 얻었다.

07 2020 단국대 ▶▶▶ MSG p.66 ①

타동사 confound가 쓰인 능동태 ▶ confound는 '당황케 하다', '혼란
에 빠뜨리다'는 뜻의 타동사로 빈칸 뒤에 목적어 scientists가 있으므
로 수동형인 ③과 ④는 빈칸에 적절하지 않다. 그리고 주절의 주어는
단수 명사 the origin이므로 복수동사가 쓰인 ② were confounding
또한 옳지 않다. 따라서 빈칸에는 confound의 과거형이 사용된 ①이
적절하다.

germ n. 미생물, 병원균 origin n. 기원, 원인 disease n. 질병

루이 파스퇴르(Louis Pasteur)가 병원균을 발견하기까지 많은 질병의 원인이 과학자들을 혼란에 빠뜨렸다.

『Author in Chief』라는 책은 문학을 통해 자신들의 유산을 정의하고자 하는 미국 대통령들의 마음속으로 독자를 이끈다.

08 2020 가톨릭대 ▶▶▶ MSG p.55 ①

능동태와 수동태의 구분 ▶ 스트레스는 외적인 영향에 어떤 작용을 하는 주체가 아니라, 외적인 영향을 받는 객체이다. 따라서 수동태 문장을 만드는 ①의 is often caused by가 빈칸에 적절하다.

external a. 외적인 anxiety n. 걱정 internal a. 내적인 response n. 반응

스트레스는 종종 외적인 영향에 의해 야기되는 반면, 걱정은 내적으로 일어나는 반응이다.

09 2021 한국산업기술대 ▶▶▶ MSG p.57 ③

능동태와 수동태의 구분 ▶ 지난 7월이라는 과거시점 이후 지금까지의 상황을 말하는 것이므로 현재완료 시제가 적절하고, 확진환자가 '발견되는' 것이므로 수동태로 나타내야 한다. 따라서 ③ have been detected가 빈칸에 적절하다.

detect v. 발견하다; 간파하다 outbreak n. 발병

미국에서는, 북동부 지역에서 처음 발병해서 남부와 서부로 확산된 후인 지난 7월 이래로 지금까지 코로나바이러스 신규 확진 발견자의 수가 매주 줄어들었다.

10 2006 경희대 ▶▶▶ MSG p.57 ④

올바른 수동태 표현 ▶ 텔레비전이 비난을 하는 것이 아니라 비난을 받는 것이므로, 동사 blame의 수동태인 ②나 ④가 적절한데, has been blamed 다음에는 비난의 원인이나 이유를 나타내는 전치사 for가 있어야 목적어 nearly all our social ills를 취할 수 있다. 따라서 ④가 정답이다.

social ill 사회악 divorce n. 이혼 racism n. 인종차별 promiscuity n. 뒤범벅, 난잡; 난교 dope addiction 마약중독

수십 년 동안 텔레비전은 우리들이 갖고 있는 거의 모든 사회악, 즉 범죄의 증가, 이혼율의 증가, 인종차별, 성적 난교의 증가, 마약중독과 가정 붕괴 등의 원인이라고 비난을 받아왔다.

11 2021 덕성여대 ▶▶▶ MSG p.55 ③

수동태와 능동태 구분 ▶ 절의 동사는 시제를 가진 동사여야 하고, '미국 대통령들'을 가리키는 they가 그들의 유산을 정의하고자 하는 능동의 의미이므로 능동태여야 한다. 따라서 빈칸에는 ③이 적절하다. 이때 접속사 as는 '~하면서, ~하고 있을 때'의 의미를 가진다.

in chief 우두머리의, 최고의 seek v. 추구하다 legacy n. 유산 literature n. 문학, 문예

12 2008 삼육대 ▶▶▶ MSG p.57 ③

수동태와 능동태의 구분 ▶ 주어가 textbook이고 교과서는 출판되어지는 것이므로 ③은 was published가 되어야 한다.

textbook n. 교과서 anatomy n. 해부, 해부학

인체해부학에 대한 최초의 과학 교과서는 1543년에 간행되었다.

13 2004 강남대 ▶▶▶ MSG p.57 ②

수동태와 능동태의 구분 ▶ 문장의 주어인 노숙자가 죄를 지어 '체포되는 것'이므로 동사는 'be동사 + p.p'의 수동형이 되어야 한다. ②는 was arrested and charged로 고쳐야 한다. ④는 전치사 with의 목적어로 쓰인 동명사이다.

arrest v. 체포하다 charge v. 고소하다 pickpocket v. 소매치기하다

그 노숙자는 출퇴근하는 사람들을 상대로 소매치기를 한 죄로 체포돼 고발당했다.

14 2004 단국대 ▶▶▶ MSG p.59 ③

5형식 동사의 수동태 ▶ compel은 주로 'compel + 목적어 + to do'의 형태를 취한다. 주어진 문장에서 동사 compelled의 목적어가 주어져 있지 않으므로, 주어가 동작의 대상임을 알 수 있다. 따라서 이것은 수동태 문장으로 표현해야 한다. ③ compelled를 was compelled로 고친다. ④ dye는 '염색하다'라는 의미의 타동사이다.

compel v. 강제하다, 억지로 ~시키다 dye v. 물들이다, 염색하다

그는 2년 전 특정 시합에서 패배하고 난 후, 자신의 머리를 갈색으로 염색해야만 했다.

15 2020 덕성여대 ▶▶▶ MSG p.57 ②

수동태와 능동태 구분 ▶ this는 문맥상 수수료를 가리킨다. 수수료는 공제하는 행위의 대상이므로 수동태로 표현되어야 한다. 따라서 ②는 과거분사 deducted가 되어야 한다.

fee n. 수수료 transaction n. 거래 deduct v. 공제하다

거래할 때마다 수수료가 부과되며, 이는 고객에게 부과되는 판매가격에서 자동으로 공제된다.

16 **2018 성균관대** ▶▶▶ MSG p.55 ③

능동태와 수동태 구분 ▶ ③ was held 다음에 목적어 a prominent center position이 있으므로 수동태는 적절하지 않다. hold a position은 '~에 위치해 있다', '~에 자리를 차지하다'라는 뜻으로 쓰이므로, ③이 목적어를 받을 수 있도록 능동형 동사인 held로 고쳐야 한다.

conference room 회의실 prominent a. 눈에 잘 띄는 reception area 접수처, 안내실

그 회사에서 가장 큰 1번 회의실은 접수처 바로 뒤, 눈에 띄는 중앙에 위치해 있었다.

---

17 **2007 명지대** ▶▶▶ MSG p.55 ②

수동태와 능동태의 구분 ▶ 주어인 person은 행동의 주체이므로 ②는 능동태의 현재완료시제 has done이나 현재완료진행시제 has been doing이 되어야 한다.

firm n. 회사, 기업, 업체

어떤 사람도 톰(Tom)보다 이 회사를 위해 더 많은 일을 해오지는 않았는데, 톰은 지난 몇 년 동안 일주일에 40시간씩 일해 왔다.

---

18 **2002 단국대** ▶▶▶ MSG p.57 ①

수동태와 능동태의 구분 ▶ ① who injured는 more than 250 other people을 꾸미는 역할을 하므로 '부상당한'이라는 의미를 갖기 위해서는 ①을 (who were) injured로 고쳐야 한다. 여기서 '주격 관계대명사 + be동사'인 who were는 생략 가능하다. ④는 ③의 treated와 병치관계에 있는 과거분사이다.

crash n. 불시착, 추락 treat v. 치료하다 discharge v. 퇴원하다

비행기 추락으로 부상당한 250명이 넘는 다른 사람들은 마푸토(Maputo)에 있는 병원이나 다른 진료소에서 치료를 받았고 후에 퇴원했다.

---

19 **2005 세종대** ▶▶▶ MSG p.59 ③

수동태와 능동태의 구분 ▶ 타지마할이 묘사하는 것이 아니라 묘사되는 것이므로 수동태 문장이 되어야 한다. 그러므로 ③ has often described를 has often been described로 고친다.

build v. 건축하다, 세우다 describe v. 묘사하다

300년 전에 처음 세워진 이래로, 인도 아그라(Agra)의 타지마할은 종종 세계에서 가장 아름다운 건물로 묘사돼왔다.

---

20 **2005 아주대** ▶▶▶ MSG p.57 ②

수동태와 능동태의 구분 ▶ 수동태 표현 뒤에는 목적어가 오지 못한다.

주어진 문장의 경우, ② 뒤에 목적어가 주어져 있으므로 수동태를 쓴 것은 잘못이다. ②를 능동태인 evolved로 고친다. 한편 '전치사 + 관계대명사' 뒤에는 완전한 형태의 문장이 오는데, 주어진 문장에서 ③뒤에 완전한 절이 왔으므로 ③은 옳은 표현이다.

parasite n. 기생충 host n. 숙주 mutual a. 서로의, 상호의 tolerance n. 관용, 용인 fatally ad. 치명적으로

많은 기생충들과 그들의 숙주들은 상호 용인의 형태를 발전시켰는데, 그 형태 속에서 숙주는 지금도 여전히 어떤 식으로건 해를 입고, 때로는 심지어 치명적으로 해를 입기도 한다.

---

21 **2020 서울여대** ▶▶▶ MSG p.57 ③

능동태와 수동태 구분 ▶ 타동사 inhabit 다음에 목적어 regions가 왔으므로 ③은 수동태가 되어서는 안 된다. 따라서 ③을 originally inhabited로 고쳐야 한다.

indigenous a. 토착의, (그) 지역 고유의 in the context of ~의 맥락에서 colonization n. 식민지 inhabit v. 거주하다

우리는 종종 식민지화의 맥락 속에서 토착 언어를 생각한다. (사실) 토착 언어는 나중에 식민지화된 지역에 본래부터 거주하고 있던 사람들이 사용하던 언어이다.

---

22 **2015 서강대** ▶▶▶ MSG p.57 ②

수동태 ▶ 동사 impoverish는 '~를 빈약하게 하다', '~을 가난하게 만들다'라는 의미의 타동사이다. 주어진 문장의 경우, impoverish 뒤에 목적어가 주어져 있지 않고, 주어인 historical databases는 impoverish 하는 행위의 대상이므로, 수동태로 표현해야 옳은 문장이 된다. ②를 are relatively impoverished로 고친다.

impoverish v. 가난하게 하다 discipline n. (학문의) 분야 quantitative a. 양적인 sociolinguistics n. 사회언어학 cast light on (~에 대해) 해결의 실마리를 던져 주다

역사적으로 중요한 자료들이 상대적으로 빈약하기 때문에, 우리는 정량 사회언어학이라는 보다 새로운 분야가 그 문제에 대한 해결의 실마리를 던져 줄 것으로 기대한다.

---

23 **2011 경기대** ▶▶▶ MSG p.57 ③

수동태와 능동태의 구분 ▶ which의 선행사는 '라니냐 기상이변'으로, 이것은 태평양의 수온을 떨어뜨리는 주체이므로 ③의 is caused를 능동태의 causes로 고쳐야 한다. ④는 동사 cause의 목적보어로 쓰인 부정사이다.

phenomenon n. 현상, 사상(事象); 사건 temperature n. 온도 the Pacific Ocean 태평양

컬럼비아는 라니냐 기상이변 때문에 수십 년 만에 가장 심한 폭우를 겪었는데, 이 기상이변은 태평양의 수온을 떨어뜨린다.

24 **2022 건국대** ▶▶▶ MSG p.57   ②

수동태 ▶ ②의 뒤에 목적어 their clothing이 주어져 있으므로 ②는 능동태가 되어야 한다. ②를 changed로 고친다. ③은 앞의 clothing과 수일치가 안 되지만, "His opinion is different from that [those] of family members."에서 that과 those 모두 가능하듯이 여기서도 those를 사용한 것이다. 다만 clothing은 불가산 명사로 clothings가 불가능하지만, 여러 clothing(pieces of clothing)을 가리키는 복수의 의미로 those를 사용한 것으로 볼 수 있다.

enemy n. 적 clothing n. 옷 citizen n. 주민 combatant n. 전투원

적에게 포위된 두 병사는 전투병의 복장에서 전투에 관련되지 않은 지역 주민의 복장으로 옷을 갈아입었다.

25 **2004 경기대** ▶▶▶ MSG p.59   ②

수동태와 능동태의 구분 ▶ 행위의 주체를 나타내는 전치사구 by the Irish가 뒤에 이어지므로, ②는 수동태로 표현하는 것이 옳다. had been denounced로 고친다.

devotee n. 헌신적인 추종자 denounce v. 공공연히 비난하다 filth n. 쓰레기, 오물; 외설 censor n. (출판물 등의) 검열관 indecency n. 외설

소수의 핵심적인 추종세력의 마음을 휘어잡았음에도 불구하고, 조이스(Joyce)의 『율리시즈(Ulysses)』는 아일랜드 사람들에 의해 반(反) 기독교적인 쓰레기 작품으로 공공연히 비난받았으며, 외설스런 내용으로 인해 미국 검열관에 의해 불태워졌었다.

26 **2021 홍익대** ▶▶▶ MSG p.57   ④

능동태와 수동태 구분 ▶ The appearance of eddies and whirlpools는 예측하는 주체가 아니라 예측되는 대상으로 수동태가 되어야 한다. 따라서 ④ predict를 be predicted로 고쳐야 한다.

bank n. 둑, 제방 shift v. 변화하다 eddy n. 회오리 whirlpool n. 소용돌이 linear differential equation 선형 미분 방정식

산 속의 강에 대해 생각해보라. 강둑을 따라 흐르는 강물은 끊임없이 변한다. 회오리와 소용돌이의 출현은 시계태엽 장치 물리학의 선형 미분 방정식을 가지고는 예측될 수 없다.

27 **2003 경기대** ▶▶▶ MSG p.57   ②

수동태와 능동태의 구분 ▶ ②에서 동사 dream의 주어는 a madman이며 dream 뒤에 목적절이 나오므로 동사는 능동형이 되어야 한다. ②를 would dream으로 고쳐야 한다.

mass n. 모임, 집단 peasant n. 농부 scythe v. 큰 낫으로 베다 crowd into ~의 안으로 몰려 들어가다 daily bread 생계, 생활비

밭을 낫으로 베던 300년 전의 농부들을 본다면, 오직 제정신이 아닌 사람만이 사람들이 생활비를 벌기 위해 도시의 공장들로 모여드는 날이 곧 올 것이라고 꿈꿀 것이다.

28 **2016 한국산업기술대** ▶▶▶ MSG p.57   ①

수동태 ▶ found 뒤에 목적어가 주어져 있지 않고 문맥상 Cork oak forests는 find하는 행위의 대상이므로, ①을 수동태 형태인 are found로 고쳐야 한다.

Mediterranean n. 지중해 quality n. 품질; 성질, 특성 commercial a. 상업의, 통상의; 영리적인 stopper n. (병·통 따위의) 마개

코르크나무 숲은 지중해와 아시아 국가들에서 발견되지만, 오직 지중해에 서식하는 나무에서 얻는 코르크만이 가장 중요한 제품인 와인 병마개를 포함하여 여러 상품을 만드는 데 필요한 품질을 갖고 있다.

29 **2014 이화여대** ▶▶▶ MSG p.59   ③

타동사 consider의 수동태 ▶ that 관계사절에서 타동사 considered의 목적어가 주어져 있지 않으므로 ③은 수동태로 써야 한다. 관계사절에서 동사의 수는 선행사에 일치시키는데, that의 선행사인 some 뒤에 responses가 생략되어 있으므로, ③은 are considered가 되어야 한다.

potential n. 잠재력, 가능성 response n. 응답; 반응 appropriate a. 적절한 detail n. 세부; 상술(詳述) approve v. 승인하다, 찬성하다

가능한 방대한 감정적 반응들로부터, 문화는 적절하다고 여겨지는 몇 가지 반응들을 선택한다. 다른 사람들과의 세부적인 경험을 통해, 아이들은 자신들의 감정적 반응을 문화적으로 인정되는 방식으로 형성하는 법을 배운다.

30 **2014 한국외대** ▶▶▶ MSG p.59   ②

정비문 ▶ '~하게 하다, 설득하다'라는 의미의 동사 persuade는 'persuade + 목적어 + to부정사'의 형태로 쓴다. 여기서 목적어를 주어로 하는 수동태 문장을 만들면, 동사는 be persuaded가 되고 그 다음은 to부정사가 이어진다. 따라서 ②의 to leaving을 to leave로 고쳐야 한다.

be committed to ~에 헌신하다 check n. 수표 cash n. 현금 instruction n. (pl.) 교육

① 그는 세계 최고의 제품을 만드는 데 헌신했다.
② 그들은 수표와 현금을 두고 가도록 설득 당했다.
③ 그의 많은 노력은 적절한 정치적인 말을 찾는 데 기울여졌다.
④ 아이들은 대부분의 교육을 책을 기초로 하여 받아야 한다.

04 조동사

01 ③	02 ②	03 ②	04 ①	05 ①	06 ③	07 ②	08 ④	09 ①	10 ①
11 ①	12 ②	13 ④	14 ③	15 ③	16 ②	17 ③	18 ④	19 ③	20 ③
21 ④	22 ③	23 ①	24 ③	25 ②	26 ②	27 ②	28 ②	29 ②	30 ②

01 2020 강남대 ▶▶▶ MSG p.78 ③

조동사 must ▶ 대학교에 입학하기 위해서는 반드시 고등학교를 졸업해야 하므로, 강한 의무의 뜻이 있는 조동사 ③ must가 빈칸에 적절하다.

high school 고등학교 in order to ~하기 위해 university n. 대학교

당신은 대학교에 입학하기 위해서 고등학교를 마쳐야 한다.

02 2008 총신대 ▶▶▶ MSG p.77 ②

cannot but + 동사원형 = cannot help + 동명사 ▶ cannot but do는 '~하지 않을 수 없다'라는 의미로 cannot help ~ing 또는 have no choice but to do와 바꿔서 쓸 수 있다. ex.) I couldn't but laugh. = I couldn't help laughing.(나는 웃지 않을 수 없었다.) 따라서 ② laugh가 빈칸에 쓰여야 한다.

funny a. 우스운 scene n. 장면

그들은 그 우스운 장면에 웃지 않을 수 없었다.

03 2008 총신대 ▶▶▶ MSG p.83, p.131 ②

양보의 부사절에서의 조동사 ▶ 복합관계대명사 whatever가 명사절을 이끌면 '(~하는) 것은 무엇이나(= anything that)'의 뜻이며, 양보의 부사절을 이끌면 '무슨 일이[을] ~할지라도(= no matter what)'의 뜻으로 일반적으로 조동사 may와 함께 쓴다. ex.) Whatever may happen, I will go.(무슨 일이 일어날지라도 나는 갈 것이다.) 따라서 빈칸에는 ②의 may가 적절하다.

believe v. 믿다 say v. 말하다

그녀가 무슨 말을 할지라도 그는 그녀를 믿지 않을 것이다.

04 2000 강남대 ▶▶▶ MSG p.82 ①

need not have p.p ▶ 앞에서 '어떤 일에 대해 감사합니다만'이라고 했으므로, 뒤 문장의 내용은 그 반대가 되어야 한다. 문맥상 '~할 필요가

없었는데 (그런데 했다)'라는 말이 가장 적절하다. 따라서 빈칸에는 ①의 need not이 쓰여야 한다.

kind a. 친절한 had better do ~하는 편이 낫다

매우 고마웠습니다. 하지만 그러실 필요는 없었는데 하셨군요.

05 2007 총신대 ▶▶▶ MSG p.79 ①

조동사 dare ▶ 조동사 뒤에는 동사원형이 와야 한다. dare와 need는 긍정문에서는 일반동사로 to부정사를 수반하지만, 부정문, 의문문에서는 조동사로 쓰여 뒤에 동사원형을 써야 한다.

dare v. 감히 ~하다 nasty a. 불쾌한

너는 너의 친구들에게 그런 불쾌한 이야기를 어떻게 감히 할 수 있느냐?

06 2008 총신대 ▶▶▶ MSG p.75, p.81 ③

주장/요구/제안/명령 + that + S + (should) 동사원형 ▶ 동사 move가 that절을 취하면 '~을 제안하다, ~이라고 제의하다'라는 뜻이다. ex.) She moved that the case be adjourned for a week.(그녀는 심의를 1주간 연기할 것을 제의했다.) 따라서 that절의 동사는 '(should) 동사원형'이 되어야 한다. ③ be가 적절하다.

chair n. 의자, 걸상; (the ~) 권위 있는 지위; 의장석[직]

어떤 학생들은 김(Kim)군이 차기 의장직에 선출되어야 한다고 제의했다.

07 2009 계명대 ▶▶▶ MSG p.81 ②

조동사 should ▶ 빈칸 다음에 일반동사가 이어지므로 조동사가 필요하다. 우산을 챙겨가야 하는 당위성에 관한 내용이므로, should가 정답이 된다. ①의 ought는 항상 to부정사를 수반하여 사용되므로 정답이 될 수 없다.

take v. 가져가다 umbrella n. 우산

우산을 가져가야 한다. 오늘은 비가 올 것이다.

08 **2007 총신대** ▶▶▶ MSG p.77 ④

적절한 조동사의 사용 ▶ so that절에 조동사 may, can, will 등이 오면 목적 표현의 부사절이 된다. 주절 동사가 과거시제이므로, 시제의 일치에 의해 that절의 조동사도 과거형이 되어야 한다. 따라서 ④가 정답이 된다.

work hard 열심히 공부하다 entrance exam 입학시험

그녀는 입학시험에 합격하기 위해 매우 열심히 공부했다.

09 **2009 강남대** ▶▶▶ MSG p.75, p.81 ①

주장/요구/제안/명령 + that + S + (should) 동사원형 ▶ order는 명령의 동사로 that 뒤에 '(should) 동사원형'의 형태를 취한다. 주어진 문장에서는 they 뒤에 should가 생략되었다고 봐야 하므로 동사는 동사원형 be가 되어야 한다.

order v. 지시하다 on time 정각에, 제시간에 promotional event 판촉행사

판매부장은 전 직원들에게 판촉 행사를 위해서 시장에 제시간에 오도록 지시했다.

10 **2009 동덕여대** ▶▶▶ MSG p.82 ①

과거의 추측 must have p.p ▶ 그가 '나의 메시지를 받지 못해 전화해 주지 못했다'는 과거 사실에 대한 추측 표현이므로 must have p.p(~했음에 틀림없다)를 사용한 ①이 정답이 된다.

return one's call 답신 전화를 하다

A: 나는 존(John)이 네 전화에 답하지 않았다는 것에 대해 정말 놀랐어.
B: 그는 내 메시지를 받지 못했음에 틀림없어.

11 **2009 성균관대** ▶▶▶ MSG p.75, p.81 ①

주장/요구/제안/명령 + that + S + (should) 동사원형 ▶ 주절의 동사가 명령, 제안, 요구, 주장 등의 의미를 나타낼 때, that절의 동사는 '(should) 동사원형'을 사용한다. 주어진 선택지 중 should가 생략된 형태의 ① meet가 정답이 된다.

president n. (클럽 등의) 회장 council meeting 협의회

약간의 토론 후에, 그 클럽의 회장이 다음 협의회에서 다른 회원들을 만나야 한다는 제안이 있었다.

12 **2001 영남대** ▶▶▶ MSG p.82 ②

당위성 should have p.p ▶ 'should + 동사원형'은 '~해야 한다'는 '당

위성'을 나타낸다. 반면 'should have p.p'는 '~했어야 했는데'라는 의미이며 '과거에 대한 유감 혹은 후회'를 나타낸다. 문맥상 과거사실에 대한 내용이므로 ② should have got이 적절하다.

keep v. (사람을) 지체하게 하다

너는 한 시간 이상 전에 여기에 당도했어야 했는데. 무엇 때문에 늦은 거니?

13 **2004 경기대** ▶▶▶ MSG p.82 ④

과거의 추측 may have p.p ▶ '읽었는지 생각이 나지 않는다'라는 내용이 뒤에 이어지므로, '과거에 대한 추측'을 나타내는 표현이 와야 한다. 과거의 추측을 나타내는 표현은 ④다.

hardly ad. 거의 ~ 아니다 remember v. 기억하다

내가 그 책을 읽었을지도 모른다. 하지만 정말 읽었는지 생각이 거의 나지 않는다.

14 **2004 아주대** ▶▶▶ MSG p.80 ③

will의 부정 won't ▶ so that이 '~하기 위하여, ~하도록'이라는 의미로 앞 문장의 목적을 나타낼 때는 기본적으로 미래의 의미가 내포돼 있다. 따라서 미래의 의미를 가진 조동사를 써야 하며, '고기를 냉장고에 넣는 것은 녹지 않게 하기 위한 것'이므로, 부정의 표현이 되어야 한다. ③이 정답이다.

had better do ~하는 편이 낫다 meat n. 고기 refrigerator n. 냉장고 melt v. (고체가 열 등에) 녹다

녹지 않도록 고기를 냉장고에 넣어두는 것이 좋겠다.

15 **2021 가톨릭대** ▶▶▶ MSG p.79 ③

조동사 used to의 용법 ▶ but 이하에서 현재완료 시제로 영화산업의 중심이 이제는 강남으로 이동했다고 했으므로 앞 절에서는 과거에는 충무로였다는 말이 되어야 문맥상 적절한데, 'used to+동사원형'이 '이전에 ~했었다(그러나 지금은 아니다)'의 의미이므로 ③이 빈칸에 적절하다. 참고로 be used to+(동)명사는 '~에 습관이 되다, 익숙해져 있다'는 상태를 나타낼 때 사용한다.

heart n. 중심, 핵심 director n. 감독 producer n. 제작자 capital n. 자본

영화산업의 중심이 과거에는 '충무로'였지만, 이 중심이 영화감독에서 제작자와 자본으로 옮겨가게 한 힘의 역학과 함께 이제는 '강남'으로 이동했다.

16 **2009 대구대** ▶▶▶ MSG p.75, p.81 ②

주장/요구/제안/명령 + that + S + (should) 동사원형 ▶ [l]에서는 insist(주장하다)의 목적어 that절의 내용이 '단순 사실'을 의미하므로

that절의 동사는 직설법 동사가 쓰인다. 과거의 사실이므로 did가 되어야 한다. [II]에서는 that절의 내용이 마땅히 해야 할 '당위적인' 것에 해당하므로 that절의 동사가 가정법 형태인 '(should) 동사원형'으로 된다. 그런데 '내리다, 낮추다'라는 동사 lower뒤에 목적어가 없는 걸로 봐서 수동태가 되어야 한다. 따라서 ② did — be lowered가 정답이며 be lowered 앞에 should가 생략되었다.

lower v. 내리다, 낮추다 college n. 대학 tuition n. (대학의) 수업료[등록금]

[I] 티모시(Timothy)는 여전히 자신이 그의 친구에게 부상을 입힐 어떤 잘못된 행동도 하지 않았다고 주장한다.
[II] 대부분의 학생들은 대학등록금이 즉각 인하되어야 한다고 주장한다.

17 2002 숭실대 ▶▶▶ MSG p.82   ③

과거의 추측 must have p.p ▶ in winter가 다가올 겨울을 나타낸다면 미래의 표현이 필요한데, 보기 중에는 그러한 의미를 가진 표현이 없으므로, 지나간 겨울을 의미하는 것으로 보아야 한다. 선택지 가운데 과거와 연관을 지을 수 있는 것은 ③과 ④인데, ④의 경우 후회나 유감을 나타내므로 의미상 부적절하다. 따라서 ③이 정답이 된다.

hospitable a. 공손한; (환경이) 쾌적한 harsh a. 모진, 혹독한

여름에도 이 장소는 반드시 쾌적해 보이지는 않았다. 겨울에는 (기후) 여건이 매우 혹독했었음에 틀림없다.

18 2012 인천대 ▶▶▶ MSG p.82   ④

would rather not have p.p ▶ would rather는 '오히려 ~하겠다'라는 선호를 나타내는 조동사로 부정어가 뒤에 위치하면 would rather not이 된다. 그 다음에 본동사가 오며, 과거의 의미일 때는 완료형 have p.p가 온다. ④가 정답이다.

criticize v. 비난하다 mistake n. 실수

A: 당신은 그의 실수를 비난했습니까?
B: 네, 하지만 그렇게 하지 않았어야 했어요.

19 2007 덕성여대 ▶▶▶ MSG p.82   ③

당위성 should have p.p ▶ forty minutes ago는 과거시점이며 '애슐리는 40분 전에 이곳에 왔어야 했는데 오지 않았다'는 뜻이 되어야 하므로 과거유감을 나타내는 should have p.p 형태가 적절하다. 정답은 ③이 된다.

should have p.p (과거에) ~했어야 했다 must have p.p (과거에) ~했음이 틀림없다

애슐리(Ashley)는 왜 아직 안 왔니? 40분 전에 왔어야 했는데.

20 2009 광운대 ▶▶▶ MSG p.75, p.81   ③

주장/요구/제안/명령 + that + S + (should) 동사원형 ▶ 주절에 요구를 뜻하는 동사 request가 있기 때문에 종속절에 당위성의 조동사 should가 오는데, 이것은 생략되기도 한다. 그리고 동사 finish는 동명사를 목적어로 취하는 동사이다. 따라서 조동사 should가 생략된 동사원형 finish와 동명사 writing이 온 ③이 정답이다.

professor n. 교수 paper n. 논문 as soon as possible 되도록 빨리

교수는 그 학생에게 되도록 빨리 논문을 끝낼 것을 요구했다.

21 2017 가천대 ▶▶▶ MSG p.82   ④

과거사실에 대한 강한 추측을 나타내는 표현 ▶ 빈칸을 포함한 문장의 전후에서 '셰익스피어의 작품에서 묘사하고 있는 유대인의 기질과 실제 유대인의 성향이 일치하지 않음'에 대해 이야기하고 있다. 이런 사실로부터 셰익스피어는 작품을 썼던 당시에 유대인의 기질에 대해 잘 알지 못했을 것으로 추측할 수 있는데, 과거사실에 대한 강한 추측은 'must have p.p'로 나타내므로, 빈칸에는 ④가 들어가야 한다. ②에 쓰인 'should have p.p'는 과거에 대한 유감, 후회를 나타내는 표현이다.

flesh n. 살, 육체 Jew n. 유대인 debtor n. 채무자 dishonor v. (어음 등의) 지급을 거절하다, 부도내다 loan n. 대부, 융자 security n. 담보 collateral n. 담보물

윌리엄 셰익스피어의 『베니스의 상인』에서, 샤일록(Shylock)은 안토니오(Antonio)가 빚을 갚지 못하자 그의 가슴살 1파운드를 내놓을 것을 요구한다. 셰익스피어는 유대인들에 대해 많이 알지 못했던 게 분명하다. 유대인은 빚을 갚지 않았다고 해서 채무자를 처벌하지 않는다. 그들은 오로지 돈을 돌려받는 데만 관심이 있다. 그들은 돈을 빌려주면서 보석이나 시계를 담보로 받겠지만, 절대로 심장이나 살점을 담보물로 원하지는 않을 것이다.

22 2020 수원대 ▶▶▶ MSG p.82   ③

과거의 유감을 나타내는 should have p.p. ▶ 택시가 도착하지 않았다고 했으므로, '과거의 유감'을 나타내는 말인 'should have p.p.(~했어야 했는데)'가 쓰여야 한다. 따라서 ③을 have arrived로 고쳐야 한다.

to be frank with you 솔직히 말하면 turn up 나타나다, 도착하다

솔직히 말해, 그 택시는 2시 30분에 도착했어야 했는데, 도착하지 않았다.

23 2005 삼육대 ▶▶▶ MSG p.80   ①

would + 동사원형 ▶ 조동사 다음에 쓰이는 본동사는 항상 원형이 되어야 한다. ①은 lose가 되어야 옳다. ②는 '현재사실의 반대'를 가정하는 가정법 과거의 조건절이며, 그런 이유로 과거 동사가 온 것이다.

license n. 면허 refresher course 재교육 과정 broker n. 중개인

내 중개인에 따르면, 만약 그가 재교육 과정을 이수하지 않으면 면허를 잃게 될 것이다.

24 **2009 영남대** ▶▶▶ MSG p.75, p.81 ③

주장/요구/제안/명령 + that + S + (should) 동사원형 ▶ 의무를 나타내는 형용사 mandatory 뒤의 that절에서, 동사의 형태는 주어의 수나 주절의 시제와 상관없이 '(should) 동사원형'이어야 한다. 따라서 ③은 (should) maintain이 되어야 한다. ①의 It은 가주어이고, ②가 이끄는 절이 진주어이다.

mandatory a. 의무적인 register v. 등록하다 major n. 전공

등록한 학생은 전공분야에서 평점 B+를 유지하는 것이 필수적이다.

25 **2000 단국대** ▶▶▶ MSG p.77, p.102 ②

cannot but + 동사원형 = cannot help + 동명사 ▶ '~하지 않을 수 없다'의 관용적 표현은 'cannot but + 동사원형' 또는 'cannot help + 동명사'로 쓴다. 따라서 ②를 talking으로 고쳐야 한다.

scientist n. 과학자 voyager n. 여행자 mission n. 임무

과학자들은 보이저호의 임무 완수에 대해 비밀로 이야기할 수밖에 없었다.

26 **2016 국민대** ▶▶▶ MSG p.79 ②

'used to 동사원형'과 'be used to ~ing'의 구분 ▶ '늘 ~하곤 했다'는 뜻의 used to는 조동사이므로 뒤에 동사원형이 와야 한다. ②를 cycle로 고쳐야 한다.

keen on ~에 관심이 많은 green a. 환경 친화적인 cycle v. 자전거를 타다 fetching a. 매력적인 briefcase n. 서류 가방

환경 친화적인 정책들에 관심이 많은 데이비드 캐머런(David Cameron)은 서류 가방을 차에 싣고 뒤따르도록 한 채, 다양한 매력적인 헬멧을 쓰고 자전거로 출근하곤 했다.

27 **2004 아주대** ▶▶▶ MSG p.75, p.81 ②

주장/요구/제안/명령 + that + S + (should) 동사원형 ▶ recommend, advise, insist, ask, demand 등의 추천, 요구, 권고, 제안의 동사가 that절을 목적어로 취하는 경우, 그 that절의 동사는 주어의 수나 주절의 시제에 관계없이 '(should) 동사원형'으로 써야 한다. 따라서 ② was를 (should) be로 고쳐야 한다.

enlightened a. 지각 있는, 식견 있는 intellectual n. 지식인 emperor n. 황제 representative n. 대표; 하원 의원; 대의원

지각 있는 독일의 지식인들은 투표에 의해 선출된 의원들에게 새 황제에 대한 처분을 맡겨야 한다고 강력하게 주장했다.

28 **2004 경희대** ▶▶▶ MSG p.81 ②

should+ 동사원형 ▶ 조동사 뒤에는 동사원형을 쓴다. 그러므로 ② being을 be로 고쳐야 한다.

be required to do ~을 해야 한다 classroom n. 교실 community service 사회봉사활동

학생들이 교실 밖에서 일정 시간 동안 사회봉사 활동을 해야 졸업을 할 수 있도록 해야 한다고 미국의 많은 교육기관들은 생각하고 있다.

29 **2005 고려대** ▶▶▶ MSG p.77 ②

조동사 do의 역할 ▶ 문두에 의문문을 만드는 조동사 do가 있으므로 뒤에는 동사원형이 이어져야 한다. 따라서 ②는 have the right가 되어야 한다.

terminally ill 말기의, 위독한 have the right ~을 요구할 권리가 있다 take one's own life 자살하다

우리 시대에 중요하고도 가장 어려운 윤리적인 문제 가운데 하나는 이렇다. 불치병에 걸린 사람들이 큰 고통을 참거나 혹은 다른 사람들에게 짐이 되기 전에 자신의 목숨을 끊을 권리가 있을까?

30 **2018 강남대** ▶▶▶ MSG p.82 ②

조동사 ought to ▶ ought to는 그 자체가 하나의 조동사이며, '~해야 한다'라는 의미이다. 조동사는 다른 조동사와 연속해서 쓰지 못하므로, ②에서 조동사 had를 삭제해야 한다.

motorist n. 운전자 speedometer n. 속도계 highway n. 고속도로 exceed v. 초과하다

소중한 휘발유를 낭비하지 않기 위해, 운전자들은 고속도로를 달리는 동안 속도계를 확인해야 하는데, 개방된 도로에서 운전하는 동안에는 시속 55마일을 매우 쉽게 넘길 수 있기 때문이다.

05 가정법

01 ③	**02** ③	**03** ④	**04** ④	**05** ③	**06** ②	**07** ②	**08** ①	**09** ②	**10** ①
11 ①	**12** ②	**13** ④	**14** ②	**15** ②	**16** ②	**17** ④	**18** ③	**19** ①	**20** ①
21 ①	**22** ④	**23** ②	**24** ③	**25** ①	**26** ③	**27** ①	**28** ①	**29** ④	**30** ①

---

01 **2021 서울여대** ▶▶▶ MSG p.71　　　　③

I wish + 가정법 구문 ▶ I wish가 이끄는 that절에는 가정법 동사가 오며, 가정법 과거의 경우 be동사는 were를 쓴다.

boss n. (직장의) 상관, 상사; 사장

나는 상사가 달라졌으면 좋겠다.

---

02 **2005 광운대** ▶▶▶ MSG p.72　　　　③

It's (about/high) time (that) + 가정법 과거 ▶ It is (about/high) time (that) 다음에 '주어 + 과거형 동사(또는 should + 동사원형)'의 형태가 쓰이면 가정법 과거시제로서 '긴급사항, 당연, 재촉'을 나타내며, '이제 ~해야 할 때다'의 뜻이다. ③ found가 적절하다.

find out 알아내다　reason n. 이유

이제 그녀가 그 이유가 무엇인지 알 때가 되었다.

---

03 **2012 가톨릭대** ▶▶▶ MSG p.71　　　　④

가정법 과거완료의 도치 구문 ▶ 주절의 '조동사 과거형 + have + p.p(could have obtained)'의 동사 형태를 통해 가정법 과거완료가 사용된 문장임을 알 수 있다. 따라서 종속절에는 과거완료(If I had visited~)의 형태가 필요하고 If를 생략할 경우 주어와 동사의 도치가 일어나 Had I visited가 되므로 빈칸에는 ④ Had가 적절하다.

obtain v. 얻다　enormous a. 엄청난　sector n. 분야　management n. 경영

내가 만약 그 회사를 더 일찍 찾아갔었다면, 나는 그 회사경영의 많은 다양한 분야에서 엄청난 도움을 얻을 수 있었을 텐데.

---

04 **2004 숭실대** ▶▶▶ MSG p.73　　　　④

It seems[looks] as if + 가정법 과거[과거완료] ▶ 'It seems[looks] as if + 가정법 과거[과거완료]' 구문은 '마치 ~인 것처럼[~이었던 것처럼] 보이다'의 의미로 쓰인다.

treatment n. 치료　run out 다하다; 다 써버리다

그녀를 치료할 모든 방법들이 다 사용되었던 것처럼 보였다.

---

05 **2015 단국대** ▶▶▶ MSG p.69　　　　③

가정법 미래의 주절에 쓰이는 조동사 ▶ 조건절의 동사의 형태가 'were to+동사원형'인데, 이는 주어진 문장이 '미래의 극히 불가능한 일을 가정'하는 'were to 가정법' 문장임을 나타낸다. 'were to 가정법' 문장에서 주절의 동사 형태는 'would+동사원형'이므로, 빈칸에 들어갈 표현으로는 ③이 적절하다.

qualitatively ad. 질적인 측면에서　diverse a. 다양한　one-dimensional a. 1차원적인　absorb v. 흡수하다; 받아들이다　consumption n. 소비

다양성을 받아들이지 못 하는 1차원적인 소비자들에게 질적으로 다양한 제품들이 제공된다면, 소비는 제한적일 것이다.

---

06 **2015 가톨릭대** ▶▶▶ MSG p.69　　　　②

가정법 미래 ▶ 가정법 미래의 표현에서, if절의 동사의 형태는 'should 원형동사'이고, 주절은 명령문 형태도 가능하다. 따라서 ② should call 이 빈칸에 적절하다.

be back 돌아오다　candidate n. 후보

제가 나간 사이에 혹시라도 제 상사에게서 전화가 오면, 후보자들의 인터뷰를 끝내는 대로 바로 돌아올 거라고 그녀에게 전해 주세요.

---

07 **2005 경희대** ▶▶▶ MSG p.70　　　　②

가정법 과거완료 ▶ 주절 동사의 형태로 보아, 가정법 과거완료의 문장임을 알 수 있다. 가정법 과거완료에서 if절의 동사는 'had p.p'의 형태이어야 하므로, ②가 정답이 된다.

beach n. 해변　weather forecast 기상예보

기상예보를 들었더라면 해변에 가지 않았을 텐데.

---

08 **2008 강남대** ▶▶▶ MSG p.70　　　　①

가정법 과거 ▶ 기준이 되는 시점은 지금(now)이며, 주절은 가정법 과거의 형태를 이루고 있다. 따라서 조건절은 'If + 주어 + 과거형 동사'이

318 김영편입 영어 문법 기출 1단계

어야 한다. ① listened가 적절하다. ③이 had listened로 되어 있다면 혼합가정법 문장을 만들게 되어 정답이 될 수 있지만, had listen으로는 부적절하다.

listen v. 귀를 기울이다 in danger 위험에 빠진

"지금 우리는 위험에 빠져 있다."
"만일 네가 내 말에 귀를 기울이면, 우리는 위험하지 않을 것이다."

---

09 2021 덕성여대 ▶▶▶ MSG p.74 ②

직설법 + otherwise + 가정법 ▶ 빈칸 앞에는 직설법 현재, 빈칸 뒤에는 가정법 과거 표현이 있으므로 빈칸에는 ② otherwise가 적절하다.

work on call 당직근무를 하다 go fishing 낚시하러 가다

사실 나는 이번 주말에 당직할 예정인데, 그렇지만 않으면 분명 너랑 낚시하러 갈 텐데.

---

10 2022 단국대 ▶▶▶ MSG p.71 ①

가정법 과거완료의 if 생략 ▶ 주절의 동사 형태가 '조동사의 과거형 +have p.p'이므로 가정법 과거완료의 문장이다. 따라서 콤마 앞의 가정법 과거완료의 조건절인 'if+주어+had p.p.'의 형태가 돼야 하는데, 이때 if를 생략하면 조동사 had와 주어가 도치되므로 ①이 정답으로 적절하다. 즉, if the plane had not been diverted에서 if가 생략되면서 the plane과 had가 도치된 형태이다.

plane n. 비행기 divert v. 방향을 바꾸게 하다[전환시키다], 우회시키다

만약 그 비행기가 우회되지 않았더라면, 그들은 일찍 도착했을 것이다.

---

11 2009 가천대 ▶▶▶ MSG p.71 ①

혼합가정법 ▶ 조건절의 형태는 가정법 과거완료이다. 그런데 주절에 now가 있으므로, 과거 사건의 결과가 현재에 미칠 경우에 쓰는 혼합가 정법 문장이 되어야 함을 알 수 있다. 'If + S + had p.p, S´ + would + 동사원형'으로 나타내므로, 정답은 ①이다.

hard ad. 열심히 find difficulty 곤란을 느끼다

네가 영어를 열심히 공부했더라면 지금 어려움을 느끼지 않을 것이다.

---

12 2020 덕성여대 ▶▶▶ MSG p.70 ②

가정법 과거 ▶ If절에 과거 동사가 사용되었으므로 가정법 과거의 문장임을 알 수 있다. 주절에서는 '조동사의 과거형+동사원형'이 사용되어야 하므로, ②가 정답으로 적절하다. 조동사의 과거형 would 다음에 조동사 must 또한 사용될 수 없으므로, have to가 사용되었다.

astronaut n. 우주비행사 Mars n. 화성 given a. 주어진

만약 우주비행사들이 화성에 간다면, 그들은 주어진 시간 내에 돌아와야 할 것이다.

---

13 2013 가천대 ▶▶▶ MSG p.70 ④

가정법 과거완료 ▶ 종속절이 if로 시작하고 주절의 조동사가 could이므로 가정법 문장임을 알 수 있다. if 조건절 안의 부사절인 when you were young이 과거시제이므로 조건절의 동사는 과거사실의 반대를 가정하는 가정법 과거완료가 되어야 한다. 따라서 빈칸은 ④의 had studied가 적합하다. 참고로 이와 같은 문장을 혼합가정법이라고 하는데 과거 사건의 결과가 현재에 영향을 주는 것을 가정하는 것이다.

young a. 어린, 젊은 speak English 영어를 말하다

네가 어렸을 때 영어를 더 열심히 공부했더라면 지금 너는 영어를 더 잘 말할 수 있을 텐데.

---

14 2013 경희대 ▶▶▶ MSG p.70 ②

가정법 과거완료 ▶ 가정법 과거완료는 과거사실의 반대를 가정한다. If 절은 'had + 과거분사', 주절은 'might + have + 과거분사' 형태이므로 ②가 적절하다. 'If 주어 + had + 과거분사'에서 If가 생략되고, 'Had + 주어 + 과거분사'로 도치되었다. not은 주어 뒤에 와도 좋다. ① 의미상 not이 삭제되어야 한다. ③ 'shall have + 과거분사'는 미래완료시제로서 '(미래에) ~했을 것이다'라는 의미로 조건절과 어울리지 않는다. ④ 'ought to have + 과거분사'는 '~했어야 했는데'라는 의미로. 문맥상 어울리지 않는다.

endorse v. 지지하다 campaign n. 선거 운동, 유세 margin n. (득표의) 차

전(前) 대통령이 마지막 선거 유세 기간 동안 그에게 지지를 보내지 않았더라면, 처음 대통령 선거에 나선 그 후보는 근소한 차이로 선거에서 패배했을 지도 모른다.

---

15 2004 아주대 ▶▶▶ MSG p.73 ②

if it were not for ▶ 주절의 동사가 '조동사의 과거 + 동사원형'인 것으로 보아, 현재 사실의 반대를 가정하는 가정법 과거의 문장임을 알 수 있다. 따라서 '~이 아니라면'이라는 의미의 표현으로 ② if it were not for를 써야 한다. ④ if it had not been for는 가정법 과거완료로서 '~이 없었더라면'이라는 뜻이다.

microbe n. 미생물, 세균 defender n. 방어자 immediately ad. 즉시

즉시 달려와서 세균과 맞서 싸우는 작은 방어체가 없다면, 세균은 인체에 침입하자마자 모든 살아있는 물질을 죽일 것이다.

---

16 2004 영남대 ▶▶▶ MSG p.69, p.71 ②

가정법 미래의 도치 구문 ▶ 가정법 미래는 불확실한 미래나 불가능한 일을 표현할 때 쓰이는데, 'If + 주어 + should/would + 원형동사, 주어

+ would[will]/should[shall] + 원형동사'의 형태를 취하며, 이 때 주절에 명령문이 오기도 한다. 또한 if절에서 if를 생략하면 주어와 조동사는 도치된다. 위의 조건을 모두 만족시키는 것은 ②뿐이다.

need v. 필요하다 call v. 전화하다

뭐든 필요하신 게 있으시면, 제게 전화 주십시오.

---

17 2004 동아대 ▶▶▶ MSG p.71 ④

가정법 과거완료의 도치 구문 ▶ 주절의 동사가 'would + have + p.p' 인 것으로 보아 과거 사실에 반대되는 가정을 나타내는 가정법 과거완료 구문임을 알 수 있다. 따라서 if절은 'If + 주어 + had + p.p'가 되어야 하며, 만약 이 때 If를 생략하면 주어와 조동사는 도치된다. 따라서 ④가 정답이 된다.

pass the exam 시험에 합격하다

그가 공부를 좀 더 했더라면 시험에 합격할 수 있었을 것이다.

---

18 2011 강남대 ▶▶▶ MSG p.70 ③

가정법 과거완료 ▶ 가정법 과거완료 문제로서 if절 내의 시제가 과거완료 'had p.p' 구조이므로 주절에는 'would have p.p'가 와야 한다. 또한 I가 회사를 구조 조정하는 주체이므로 능동태 표현이 필요하다. 두 조건을 모두 만족시키는 것은 ③이다.

restructure v. 구조를 조정하다, 개혁하다 hire v. 채용하다 staff n. 직원

내가 최고경영자였다면 회사를 구조 조정하고 더 많은 직원을 채용했을 텐데.

---

19 2004 세종대 ▶▶▶ MSG p.71 ①

가정법 과거의 도치 구문 ▶ 주절의 동사 형태를 통해 가정법 과거 문장임을 알 수 있다. 콤마 앞부분은 조건절이나 전치사구가 되어야 하겠는데, ②와 ④는 명사 상당어구이므로 우선적으로 제외시킬 수 있다. ③은 절의 형태이긴 하나, 콤마 전후의 두 개의 절이 접속사 없이 나열되므로 정답이 될 수 없다. 따라서 정답은 ①이 되며 If large sections of a wheel were에서 If가 생략되면서 도치가 일어난 형태이다.

wheel n. 바퀴 strengthen v. 강화하다 strut n. 버팀목 crossbar n. 가로대

바퀴에서 많은 부분을 잘라낸다면, 그 바퀴는 버팀목이나 가로대를 써서 강화시킬 수 있을 텐데.

---

20 2011 국민대 ▶▶▶ MSG p.71 ①

가정법 과거완료의 도치 구문 ▶ 과거시점 부사 yesterday가 있으므로 과거 사실의 반대를 가정하는 가정법 과거완료 구문이다. 조건절은 접속사

---

if가 생략되고 had + 주어 + p.p의 어순으로 도치된 것이다. 조건절 동사가 had p.p이므로, 주절의 동사는 would have p.p가 되어야 한다. 따라서 ① would buy를 would have bought로 고친다.

fancy a. 최고급의, 일류의 on hand 수중에, (마침) 가지고 있어

수중에 충분한 현금이 있었더라면, 어제 최고급 가구를 샀을 텐데.

---

21 2021 경기대 ▶▶▶ MSG p.70 ①

가정법 과거완료 ▶ 주절의 동사 형태가 '조동사의 과거형+have p.p'이므로 가정법 과거완료 문장임을 알 수 있다. 가정법 과거완료의 조건절은 'if+주어+had p.p'이므로, ①을 had offered로 고쳐야 한다.

slightly ad. 조금 contract n. 계약 term n. (pl.) (계약 등의) 조건 union n. 조합; 노동조합 go on strike 파업하다

만약 그 회사가 조금만 더 나은 계약 조건을 제시했더라면, 대부분의 노조원들은 파업을 하기로 투표하지 않았을 것이다.

---

22 2000 홍익대 ▶▶▶ MSG p.70 ④

가정법 과거완료 ▶ 가정법에서 종속절인 if절의 동사가 'had + p.p'의 형태이므로 가정법 과거완료의 문장임을 알 수 있다. 따라서 주절은 '조동사의 과거형 + have + p.p'의 형태가 되어야 한다. ④를 would have been으로 고친다.

the Revolutionary War 미국독립전쟁

만약 영국이 미국 독립전쟁에서 승리했더라면, 영어를 말하는 국가들의 전체 역사가 달라졌을 것이다.

---

23 2013 성균관대 ▶▶▶ MSG p.70 ②

가정법 과거완료 ▶ 과거에 대한 일을 가정하고 있으므로, 주어진 문장은 가정법 과거완료로 써야 한다. 주절의 동사가 '조동사의 과거형 + have + 과거분사'의 형태로 쓰인 것을 통해 이를 다시 확인 할 수 있다. 가정법 과거완료의 조건절은 'if + had + 과거분사' 형태이므로, ②를 had wanted로 고쳐야 한다.

century n. 100년, 세기 subject n. 주제 paleontology n. 고생물학

19세기 중반에, 당신이 과학적 도전을 하고자 했더라면, 고생물학보다 더 좋은 주제는 고르지 못했을 것이다.

---

24 2008 세종대 ▶▶▶ MSG p.73 ③

as if + 가정법 동사 ▶ 'as if 가정법' 구문이다. as if절의 내용이 현재 사실에 반대되는 가정이므로 ③은 가정법 과거 동사 were가 되어야 한다. ① curator의 경우, 가산명사이나, 관직, 신분 등을 나타내는 명사가

보어로 쓰이는 경우 관사를 생략하므로 부정관사가 붙지 않았다.

curator n. 큐레이터(박물관·미술관 등의 전시 책임자) natural history 자연사

모사(Morsa)의 직업은 큐레이터이다. 뿔과 유리 곤충을 파는 그녀의 디자인 가게가 마치 자연사 박물관이라도 되는 것처럼 말이다.

---

25 2004 경기대 ▶▶▶ MSG p.73 ①

without = if it had not been for ▶ 주어진 문장을 그대로 해석하면 "부모님이 도와주셨다면, 나는 완전히 지쳤을 것이다"라는 뜻이 되어 어색하다. 따라서 ①을 '~이 없었다면'이라는 의미의 Without으로 고쳐주어야 자연스런 문장이 된다. 이때 Without은 But for나 If it had not been for로 바꿔 쓸 수 있다.

crack up 지치다, 녹초가 되다 manage v. (힘든 일을) 간신히 해내다 hang on (역경에도) 계속 버티다

부모님의 도움이 없었다면, 나는 완전히 지쳤을 것이다. 하지만 나는 겨우겨우 버텨나갔다.

---

26 2005 명지대 ▶▶▶ MSG p.70 ③

가정법 과거완료 ▶ 가정법 과거완료시제의 형식을 묻는 문제이다. if절이 과거완료 had p.p이면, 주절은 would have p.p가 되어야 한다. 따라서 ③을 would로 고친다. ④ much는 비교급을 강조하는 역할을 하는 부사이다.

cook n. 요리사 measure v. 측정하다, 계량하다 ingredient n. (요리의) 재료

만일 요리사가 요리 재료를 계량하는 데 좀 더 신중했더라면, 저녁 식사가 훨씬 더 좋았을 것이다.

---

27 2016 단국대 ▶▶▶ MSG p.71 ①

가정법 과거완료의 if 생략 ▶ as 이하의 과거시제 표현과 주절의 동사 형태 'would have p.p'를 통해 가정법 과거완료의 문장임을 알 수 있다. 가정법 과거완료의 문장에서 조건절의 형태는 'If + 주어 + had p.p'인데, 이때 if를 생략하면 도치가 일어나서 'Had + 주어 + p.p'의 형태가 된다. 따라서 ①은 Had여야 한다. ③ 'with + 목적어 + 분사'는 부대상황, 동시동작, 이유 등을 나타내는 표현인데, 이 표현에서 목적어와 그 이하 요소들과는 주어와 술어의 관계이다. head는 tilt하는 행위의 대상이므로 수동관계이며, 그래서 과거분사 tilted가 사용되었다.

tilt v. 기울이다; (물건을) 뒤집다 unforgettable a. 잊을 수 없는

만약 그녀가 고개를 기울이고 서 있을 때 당신이 그녀를 만났더라면, 당신은 그녀의 얼굴에서 잊을 수 없는 미소를 보았을 것이다.

---

28 2015 숙명여대 ▶▶▶ MSG p.70 ①

가정법 과거 ▶ 주절에 쓰인 동사 would를 통해 가정법 과거의 문장임을 알 수 있다. 가정법 과거 문장의 조건절에 be동사가 쓰이는 경우, 주어의 수와 상관없이 were를 쓰는 것이 원칙이다. 따라서 ①을 were로 고쳐야 한다.

concerned about ~에 대해 걱정하는 take a step 조치를 취하다

만약 내가 그의 입장이라면, 나는 미래에 대해 걱정을 매우 많이 하고 있을 것이고, 틀림없이 내가 처한 상황을 개선하기 위한 조치를 취하고 있을 것이다.

---

29 2001 인천대 ▶▶▶ MSG p.71 ④

혼합가정법 ▶ 혼합가정법 구문이다. if절의 동사는 과거완료이지만, 주절에는 now가 있으므로 ④는 '조동사 과거형 + 동사원형' 즉 wouldn't be가 되어야 한다. ② the poor는 복수 사람 명사(poor people)이다.

housing problem 주거문제 serious a. 심각한

미국이 2,000년에 가난한 사람들을 위해 더 많은 집을 지었더라면, 일부 지역에서의 주택 문제가 지금 그렇게 심각하지는 않을 텐데.

---

30 2020 광운대 ▶▶▶ MSG p.69, p.131 ①

정비문 ▶ ② if절과 주절에 모두 가정법 현재(if+주어+현재동사~, 주어+will+동사원형)가 맞게 쓰였다. ③ if절과 주절에 모두 가정법 과거(if+주어+과거동사~, 주어+조동사의 과거+동사원형)가 맞게 쓰였다. ④ if ~ not 대신 unless가 쓰인 것으로, if절과 주절에 모두 가정법 현재가 맞게 쓰였다. ⑤ if ~ not 대신 unless가 쓰인 것으로, if절과 주절에 모두 가정법 과거완료(if+주어+had+p.p.~, 주어+조동사의 과거+have+p.p.)가 맞게 쓰였다. 반면 ① unless는 조건을 나타내는 접속사로, 조건을 나타내는 절은 현재시제가 미래시제를 대신하므로, will rain을 rains로 고쳐야 한다.

give someone a hand ~을 도와주다 study abroad 해외 유학가다

① 비가 오지 않는다면, 내가 너에게 갈게.
② 만일 시험에 합격하지 않는다면, 당신은 무엇을 할 것인가?
③ 만약 내가 너무 기진맥진하지 않는다면, 내가 너를 도와줄 텐데.
④ 50,000달러를 조달할 수 없으면, 그 클럽은 문을 닫아야 한다.
⑤ 그녀의 부모가 강력하게 요구하지 않았더라면, 그녀는 해외 유학을 가지 않았을 텐데.

06 부정사

01 ③	02 ①	03 ③	04 ④	05 ③	06 ③	07 ①	08 ③	09 ②	10 ②
11 ④	12 ④	13 ③	14 ③	15 ①	16 ③	17 ④	18 ④	19 ②	20 ③
21 ④	22 ②	23 ④	24 ④	25 ④	26 ④	27 ①	28 ②	29 ②	30 ④

01 2004 계명대 ▶▶▶ MSG p.59, p.96 ③

사역동사 make의 수동태 ▶ make는 사역동사이다. 사역동사나 지각동사가 쓰인 5형식 문장은 원형부정사를 목적보어로 취하는데, 이 문장을 수동태로 바꾸는 경우에는 원형부정사가 아닌 to부정사를 써야 한다. 따라서 ③이 정답이다.

for hours 몇 시간 동안

그녀는 몇 시간 동안 기다려야 했다.

02 2013 동덕여대 ▶▶▶ MSG p.47, p.95 ①

have yet to 부정사 ▶ 인권단체가 실망한다는 말로 미루어보아 성차별 문제가 아직 완전히 해결되지는 않았음을 알 수 있다. 'have yet to 부정사'가 '아직 ~하지 못했다'는 뜻이므로 ①이 정답으로 적절하다. ②와 ③은 문장에 부정적 의미를 더할 수 없다. ④의 경우 has와 to 사이에 올 수 없으며 설사 never가 has 앞에 온다 해도 '전혀 ~할 필요가 없다'는 뜻이므로 적절하지 않다.

dismay v. 크게 실망시키다 gender n. 성; 성별 discrimination n. 차별 resolve v. 해결하다

여성인권단체들은 직장에서의 성차별 문제가 아직도 완전히 해결 되지 않았다는 사실에 실망한다.

03 2001 강남대 ▶▶▶ MSG p.85 ③

It(가주어) is + 형용사 + to부정사(진주어) ▶ easy, difficult, impossible, hard 등의 형용사는 원칙적으로 사람을 주어로 하여 쓸 수 없다. 따라서 가주어 it을 사용하여, 'It(가주어) is + 형용사 + to부정사(진주어)'의 형태로 쓴다. 빈칸에는 동사원형이 적절하다.

see v. 보다; 알다 strong a. 강한 member n. 회원

모든 회원들 중에서 그녀가 가장 강하다는 사실을 쉽게 알 수 있었다.

04 2001 강남대 ▶▶▶ MSG p.95 ④

too ~ to부정사 ▶ too ~ to … 는 '대단히 ~해서 …할 수 없다'의 뜻이다. 빈칸에는 to가 들어가는 것이 적절하다.

carry v. 운반하다 box n. 상자

그녀의 아버지는 너무 연로하셔서 그 큰 상자를 운반하실 수 없다.

05 2004 삼육대 ▶▶▶ MSG p.86 ③

부정사의 형용사적 용법 ▶ ②가 빈칸에 들어가려면 문장에 동사가 2개가 되므로 접속사가 필요하다. '서수 + 명사'는 일반적으로 부정사로 수식하므로, ③이 정답이다.

tooth n. 이빨, 치아 incisor n. 앞니

처음으로 나오는 아기의 이빨은 대개 아래쪽 앞니들이다.

06 2018 단국대 ▶▶▶ MSG p.92 ③

부정사의 시제와 태 ▶ 그가 지난 올림픽에서 선수단으로 선발된 것이 그가 유명하다는 것을 말하고 있는 시점보다 먼저 있었던 일이므로, 완료 부정사를 써야 하며, 그는 선발하는 주체가 아닌 대상이므로 부정사의 태는 수동형으로 나타나야 한다. 따라서 ③이 정답이다.

fame n. 명성, 평판 squad n. (스포츠에서) 선수단

그가 유명하다고 할 만한 가장 큰 자격은 지난 올림픽에서 선수단으로 선발되었던 것이다.

07 2021 단국대 ▶▶▶ MSG p.95 ①

형용사 + enough + to부정사 ▶ enough는 형용사를 뒤에서 수식하므로 big enough의 형태가 되어야 한다. 한편, 주어진 두 문장은 동일한 의미가 되어야 하므로, 첫 번째 문장은 "그는 그 정장을 입을 만큼 충분히 크지 않다"라는 의미가 되어야 한다. 따라서 not이 big의 앞에 위치한 ①이 정답이 된다. ② "그는 그 옷을 입지 않을 만큼 충분히 크다"라는 의미가 되어 두 번째 문장과 의미가 맞지 않는다.

wear v. 입다 suit n. 정장

그는 그 정장을 입을 만큼 충분히 크지 않다. 그 정장은 그가 입기에는 너무 크다.

08 **2022 서강대** ▶▶▶ MSG p.85 ③

to부정사의 명사적 용법 ▶ 주어가 '~가 하는 일'의 뜻으로 The job of ~로 나왔으므로 주격보어로는 그 행위를 나타내는 명사적 용법의 'to부정사'가 적절하다.

white blood cell 백혈구 invade v. 침입하다 organism n. 유기체

백혈구 세포가 하는 일은 침입하는 유기체로부터 우리의 몸을 보호하는 것이다.

09 **2021 덕성여대** ▶▶▶ MSG p.92 ②

완료부정사 ▶ claim은 목적어로 to 부정사를 취하며, 그녀가 주장한 시점보다 더 이전인 전날 밤에 살인 용의자를 목격한 것이므로, 빈칸에는 완료부정사가 필요하다. 따라서 ②가 정답이다.

witness v. 목격하다 murder n. 살인 suspect n. 용의자

그녀는 그 전날 밤에 살인 용의자를 목격했다고 주장했다.

10 **2016 가천대** ▶▶▶ MSG p.92 ②

부정사의 태 ▶ need는 to부정사를 목적어로 취할 수 있으며, 조치 (steps)는 취해지는 행위의 대상이므로 부정사의 수동태인 ② to be taken이 빈칸에 적절하다. 참고로 need 뒤에 동명사가 올 수 있지만, 그 자체가 수동의 의미를 나타내므로, 수동형 동명사인 ④는 적절하지 않다.

bill n. 청구서; 청구 금액 outrageously ad. 터무니없이 afford v. ~할 여유[형편]가 있다

미국의 의료비가 1960년대 초 이후로 엄청나게 상승해왔는데, 이런 추세를 역전시킬 조치가 취해지지 않는다면, 일반적인 미국인들은 의료 혜택을 감당할 수 없을 것이다.

11 **2013 인천대** ▶▶▶ MSG p.89 ④

to 부정사의 부사적 용법 ▶ 빈칸 앞에 주어와 동사로 완전한 절이 이루어져 있으므로 빈칸에는 수식어구나 종속절이 와야 한다. 목적을 나타내는 부사적 용법의 to 부정사인 ④가 적절하다. ① 접속사 없이 두 개의 절이 올 수 없다. ③ have been advanced가 수동태의 형태이므로 뒤에 목적어가 올 수 없다.

advance v. (의견 등을) 내놓다 origin n. 기원 alphabetic a. 알파벳의

수세기에 걸쳐서, 알파벳 문자의 기원을 설명하기 위해 다양한 이론이 제시되어왔다.

12 **2002 한성대** ▶▶▶ MSG p.21, p.89 ④

'stop + 동명사'와 'stop + to부정사'의 차이 ▶ 'stop + 동명사'는 '~하는 것을 멈추다'이고 'stop + to부정사'는 '~하기 위해 멈추다'의 의미이다. 문맥상 ④를 to buy로 고쳐야 한다. ②는 동사 plan이 to부정사를 취하므로 옳은 표현이고, ③은 공손한 표현이다.

post office 우체국 stamp n. 우표

네가 오늘 우체국 근처에 갈 계획이라면 잠시 들러 우표 좀 사다줄 수 있니?

13 **2022 서울여대** ▶▶▶ MSG p.92 ③

완료부정사 ▶ 밸런타인데이에 카드를 주고받는 것이 18세기에 유럽과 미국에서 시작됐다고 했으므로 이는 술어동사보다 이전 시점의 행위를 나타낸다. 술어동사보다 한 시제 앞선 일을 나타낼 때는 완료부정사를 써야 하므로, ③은 have begun이 되어야 한다.

custom n. 관습, 풍습 trade v. 주고받다, 교환하다

밸런타인데이에 카드를 주고받는 풍습은 18세기 유럽과 미국에서 시작된 것처럼 보인다.

14 **2005 중앙대** ▶▶▶ MSG p.59, p.91 ③

entitle + 목적어 + to부정사 ▶ 타동사 entitle은 '~에게 명칭[이름]을 붙이다; ~을 칭하다'일 때는 '목적어 + 목적보어' 형식을 취하며, '~에게 권리[자격]을 주다'일 때는 '목적어 + 전치사 + 명사' 또는 '목적어 + to부정사' 형식을 취한다. 여기서는 후자(後者)의 의미로 쓰인 수동 표현이다. 따라서 ③을 have로 고쳐야 한다.

remind v. 상기시키다 solicitor n. 간청자; 사무변호사

면회를 시작할 때, 나는 반즈(Barnes)에게 변호사를 배석시킬 권리가 있음을 상기시켰다.

15 **2009 대구가톨릭대** ▶▶▶ MSG p.31 ①

permit + 목적어 + to부정사 ▶ 동사 permit는 '~에게 (어떤 행위 등을 하는 것을) 허락하다'라는 의미로 그 다음에 '목적어 + to부정사'가 이어진다. 따라서 ① drawing up을 to draw up으로 고친다.

letter of credit 신용장 stated a. 정해진, 명시된

신용장은 개인이나 기업이 명시된 금액을 저 은행으로부터 인출할 수 있도록 해준다.

understanding은 명사로 쓰인 것이다.

intercultural a. 이종 문화 간의 urge v. 재촉하다, 촉구하다 cut back on ~을 축소하다

자신의 책에서, 그는 언어를 문화 상호간의 이해에 있어서 핵심적인 것으로 여기며, 우리에게 외국어 프로그램을 결코 축소하지 말 것을 촉구하고 있다.

---

16 2005 중앙대 ▶▶▶ MSG p.46, p.91 ③

be likely to ▶ '(주어가) ~할 가능성이 있다'의 표현은 be likely to 동사원형으로 한다. 따라서 ③ of becoming을 to become으로 고쳐야 한다.

parents n. 부모 alcoholic n. 알코올 중독자

부모가 알코올 중독자인 아이들은 다른 아이들보다 그들 자신이 알코올 중독자가 될 가능성이 높다.

---

21 2022 경기대 ▶▶▶ MSG p.89 ④

to부정사의 부사적 용법 ▶ 적절한 조치가 취해지고 있는 것은 질병을 억제하기 위한 것이므로, ④는 목적을 나타내는 to부정사의 형태로 써야 한다. ④를 to contain으로 고친다.

quell v. 억누르다, 가라앉히다; 진정하다 discontent n. 욕구불만, 불평 assure v. ~에게 (확신시켜) 안심시키다

점차 커지는 불만을 잠재우기 위해, 보건당국 관계자들은 질병을 억제하기 위해 적절한 조치가 취해지고 있다고 국민들을 안심시켰다.

---

17 2007 서경대 ▶▶▶ MSG p.92 ④

완료부정사 ▶ 여겨지는(appear) 시점은 현재이지만, 그가 희극을 쓴 (be written) 시점은 그 이전일 것이다. 따라서 주절 동사 appear의 시제보다 to부정사의 시제가 한 시점 앞서므로 완료부정사가 필요하다. ④를 have been written으로 고친다.

author n. 저자 tragedy n. 비극 comedy n. 희극

셰익스피어(Shakespeare)는 여러 작품의 비극을 썼지만, 희극들의 경우에는 그가 모든 작품을 쓴 것처럼은 보이지 않는다.

---

22 2020 세종대 ▶▶▶ MSG p.92 ②

완료부정사 ▶ 말하고 있는 시제는 현재이지만 아랍 학자들이 상형문자를 이해하고 있는 시점은 그보다 앞서므로 완료부정사를 써야 한다. ②를 to have understood로 고친다.

scholar n. 학자 hieroglyph n. 상형문자, 그림문자

7세기에서 14세기에 이르는 수 세기의 몇몇 아랍 학자들이 상형문자를 이해하고 있었다는 말이 있지만, 이러한 주장은 검증해 볼 수가 없다.

---

18 2008 세종대 ▶▶▶ MSG p.85, p.102 ④

have no choice but + to부정사 ▶ '~하지 않을 수 없다'라는 의미의 관용표현 have no choice but 다음에는 to부정사가 오므로 ④를 but to examine으로 바꾸어야 한다.

silence n. 침묵 topic n. 화제, 주제 examine v. 조사하다

수십 년 동안 그 화제에 대해 교회가 침묵한 후에, 잡지의 편집자는 교회의 과거를 조사하지 않을 수 없다고 말했다.

---

23 2020 경기대 ▶▶▶ MSG p.92 ④

수동 부정사 ▶ important information과 to preserve는 각각 allow 동사의 목적어와 목적보어로 쓰였다. 목적어와 목적보어는 주어와 술어의 관계인데, information은 preserve하는 행위의 주체가 아닌 대상이므로 능동관계가 아닌 수동관계이며, 따라서 수동의 부정사로 써야 한다. ④를 be preserved로 고친다. ③ 이유를 나타내는 접속사로 쓰였다.

pivotal a. 중추적인, 중요한 preserve v. 보존하다

기원전 3,400년경에 일어난 문자의 발명은 중요한 정보가 보존될 수 있게 해주었기 때문에 인류 역사에서 매우 중요한 사건이었다.

---

19 2006 항공대 ▶▶▶ MSG p.86 ②

to + 동사원형 ▶ desire는 to부정사를 동격어구로 취하는 명사이며, to부정사는 'to + 동사원형'의 형태이므로, ②를 동사원형인 concentrate로 고쳐야 한다.

in many respects 많은 점에서 concentrate v. 집중하다, 집중시키다

많은 점에서 그 중심지에 사회적 권력을 집중시키려는 그들의 욕구가 너무 명백하여 그것을 부정하는 것은 어리석을 수밖에 없다.

---

24 2022 한국외대 ▶▶▶ MSG p.90 ④

to 부정사 ▶ 'it is time for 목적어' 다음에는 to 부정사가 오므로 ④는 to arrive가 되어야 한다.

shower v. (많은 것을) 주다 arrive v. 도착하다; (아기가) 태어나다

---

20 2007 중앙대 ▶▶▶ MSG p.33, p.91 ③

urge + 목적어 + to부정사 ▶ 동사 urge는 목적어 다음에 to부정사를 필요로 한다. 따라서 ③은 never to cut back이 되어야 한다. ②의

첫째 아이가 태어날 때 친구들이 당신에게 많은 선물을 주는 것은 흔한 일이지만, 둘째가 태어날 때가 되면 한 장의 카드 이상은 기대하지 마라.

25 2013 경기대 ▶▶▶ MSG p.92 ④

수동 부정사의 용법 ▶ is unlikely to의 주체는 관계대명사 that의 선행사인 a very special period이다. 이것은 '되풀이하다'라는 의미의 타동사 repeat의 대상이 되므로 서로 수동 관계에 있다. 따라서 ④를 부정사의 수동 형태인 to be repeated로 고쳐야 한다. ① when it comes to는 '~에 관한 한'이라는 의미의 관용표현이다. ② 시간, 거리, 가격, 무게에 해당하는 표현이 단일 개념으로 쓰였을 때에는 단수로 취급한다. ③ a very special period를 선행사로 하는 주격 관계대명사이다.

when it comes to ~에 관한 한 expansion n. 팽창, 확장 repeat v. 되풀이하다, 반복하다

경제성장에 관한 한, 1990년대는 미국 역사에서 한 동안 다시 되풀이될 것 같지 않은 매우 특별한 시기였다.

26 2015 경기대 ▶▶▶ MSG p.88 ④

동격의 to부정사 ▶ plan, agreement, decision, attempt, program 등과 같이 그 의미에 '의지'를 내포하고 있는 명사들은 일반적으로 to부정사를 동격으로 취한다. 따라서 ④를 to get으로 고쳐야 한다.

prepare for ~을 대비하다 get ~ out of ~을 벗어나게 하다

미국 정부는 수년 동안 뉴올리언스(New Orleans)에서 허리케인을 대비해 오고 있었으며, 사람들을 도시 밖으로 대피시키는 계획을 이미 정해놓았었다.

27 2006 아주대 ▶▶▶ MSG p.19, p.92 ①

부정사를 목적어로 취하는 agree ▶ agree는 동명사가 아닌 to부정사를 목적어로 취한다. ①을 jointly to explore로 고쳐야 한다. ④의 its는 대명사 none을 받으며, 동사를 has given으로 쓴 것으로 보아 주어를 단수 취급하였음을 알 수 있다.

jointly ad. 공동[연대]적으로 territorial a. 영토의, 토지의

3월에 필리핀, 베트남, 중국은 서로의 분쟁 지역에서 공동으로 석유와 천연가스를 탐사하는 것에 대해 합의했지만, 그 나라들 중 어느 나라도 그 영토에 대한 자국의 소유권을 포기하지는 않았다.

28 2004 경기대 ▶▶▶ MSG p.91 ②

press + 목적어 + to부정사 ▶ press가 '~에게 …을 강요하다, 조르다'라는 의미로 쓰일 때, 'press + 목적어 + to부정사'의 형태로 쓴다. 따라서 ② for dismantling을 to dismantle로 고쳐야 한다.

press v. ~을 압박하다 dismantle v. (제도 등을) 폐지하다 verifiable a. 입증할 수 있는

미국은 대통령 선거의 결과에 관계없이, 북한이 입증 가능한 방법으로 핵 로그램을 폐기하도록 압박하는 강경 노선을 견지할 것이다.

29 2013 경기대 ▶▶▶ MSG p.92 ②

수동 부정사의 용법 ▶ scaffolding은 건설되는 대상이므로 동사 build와 수동 관계에 있다. 따라서 능동 부정사 형태인 ②를 수동 부정사 to be built로 고쳐야 한다. ③ 'keep + 목적어 + 목적보어'의 5형식 구문에서 목적보어로 쓰인 과거분사이다. ④ the Washington Monument를 가리킨다.

massive a. 육중한 scaffolding n. (건축장의) 비계(飛階), 발판 obelisk n. 방첨탑

워싱턴 기념탑을 수리하려면 방첨탑 주위에 거대한 비계(飛階)를 건설해야 할 것이며, 작년에 지진으로 피해를 입은 이후 2014년까지 폐쇄될 수 있다.

30 2001 광운대 ▶▶▶ MSG p.25, p.91 ④

정비문 ▶ ④가 틀린 문장이다. 동사 forbid는 뒤에 '목적어 + to부정사'의 형태가 온다. 따라서 smoke를 to smoke로 해야 한다. ①의 feel, ②의 hear는 지각동사이므로 목적보어로 동사원형 touch와 bark가 쓰였다. ③의 let은 사역동사이므로 목적보어로 동사원형 talk를 썼다. talk without interrupting은 '중단하지 않고 계속 말하다'의 뜻이고 talk without being interrupted는 '남에게 방해받지[저지당하지] 않고 말하다'의 뜻인데 이 문장에서는 전자(前者)가 의미적으로 적절하다.

bark v. 짖다 interrupt v. 중단하다, 방해하다

① 뭔가가 내 발을 건드리는 느낌을 받았다.
② 개가 짖는 소리 들었니?
③ 나는 그녀가 중단하지 않고 계속 말하도록 했다.
④ 그 의사는 내가 흡연하는 것을 허락하지 않았다.

07 동명사

TEST 01

01 ②	02 ④	03 ②	04 ①	05 ②	06 ②	07 ③	08 ②	09 ③	10 ③
11 ④	12 ②	13 ①	14 ③	15 ③	16 ①	17 ①	18 ③	19 ⑤	20 ③
21 ②	22 ④	23 ④	24 ②	25 ②	26 ④	27 ①	28 ④	29 ②	30 ④

01 2015 가천대 ▶▶▶ MSG p.97, p.229 ②

전치사의 목적어 ▶ 전치사 of의 목적어가 필요한데, 빈칸 다음에서 형용사 formal과 과거분사 rehearsed가 and로 연결되어 있으므로, 이를 보어로 취하는 be동사의 동명사 형태 being이 빈칸에 적절하다. 이 때 being의 의미상 주어는 주절의 주어인 the performance이다.

rehearse v. 리허설[예행연습]을 하다 spontaneous a. 저절로 일어나는, 자연스러운

그 공연은 격을 갖추어 잘 연습된 것이 아니라, 꾸밈없고 상충되면서도 서로 존중하는 것이었다.

02 2018 서울여대 ▶▶▶ MSG p.97 ④

동명사의 역할 ▶ 빈칸에는 동사 will be의 주어가 되는 명사적 역할과 all of them을 목적어로 갖는 동사적 역할을 동시에 할 수 있는 것이 들어가야 한다. 동사와 명사의 기능을 동시에 수행하는 것은 동명사이므로, 빈칸에는 ④가 들어가야 한다.

experimentation n. 실험, 실험법 retirement n. 은퇴, 퇴거; 은거하는 곳, 외딴 곳

침팬지를 대상으로 한 의학 실험은 끝났지만, 그들 모두를 외딴 곳으로 옮기는 것은 힘든 작업이 될 것이다.

03 2020 덕성여대 ▶▶▶ MSG p.99 ②

동명사의 시제와 태 ▶ 전치사 of의 목적어가 되어야 하므로 동명사가 와야 하는데, 과거의 능동적 행위를 나타내므로 완료 능동형 동명사가 와야 한다.

be proud of ~을 자랑스러워하다

그는 20대에 월드컵에서 골을 넣었다는 것을 자랑스러워한다.

04 2021 덕성여대 ▶▶▶ MSG p.97 ①

동명사의 역할 ▶ is가 동사, our main focus가 보어이므로 빈칸부터 industry까지는 주어가 되어야 하는데, 빈칸 뒤에 명사 international

quality standards가 있으므로 목적어를 취할 수 있는 동명사가 와야 한다. 따라서 빈칸에는 ① Exceeding이 적절하다.

exceed v. 넘다, 초과하다 quality n. 품질 standard n. 기준 impose v. 부과하다; 강요하다

우리 산업에 부과된 국제 품질 기준을 넘는 것이 우리의 주된 관심사이다.

05 2004 경기대 ▶▶▶ MSG p.102 ②

there is no point (in) ~ing ▶ there is no point (in) ~ing는 '~하는 것은 의미가 없다'라는 뜻의 관용적인 표현이다. in이 생략된 형태의 ②가 정답이 된다.

stand v. 서 있다

여기서 비를 맞으며 서 있는 것은 아무 의미가 없다.

06 2022 한국공학대 ▶▶▶ MSG p.97 ②

동명사 주어 ▶ 빈칸부터 children까지가 that절의 주어인데 주어로 가능한 것은 동명사이며 빈칸 뒤에 목적어 breakfast가 있으므로 능동태여야 한다. 따라서 빈칸에는 ②가 적절하다.

compile v. (자료 등을) 수집하다 school-age a. 학령에 달한

정부 기관이 집계한 자료에 따르면 취학 연령의 아이들에게 아침식사를 제공하는 것이 행동상의 문제들을 줄어들게 했다고 한다.

07 2005 광운대 ▶▶▶ MSG p.24, p.97 ③

remember + 동명사(과거)/to부정사(미래) ▶ 'remember + 동명사'는 과거의 일을 나타내며, 'remember + to부정사'는 미래의 일을 나타낸다. 동사 forget도 같은 형식으로 사용된다. 주어진 문장에서, but 이하가 과거의 사실을 나타내므로, 동명사 형태인 ③이 적절하다.

pay v. 지불하다 exact a. 정확한 amout n. 양

나는 그 일에 대한 돈을 받은 것은 기억하지만 정확한 액수는 잊어버렸다.

08 **2004 경기대** ▶▶▶ MSG p.98 　　　　　　②

동명사의 의미상 주어 ▶ 앞에 전치사 of가 있으므로 동명사가 와야 하며, 동명사의 의미상 주어는 소유격으로 쓴다. 따라서 정답은 ②이다.

approve v. 승인하다; 허가하다 elope v. (남녀가) 눈이 맞아 도망가다

엘리자베스 브라우닝(Elizabeth Browning)의 아버지는 그녀가 로버트 브라우닝(Robert Browning)과 결혼하는 것을 허락하지 않았다. 그래서 그 두 사람은 눈이 맞아 이탈리아로 도망쳤다.

---

09 **2021 단국대** ▶▶▶ MSG p.79, p.100 　　　　　③

be used to ~ing ▶ '처음에는 일찍 일어나는 것이 힘들었지만 지금은 익숙해졌다'라는 맥락의 문장이 되는 것이 자연스럽다. '~에 익숙하다'는 'be used to ~ing'로 표현하므로, ③이 정답으로 적절하다.

get a job 일자리를 얻다 get up late 늦게 일어나다

이 일을 얻기 전에 나는 늦게 일어나곤 했다. 이제는 아침 8시에 출근해야 한다. 힘들었지만, 지금은 일찍 일어나는 것에 익숙하다.

---

10 **2014 단국대** ▶▶▶ MSG p.99 　　　　　　③

동명사의 수동 완료형 ▶ 전치사 from이 앞에 있어서 빈칸에는 명사나 동명사가 와야 하므로 우선 ①, ②, ③이 빈칸에 올 수 있다. 그녀가 벽장에 갇히는 대상이므로 수동태가 되어야 하고, 벽장에 갇혀 있었던 것이 악몽에 시달리는 것보다 먼저 발생한 일이므로 완료 형태가 되어야 한다. 따라서 ③의 having been locked up이 적절하다.

nightmare n. 악몽 cupboard n. 찬장, 벽장 lock up ~에 가두다

그녀는 작고 컴컴한 벽장에 몇 시간 동안 갇혔던 악몽에 아직도 시달리고 있다.

---

11 **2008 가천대** ▶▶▶ MSG p.34, p.101 　　　　④

look forward to + (동)명사 & 지각동사의 목적보어 ▶ look forward to 뒤에는 (동)명사가 와야 하므로, ①과 ③은 답이 될 수 없다. 그런데, watch는 5형식 문형으로 쓸 수 있는 지각동사로, 목적보어 자리에는 동사원형, 현재분사, 과거분사만이 올 수 있고 to부정사는 올 수 없다. 두 조건을 모두 만족하는 것은 ④이다.

certainly ad. 정말, 확실히 play v. 경기[시합]를 하다

나는 정말 그 챔피언이 경기하는 것을 보기를 기대하고 있다.

---

12 **2022 수원대** ▶▶▶ MSG p.25, p.97 　　　　②

keep+목적어+from+~ing ▶ keep 동사가 '(어떤 일·행동이 일어나지 못하게) 방해하다, 막다, 억제하다'는 의미로 사용될 때, 목적어 다음은 'from+~ing'의 형태를 취한다. 따라서 ②를 from leaving으로 바꾸어야 한다.

stormy a. 폭풍우가 몰아치는 leave v. (장소에서) 떠나다, 출발하다 rescue n. 구출 go to one's rescue ~을 구하기 위해 가다

폭풍우가 몰아치는 날씨 때문에 그들은 그를 구출하러 베이스캠프를 나설 수가 없었다.

---

13 **2019 세종대** ▶▶▶ MSG p.100 　　　　　①

동명사 ▶ 'close to ~'는 '(시간·공간·정도가) ~에 가까운', '~에 접근한'이라는 의미인데, 여기서 to는 전치사이므로 뒤에 동사가 오는 경우에는 동명사가 와야 한다. ①을 getting으로 고친다. ④ '따뜻하게 하다'라는 의미의 동사로 쓰였다.

get the job done 본분을 다하다 reduce v. (양을) 줄이다 emission n. 배출

우리는 지구를 온난하게 하는 온실가스 배출량을 줄임에 있어 우리의 본분을 다하지 못하고 있다.

---

14 **2002 경기대** ▶▶▶ MSG p.98 　　　　　　③

동명사의 의미상 주어 ▶ object to에서 to는 전치사이므로 그 뒤에 playing이 온 것은 옳다. 그런데 동명사의 의미상 주어는 사람의 경우 소유격으로 써야 하므로 me를 쓴 것은 옳지 않다. 그러므로 ③ me playing을 my playing으로 고쳐야 한다.

object to ~에 반대하다 play the piano 피아노을 연주하다

엄마가 내가 파티에서 피아노를 연주하는 것에 반대하는 이유를 모르겠다.

---

15 **2004 광운대** ▶▶▶ MSG p.103 　　　　　　③

have struggle (in) ~ing ▶ '~하는 데 곤란을 겪다'라는 의미는 have struggle (in) ~ing의 형태로 표현한다. 따라서 ③ to find를 finding으로 고쳐야 한다. ④는 anything을 후치수식하는 형용사이다.

struggle n. 힘든 일 anti-religious a. 반종교적인

나는 학교 도서관에서 반(反) 종교적인 것들을 찾으려고 고군분투했던 것을 기억한다.

16 **2012 홍익대** ▶▶▶ MSG p.103 　　　①

far from + 동명사 ▶ ① be는 전치사 from의 목적어로 쓰였는데, 전치사의 목적어는 동사원형이 아닌 동명사이어야 하므로 be를 being으로 고쳐야 옳은 문장이 된다. ② of는 뒤에 위치한 추상명사 consequence와 함께 형용사구를 형성한다.

far from ~하기는커녕 play a role 역할을 하다 edifice n. (사상의) 체계

전혀 중요하지 않기는커녕, 이런 혼란스러움은 그의 이론 체계에서 건설적인 역할을 한다.

---

17 **2007 광운대** ▶▶▶ MSG p.100 　　　①

be accustomed to + (동)명사 ▶ be accustomed to 다음에는 명사나 동명사가 온다. 따라서 ①을 accustomed to having으로 고친다. ③에 쓰인 동사원형은 'have + 사람 + 동사원형'의 구문에 속한 표현이다.

be accustomed to ~하는 데에 익숙하다 interfere with ~에 간섭하다, 방해하다, 지장을 주다

한국의 아이들은 부모가 자신들의 결혼 계획에 간섭하도록 하는 것에 익숙해져 있다.

---

18 **2013 홍익대** ▶▶▶ MSG p.97, p.229 　　　③

수동 동명사 ▶ energize는 '활기를 북돋우다'라는 의미의 타동사인데, 뒤에 목적어가 없고 대신 수동태 문장에서 행위자를 나타내는 by 표현이 이어져 있으므로, ③은 수동 동명사 형태로 고쳐 being energized가 되어야 한다.

overwhelmed a. 압도된 setback n. 방해, 좌절 energize v. 활기를 북돋우다

그들은 자신 앞에 놓여 있는 가능성들을 보고 활기를 얻는 대신에 작은 좌절을 겪을 때마다 기가 꺾였다.

---

19 **2021 숙명여대** ▶▶▶ MSG p.103 　　　⑤

동명사를 수반하는 관용표현 ▶ '~하느라고 바쁘다'의 의미는 'be busy (in) ~ing의 형태로 나타내므로, ⑤는 preparing이 되어야 한다.

go to the movies 영화 보러 가다 trip n. 여행

신시아(Cynthia)는 어젯밤에 부산여행을 준비하느라 바빴기 때문에 영화를 보러 갈 충분한 시간이 없었다.

---

20 **2015 경기대** ▶▶▶ MSG p.92 　　　③

수동의 동명사 ▶ ③에서 전치사 after 뒤에 목적어로 과거분사가 온 것은 잘못이다. 전치사의 목적어가 될 수 있는 것은 명사 혹은 동명사이므로, after 뒤에 동명사 being을 써서 수동의 동명사구를 만들어주면 옳은 문장이 될 수 있다. ③을 after being punished로 고친다.

recidivist n. 상습범 punish v. 처벌하다 incurable a. 고칠 수 없는; 구제하기 어려운 criminal n. 범죄자

상습범은 심지어 처벌을 받은 후에도 범죄를 저지르는 생활로 계속 되돌아가는 사람, 다시 말해, 구제불능의 범죄자를 말한다.

---

21 **2006 대구가톨릭대** ▶▶▶ MSG p.97, p.227 　　　②

전치사 + 동명사 ▶ besides는 그 자체로서 전치사로 쓰인다. 전치사 다음에는 to부정사가 아니라 동명사가 오므로 ②를 being으로 고쳐야 한다.

outstanding a. 뛰어난 trophy n. 우승컵 winner n. 우승자

그는 뛰어난 학생인데다가, 학생회의 리더이자 학교 운동 경기의 우승자이기도 하다.

---

22 **2002 경기대** ▶▶▶ MSG p.97 　　　④

전치사 + 동명사 ▶ 전치사의 목적어로는 동명사를 쓴다. 따라서 전치사 without 뒤의 ④는 being seen이어야 한다.

thief n. 도둑 undoubtedly ad. 틀림없이 silver n. 은(銀)

그 도둑은 틀림없이 스미스(Smith)씨가 외출하기를 기다렸다가, 뒤의 창문으로 들어가서는 전혀 들키지 않고 은(銀)을 가져갔다.

---

23 **2012 서울여대** ▶▶▶ MSG p.103 　　　④

have difficulty (in) ~ing ▶ 관용 표현 have difficulty (in) ~ing는 '~하는 데 어려움을 겪다'의 뜻이며 전치사 in은 종종 생략되기도 한다. ④를 (in) making으로 고쳐야 옳은 문장이 된다. 한편, '주격 관계대명사 + be동사'는 생략이 가능하므로 barely 앞에 who was가 생략되었다.

barely ad. 간신히, 겨우 film-maker n. 영화 제작자 critic n. 비평가

이제 겨우 서른두 살인 영화감독은 영화 제작자와 비평가 모두에게 매력적인 작품을 만드는 데 겪는 어려움을 스태프들에게 표현하였다.

24 2020 경기대 ▶▶▶ MSG p.100   ②

전치사 to + ~ ing ▶ 'admit to'는 '인정하다', '고백하다'라는 의미인데, 이 표현에 쓰인 to는 전치사이므로 그 뒤에 동사가 오는 경우에는 동명사를 써야 한다. ②를 to violating으로 고친다. ③ 전치사 by의 목적어로 동명사 allowing이 온 것이다. ④ allow의 목적보어로는 to부정사를 쓴다.

violate v. (법률을) 어기다, 위반하다 by-law n. (지방 자치제의) 조례; (어떤 단체의) 내규 relative n. 친척, 인척 finance committee 금융위원회

어제 월례 회의에서, 대통령은 친인척이 금융위원회 위원으로 활동하도록 허용함으로써 협회의 내규를 위반했음을 시인했다.

25 2004 가톨릭대 ▶▶▶ MSG p.104   ②

spend + 돈[시간, 에너지] + (in) ~ing ▶ '~하는 데 돈[시간, 에너지]을 소비하다'라는 의미의 표현은 'spend + 돈[시간, 에너지] + (in) ~ing'이다. 따라서 ②의 to watch를 watching으로 고쳐야 한다. ③ 또한 ②와 함께 'spend + 목적어 + (in) ~ing' 구문에 이어지고 있는 표현이다. 문장 전체를 분석해보면 동사 spend에 watching, reading, talking 세 개의 동명사가 연결되어 있는 구조이다.

segment n. 단편, 부분 on a regular basis 규칙적으로

남자들은 지역 뉴스 방송 가운데 스포츠 부분을 시청하고, 신문의 스포츠 면을 읽으며, 규칙적으로 스포츠에 대해 이야기를 나누는 데 여자들보다 더 많은 시간을 보낸다.

26 2015 가천대 ▶▶▶ MSG p.65, p.101   ④

전치사 to + 동명사 ▶ be committed to는 '~에 헌신[전념]하다'라는 뜻으로 쓰이며, 이때 to는 부정사의 to가 아니라 전치사 to이다. 따라서 전치사 뒤에는 동명사 또는 명사가 목적어로 와야 하므로 ④는 supporting이 되어야 한다.

with the help of ~의 도움으로 family-planning n. 가족계획

현대 대중 전달 매체(매스컴)의 도움으로, 개발도상국의 점점 많은 정부들이 가족계획 프로그램을 지원하는 데 전념하고 있다.

27 2021 경기대   ①

전치사 + 동명사 ▶ 전치사 뒤에 동사가 오는 경우에 그 동사의 형태는 동명사여야 한다. 따라서 ①을 disembarking으로 고쳐야 한다.

disembark v. (비행기에서) 내리다 submit v. 제출하다 various a. 다양한 cough v. 기침하다 runny nose 콧물

비행기에서 내린 후 그 여행객은 비행 중에 기침과 콧물을 포함한 다양한 병의 징후를 보였기 때문에 건강검진을 받으라는 요청을 받았다.

28 2017 단국대 ▶▶▶ MSG p.97   ④

명사와 동명사의 용법 구별 ▶ ④에서, 전치사 in 뒤에 쓰인 determination은 '결정'이라는 의미의 명사이므로 그 뒤에 위치한 standard of living을 목적어로 취할 수 없다. 전치사의 목적어로 쓰이면서 그 자체가 목적어를 가질 수 있는 것은 동명사이므로, ④를 in determining으로 고쳐야 옳은 문장이 된다. ① 분사구문의 생략된 주어는 주절의 주어인 Milanovic이며, 이것이 examine하는 행위의 주체이므로 능동관계를 나타내는 현재분사를 쓴 것이다.

nationality n. 국적 prosperity n. 번영 dominant a. 지배적인 factor n. 요인, 요소

세계화 시대에서 국적과 번영 간에 상관관계가 있는지를 검토해서, 밀라노비치(Milanovic)는 인간의 거주지와 문화가 생활수준을 결정하는 데 있어 지배적인 요소가 되었다는 결론을 내렸다.

29 2022 덕성여대 ▶▶▶ MSG p.200   ②

be used to ~ing ▶ are used 다음에 to acquire가 올 경우, Z세대 사람들이 정보를 얻기 위해 '이용된다'는 의미가 되어 어색하다. 문맥상 Z세대 사람들이 스마트폰을 통해 정보를 얻는 데 '익숙하다'는 의미가 되어야 하므로 be used to ~ing(~하는 데 익숙하다)가 되도록 ②를 to acquiring으로 고쳐야 한다.

generation n. 세대 ever-growing a. 계속 증가하는

사람들, 특히 Z세대 사람들은 스마트폰을 통해 정보를 얻는 것에 익숙해서, 인터넷이 급속히 발전하고 이용자들이 계속 증가하는 것과 아울러 동영상 공유와 창의성이 상당히 증가하는 결과를 낳는다.

30 2003 숙명여대 ▶▶▶ MSG p.20, p.98   ④

정비문 ▶ enjoy는 목적어로 to부정사가 아니라 동명사를 취하는 동사이다. 따라서 ④에서 enjoyed to read를 enjoyed reading으로 고쳐야 한다. ①은 be used to 뒤에 수동형 동명사가 온 것이고, ②는 'have + 사물 + p.p'의 구문이며, ⑤는 부대상황의 분사구문이다.

treat v. 취급하다, 대우하다 science fiction 공상과학소설 bandage v. 붕대를 감다

① 나는 이렇게 취급받는 것에 익숙하지 않다.
② 나는 시계를 도둑맞았다.
③ 너라면 나에게 도움을 주었을 텐데.
④ 나는 공상 과학 소설을 즐겨 읽었다.
⑤ 나는 한쪽 눈에 안대를 한 채로 제대로 글을 쓸 수 없었다.

01 ②	02 ①	03 ③	04 ③	05 ①	06 ①	07 ④	08 ③	09 ①	10 ③
11 ②	12 ②	13 ③	14 ①	15 ②	16 ②	17 ④	18 ①	19 ①	20 ②
21 ③	22 ③	23 ③	24 ①	25 ④	26 ④	27 ②	28 ①	29 ③	30 ②

01　2007 강남대　▶▶▶ MSG p.105　②

현재분사와 과거분사의 구분 ▶ and 앞의 harder와 병치를 이뤄 빈칸에는 형용사가 들어가야 한다. 형용사와 같은 역할을 할 수 있는 분사가 답이 될 수 있는데, 목적어인 life는 '재미있는, 흥미로운' 것이므로 현재분사인 ②가 답이 된다.

simple a. 단순한 hard a. 힘든, 어려운

책은 삶을 더 편하거나 더 단순하게 만들어주지 않고 더 힘들고 더 흥미롭게 해준다.

02　2021 한국산업기술대　▶▶▶ MSG p.106　①

분사의 구별 ▶ 근무시간을 자유롭게 선택할 수 있는 선택권을 '받은' 직원들이라는 의미이므로, 수동의 의미를 지닌 과거분사 ① given이 앞의 명사 workers를 꾸며주게 된다. '주격 관계대명사 + be동사' 즉, who were가 생략된 구조이다.

morale n. 사기 flextime n. 근무시간 자유 선택 제도

근무시간 자유 선택권을 받은 직원들 사이에 사기가 많이 올랐다.

03　2020 단국대　▶▶▶ MSG p.105　③

과거분사 ▶ 여성의 역할이 부모로서의 지위에 '묶여있는' 수동 관계가 되므로 빈칸에는 과거분사 ③ bound가 적절하다.

reproduction n. 생식, 번식 bind v. 의무를 지우다, 구속하다

여성의 역할은 남성의 역할보다 항상 부모로서의 지위에 더 긴밀하게 묶여 있었으며, 생식(임신출산)의 개념에 의해 더 많이 제한되어 왔다.

04　2022 가톨릭대　▶▶▶ MSG p.105　③

현재분사 ▶ 문장의 정동사는 is이므로 빈칸에는 앞의 명사를 수식하는 역할을 할 분사 형태가 적절한데, 온갖 유형의 발작과 증후군이 여러 기제에서 '비롯되는' 것이다. 따라서 현재분사 ③ originating이 정답으로 적절하다.

epilepsy n. 간질 entity n. 실체 assortment n. 모음 seizure n. (병의) 발작 synchronous a. 동시 발생하는 discharge n. 방출, 배출 cerebral neuron 대뇌의 뉴런

간질은 단일한 실체가 아니라 대뇌 뉴런이 갑작스럽고, 과도하며, 동시적으로 배출되는 것을 공통점으로 갖고 있는 여러 기제에서 비롯된 서로 다른 온갖 유형의 발작과 증후군이다.

05　2022 단국대　▶▶▶ MSG p.111　①

분사구문 ▶ 콤마 이하에 주절이 완성돼 있으므로 그 앞에는 부사절이나 분사구문, 부사구 등이 올 수 있다. 따라서 분사구문 Being annoyed에서 Being을 생략한 형태인 ①이 정답으로 적절하다. 이때 주어진 문장의 분사구문은 As she was annoyed by the boy's behavior라는 부사절을 분사구문으로 바꾼 것이다.

annoy v. 약 오르게[화나게] 하다 head teacher 교장

그 남학생의 행동에 화가 난 그녀는 교장 선생님께 불평했다.

06　2008 계명대　▶▶▶ MSG p.113　①

분사구문의 부정 ▶ 빈칸부터 what to do까지는 As he didn't know what to do라는 절을 분사구문으로 전환한 형태이다. 정답은 ①의 Not knowing이 된다. ②는 문법 구조상으로는 맞지만, '무엇을 해야할지 모르기 위해서'라는 어색한 의미가 되어 정답으로 부적절하다. ③은 분사를 부정할 때 not, never는 분사 앞에 위치하므로 어색하고, ④의 no는 명사 앞에서 동명사를 부정한다. 분사를 부정할 때는 not을 써야 한다.

just ad. 그냥 wait v. 기다리다

무엇을 해야 할지 몰라서 그는 그냥 아버지가 도착하실 때까지 그냥 기다렸다.

07　2018 한국산업기술대　▶▶▶ MSG p.111　④

분사구문 ▶ 빈칸 앞에 완전한 절이 주어져 있으므로 빈칸 이하는 분사구문이 되어야 하는데, 빈칸 뒤에 목적어 waste and pollution이 있으므로 능동의 분사구문이 적절하다. 따라서 현재분사 reducing이 정답이며, 이것은 and reduce waste and pollution을 분사구문으로 만든

것으로 파악할 수 있다.

efficiently ad. 효율적으로 waste n. 쓰레기, 폐기물 pollution n. 오염(물질)

최근에, 새 건물들이 더욱 환경 친화적이 되는 경향이 일반화되어 왔다. 이러한 건물들은 에너지와 물을 효율적으로 사용하여 쓰레기와 오염을 줄인다.

---

08 2020 서울여대 ▶▶▶ MSG p.113 ③

접속사+분사구문 ▶ 주어가 The Washington Post editorial이고, 본동사는 worried about이다. 따라서 빈칸부터 and poor까지는 주어와 동사 사이에 삽입된 표현이 되어야 하겠는데, 종속절인 while The Washington Post criticized를 분사구문으로 만든 후에 접속사를 남긴 형태인 ③ while criticizing이 빈칸에 적절하다.

editorial n. 사설 hierarchy n. 계급[계층]; 체계 working class n. 노동자 계급[계층]

오늘자 『워싱턴포스트』 사설은 부유층과 빈곤층으로 계층이 나뉘는 것을 비판하면서도 정치 세력으로서 노동자 계층이 주장하는 바에 대해서는 우려를 나타냈다.

---

09 2021 한국외대 ▶▶▶ MSG p.113 ①

분사구문 ▶ 두 개의 술부를 콤마로 연결할 수 없다. 따라서 접속사 and를 사용하여 'and revealed the pistol'로 표현해야 하고, 여기서 and를 삭제하고 분사구문으로 나타낼 수 있으므로 ① revealing the pistol이 빈칸에 적절하다.

peel v. (옷을) 벗다 blanket n. 담요 lap n. 무릎 reveal v. 드러내다

그녀는 무릎에서 모직 담요를 벗어버리고 권총을 드러냈다.

---

10 2020 세종대 ▶▶▶ MSG p.113 ③

분사구문에서 being 생략 ▶ situate는 '(어떤 장소에) 위치시키다'라는 의미이므로 인도네시아는 situate하는 행위의 주체가 아닌 대상이며 따라서 수동 관계에 있다. 그러므로 수동의 분사구문인 'Being 과거분사'에서 Being이 생략되고 과거분사로 시작된 ③이 정답이다.

tropical a. 열대의; 열대성의

인도네시아는 따뜻한 열대지방에 위치해 있어서 강우량과 일조량이 많다.

---

11 2006 세종대 ▶▶▶ MSG p.105 ②

분사의 한정용법 ▶ 우선 'sheep; 양(羊)'은 단수와 복수의 형태가 같은 명사이므로 ①과 ③은 정답에서 제외된다. 목적어인 '일단의 농장 노동자들'은 동작의 주체이므로 목적보어는 현재분사로 쓰여야 한다. 또 struggle은 주로 자동사로 쓰이므로 ②가 적절하다.

depict v. 그리다 struggle v. 노력[분투]하다; 싸우다

그림에서 그는 일단의 농장의 노동자들이 자신들이 키우는 양들과 씨름하고 있는 광경을 그리고 있다.

---

12 2019 덕성여대 ▶▶▶ MSG p.105 ②

문의 구성 ▶ 문장의 주어는 Human beings and animals이고 동사는 are called이다. 한 문장에 시제를 가진 동사가 2개 있을 수는 없으므로, ②를 주어를 수식하는 분사구로 만들어 문장의 동사가 하나가 되게 해야 한다. ②를 lacking skin color로 고친다.

lack v. ~이 부족하다 albino n. 알비노(색소가 현저히 결핍된 동·식물)

피부색이 없는 인간과 동물은 일반적으로 알비노라고 불린다.

---

13 2021 한국외대 ▶▶▶ MSG p.107 ③

현재분사와 과거분사의 구분 ▶ 감정동사의 분사형태에는 그런 감정을 느끼는 사람을 수식하면 과거분사로, 사람한테 그런 감정을 일으키는 것이라면 현재분사의 형태로 사용한다. 따라서 ③을 satisfying으로 고쳐야 한다.

understandable a. 이해하기[알기] 쉬운 so far 지금까지

그 질문은 이해하기 아주 쉽지만, 지금까지 아무도 그 질문에 대한 만족스러운 답을 찾지 못했다.

---

14 2011 강남대 ▶▶▶ MSG p.105 ①

현재분사 ▶ 한 문장 안에 두 개의 본동사가 오는 것은 불가능하다. 주어진 문장은 travel과 are advised 동사 두 개가 주어져 있는 상태로, 한 개는 명사 앞 또는 뒤에 위치하여 명사를 수식하는 형용사 역할을 하는 분사로 고쳐야 한다. 모든 승객이 여행한다는 의미이므로 ①은 능동관계의 현재분사인 travelling on이 되어야 한다. 이때 on은 장소를 나타내는 전치사이다. passengers는 충고를 받는 대상이므로 수동형인 are advised to가 올바르게 쓰였으며, allow는 타동사로 '~을 고려하다, 계산에 넣다; ~의 여유를 감안하다'의 뜻으로 전치사 for와 함께 쓰이므로 ③과 ④역시 적절한 표현이다.

passenger n. 승객 commercial jet 여객기 board v. 탑승하다

여객기로 여행하는 모든 승객들은 탑승에 대비해 한 시간의 여유를 두라는 충고를 받는다.

---

15 2008 계명대 ▶▶▶ MSG p.107 ②

현재분사와 과거분사의 구분 ▶ tiring은 '지치게 하는'의 의미이고 tired는 '지친, 피곤한'의 의미이다. 주어진 문장에서는 사람이 '지친 상태가 되는' 것이므로 tiring이 아닌 tired를 써야 한다.

poor nutrition 영양실조 airport n. 공항

영양실조로 그는 매우 지쳐서 휠체어를 타지 않고서는 공항을 걸어 나갈 힘도 없었다.

---

16 2019 덕성여대 ▶▶▶ MSG p.113 ②

수동 분사구문 ▶ best 이하는 주절에 이어진 분사구문이며, 이 분사구문의 주어는 주절의 주어인 Freddie Mercury이다. knowing의 목적어가 주어져 있지 않으므로 능동의 분사구문은 적절하지 않으며, 따라서 수동의 분사구문이 되도록 ②를 known으로 고쳐야 한다.

singer-songwriter n. 가수 겸 작곡가 vocalist n. (팝·재즈 밴드의) 보컬리스트 [가수]

프레디 머큐리(Freddie Mercury)는 영국의 가수 겸 작곡가이자 음반 제작자였으며, 록 밴드의 리드 보컬로 가장 잘 알려져 있었다.

---

17 2022 덕성여대 ▶▶▶ MSG p.105 ④

현재분사 ▶ house prices는 skyrocket하는 행위의 대상이 아닌 주체이므로, 능동을 나타내는 현재분사로 수식해야 한다. ④를 skyrocketing으로 고친다.

crucial a. 결정적인, 중대한 upcoming a. 다가오는 skyrocket v. (물가가) 급등하다

다가오는 이번 선거에서 중요한 몇 가지 문제들에는 생활비 상승, 인플레이션 가능성에 대한 우려, 치솟는 집값이 포함된다.

---

18 2021 수원대 ▶▶▶ MSG p.105 ①

과거분사와 현재분사의 비교 ▶ 의미상 '자질'은 '요구하는' 주체가 아니라 '요구되는' 대상이므로 능동의 의미를 가진 현재분사가 아닌 수동의 의미를 가진 과거분사로 수식해야 한다. 따라서 ①을 required로 고쳐야 한다. 한편, 'require something of somebody(누구에게 무언가를 요구하다)'의 문형을 취하므로 ②는 올바르다.

quality n. (사람의) 자질 vary v. 다르다 figure n. (언급된 유형의) 인물

영웅에게 요구되는 자질은 시대에 따라 다르므로, 특정 시기의 위대한 인물은 또 다른 세대의 사람들을 놀라게 할 것이다.

---

19 2021 동국대 ▶▶▶ MSG p.105 ①

현재분사와 과거분사의 구별 ▶ 문맥상 국가들은 테러리즘의 영향을 받는 대상이므로 수동관계에 있다. 따라서 ①은 수동의 의미를 갖는 과거분사 affected로 고쳐야 한다.

emigration n. (타국으로의) 이주 impact v. (강한) 영향을 주다

테러리즘에 영향 받는 나라들은 교육받은 재능 있는 사람들의 해외유출을 경험하게 되는데, 이것은 이 나라들의 발전에 더욱 큰 영향을 준다.

---

20 2019 세종대 ▶▶▶ MSG p.113 ②

수동 분사구문 ▶ ②의 앞에 완전한 문장이 주어져 있는 상황이므로, 목적어를 동반한 과거시제 동사 followed가 접속사 없이 이어질 수 없으므로 분사구문으로 연결되어야 한다. 가장 바라는 것이 운동선수라 했으므로 교사와 의사가 그 뒤를 따르는 것이다. 따라서 ②를 followed by로 고쳐야 한다. 바로 앞에는 being이 생략돼 있다.

elementary school 초등학교 athlete n. 운동선수

초등학생들이 가장 원하는 직업은 운동선수였고, 교사와 의사가 그 뒤를 이었다. 중학생들은 교사를 가장 많이 되고 싶어 했다.

---

21 2022 서울여대 ▶▶▶ MSG p.105 ③

분사의 용법 ▶ 생략돼 있는 분사구문의 주어는 주절의 주어인 they인데, 이것은 고려하는 행위의 주체이므로 ③은 능동을 나타내는 현재분사가 되어야 한다. 따라서 ③을 considering으로 고쳐야 한다.

sign n. 조짐 economic recovery 경기회복 aggressive a. 공격적인

그들은 보다 공격적인 사업 전략을 채택할 것을 고려하면서도, 늦어도 올 하반기까지는 경기 회복의 조짐이 나타날 것으로 예상했었다.

---

22 2022 홍익대 ▶▶▶ MSG p.105 ③

현재분사 ▶ girl이 춤을 추는 주체이므로 능동을 나타내는 현재분사로 수식해야 한다. ③을 the dancing girl로 고친다.

describe v. 묘사하다 drawing n. 그림, 스케치 description n. 묘사 present v. 제시하다 victim n. 희생자 explosion n. 폭발

그 시는 마티스(Matisse)의 발레리나 그림 중 하나를 묘사하고 있지만, 그녀의 묘사는 그 춤추는 소녀를 폭탄 폭발사건의 희생자로 제시한다.

---

23 2009 단국대 ▶▶▶ MSG p.111 ③

분사구문 ▶ 문장의 정동사는 detached이므로 접속사 없이 ③처럼 또 다른 동사가 와서는 안 된다. 동시동작 혹은 연속동작을 나타내는 분사구문으로 고쳐 쓸 수 있으므로, making으로 쓰면 옳은 문장이 된다. 이때 making 이하는 and it thereby made them less sensitive to living과 같은 의미이다. ④의 living은 전치사 to의 목적어로 쓰인 명사이다.

detach v. 분리하다, 떼어 놓다 thereby ad. 그것에 의해서, 그 때문에

니체(Nietzche)에게 있어, 언어를 사용하는 것은 인간을 세상의 실제 경험과 분리시켜, 인간을 삶에 더 둔감하게 만드는 것이었다.

24 2008 동국대 ▶▶▶ MSG p.107 ③

현재분사와 과거분사의 구분 ▶ stunning의 의미상 주어는 he이고, 그가 놀라게 한 것이 아니라 '놀란 것'이므로 능동의 현재분사가 아니라 수동의 과거분사를 써야 한다. ③을 stunned로 바꾸어야 한다.

impatient a. 못 참는, 조급한 shuffle v. 이리저리 움직이다 pew n. 신도석, 신도들이 앉는 자리 stun v. 깜짝 놀라게 하다 lay leader 평신도 지도자 turn on ~에게 달려들다

47세의 폭스(Fox) 씨는 신도석에서 조급한 움직임이 일어나는 것을 보았지만 정작 교회의 평신도 지도자들이 그에게 달려들었을 때는 정말 깜짝 놀랐다고 말했다.

25 2012 상명대 ▶▶▶ MSG p.108 ④

현재분사와 과거분사의 구분 ▶ 수동의 의미를 지니는 과거분사 overwhelmed로 명사 explosions를 수식할 경우 '압도된 폭발 소리'가 되어 의미가 어색해진다. 따라서 ④ overwhelmed를 능동의 의미를 나타내는 현재분사 overwhelming으로 바꾸면 '압도적인 폭발소리'가 되어 적합한 의미가 된다. 또한 overwhelming은 '압도적인, 굉장한'을 뜻하는 형용사로 쓰인다. ①의 terrify는 목적어를 취하는 타동사로 '겁나게 하다'는 의미인데 '겁이 나다'는 의미가 되려면 수동태가 되어야 하므로 were terrified는 올바르게 쓰인 것이다.

terrify v. 겁나게 하다 restless a. 침착하지 못한, 가만히 있지 않는 rustle n. 바스락바스락하는 소리

날카로운 바람 소리, 계속되는 나뭇잎의 바스락거리는 소리, 천둥의 갑작스럽고 압도적인 폭발소리에 의해 우리는 겁에 질렸다.

26 2018 세종대 ▶▶▶ MSG p.108 ④

분사의 용법 구분 ▶ 현재분사에는 진행과 능동의 의미가 있고 과거분사에는 완료와 수동의 의미가 있다. holidays는 celebrate하는 행위의 주체가 아닌 대상이므로 수동관계에 있으며, 따라서 수동을 나타내는 과거분사로 수식해야 한다. ④를 celebrated로 고친다. ② a bill이 establish하는 행위의 주체이므로 능동관계이며, 따라서 현재분사로 수식했다.

congress n. 의회, 국회 establish v. 확립하다, 창립하다 celebrate v. 경축하다, 기리다

1914년, 미국 의회는 어머니의 날을 국경일로 정하는 법안을 통과시켰다. 그 국경일은 오늘날 사람들이 가장 기리는 휴일 가운데 하나가 되었다.

27 2005 세종대 ▶▶▶ MSG p.105 ②

현재분사와 과거분사의 구분 ▶ '사람들 사이에서 이야기되고 있는 옛 전설'이라는 수동의 의미가 되어야 하므로 ② telling을 수동의 의미를 가진 과거분사 told로 바꾸어야 한다. ②의 뒤에 목적어가 주어져 있지

않은 것을 단서로 해서 풀어도 무방하다. ③은 앞의 동사 lived와 함께 관계사절의 동사로 쓰인 것이다.

save v. (위험·재난 따위에서) ~을 구하다, 구해내다 destruction n. 파괴, 파멸

우리나라 사람들 사이에 이야기되고 있는 옛 전설이 있는데, 그것은 17세기에 살았으며 마을을 파멸에서 구했던 한 남자에 관한 이야기이다.

28 2020 덕성여대 ▶▶▶ MSG p.113 ①

분사구문의 태 ▶ 문장 전체의 주어인 paper는 '발명되는' 대상(객체)이므로 앞서 나온 분사구문은 수동태로 표현되어야 한다. 따라서 ①은 Having been invented가 되어야 한다.

invent v. 발명하다 manufacture v. 제조하다 paper mill 제지공장 found v. 설립하다

106년에 중국에서 발명된 종이는 바그다드에서 제조되었고, 그리고 그 후 최초의 영국 제지 공장이 설립되기 400년 전 스페인에서 제조되었다.

29 2021 세종대 ▶▶▶ MSG p.111 ③

분사구문 ▶ 완전한 절 뒤에 접속사 없이 정동사가 이어질 수 없다. ③을 hugging으로 고치면 ③ 이하가 분사구문을 만들게 되므로 옳은 문장이 될 수 있다.

crescent-shaped a. 초승달 모양의 cluster n. (과실·꽃 따위의) 송이; 떼, 집단 hug v. 끌어안다 cottage n. 오두막 slope n. 경사면, 비탈

잎이 넓은 상록수들이 초승달 모양으로 모여 산중턱을 위아래로 뒤덮고 있고, 산비탈 아래에 하얗게 씻긴 흙벽돌로 지은 마을 오두막집들을 끌어안고 있다.

30 2020 단국대 ▶▶▶ MSG p.105 ②

현재분사와 과거분사의 구별 ▶ 첫 번째 문장에서 Overconsumption ~ problem까지 완전한 절을 이루고 있으므로, ② 이하는 problem을 수식해야 한다. '~에 의해'라는 의미의 'by+명사'가 뒤에 있으므로 ②를 수동태의 과거분사 unmatched로 고쳐야 한다. 이때 ② 앞에 which is가 생략되었다고 볼 수 있다.

overconsumption n. 과소비 unmatched a. 타의 추종을 불허하는 severity n. 심각성 exploitation n. 착취, 개발 exhaust v. 고갈시키다 disfigure v. ~의 가치를 손상하다

유복한 사람들에 의한 과소비는 심각성에 있어서 아마도 인구 증가를 제외하면 그 어떤 것과도 비교되지 않는 환경 문제이다. 이들의 급증하는 자원 착취(개발)는 숲, 토양, 물, 공기, 기후를 고갈시키거나 영구히 손상시킬 우려가 있었다.

01 ④	02 ③	03 ③	04 ③	05 ③	06 ①	07 ①	08 ②	09 ①	10 ①
11 ②	12 ④	13 ③	14 ④	15 ③	16 ①	17 ④	18 ①	19 ②	20 ①
21 ②	22 ③	23 ④	24 ①	25 ②	26 ③	27 ③	28 ④	29 ③	30 ③

01 2022 서울여대 ▶▶▶ MSG p.113   ④

접속사 + 분사구문 ▶ 접속사 while 뒤에는 완전한 절이 오거나 분사구문이 올 수 있는데, 빈칸 뒤에 목적어가 있으므로 능동을 나타내는 현재분사가 적절하다. 따라서 정답은 ④가 되며, 이때 분사구문 앞에 접속사가 위치하는 것은 분사구문의 의미를 보다 명확히 하기 위해 분사구문 앞에 시간, 조건, 양보 등의 접속사를 남겨 놓을 수 있기 때문이다.

federal government 연방정부 have one's hands full 매우 바쁘다

연방정부는 주민들의 행복을 그대로 유지시키면서 환경법을 시행하려고 매우 바쁘게 노력했다.

02 2007 단국대 ▶▶▶ MSG p.105   ③

과거분사 ▶ '주어지는' 돈이므로 과거분사인 given이 와야 하며, 가난한 나라에 주어지는 것이므로 전치사 to가 적절하다.

foreign aid 대외원조 refer to ~에 대해 언급하다, 가리키다

대외 원조는 심각한 경제적 어려움을 겪고 있는 가난한 나라에 주어지는 매우 큰 금액의 돈을 가리킨다.

03 2006 명지대 ▶▶▶ MSG p.116   ③

with 분사구문 ▶ 분사구문은 부사절을 부사구로 고친 표현이다. As the road was blocked by the fallen tree라는 부사절의 문장을 분사를 이용해서 The road being blocked by the fallen tree라는 분사구문으로 전환했다. 분사구문에서 be동사의 분사형인 being은 일반적으로 생략할 수 있으며, 묘사적인 효과를 강조할 때에는 앞에 with를 사용한다.

block v. 차단하다 make a detour 우회하다

나무가 쓰러져 도로가 차단되었기에, 우리는 길을 우회해야만 했다.

04 2003 아주대 ▶▶▶ MSG p.105   ③

분사의 한정용법 ▶ 뒤의 명사를 수식해야 하므로, 이러한 기능을 할 수 있는 분사 ②와 ③으로 정답을 좁힐 수 있다. 수식되는 명사와 동사

control은 수동관계이므로 과거분사를 쓰는 것이 옳다.

turn ~ loose ~을 놓아주다, 해방하다 licensure n. (전문직 등의) 면허교부

그들이 정식 면허를 교부 받아 운전하기 전에는 보다 통제된 조건 하에 운전해야 할 필요가 있다.

05 2008 총신대 ▶▶▶ MSG p.116   ③

부대상황을 나타내는 with 분사구문 ▶ 'with + 명사 + 보어(형용사/분사/부사어구/전치사구 따위)'의 형태는 '부대상황'을 나타내며, '~한 상태로, ~하고, ~한 채, ~하면서'의 뜻이다. with의 목적어 뒤에 분사가 오는 경우엔, with의 목적어와의 관계를 파악해서 현재분사를 쓸지 혹은 과거분사를 쓸지를 판단해야 한다. 주어진 문장에서, my eyes는 사물이므로 수동관계를 나타내는 과거분사 ③ closed가 적절하다.

silently ad. 조용히, 아무 말 없이

나는 눈을 감은 채 조용히 문으로 걸어가고 있었다.

06 2008 단국대 ▶▶▶ MSG p.117   ①

전치사적 분사 given ▶ 전치사적 분사 given의 용례이다. 'given + 명사[that절]'는 '~가 주어지면; ~를 고려하면'의 뜻이다.

life expectancy 평균수명 graying n. 노령화 obsession n. 강박관념

여성은 82.1세, 남성은 76.1세로 평균수명이 세계에서 가장 긴 점을 고려해보면, '일본의 노령화'는 이미 국민적 강박관념이다.

07 2022 한국공학대 ▶▶▶ MSG p.105   ①

현재분사 ▶ 주어가 Anyone이고 동사는 should check이므로, 빈칸에는 Anyone을 수식하는 표현이 적절하다. 현재분사나 who 관계절이 수식할 수 있으므로 빈칸에는 ① waiting이 적절하다. ② waits여야 선행사와 수가 일치한다. ③ 관계절의 동사는 시제를 가진 동사여야 한다. ④ whoever는 anyone who와 같아서 선행사 Anyone을 수식하지 못한다.

post v. 게시하다 delay n. 지연 cancellation n. 취소

열차가 도착하기를 기다리는 사람은 누구든지 지연 및 취소 사항이 게시된 일정표를 확인해야 한다.

08 2022 세종대 ▶▶▶ MSG p.111 ②

수동 분사구문 ▶ 주절의 주어인 a newly unveiled statue of the football star가 타동사 place의 대상이므로 수동 분사구문이 되어야 하며, Goa라는 지역 안에 놓이는 것이므로 전치사는 in이 적절하다.

unveil v. 베일을 벗기다 statue n. 상(像), 조각상 inspire v. 고무하다

축구가 매우 인기 있는 인도의 고아(Goa) 주에 놓인, 새롭게 모습을 드러낸 그 축구 스타의 동상은 젊은이들을 고무시킬 것이다.

09 2004 세종대 ▶▶▶ MSG p.113 ①

접속사+분사구문 ▶ when it is backed with a film of metal이였던 절이 분사구문이 되면서 주어가 생략되었고 is가 being으로 바뀐 후 생략되었다. 접속사 when은 정확한 의미전달을 위해서 생략되지 않았다.

film n. 얇은 껍질[막] luminously ad. 환하게, 밝게, 빛나게 mirror n. 거울

깨끗한 유리판 뒤에 금속 막을 놓으면, 빛이 날 정도로 깨끗한 거울이 된다.

10 2007 계명대 ▶▶▶ MSG p.111 ①

분사구문 ▶ ②와 ④는 접속사가 없으므로, 뒤의 주절과 연결되지 못한다. ①과 ③은 분사구문을 만들게 되는데, 고고학자들이 찾는 것이므로 능동의 개념이다. 따라서 현재분사를 사용한 ①이 올바른 분사구문이다.

artifact n. 공예품, 인공물 dynasty n. 왕조 archaeologist n. 고고학자

중국 초기 왕조의 공예품을 찾아 수많은 고고학자들은 실크로드의 남부지역을 탐색해왔다.

11 2009 단국대 ▶▶▶ MSG p.111 ②

분사구문 ▶ 빈칸에는 주절의 주어와 동사가 들어가야 한다. 분사구문 staying의 의미상 주어가 주절의 주어와 같아서 생략된 것이기 때문에 주절의 주어는 사람이어야 하고, that절이 주절 동사의 목적어로 나와 있으므로 수동태가 아닌 능동태여야 한다. 따라서 ②가 정답이다. ③의 경우, 지시대명사와 정관사가 연속적으로 위치해서 틀린 표현이다.

philanthropist n. 자선가, 박애주의자 talent n. 재능 sculpture n. 조각

1894년 이탈리아의 플로렌스에 머무는 동안, 자선사업가인 위니프레드 홀트(Winifred Holt)는 자신이 조각에 재능이 있다는 사실을 깨닫게 되었다.

12 2008 경희대 ▶▶▶ MSG p.107 ④

현재분사와 과거분사의 구분 ▶ 감정동사에서 비롯된 과거분사가 명사 앞에 한정적으로 쓰이면 수동의 의미를 나타낸다. 그러나 이 감정동사에서 비롯된 과거분사는 무생물이나 감정이 없는 명사 앞에서는 사용할 수 없으므로 ④ amused를 '사람을 즐겁게 하는'이라는 의미의 현재분사 amusing으로 고쳐야 한다.

entertain v. 즐겁게 해주다 crowd n. 군중

그녀는 많은 재미있는 이야기로 군중 모두를 즐겁게 했다.

13 2022 한국외대 ▶▶▶ MSG p.105 ③

현재분사의 용법 ▶ 현재분사에는 능동과 진행의 의미가 있고, 과거분사에는 수동과 완료의 의미가 있다. 특히, 타동사의 현재분사는 목적어를 취할 수 있다. ③의 뒤에 목적어가 주어져 있으므로 ③은 현재분사 involving으로 고쳐야 한다.

artifact n. 인공물, 공예품 complicated a. 복잡한 process n. 과정

화각 공예품을 만드는 것은 많은 시간과 노력을 수반하는 복잡한 과정이다.

14 2018 단국대 ▶▶▶ MSG p.114 ④

독립분사구문 ▶ The sound ~ family members가 완전한 절이므로, some 이하의 절이 앞의 절과 연결되기 위해서는 some 앞에 접속사가 있어야 한다. 주어진 문장에 접속사가 주어져 있지 않으므로, ④를 discovering으로 고쳐 이 점을 해결할 수 있다. 이때, some discovering the worst는 독립분사구문으로, and some discovered the worst에서 and를 없애고 분사구문으로 바꾼 것이다.

ring out 크게 울리다[들리다] frantically ad. 미친 듯이

사람들이 미친 듯이 가족들을 찾았을 때, 울음소리가 크게 들렸으며, 일부는 최악의 상황을 발견하였다.

15 2015 한국외대 ▶▶▶ MSG p.105 ③

수동의 의미를 가진 과거분사 ▶ 동사 make에 대해 the illegal consumption or sale of dog meat이 목적어이고 ③이 목적보어이다. 그런데, the illegal consumption or sale of dog meat은 처벌하는 행위의 주체가 아니라 대상이므로, 수동관계이며 따라서 목적보어로는 과거분사가 와야 한다. ③을 punished로 고친다.

propose v. 제안하다 illegal a. 불법의 consumption n. 소비 fine n. 벌금

제안된 법안에 의하면, 개고기를 불법적으로 소비하거나 판매하는 경우 최고 5,000유로의 벌금형에 처해질 것이다.

16 **2021 경기대** ▶▶▶ MSG p.114　　　　　①

독립분사구문 ▶ 접속사 없이 두 개의 절이 나열돼 있다. 그러므로 콤마 앞부분을 부사절로 만들어야 하는데, 이유의 부사절은 분사구문으로 나타낼 수 있으므로 ①을 being으로 고치면 옳은 문장이 완성된다. ④의 뒤에는 '주어+be동사', 즉 she was가 생략돼 있다.

constantly ad. 끊임없이　look up (낱말을) 찾다　unfamiliar a. 낯선　novel n. 소설

한국어가 제2언어였기 때문에, 젠(Jen)은 한국어 소설을 읽는 동안 낯선 단어들을 끊임없이 사전에서 찾아봐야 했다.

17 **2018 세종대** ▶▶▶ MSG p.105　　　　　④

분사의 용법 구분 ▶ 현재분사에는 진행과 능동의 의미가 있고, 과거분사에는 완료와 수동의 의미가 있다. gases는 link하는 행위의 주체가 아닌 대상이므로 수동관계에 있으며, 따라서 수동을 나타내는 과거분사로 써야 한다. ④를 linked로 고친다.

representative n. 대표　policy n. 정책　global warming 지구온난화

지구온난화와 관련된 가스의 배출을 줄이기 위한 새 정책들에 대해 150개국에서 온 2,000명의 대표가 동의했다.

18 **2021 세종대** ▶▶▶ MSG p.105　　　　　①

bear의 과거분사 ▶ bear가 '운반하다', '참다'의 의미일 때에는 과거분사로 borne을 쓰고, '낳다'의 의미일 경우에는 과거분사로 born을 쓴다. 주어진 문장의 경우 ①은 문맥상 '낳다'의 의미로 쓰인 것이므로 born이어야 한다.

average a. 평균의　life expectancy 기대수명　vary v. 변하다; 다르다

2020년에 태어난 미국인의 평균 기대수명은 79.1세지만, 이것은 미국 전역에서 지역마다 크게 다를 수 있다.

19 **2021 세종대** ▶▶▶ MSG p.105　　　　　②

분사의 용법 ▶ ①은 동명사가 아니라 현재분사이며, ① 이하는 주절 뒤에 연결된 분사구문이므로 ②에서와 같이 정동사가 다시 올 수 없다. ②를 앞의 명사를 수식하는 분사로 고칠 수 있는데, new technologies는 '의도하는' 행위의 대상이므로 수동관계를 나타내는 과거분사로 쓰는 것이 적절하다. ②를 meant to로 고친다.

evolve v. 서서히 발전하다, 진화하다　diner n. 식사하는 사람, 정찬 손님　tool n. 도구

외식 산업은 끊임없이 발전하고 있어서, 식사 경험을 향상시키거나 사업 경영에 새로운 도구를 들여오기 위한 신기술들을 채택하고 있다.

20 **2020 숙명여대** ▶▶▶ MSG p.105　　　　　①

과거분사와 현재분사의 비교 ▶ answer가 '질문 등에 응답하다'는 의미로 사용될 때는 타동사이다. 따라서 ①은 answering이라는 현재분사가 되어야 '그 조사에 응답하는'이라는 분사구가 되어 앞에 있는 주어 Those를 수식할 수 있다. 주격 관계대명사 who를 넣어 who answered로 고치는 것도 가능하다.

survey n. 조사　range from A to B 범위가 A에서 B까지 이르다　log onto ~에 접속하다

그 조사에 응답한 사람들의 연령은 9세에서 80세 사이였다. 그들은 2017 2018년 사이에, 한 웹사이트에 접속해 조사에 참여했다.

21 **2019 한국외대** ▶▶▶ MSG p.105　　　　　②

분사의 용법 ▶ 동사 remains의 보어로 나온 명사 language teaching concept(언어교수법 개념)를 ②가 수식하고 있는데, 수식받는 명사인 언어교수법 개념이 '지지를 받는' 수동의 관계이므로 과거분사여야 한다. 따라서 ②를 most advocated로 고쳐야 한다.

advocate v. 지지하다　implementation n. 시행

의사소통 중심 언어교수법은 전 세계에서 가장 많은 지지를 받는 언어교수법 개념이지만, 아시아에서 그 교수법이 시행될 조짐은 미미하다.

22 **2014 홍익대** ▶▶▶ MSG p.105　　　　　③

현재분사와 과거분사의 구분 ▶ 분사가 명사를 수식하는 경우, 분사와 명사의 관계가 능동이면 현재분사를 쓰고, 수동이면 과거분사를 써야 한다. 규칙 체계가 해석을 결정하는 능동 관계이므로 ③을 determining으로 고쳐야 한다. ① that은 명사절을 이끄는 접속사로, that 이하의 절과 The idea는 동격관계에 있다. ④ by no means는 '결코 ~이 아닌'이라는 뜻으로 부정적인 의미를 만들어주는 부사구이다.

determine v. 결정하다　interpretation n. 해석　infinitely ad. 무한히　novel a. 새로운

언어가 그 무수히 많은 문장들의 해석을 결정하는 규칙들의 체계에 기초해 있다는 생각은 전혀 새로운 것이 아니다.

23 **2011 동국대** ▶▶▶ MSG p.105　　　　　④

현재분사와 과거분사의 구분 ▶ due to는 전치사로 뒤에 절이 올 수 없으므로 ④의 followed a stroke는 앞의 명사 a long health problem을 수식하는 형태가 되어야 한다. a long health problem은 뇌졸중에 뒤이어 발생하는 것이므로 'problem이 뇌졸중을 follow하는' 능동관계이다. 그러므로 ④를 현재분사를 사용한 following a stroke로 고쳐야 한다. ①의 Colorado-based는 '~에 기지[기반]을 둔'이라는 의미의 형용사 based를 사용하여, '명사 + based'의 형태로 명사 company를 수

식하고 있는 것이다. ②에서 resign은 자동사로 쓰인 것으로 'resign + as + 보어'는 '~직에서 사임하다'는 뜻이다. ③의 due to는 전치사로 뒤에 명사 a long health problem이 쓰인 것을 확인할 수 있다.

resign v. 사임하다, 사직하다 stroke n. (뇌졸중 등의) 발작

콜로라도에 기반을 둔 회사인 SBL 그룹은 샘 버틀러(Sam Butler)가 3년 전 뇌졸중에 뒤따른 장기 건강 문제로 인해 CEO로서 사임할 것이라고 말했다.

---

24 2021 수원대 ▶▶▶ MSG p.105 ①

과거분사와 현재분사의 비교 ▶ '무대유희'는 '차용하는' 주체가 아니라 '차용된' 대상이므로 능동의미의 현재분사가 아닌 수동의 의미의 과거분사로 수식해야 한다. 따라서 ①을 adopted from으로 고쳐야 한다. 한편, 문장 전체의 주어는 The scenic games이고 짝을 이루는 동사는 consisted이며, ③의 represented는 과거분사로서 앞의 명사들을 수식한다.

scenic a. (연극에서) 무대 장치의; 경치가 좋은 consist of ~으로 구성되다 represent v. 보여주다 satire n. 풍자(극) in honor of ~을 기념하여 Bacchus n. [로마신화] 바커스, 주신(酒神)

그리스 무대유희에서 차용된 무대유희들은 바커스, 비너스, 아폴로를 기리기 위해 극장에서 공연된 비극, 희극, 풍자극으로 구성되었다.

---

25 2018 가천대 ▶▶▶ MSG p.105 ②

현재분사의 후치수식 ▶ 두 번째 문장에는 연결사 없이 시제를 가진 동사 두 개(have, are)가 제시돼 있어 부적절하다. 문맥상 "속도에 집착하는 사회 분위기를 따라가는 데 어려움을 '겪는' 사람들이 뒤처지게 되고 방치된다."라고 해야 적절하므로, are는 그대로 두고 ②를 having이나 who have로 고쳐서 people을 후치수식하게 만들어야 한다.

keep up with ~을 따라잡다, 보조를 맞추다 obsession n. 집착 be left behind 뒤에 남게 되다, 뒤처지다 neglect v. (돌보지 않고) 방치하다

오늘날 일부 사람들은 '속도 바이러스'에 관해 이야기한다. 그들은 속도에 집착하는 사회 분위기를 따라가는 데 어려움을 겪는 사람들이 뒤처지고 있으며, 방치되고 있다고 불평한다.

---

26 2013 한국외대 ▶▶▶ MSG p.116 ③

with 분사구문 ▶ 부대상황을 나타내는 분사구문의 문장이다. 문장 and the monthly sales for last December exceeded ~의 중문을 with the monthly sales for last December exceeding의 분사구문으로 고친 문장이다. 문장에서 동사 exceeded는 목적어를 취하고 있기 때문에 exceeded를 능동형 exceeding으로 고쳐야 한다. ① 주절의 주어는 consumption of instant noodles이다. 컵라면 소비가 겨울 스포츠 시즌에 힘을 얻은 것이므로 과거분사 Buoyed는 바르게 쓰였다. ② spike는 '급상승하다'라는 뜻으로 자동사로 쓰일 수 있다. ④ for the first time은 '처음으로'의 뜻이다.

---

buoy v. 높이다, 받치다 consumption n. 소비 instant noodle 라면

겨울 스포츠 시즌에 힘입어 컵라면의 소비가 증가했는데, 작년 12월 월간 판매량이 처음으로 400억 원을 넘었다.

---

27 2020 경기대 ▶▶▶ MSG p.111 ③

분사구문 ▶ ③의 앞에 완전한 절이 주어져 있으므로, 그 뒤에 연속동작 혹은 동시동작을 나타내는 분사구문이 이어질 수 있다. 그런데 range가 '(범위에) 걸치다'라는 의미의 자동사로 쓰였으므로 능동의 분사구문이 적절하다. ③을 ranging으로 고친다. ① '~동안', '~에 걸쳐'라는 의미의 전치사로 쓰였다. ④ 'from A to B' 구문에 쓰인 전치사 to이다.

explorer n. 탐험가 uncharted a. 지도에 실려 있지 않은; 미지의 tip n. 끝

오랜 세월에 걸쳐, 탐험가 제임스 쿡(James Cook)은 먼 북쪽의 알래스카 해안에서부터 먼 남쪽의 남미대륙의 끝에 이르는, 주로 지도에 나와 있지 않은 지역들을 지나면서 수천 마일을 항해했다.

---

28 2021 숙명여대 ▶▶▶ MSG p.105 ④

현재분사와 과거분사의 구분 ▶ those는 documents를 가리키는 대명사인데, 문서는 서명하는 행위의 주체가 아닌 대상이므로, ④를 수동을 나타내는 과거분사 signed로 고쳐야 한다.

thumbprint n. 엄지손가락 지문 forgery n. (작품·화폐 등의) 위조

중국인들은 오래 전에 엄지손가락 지문을 사용해서 중요한 문서에 서명을 했던 것으로 여겨진다. 이런 방식으로 서명된 문서는 자필로 서명한 문서보다 나은데, 엄지손가락 지문은 위조를 불가능하게 만들기 때문이다.

---

29 2015 중앙대 ▶▶▶ MSG p.117 ③

분사형 전치사 including ▶ include는 '포함하다'는 뜻의 타동사이며 the Royal Society를 목적어로 취하고 있으므로, ③을 능동의 의미(~를 포함하여)를 가진 현재분사형의 전치사 including으로 고쳐야 한다.

formalize v. 공식화하다 atomistic a. 원자론적인 nurture v. 양육하다, 교육하다, 육성하다

보일(Boyle)의 실험 보고서는 원자론적 세계관을 공식화했을 뿐만 아니라, 영국학술원을 포함한 여러 실험과학기관에서 가르쳤던 지식의 사회적 이상을 고양시켰다.

---

30 2009 한국외대 ▶▶▶ MSG p.111 ③

정비문 ▶ 분사구문의 주어와 주절 주어와의 일치를 물어보는 문제이다. 분사구문의 의미상 주어를 별도로 명기하지 않는 경우는 주절의 주어와 같을 경우인데, ③에서 spending의 의미상 주어를 the car로 보면 의미가 부적절해진다. 따라서 분사구문을 부사절인 After I have spent so much money on it으로 고치거나 또는 주절을 I still have many problems with the car로 고쳐야 한다. ①, ②, ⑤ 모두 주절의 주어와 분사구문의 의미상 주어가 일치하고 있다. ④의 경우는 무인칭 독립 분사구문으로, 주절의 주어와 같지 않아도 된다. considering은 '~을 고려하면'의 뜻으로 숙어처럼 쓰이는 형태이다.

speed limit 제한속도 extraordinary a. 비범한 keynote lecture 기조강의

① 그의 문제를 완전히 이해하고 나서, 나는 그를 도울 수 있는 무언가를 하기를 원했다.
② 작년에 변경되기 전에, 그 지역의 제한 속도는 시속 55마일이었다.
③ 그 차에 매우 많은 돈을 들였는데, 그 차는 여전히 문제가 많이 있다.
④ 나이에 비해 그의 골프 실력은 매우 비범하다.
⑤ 기조 강의가 끝난 후 그 회의는 토론회를 시작했다.

TEST **01**

01 ③	02 ②	03 ④	04 ④	05 ①	06 ②	07 ③	08 ④	09 ②	10 ③
11 ②	12 ③	13 ④	14 ③	15 ③	16 ③	17 ④	18 ①	19 ③	20 ①
21 ①	22 ③	23 ③	24 ①	25 ②	26 ②	27 ②	28 ④	29 ④	30 ③

01 **2011 가천대** ▶▶▶ MSG p.127 ③

조건을 나타내는 접속사 once ▶ 부사절을 이끄는 접속사인 ①, ②, ③ 모두 가능하지만, 의미상 '일단 ~하면, ~하자마자'가 적절하므로 ③ Once가 빈칸에 와야 한다. 참고로 부사절의 시제는 발굴계획을 세운 것보다 이전이므로 과거완료가 왔다.

archaeologist n. 고고학자 locate v. (위치·장소를) 발견하다 excavation n. 발굴

고고학자들은 일단 고대 유적지를 발견하자 발굴 계획을 세웠다.

02 **2009 총신대** ▶▶▶ MSG p.127 ②

의미상 적절한 접속사 ▶ 콤마 뒤에 완전한 절이 왔으므로, 콤마 앞부분은 접속사를 포함한 절이 오거나 분사구문이 되어야 한다. 현재분사 seeing이 문장에 주어져 있으므로 분사구문임을 알 수 있다. 분사구문에서는 의미를 보다 명확하게 하기 위하여 접속사를 생략하지 않을 수 있는데, 의미상 비극적인 영화를 본 후에 우울한 기분에 빠졌다는 것이므로 After가 와야 한다.

tragic a. 비극적인 melancholy a. 우울한

비극적인 전쟁 영화를 보고나서 나는 며칠 동안 우울한 기분에 빠져 있었다.

03 **2003 건국대** ▶▶▶ MSG p.134 ④

as ~ so ▶ As ~ so … 구문은 '~하는 것과 마찬가지로 …하다'는 의미이다. ex.) As the bees love sweetness, so (do) the flies love rottenness. (벌이 단 것을 좋아하듯이, 파리는 썩은 것을 좋아한다.) 빈칸에는 so가 쓰여야 하며, grows가 일반동사 현재형인 것으로 보아 대동사 does가 쓰여야 한다. 따라서 정답은 ④가 된다.

mountain n. 산; (산더미 같은) 다수, 다량

자료의 양이 늘어나듯, 오류의 가능성도 커진다.

04 **2006 동아대** ▶▶▶ MSG p.123 ④

명사절을 이끄는 접속사 that ▶ 동사가 두 개이므로 접속사가 하나 필요하다. 빈칸부터 behavior까지가 문장의 주어 역할을 하므로, 명사절을 이끌 수 있는 표현이 필요하다. 따라서 ④가 정답이 되며, nearly는 형용사 all을 수식하는 부사이다.

assumption n. 가정, 추정

거의 모든 행위가 학습된 행위라는 것은 사회과학의 기본 가정이다.

05 **2016 홍익대** ▶▶▶ MSG p.121 ①

등위상관접속사 both A and B ▶ 빈칸부터 possession까지가 주어를 이루어야 하는데, 중간에 and가 있으므로, 등위상관접속사 both A and B 구문으로 만들면 된다. 따라서 빈칸에는 both가 적절하다.

desire n. 욕망, 바라는 것 subject n. 본인; 피실험자

그러나 상대방이 바라고 있는 것과 본인이 가지고 있는 것은 둘 다 본인의 환상이다.

06 **2006 인천대** ▶▶▶ MSG p.127 ②

올바른 접속사 표현 ▶ 문맥상 적절한 것은 ②와 ③이다. 그런데 since는 시간의 접속사로 쓰일 때 주절의 시제가 현재완료이어야 하므로 ②가 정답이다.

eligible a. 자격이 있는 stock option 주식 매입 선택권

종업원은 2년 이상 근무한 후에 주식 매입 선택권을 가질 수 있는 자격을 갖추게 된다.

07 **2008 가천대** ▶▶▶ MSG p.124 ③

명사절을 이끄는 접속사 whether ▶ 타동사 decide의 목적어 자리에 절이 이어지고 있으므로, 명사절을 이끄는 적절한 종속접속사가 빈칸에 들어가야 한다. 문미의 a blessing or a curse로 미루어 볼 때, 'or not'이나 'A or B'와 호응하여 쓰는 whether가 정답이 된다. ①의 that은 확실한 사실에 대한 진술을 나타내므로 부적절하다.

play a part 역할을 하다 essential a. 가장 중요한 blessing n. 축복 curse n. 저주

텔레비전은 지금 매우 많은 사람들의 생활에서 대단히 중요한 역할을 하고 있기 때문에, 우리는 텔레비전이 축복인지 저주인지를 판단하려 노력해야 한다.

---

08 2005 삼육대 ▶▶▶ MSG p.132 ④

양보 부사절을 이끄는 접속사 however ▶ 콤마 이하가 주절을 이루고 있으므로, 빈칸에는 종속절을 이끌 수 있는 표현이 필요하다. 'however + 형용사/부사 + 주어 + 동사'는 양보절을 이끄는 표현이므로, 주어진 문제의 정답이 된다. ①에는 접속사의 기능이 없으며, ②와 ③은 mild가 wine을 수식하는 구조가 되어 불완전자동사 seem의 보어가 없는 형태가 되므로 정답이 될 수 없다.

mild a. 자극성이 적은, 순한 have an effect on ~에 영향을 미치다

아무리 순해 보여도, 포도주는 마시는 사람에게 영향을 주기 마련이다.

---

09 2004 동아대 ▶▶▶ MSG p.128 ②

원인/이유를 나타내는 접속사 because ▶ 자신이 질병을 앓고 있다는 것을 알아채지 못하는 것은 그 질병이 아무런 증세를 나타내지 않기 때문일 것이다. 문맥상, 인과관계를 나타내는 접속사가 들어가야 한다. ② Because가 정답이다.

exhibit v. 나타내다, 보이다 symptom n. 증상 be aware that ~을 의식하다

고혈압이 있는 사람들은 아무런 증상을 보이지 않을 수도 있기 때문에, 자신들이 질병을 앓고 있다는 것을 알아채지 못할 수도 있다.

---

10 2007 강남대 ▶▶▶ MSG p.130 ③

결과의 부사절을 이끄는 접속사 so ~ that ▶ '너무 ~해서 …하다'라는 의미의 so ~ that 구문을 묻는 문제로서 문장 내에 so가 있으므로 빈칸에는 that이 들어가야 한다.

beyond one's means 분수에 넘치는; 사람이 자기 형편 이상으로

그 레스토랑은 내 수입으로는 감당할 수 없는 수준이었기 때문에, 난 거기에 갈 엄두조차 못 냈다.

---

11 2004 세종대 ▶▶▶ MSG p.126 ②

시간을 나타내는 접속사 while ▶ 빈칸 다음에 주어와 동사가 나와 있으므로, 빈칸에는 두 개의 문장을 서로 연결해주는 접속사가 들어가야 한다. 문맥상 때를 나타내는 접속사 ② while이 들어가는 것이 적절하다.

---

mansion n. 대저택 common folk 서민 toil v. 힘들게 일하다, 고생하다

서민들은 밭에서 힘들게 일하는데도 자신들은 대저택에서 살고 있는 지도자들을 조지 오웰(George Orwell)은 신뢰하지 않았다.

---

12 2011 가천대 ▶▶▶ MSG p.131 ③

양보를 나타내는 접속사 though ▶ 빈칸부터 management까지가 주어와 동사 사이에 삽입되었는데, 빈칸 다음에 형용사 important가 왔으므로 두 개의 절을 연결할 수 있는 접속사가 필요하다. 양보의 접속사 though 다음에 '주어 + be동사(they are)'가 생략될 수 있으므로 ③이 정답이다. ① they are는 접속사가 없어서 불가능하다. ② as는 두 개의 절이 서로 반대이므로 양보의 접속사가 와야 하므로 의미상 적절하지 않다. ④ despite는 전치사이므로 다음에는 (동)명사의 형태가 와야 하는데 빈칸 뒤에 형용사가 왔으므로 옳지 않다.

house chore 집안일 management n. 관리 favorite a. 매우 좋아하는

그런 집안일은 가정 관리에 중요하긴 하지만 누구든 좋아하는 일이 아닐지도 모른다.

---

13 2013 동덕여대 ▶▶▶ MSG p.132 ④

접속사 while ▶ when절과 while절 모두 주절의 주어와 같은 주어 he와 be동사 was가 생략될 수 있으므로 구조적으로는 ②와 ④가 모두 빈칸에 들어갈 수 있다. 그러나 when(~때)은 일정한 시점을 의미하고 while(~동안에)은 일정한 기간을 의미하는데 주절의 사전편찬은 일정한 기간을 요하는 일이므로 ④의 While이 정답으로 더 적절하다. 즉 교사로서의 일(신분)과 사전편찬의 일이 같이 진행되었음을 나타낸다. 만약 주절이 Webster first met his wife(웹스터는 그의 아내를 처음 만났다)처럼 일회적 사건을 나타낼 때는 when이 적절해진다. ① 강조구문의 형태를 띠지만 강조구문이 되려면 주절 앞에 콤마 대신 that이 있어야 한다. ③ when절의 주어가 없으므로 적절한 when절이 되지 못한다.

웹스터(Webster)는 뉴잉글랜드에서 선생님으로 있는 동안 『미국영어사전(Dictionary of the American Language)』을 편찬했다.

---

14 2009 총신대 ▶▶▶ MSG p.132 ③

접속사 whereas ▶ 이혼 후에 엄마와 딸의 관계는 회복되지만 엄마와 아들 사이의 문제는 지속된다고 하였으므로 의미상 대조를 이루고 있다. 따라서 '~에 반하여'의 뜻을 지닌 접속사 whereas가 적절하다.

reestablish v. 재건하다; 회복하다 positive a. 긍정적인 persist v. 지속하다

이혼 후의 자녀들에 대한 연구에서, 마틴 홀란드(Martin Holland)는 엄마와 딸은 친밀하고 긍정적인 관계를 회복했던 반면 엄마와 아들 사이의 문제는 지속된다는 것을 알게 되었다.

---

15 2013 단국대 ▶▶▶ MSG p.131 ③

양보의 접속사 even though ▶ 빈칸 다음에 절이 나온 것으로 볼 때 빈칸에는 접속사가 들어가야 한다. 프로이드에 대해 상반되는 감정을 가지고 있었다고 했으므로, 존경하지만 한편으로는 비난했다는 의미가 되는 것이 적절하다. 양보의 접속사 ③ even though가 정답이다. ① despite는 양보의 전치사이므로 절을 이끌 수 없다. ② at the same time은 '동시에, 함께'라는 의미의 부사구로 절을 이끌 수 없다. ④ A rather than B는 'B라기 보다는 A'라는 뜻이므로 문장의 의미상 적절하지 않다. 존경한 것을 부정하면 상반된 감정이 되지 않기 때문이다.

clash n. 충돌, 언쟁 ambivalent a. 상반된 감정을 품은 psychoanalysis n. 정신분석 revere v. 존경하다

잘 알려져 있는 그들의 의견충돌에서, 융(Jung)은 프로이드(Freud)에게 상반되는 감정을 가지고 있었다. 비록 그가 프로이드를 존경했지만, 그는 현대 정신분석학의 아버지를 맹비난했다.

16 2021 가톨릭대 ▶▶▶ MSG p.132 ③

문맥상 올바른 접속사 ▶ 코로나바이러스 백신 확보와 관련해서 유럽과 북미의 부유한 국가들과 개발도상국을 대조하고 있으므로 빈칸에는 '두 사실을 비교·대조할 때' 사용하는 접속사 ③ whereas가 적절하다. 다른 보기들은 모두 부사여서 절과 절을 연결할 수 없다.

inoculation n. (예방) 접종 bulk of 대량의, 대부분의 stock n. 재고, 비축물

코로나바이러스 예방 접종과 관련하여, 유럽과 북미의 부유한 국가들은 재고가 한정되어 있는 백신의 대부분을 확보했지만, 개발도상국들은 자신들의 백신을 확보하도록 남겨졌다.

17 2004 경희대 ▶▶▶ MSG p.125 ④

wonder의 목적어 ▶ wonder의 목적어로는 일반적으로 if[whether]절, 의문사절 등이 온다. 의문사절은 '의문사 + 주어 + 동사'의 어순으로 쓰므로, ④가 정답이 된다.

fail an exam 시험에 떨어지다

나는 존(John)이 시험에서 떨어진 이유를 정말 모르겠다.

18 2010 동덕여대 ▶▶▶ MSG p.123 ①

명사절을 이끄는 접속사 that ▶ 빈칸부터 in the dark까지 주절이며 intrigues가 동사이다. 주절에서 동사 are의 주어가 없으므로 certain species of centipedes가 are의 주어로 와야 한다. 또한 빈칸부터 in the dark까지가 intrigues의 주어가 되기 위해서는 명사절을 이끄는 접속사가 필요하다. 상기 두 조건을 만족시키는 것은 ①이다. ④는 강조구문의 표현이다. 강조구문에서는 It is와 that을 생략했을 때 완전한 문장이 성립해야 하는데, 주어진 문장을 It is와 that을 생략한 채 빈칸

뒤에 주어져 있는 부분과 연결해보면, 문장이 성립되지 않기 때문에 정답이 될 수 없다.

centipede n. 지네 phosphorescent a. 인광을 내는 intrigue v. 강한 흥미를 불러일으키다

특정한 종류의 지네가 어둠 속에서 인광을 낸다는 것은 많은 사람들의 흥미를 불러일으킨다.

19 2016 경기대 ▶▶▶ MSG p.125 ③

간접의문절의 어순 ▶ how 이하는 타동사 know의 목적어로 쓰인 간접의문절이다. 간접의문절의 어순은 '의문사 + 주어 + 동사'이므로, ③은 image is가 되어야 한다.

used to do ~하곤 했다 salesman n. 영업사원

나는 전에 영업사원으로 일했으며, 그래서 어떤 직업에서든 간에 이미지가 얼마나 중요한지를 알고 있다.

20 2022 경기대 ▶▶▶ MSG p.131 ①

despite와 although의 용법 구분 ▶ despite는 전치사이므로 뒤에 절이 올 수 없다. 따라서 ①에 쓰인 Despite를 양보의 접속사 Although로 고쳐야 한다.

explicitly ad. 분명하게 cell phone 휴대폰 customs n. 세관

공항 세관신고 대기 행렬에서는 휴대전화 사용을 분명하게 금지한다는 표지판이 있었음에도 불구하고, 일부 사람들은 여전히 휴대전화를 사용했다.

21 2005 경기대 ▶▶▶ MSG p.131 ①

명사절을 이끄는 that과 일반 접속사의 구분 ▶ 콤마 이하에 완전한 형태의 문장이 갖춰져 있으므로, 그 앞에 명사절이 단독으로 주어져 있어서는 안 된다. 따라서 명사절을 이끄는 접속사 that을 부사절을 이끄는 접속사로 바꿔야 하는데, 문맥상 양보절이 적절하므로 ①은 Though나 Although가 되어야 한다.

merit n. 장점 current a. 현재의 organization n. 조직

현행 시스템에도 어떤 장점들이 있지만, 그 프로그램은 이런 보다 큰 조직에는 유용하지 못하다.

22 2001 강남대 ▶▶▶ MSG p.119 ③

등위접속사 but ▶ 등위접속사인 ③의 and에 의해 두 절이 연결되어 있는데, 이 두 절의 의미가 서로 상반되므로 순접 접속사를 쓴 것은 옳지 않다. ③ and를 but으로 고쳐야 한다. ①은 '다 자란'이라는 뜻의 형용사이다.

fierce a. 사나운 shy a. 수줍음 많은 companionship n. 동료애, 우정
attention n. 관심

다 자란 고릴라는 겉으로는 사나워 보이지만 실제로는 가까이해서 관심을
쏟아야 할 수줍음 많고 상냥한 동물이다.

---

23 2011 홍익대 ▶▶▶ MSG p.130 ③

결과를 나타내는 접속사 so ▶ ③의 since가 이끄는 절이 앞 절의 결과
인 의미관계여야 하는데, since는 '원인, 이유'를 나타내므로 부적절하
다. 따라서 '그래서'라는 뜻의 so로 바꾸어야 한다. ②의 부정관사 a는
어느 주이든 금요일 저녁에는 붐빌 것이라는 일반적인 의미를 나타내
고 ④의 정관사 the는 예약을 한 특정한 주를 말한다.

evening n. 저녁 make a reservation 예약을 하다

금요일 저녁에는 그 식당에 손님들이 많을 것 같다는 생각이 들었다. 그래서
나는 주초에 예약을 했다.

---

24 2017 서울여대 ▶▶▶ MSG p.123 ①

진주어절을 이끄는 접속사 that ▶ 문두에 쓰인 It은 가주어로 쓰인 것
이므로, ①은 진주어가 되어 명사절을 이끄는 역할을 할 수 있도록 접
속사 that으로 고쳐야 한다. ② 과거에 대한 확실한 추측을 나타내는 표
현이다. ③ a communication system을 후치 수식하고 있으며, 바로
앞에 '관계대명사 + be동사'가 생략돼 있는 것으로 파악하는 것도 가능
하다.

assume v. 추정하다 Homo erectus 호모 에렉투스, 직립 원인 primate n.
영장류

'호모 에렉투스'는 오늘날 살아있는 영장류가 가진 그 어떤 것보다도 더 복잡
한 의사소통 체계를 갖고 있었음이 틀림없는 것으로 추정된다.

---

25 2016 홍익대 ▶▶▶ MSG p.123 ②

동격에 쓰이는 접속사 that ▶ ②의 자리에는 명사 extent에 대해 동격
의 명사절을 이끌 수 있는 접속사가 들어가야 하겠는데, 이러한 역할을
할 수 있는 것은 접속사 that이다. 한편, 'to the extent that ~'은 '~할
정도로', '~인 한에는', '~의 범위에서'라는 의미를 가진다.

extent n. 정도, 규모; 범위 naturalism n. 자연주의 pursuit n. 추구 generate
v. 발생시키다, 일으키다 spiritual a. 정신적인; 영적인 dilemma n. 진퇴양난,
딜레마

그러나 새로운 자연주의가 사실인 만큼, 그것을 추구하는 것은 틀림없이 두
개의 큰 정신적인 딜레마를 초래할 것으로 보인다.

---

26 2018 한국외대 ▶▶▶ MSG p.121 ②

either A or B 구문 ▶ 접속사 either 뒤에는 상관적으로 or가 함께 쓰
이므로, ②를 or로 고쳐야 한다.

family-friendly a. 가족 친화적인 work-life balance 워라밸, 일과 삶의 균형

기업의 최고경영자는 엄마나 아빠를 위한 육아휴가를 장려하여 보다 가족
친화적인 직장을 만들고 일과 생활 사이의 건전한 균형을 증진해야 한다.

---

27 2018 홍익대 ▶▶▶ MSG p.123 ②

접속사 that과 관계사 what의 구분 ▶ 관계대명사 what 다음에는 불
완전한 절이 와야 하는데, 완전한 절이 와서 틀렸다. meaning이 분사
구문으로 쓰였으므로, meaning 이하가 meaning의 목적절이 되도록
②의 what을 접속사 that으로 고쳐야 한다.

canal n. 운하 privately held a. 민간인 소유의 patronage n. 후원, 장려
planter n. 농장주, 지주

도로와 운하는 점점 더 민간인 소유가 되었는데, 이것은 상류층에 속하지 못
한 자유농민들이 농사일을 하기 위해 지주의 후원에 전적으로 의존하게 되
는 것을 의미했다.

---

28 2018 상명대 ▶▶▶ MSG p.119 ④

문맥상 적절한 접속사 ▶ '흡연을 시작하는 사람이 줄어들고 있는 상황
이 이미 일어나고 있다'고 한 뒤에, '더 많은 노력이 필요하다'는 내용이
이어지고 있으므로, ④는 역접의 접속사 But이어야 한다. ①, ② 가정법
과거에 쓰인 동사들이다. 가정법 과거의 경우, 조건절에는 과거형 동사
를 쓰고, 주절에는 '조동사의 과거형+동사원형'을 쓴다.

take up (특히 재미로) ~을 시작하다 to some extent 어느 정도까지

만약 우리가 이러한 조치를 받아들인다면, 결과적으로 흡연을 시작하는 사
람들이 더 줄어들 것이라고 나는 믿는다. 어느 정도까지는 이러한 일들이 이
미 일어나고 있다. 그러나 그 이상의 노력이 필요하다.

---

29 2012 서울여대 ▶▶▶ MSG p.121 ④

both A and B ▶ 'A와 B 모두'라는 의미의 both A and B 구문이 쓰인
문장이다. both는 and와 상관적으로 쓰임에 유의한다. ④를 and로 고
친다. 선행사 mass spectrometer(질량 분석계)가 단수이므로 관계대
명사 that절의 동사도 수일치 하여 단수동사 separates로 쓴다.

carbon dating (방사성) 탄소 연대 측정법 mass spectrometer 질량 분석계

탄소연대측정법이라는 보다 새로운 방법은 표본에서 탄소 14원자와 탄소
12원자 모두를 분리하고 셀 수 있는 특별히 고안된 질량 분석계에 의존한다.

30 **2009 서강대** ▶▶▶ MSG p.50, p.127 ③

no sooner ~ than … ▶ no sooner ~ than … 구문이 쓰인 문장이다. ex.) No sooner had I left home than it began to rain. (집을 나서자마자 비가 오기 시작했다.) 예문에서처럼 앞부분이 과거완료이므로 than 이하의 시제는 과거가 되어야 동작이 일어난 순서가 맞다. 따라서 ③ begin은 began이 되어야 한다. ④의 전치사 to는 'A를 B에 비유하다'는 의미의 liken A to B 구문의 전치사이다.

rearrange v. 재배열하다 molecule n. 분자 test tube 시험관 liken v. ~에 비유하다 physicist n. 물리학자

1973년 스탠포드 대학의 과학자들이 시험관 속에서 DNA 분자를 재배열하기 시작하자마자 비평가들은 이러한 DNA (재배열) 과정을 원자를 쪼갤 수 있는 물리학자들의 능력에 비유하기 시작했다.

01 ③	02 ④	03 ④	04 ④	05 ⑤	06 ③	07 ②	08 ④	09 ④	10 ①
11 ④	12 ③	13 ④	14 ③	15 ①	16 ③	17 ③	18 ④	19 ①	20 ④
21 ①	22 ①	23 ②	24 ④	25 ②	26 ②	27 ③	28 ④	29 ③	30 ①

---

01 **2013 한국외대** ▶▶▶ MSG p.121 　　③

both A and B = A and B alike ▶ 앞에서 everyone이라 했으므로 부자와 가난한 사람 둘 모두를 포함시켜야 하므로 alike가 적절하다. A and B alike는 both A and B와 같다.

tax proposal 세금 법안 reject v. 거부하다, 부인하다

새로운 세법안(案)은 부유하거나 가난한 사람들 모두 똑같이 거부했다.

---

02 **2004 경기대** ▶▶▶ MSG p.126 　　④

올바른 접속사 표현 ▶ 빈칸 이하에 절이 주어져 있으므로, 종속절을 이끄는 접속사 when이 들어가는 것이 가장 적절하다.

capital n. 수도 reproduce v. 재현하다, 다시 만들어내다

새 수도의 설계도 중 상당수가 영구히 분실된 것으로 여겨지고 있을 때, 벤저민 베너커(Benjamin Benneker)가 원본 설계도를 재현하는 데 도움을 주었다.

---

03 **2005 경기대** ▶▶▶ MSG p.131 　　④

조건을 나타내는 접속사 unless ▶ 완전한 형태의 절이 두 개이다. 뒤 문장이 주절이므로, 앞 문장은 종속절이 되어야 한다. 따라서 빈칸에는 접속사가 쓰여야 하는데, 의미상 ④ Unless가 적절하다.

encode v. 암호화하다 effectively ad. 효과적으로

만약 정보가 기억 장치 속에 효과적으로 암호화되지 않으면 필요할 때 쉽게 다시 불러낼 수 없을 것이다.

---

04 **2007 덕성여대** ▶▶▶ MSG p.128 　　④

이유를 나타내는 접속사 because ▶ 빈칸 뒤에 '주어 + 동사'의 절이 있으므로 접속사가 와야 한다. 따라서 접속사가 아닌 ②는 부적절하다. 러시아가 동방(정)교회의 영향을 받았고 그 교회의 공식어가 그리스어이기 때문에 러시아어도 그리스어의 영향을 받은 것이다. 두 절 사이에 논리적 인과관계가 있으므로, 즉, 앞의 절이 이유이고 뒤의 절이 결과이므로 이유의 접속사인 ④ Because가 와야 한다.

Christianize v. 기독교도가 되다; 기독교화하다 Eastern Church (the ~) 동방교회

러시아는 동방교회(Eastern Church)에 의해 기독교화 되었고, 동방교회의 공용어는 그리스어였기 때문에, 러시아의 알파벳은 그리스어에서 차용되었다.

---

05 **2012 아주대** ▶▶▶ MSG p.134 　　⑤

Just as A so B ▶ 빈칸에는 just as와 호응하는 알맞은 접속사가 들어가야 한다. Just as S + V ~, so S + V … 구문은 '마치 ~인 것처럼, so 이하가 …이다'라는 뜻으로 쓰인다. 참고로 so 뒤의 주절은 흔히 주어와 동사가 도치되기도 한다.

defeat n. 패배 conquest n. 정복 evaporate v. 사라지다 siege n. 포위 작전

나폴레옹(Napoleon)이 러시아에서 패배에 직면했던 것처럼, 히틀러(Hitler)는 레닌그라드(Leningrad) 포위 작전에서 정복에 대한 그의 꿈이 사라지는 것을 보았다.

---

06 **2004 세종대** ▶▶▶ MSG p.124 　　③

whether ~ or 구문 ▶ depends 앞이 주어부에 해당되므로 명사절을 이끄는 접속사가 들어가야 한다. or와 상관적으로 쓸 수 있는 표현은 ③ Whether이다.

peach n. 복숭아 be classified as ~로 분류되다 freestone n. 자르기 쉬운 암석; 씨를 발라내기 쉬운 과실 clingstone n. 과육이 씨에 밀착해 잘 안 떨어지는 과실 pit n. (살구·복숭아 등의) 씨

복숭아를 씨를 발라내기 쉬운 과실로 분류할 것인지 아니면 씨를 발라내기 어려운 과실로 분류할 것인지는 씨를 제거하는 것이 얼마나 어려운가에 달려 있다.

---

07 **2011 강남대** ▶▶▶ MSG p.131 　　②

양보를 나타내는 접속사 although ▶ 평균 급료가 올랐어도 여전히 상품과 서비스의 높은 가격에 대해 걱정한다는 내용이므로 양보의 접속사 ② Although가 적절하다. although는 접속사로서 뒤에 절이 오지만, despite는 전치사로서 뒤에 명사나 동명사가 와야 하므로 ③은 적

절치 않다. ① Since는 이유를 나타내는 접속사로서 문맥에 적합하지 않다. ④ In so far as는 '~하는 한에 있어서는'의 뜻이다.

average a. 평균의 be concerned about ~에 대해 걱정하다 goods n. 상품

평균 급료가 올랐어도 사람들은 여전히 상품과 서비스의 높은 가격에 대해 걱정한다.

08 2007 계명대 ▶▶▶ MSG p.119 ④

올바른 접속사 표현 ▶ 문장 내에서 접속사가 하는 역할은 두 개의 어구나 문장을 연결하는 것이다. ①은 앞에 접속사가 없어 두 절을 연결할 수 없고, ②의 전치사 with로도 두 절을 연결할 수 없다. ③과 ④중 문맥상 적절한 의미의 접속사를 쓴 것은 ④이다.

cabinet member 각료 be subject to ~의 대상이다 Senate n. (미국의) 상원

미국 대통령은 각료들을 임명할 수는 있지만, 각료들의 임명은 상원의 비준을 받아야 한다.

09 2008 가톨릭대 ▶▶▶ MSG p.131 ④

접속사와 전치사의 구분 ▶ 빈칸 뒤에 명사가 주어져 있으므로, 전치사 despite가 정답이 된다. ②와 ③은 접속사이므로 그 뒤에는 절이 와야 하고, ①은 in spite of로 써야 한다.

robust a. 강건한, 튼튼한 surge n. 폭등, 급상승

에너지 가격의 폭등에도 불구하고 2005년 미국 경제는 놀랍게도 건실했다.

10 2022 세종대 ▶▶▶ MSG p.123 ①

동격절을 만드는 접속사 that ▶ 전체 문장의 동사는 spurred이므로 이것의 주어가 필요하고, 빈칸 뒤에 제시된 절을 주어의 동격절로 만드는 접속사 that이 필요하다. 따라서 이를 만족시키는 ①이 정답이 된다. over, about, on은 모두 전치사여서 절을 이끌 수 없다.

breakdown n. 붕괴, 몰락 spur v. 원동력[자극제]이 되다 quarantine n. 격리

오미크론의 급증이 필수적인 공공 서비스의 붕괴로 이어질 수 있다는 우려가 새로운 격리 규정을 촉발시켰다.

11 2007 단국대 ▶▶▶ MSG p.131 ④

올바른 접속사 표현 ▶ 빈칸 뒤에 절이 주어져 있음에 유의한다. ① Despite나 ② In spite of는 전치사(구)이므로 절을 목적어로 취할 수 없으며, ③ Nonetheless는 접속사가 아니라 접속부사이므로 두 절을 연결할 수 없다. ④ Even though만이 절과 절을 연결하는 역할을 할 수 있다.

widely ad. 보편적으로 gentle a. 온순한 hippopotamus n. 하마 be

responsible for (~에 대한) 책임이 있다

온순한 동물로 널리 받아들여지고 있지만, 하마는 아프리카에서 다른 어떤 동물보다 더 많은 사람을 죽인다.

12 2006 동아대 ▶▶▶ MSG p.125 ③

명사절을 이끄는 how ▶ 과거동사 came이 나온 것으로 보아 빈칸부터 sea까지가 동사 is의 주어 역할을 하는 명사절이다. 따라서 빈칸에는 명사절을 이끌 수 있는 접속사가 필요하다. 구조적으로 완전한 문장이므로 보기 중에 how와 that이 가능하지만 문의 의미상 how가 들어가야 적절하다. ①과 ②는 부사절을 이끄는 접속사이므로 정답이 될 수 없고, 특히 ④의 경우 의문사로 쓰이기는 하나, 이것을 쓰려면 some이 없어야 한다.

mammal n. 포유류, 포유동물

일부 포유류들이 어떻게 바다에 살게 되었는지는 알려져 있지 않다.

13 2012 가천대 ▶▶▶ MSG p.131 ④

부사절을 이끄는 접속사 so long as ▶ 문맥상 알맞은 접속사를 찾는 문제이다. 본인이 속한 팀이 이기는 한, 그의 노력을 알아주지 않아도 계속 이타적으로 행동할 것이라는 내용이 논리상 가장 매끄럽다. 따라서 빈칸에는 '~하는 한'의 뜻을 가진 ④ so long as가 들어가야 한다. '~에도 불구하고, ~이지만'의 뜻인 ① though와 '~하지 않으면'의 뜻인 ② unless는 문맥상 적절하지 않다. ③에서 '그럼에도 불구하고'라는 표현은 in spite that이 아니라 in spite of that으로 써야 한다.

unselfish a. 헌신적인, 이타적인 notice v. 주목하다

자기편이 이기는 한, 자신의 노력이 주목을 받든 받지 못하든 간에, 자기편을 위해 이타적인 게임을 하는 아이는 나중에도 똑같이 행동할 줄 알게 된다.

14 2012 숙명여대 ▶▶▶ MSG p.131 ③

양보를 나타내는 접속사 even if ▶ 빈칸 뒤에 두 개의 절이 나열돼 있으므로, 빈칸에 종속절을 이끄는 접속사가 들어가면 첫 문장이 종속절이 되고, 두 번째 문장이 주절을 이루게 되어 옳은 문장이 될 수 있다. 어떤 접속사가 들어가야 하는지는 문맥을 통해 결정해야 하는데, '과거의 사람들이 헌법을 채택했다'는 사실과 '우리가 그 헌법을 승인하지 않았다'는 진술은 양보 관계를 이룬다. 따라서 ③이 정답이 된다. ①은 '마치 ~처럼'의 의미라는 점에서, ②는 이유의 접속사라는 점에서 문맥상 어울리지 않는다. ④와 ⑤는 접속부사로 종속절을 이끄는 역할을 할 수 없다.

ratify v. 비준하다 impose v. 부과하다; 강제하다 approve v. 승인하다, 찬성하다, 인가하다

헌법은 먼 과거의 사람들이 작성하고 비준하여 우리에게 강제하고 있는 문서이다. 비록 그들이 민주적인 방법을 통해 헌법을 채택했다 하더라도, 우리

는 실제로 그것을 승인한 적이 없다. 그런데도 왜 우리는 그들을 따라야 하는 것일까?

15 2004 삼육대 ▶▶▶ MSG p.127 ①

조건을 나타내는 접속사 once ▶ it 이하에 주절이 주어져 있으므로, 콤마 앞부분은 종속절이 되어야 한다. ③이나 ④가 들어가면 A patent가 전체 문장의 주어가 되는데, 이 때 대명사 it과 주어의 중복이 일어나게 되어 부적절하다. once와 when 모두 종속절을 이끄는 접속사로 쓰이나, 주어진 문장에서는 문의 의미상 '한번[일단] ~하면'이라는 뜻의 once가 적절하다.

patent n. 특허 grant v. 수여하다; 승인하다 property n. 재산 assign v. 양도하다; 맡기다

일단 특허청에 의해 승인이 되고 나면, 특허는 발명가의 재산이 되며 그가 소유하거나 팔거나 양도하는 것이 가능하다.

16 2003 광운대 ▶▶▶ MSG p.131 ③

접속사 in case ▶ 두 문장 모두 빈칸 뒤에 절이 주어져 있으므로, 전치사의 역할을 하는 ①은 부적절하며 알맞은 접속사를 골라야 한다. 나머지 선택지들은 절을 이끌 수 있으나, 문맥상 '~에 대비하여, ~한 경우에'라는 의미를 가지는 ③이 들어가는 것이 가장 적절하다.

in case ~에 대비하여 contact v. 연락하다 advise v. 조언하다 insurance n. 보험

[I] 당신이 나와 연락할 필요가 있을 때를 대비해서 내 전화번호를 알려 드리겠습니다.
[II] 내가 해외에서 치료받아야 할 때를 대비하여 보험에 가입하라는 조언을 들었다.

17 2022 덕성여대 ▶▶▶ MSG p.121 ③

both A and B 구문 ▶ 공급부족과 주택가격 상승은 둘 다 서울의 주거 비용을 감당하기 힘들게 만드는 요인에 해당하므로, 양자를 긍정하는 표현인 ③이 빈칸에 들어가기에 적절하다.

lack n. 부족, 결핍 supply n. 공급 affordable a. (가격 등이) 알맞은, 감당할 수 있는

공급 부족과 주택가격 상승 둘 모두로 인해, 서울은 한국에서 가장 주거비가 감당하기 힘든 도시다.

18 2008 경기대 ▶▶▶ MSG p.121 ④

상관접속사 not only A but also B ▶ not only A but also B와 같이 등위상관접속사로 연결되는 말들은 동일한 품사와 형태로 병치시켜야 한다. but also 뒤에 동사(weakens)가 왔으므로 ③이나 ④처럼 not

only 뒤에도 동사가 오는 것이 바람직하다. 그런데 ③은 which 이하가 전부 하나의 which 관계절을 이루므로 문장이 되지 않는다. Rust라는 주어에 두 술부가 not only, but also로 연결된 ④가 정답이다. ①과 같이 Not only가 문두에 오면 주어와 동사가 도치되는 것은 옳지만, 이 경우에는 but also 뒤에도 주어가 있는 완전한 절이 와야 한다. ex.) Not only does he sing but he also knows how to play the saxophone. (그는 노래만 부르는 것이 아니라 색소폰도 연주할 줄 안다.)

rust n. (금속의) 녹 corrode v. 부식시키다 weaken v. 약화시키다

녹은 금속의 표면을 부식시킬 뿐만 아니라 금속을 약하게 만든다.

19 2007 삼육대 ▶▶▶ MSG p.131 ①

올바른 접속사 표현 ▶ ①은 절과 절을 연결해줄 접속사가 되어야 한다. 따라서 ①을 Even if 또는 Even though로 대체한다. ②는 many의 의미를 갖는 표현으로 뒤에 복수명사가 왔다. 그리고 ④는 relatives를 가리킨다.

relative n. 친척 close by 바로 곁에, (~의) 바로 가까이에

근처에 사는 친척들이 많지만, 그는 결코 그들을 방문하지 않는다.

20 2001 동덕여대 ▶▶▶ MSG p.123, p.228 ③

except와 except that의 구분 ▶ except는 전치사이므로 절을 목적어로 취할 수 없다. 따라서 ③은 except that이 되어야 한다. visitor 앞에 Neither가 있었다면 ①은 nor가 되어야겠지만, No가 주어져 있으므로 or는 옳게 쓰였다. '~에 들어가다'라는 의미의 ② enter는 타동사이므로 전치사 없이 쓰였다.

patient n. 환자 invite v. 초청하다

의사가 초청한 경우를 제외하고는 어떤 방문객 혹은 친지도 그 환자의 방에 들어갈 수 없다.

21 2008 대구가톨릭대 ▶▶▶ MSG p.133 ①

like와 as의 구분 ▶ like는 전치사이므로 절을 이끌 수 없다. ①은 접속사 As가 되어야 옳은 표현이 된다. ③ its는 the committee를 지칭한다.

committee n. 위원회 enforce v. (법률 등을) 시행하다 strictly ad. 엄격히

위원회가 이번 보고서에 썼듯이, 규칙이 보다 엄격히 시행될 필요가 있다.

22 2009 강남대 ▶▶▶ MSG p.131 ①

unless의 의미 ▶ unless는 if ~ not과 같은 뜻의 접속사로, 부정의 의미를 내포하고 있다. 따라서 다른 부정어를 쓰지 않고 부정의 부사절을

이끈다. 부정의 not을 포함하고 있는 ①의 don't가 삭제되어야 옳은 문장이 된다. ③의 'have no choice but + to부정사'는 '~하지 않을 수 없다'라는 의미의 관용 표현이며, ④에서 file은 동사로 쓰인 것이다.

file a suit 고소하다, 소송을 제기하다

일주일 안에 당신에게서 소식이 없으면 당신을 고소할 수밖에 없을 것이다.

---

23 2007 숙명여대 ▶▶▶ MSG p.130 ②

결과의 부사절을 이끄는 접속사 so ~ that ▶ 종속절 that 이하로 미루어 ②의 too는 so가 되어야 옳은 표현이다. so ~ that … 구문은 '(정도·결과를 나타내어) …할 만큼[정도로] ~하다; 매우 ~해서 …하다'의 뜻이다.

convince v. 확신시키다 invasion n. 침입, 침략 take place (사건이) 일어나다, 생기다

그 보도가 매우 사실적이어서 대부분의 사람들은 침략이 실제로 일어나고 있다고 확신했다.

---

24 2022 경기대 ▶▶▶ MSG p.131 ④

문맥상 적절한 접속사 ▶ ④에는 부정의 의미가 내포돼 있으므로, '추가적인 자금난을 피하지 못한다면 공원 복원 사업을 완료할 수 있다'는 의미의 문장이 되어 어색하다. 따라서 ④를 부정의 뜻이 포함돼 있지 않은 조건의 접속사 if로 고쳐야 한다. ① 부정사의 의미상 주어 앞에 쓰는 전치사이다. ② to부정사를 부정할 때에는 부정어를 to부정사 앞에 둔다.

restoration n. 회복, 복구 on schedule 예정대로 funding n. 자금 조달

그 도시가 추가적인 자금난을 피한다면, 공원 복원 사업을 예정대로 완료하지 못할 이유가 없다.

---

25 2013 국민대 ▶▶▶ MSG p.130 ②

so ~ that ▶ 결과의 부사절인 so ~ that 구문이다. 'so + 형용사[부사] + that절'의 형태로 형용사나 부사 앞에 so가 와야 하므로 ②를 so rapidly로 고친다. ① 현재완료와 함께 쓰이는 부사구 during the past several years가 왔으므로 현재완료시제 형태인 has risen은 적절하다. ③ 수사를 사용한 시간 표현의 하나인 several years앞에는 during이 올 수 없고 for가 쓰이지만, 정관사 the를 사용한 the past several years는 특정한 기간을 나타내므로 during도 올 수 있다. ④ beyond the reach of는 '~의 손[능력]이 미치지 않는 범위에'라는 뜻으로 쓰인다.

cost n. 비용 rapidly ad. 급격하게 beyond the reach of ~의 손이 미치지 않는 범위에

대학 교육비용이 지난 몇 년 동안 너무나 급속히 올라서 대학 교육비용은 현재 많은 사람들이 감당하기 어렵다.

---

26 2006 한성대 ▶▶▶ MSG p.122, p.130 ②

적절한 접속사 표현 ▶ accordingly는 접속사가 아니라 접속부사이므로 콤마에 의해 두 절이 연결되지 않는다. 따라서 ②를 접속사인 so로 고쳐야 한다. ④에 쓰인 taken은 앞의 the scientific methods를 후치 수식하는 과거분사이다.

accordingly ad. 따라서 method n. 방법

생각과 꿈은 만지거나 볼 수 없다. 따라서 그것들은 그 당시 의사들이 취했던 과학적 방법으로는 연구하기가 매우 어렵다.

---

27 2022 홍익대 ▶▶▶ MSG p.123 ③

명사절을 이끄는 접속사 ▶ 주어가 the reason일 때 접속사 because가 이끄는 부사절은 주어에 대한 보어가 될 수 없다. 보어가 될 수 있는 것은 '명사절'이므로, ③을 명사절을 이끄는 접속사 that으로 고쳐야 한다.

confess v. 고백하다, 털어놓다 return v. 되돌려주다

그는 지난달에 누나의 집을 방문한 이유가 누나가 캐나다에서 구매했던 그림을 그에게서 돌려받기를 원했기 때문이라고 고백했다.

---

28 2004 경기대 ▶▶▶ MSG p.124 ④

whether ~ or ▶ '~인지 아닌지'라는 의미인 접속사 whether는 or와 상관적으로 쓴다. 따라서 ④를 or로 써야 한다. mean은 '의미하다'는 뜻일 경우 뒤에 동명사가 오고, '의도하다'라는 뜻일 경우엔 뒤에 부정사가 온다. 주어진 문장에서는 '의미하다'라는 뜻으로 봐야 하므로 ③은 옳은 표현이다.

conservation n. 보호 mean v. 의미하다 preserve v. 보존하다 protect v. 보호하다

보호는 최근 들어 많은 관심을 끌고 있는 논점이다. 그것은 오래된 건물을 보존하는 것을 의미할 수도 있고, 환경을 보호하는 것을 의미할 수도 있다.

---

29 2013 단국대 ▶▶▶ MSG p.129 ③

원인과 이유를 나타내는 접속사 in that ▶ so that은 목적과 결과를 나타내는 접속사이다. 문장을 그대로 두면 상인과 제조업자들이 더욱 손쉽게 상류로 상품을 보낼 수 있었기 때문에 증기선이 동력을 제공하게 되었다는 의미가 되어 해석이 어색해 진다. ③을 '~이라는 점에서, ~이므로'라는 뜻의 원인과 이유를 나타내는 접속사 in that으로 고치면 적절해 진다. ① 주어가 명시되어 있지 않은 것으로 보아, 분사구문의 주어는 상인과 제조업자들이다. 원래 문장으로 바꿔보면 Traders and manufacturers started in 1811 and ~가 된다. ② more는 형용사 또는 부사 앞에 쓰여 비교급을 만들며, easily는 '용이하게, 쉽게'라는 의미의 부사이다. 따라서 more easily는 '더욱 쉽게'라는 의미가 된다. ④

to 부정사의 to이다. to counteract이하가 앞의 명사 the necessary power를 수식한다. the power necessary to counteract ~로 나타낼 수도 있다.

upriver ad. 상류로 steamboat n. 증기선 counteract v. 거스르다; 반대로 작용하다

1811년부터 증기선이 물의 흐름과 반대로 작용하는데 필요한 동력을 제공해 주었기 때문에 상인과 제조업자들은 더욱 손쉽게 상류로 물건을 보낼 수 있었다.

---

30 2018 상명대 ▶▶▶ MSG p.131

문의 구성 ▶ ① Despite 뒤에 '주어(the ideas behind banning smoking in public places)+동사(are)+보어(good)'로 이루어진 절이 이어지는데, 전치사인 Despite는 목적어로 절을 취할 수 없으므로 부적절하다. 따라서 ①을 동일한 의미를 갖고 있으면서 절을 이끄는 접속사 Although로 고쳐야 한다. ② banning은 전치사 behind의 목적어로 쓰인 동명사이며, smoking은 banning의 목적어로 쓰인 명사이다.

ban v. 금지하다 alternative a. 대안이 되는 approach n. 접근방식 lead the way 앞장서다 harmful a. 해로운

공공장소에서 흡연을 금지하는 것 이면에 있는 생각이 좋긴 하지만, 대안적인 접근법이 취해져야 할 필요가 있다. 학교는 흡연이 흡연자에게 끼치는 해로운 영향을 토론하는 데 앞장서야 한다.

10 관계사

01 ④	02 ②	03 ①	04 ③	05 ③	06 ①	07 ④	08 ②	09 ①	10 ①
11 ①	12 ②	13 ③	14 ①	15 ②	16 ②	17 ③	18 ③	19 ①	20 ②
21 ④	22 ②	23 ②	24 ③	25 ③	26 ④	27 ②	28 ④	29 ④	30 ②

01 2013 서울여대 ▶▶▶ MSG p.139 ④

선행사를 포함한 관계대명사 what ▶ 빈칸에는 saying의 목적어가 필요하며, 빈칸 뒤에서 say의 목적어가 없으므로, 선행사를 포함하는 관계대명사로 명사절을 이끄는 역할을 하는 what이 알맞다.

as well as possible 가능한 한 잘

언어는 우리가 말하고자 하는 것을 가능한 한 잘 말하기 위한 도구이다.

02 2013 경기대 ▶▶▶ MSG p.137 ②

적절한 전치사 ▶ 빈칸 뒤에 위치한 관계대명사 which의 선행사는 extent인데, 명사 extent는 '~한 정도'라는 의미로 사용될 때 관용적으로 전치사 to와 함께 쓰므로 ②가 정답이다.

soot n. 검댕, 매연 anticipate v. 기대하다 environmental a. 환경의 battle v. 싸우다 extent n. 정도, 범위

새로운 매연 (배출) 기준은 환경 단체와 기업의 기대와 걱정을 크게 모아왔는데, 이들은 그 새로운 기준이 국민 건강을 보호하게 될 정도를 놓고 논쟁을 벌여왔다.

03 2002 숙명여대 ▶▶▶ MSG p.139 ①

선행사를 포함한 관계대명사 what ▶ 전체 문장의 동사는 is이고 그 앞 전체가 주어 부분이 된다. 주어 부분에서 동사는 lies이고, 주어가 없는 상태이므로 빈칸에는 절을 이끌면서 그 자체가 자신이 이끄는 절의 주어 역할을 동시에 할 수 있는 표현이 들어가야 한다. ①이 정답이다. 선행사를 포함한 관계대명사 what은 the thing(s) which의 의미이다.

lie v. (원인·책임 등이) ~에 있다 slang n. 속어 exuberance n. 풍부 excess n. 과다

주로 속어의 발생 원인이 되는 것은 단지 일종의 언어적 풍부 즉, 단어를 만들어내는 힘의 과다이다.

04 2006 삼육대 ▶▶▶ MSG p.136 ③

소유격 관계대명사 whose ▶ 빈칸 앞뒤로 각각 절이 주어져 있으므로 빈칸에는 접속사의 기능을 할 수 있는 표현이 들어가야 한다. 빈칸 뒤에 명사가 주어져 있으므로, 소유격 관계대명사 whose가 정답이 된다.

keystone n. 중추, 중심 absence n. 부재, 결핍 have an effect on ~에 영향을 미치다 ecological system 생태계

중심 종(種)이란 사라지게 되면 생태계 전체에 커다란 영향을 끼치게 되는 식물이나 동물의 종(種)을 말한다.

05 2003 경희대 ▶▶▶ MSG p.139 ③

선행사를 포함한 관계대명사 what ▶ 빈칸에는 뒤 문장의 동사인 is의 주어와 앞 문장의 동사구 look for의 목적어, 그리고 두 문장을 이어주는 접속사가 필요하다. 따라서 이 모든 역할을 동시에 할 수 있는 관계대명사 what이 적절하다. what에는 선행사가 포함돼 있기 때문이다. 정답은 ③이며 빈칸 뒤의 he thinks는 삽입절이다.

look for ~을 찾다

아버지는 자신이 생각하기에 아름다운 것을 찾고 있는 중이시다.

06 2021 단국대 ▶▶▶ MSG p.135 ①

주격관계대명사 ▶ 빈칸 앞의 one은 일반적인 사람을 의미하는 명사이고 빈칸 뒤에 동사 means가 왔으므로, 사람을 선행사를 취하면서 두 절을 연결할 수 있는 주격관계대명사 ① who가 빈칸에 적절하다.

ambition n. 야망 admire v. 칭찬하다 get on in the world 출세하다, 성공하다

우리는 남자다운 남자가 되려고 하고, 친절한 친구가 되려고 하며, 자신도 성공하고 다른 사람들이 성공하는 것을 도와주려고 하는 사람의 야망을 칭찬한다.

07 2020 단국대 ▶▶▶ MSG p.143 ④

복합관계대명사 ▶ 선행사가 없으므로 복합관계대명사가 적절한데, 관계사 뒤에 동사가 있으므로 주격의 복합관계대명사 ④ whoever가 빈칸에 적절하다.

have a word with ~와 잠깐 이야기를 하다, ~에게 잔소리를 하다

누구든 창문을 깬 사람하고 얘기 좀 하고 싶구나.

08 2019 가톨릭대 ▶▶▶ MSG p.144   ②

관계부사 where ▶ 선행사가 case, situation, point, circumstance 등
과 같이 공간적인 의미를 가진 표현인 경우, 이것을 '장소 개념의 확대'
로 인식하여 관계부사 where로 받는다. 이를 '전치사+관계대명사'로
나타내면 at which이다.

heat stroke 열사병 sweat v. 땀을 흘리다 cease v. 그치다 function v. 작동하
다

열사병에 걸린 사람은 몸이 스스로 식힐 수 없는 정도로까지 체온이 과열된
상태에 있었다. 이 상황에서는, 체내 온도가 41℃까지 상승했을지 모르며
땀을 흘리는 메커니즘이 작동을 멈추었다.

09 2014 서울여대 ▶▶▶ MSG p.141   ①

'관계대명사 + be동사'의 생략 ▶ 주어인 The post-Fukushima public
backlash against nuclear power에 대한 동사가 leaves이므로 빈칸부
터 reactors까지는 주어와 동사 사이에 삽입된 것이다. 따라서 ①의
evident가 정답이며, 이때 evident 앞에 which is가 생략되어 있다.

backlash n. 심한 반발 nuclear power 원자력 reactor n. 원자로
unpalatable a. 받아들이기 쉽지 않은; 입[구미]에 안 맞는

후쿠시마 재앙 이후 원자력에 대한 대중의 심한 반발은, 낡은 원자로를 폐쇄
하겠다는 독일의 결정에서 명백히 드러나는데, 많은 국가들이 내키지 않는
선택을 하도록 만들고 있다.

10 2008 숭실대 ▶▶▶ MSG p.135   ①

주격 관계대명사절 ▶ 빈칸 앞에 이미 완전한 형태의 문장이 주어져 있
으므로, ② 또는 ③과 같이 시제를 가진 동사가 다시 나와서는 안 된다.
또한 industry figures가 share하는 주체이므로 수동의 표현이 올 수
없다. 따라서 정답은 ①이 되며, 능동의 주격 관계대명사절이다.

genuine a. 진짜의; 성실한 industry figure 산업계 인사

MBA 프로그램은 교실 안에서 (산업 현장의) 경험과 조언을 (학생들과) 공유
하는 성실한 산업계 인사들을 대단히 잘 활용한다.

11 2003 가톨릭대 ▶▶▶ MSG p.11, p.135   ①

관계대명사절의 구조 ▶ 빈칸 앞에 완전한 절이 주어져 있으므로, 빈칸
이하는 an alphabet을 선행사로 하는 관계대명사절이 될 수 있다. 문
맥상, 알파벳이 26개의 글자로 이루어져 있다는 내용이 되어야 하므로
consist of를 이용하여 표현해야 한다. 정답은 ①이 된다. ②의 경우, 준
동사 단독으로는 문장의 정동사 역할을 하지 못하므로, 정답이 되지 못
한다.

consist of ~로 구성되다 consist in ~에 존재하다 letter n. 글자

영어에는 26개의 문자로 이루어져 있는 알파벳이 있다.

12 2002 경기대 ▶▶▶ MSG p.138   ②

부정대명사가 선행사로 오는 경우 ▶ 주어인 All을 선행사로 하는 관계
대명사절을 만드는 ②가 정답이 된다. 'all + the + 가산명사의 복수' 또
는 'all + the + 불가산명사의 단수' 형태로 쓰므로, ①은 어법에 맞지 않
는다. 선행사가 주어져 있으므로, 선행사를 포함한 관계대명사 what을
쓴 ③도 정답이 될 수 없으며, ④는 전치사 for의 목적어가 없으므로 부
적절하다.

continuous a. 지속적인 supply n. 공급

필요한 모든 것은 지속적인 연료용 기름의 공급이다.

13 2004 경희대 ▶▶▶ MSG p.135   ③

관계대명사 that ▶ 빈칸 앞에 완전한 문장이 주어져 있으므로, 관계대
명사절, 부사어구, 종속절 등이 이어질 수 있다. an energetic lack of
restraint를 선행사로 하는 관계대명사절 ③이 정답이 된다. ①은 관계
대명사 that의 뒤에 완전한 문장이 이어지므로 부적절하다.

restraint n. 자제력, 억제력 trouble n. 곤경

칼로(Kahlo)는 자제력이 매우 부족한 면을 드러냈는데, 그녀는 이로 인해 종
종 곤경에 빠졌다.

14 2008 동덕여대 ▶▶▶ MSG p.135   ①

주격 관계대명사 who ▶ 관계대명사의 격은 그것이 이끄는 절에서의
역할에 따라 주격, 소유격, 목적격으로 결정된다. 종속절의 동사 lost 앞
에 주어가 없으므로 주어 역할을 하는 주격 관계대명사 who를 사용해
야 하며, 목적격 관계대명사 whom은 사용할 수 없다. ①을 who로 고
친다. ③ it은 a wallet을 가리킨다.

wallet n. 지갑 information desk 안내 데스크

지갑을 분실한 그 사람은 그것을 안내 데스크에서 되찾을 수 있다.

15 2006 세종대 ▶▶▶ MSG p.135   ②

관계대명사절의 구조 ▶ ① that을 동격의 명사절을 이끄는 접속사로
보면, the word와 that 이하의 내용이 같아야 하는데 그렇지 않다. 따
라서 that은 the word를 선행사로 하는 관계대명사이다. 그런데 관계
대명사 that이 자신이 이끄는 절속에서 아무 역할을 하지 못하고 있으
므로, ② use it에서 대명사 it을 삭제하면, 관계대명사 that이 use의 목
적어 역할을 하게 되어 옳은 문장이 된다.

nirvana n. 니르바나, 열반, 해탈 inner peace 내적 평화

'니르바나(해탈)'는 힌두인들이 내적 평화에 이른 느낌을 묘사하기 위해 사
용하는 단어이다.

내 생각에 그는 (모든 작가가) 탐내고 있는 그 상을 받을 가능성이 가장 높은 작가이며, 모든 사람들도 나의 말에 동의할 거라 생각한다.

16 2021 세종대 ▶▶▶ MSG p.145   ②

관계대명사와 관계부사의 구분 ▶ 관계대명사 뒤에는 불완전한 절이 오고 관계부사 뒤에는 완전한 절이 온다. ②의 뒤에 완전한 절이 주어져 있으므로 ②에는 관계부사가 와야 한다. ②를 장소의 관계부사 where로 고친다.

office n. 사무실 village n. 마을

그는 사무실을 산타클로스 마을에 두고 있는데, 그 곳에서 매년 100만 명 이상이 그를 방문한다.

17 2008 서강대 ▶▶▶ MSG p.135   ③

관계대명사절의 구조 ▶ 주어진 문장에서 which는 목적격 관계대명사로 쓰였고 challenges가 선행사이므로 which절 이하의 동사 have faced 목적어 자리는 비어 있어야 한다. 따라서 have faced them이 아니라 have faced가 되어야 옳다.

challenge n. 난제, 도전과제 face v. 직면하다

나는 이 대학에 온 이후로 내가 직면했던 몇 가지 난제들에 대해 쓰고 싶습니다.

18 2011 홍익대 ▶▶▶ MVP p.135   ③

목적격 관계대명사 whom ▶ 전체 구조에서 절이 두 개 등장하는데 두 절을 연결해주는 연결사가 없다. ③의 them은 immigrants를 의미하므로 이것을 선행사로 한 관계대명사가 되어야 한다. 전치사 다음이므로 목적격 whom으로 고쳐야 한다. 임금인상을 얻어내기 위한 파업이므로 ①은 for가 맞고, ④의 경우, 부분표시 명사 most of 뒤의 명사의 수에 의해 동사가 일치되는데, 주어진 문장에서 목적격 관계대명사 whom은 immigrants를 선행사로 받고 있으므로 복수동사 were는 맞는 표현이다.

strike n. 파업 wage n. 임금

임금인상을 주장하는 파업은 수백 명의 이주 노동자들이 참여했는데, 그들 중 대부분은 최저 임금 이하의 임금을 받고 있었다.

19 2004 성균관대 ▶▶▶ MSG p.136   ①

삽입절을 포함한 관계대명사의 격 ▶ one thinks[believes, supposes, guesses, says] 등이 문장에 삽입되어 있는 경우, 관계대명사의 격은 이 문장에 영향을 받지 않는다. 주어진 문장에서 I believed는 삽입절로 쓰였고, 따라서 관계대명사절의 주어가 없으므로 주격 관계대명사가 필요하다. ① whom을 who로 고쳐준다.

be likely to ~할 것 같다 covet v. 몹시 탐내다

20 2022 중앙대 ▶▶▶ MSG p.137   ②

적절한 전치사+관계대명사 ▶ ②의 관계대명사 what 이하가 완전한 절이므로 틀렸다. '그 접근법에서는(in that approach) 그들이 ~를 더 강조하는' 것이므로 in what을 in which로 바꾸어야 한다.

tour operator n. 투어 담당자 eco-tour n. 생태관광 approach n. 접근법 falls n. 폭포

앙헬 폭포 생태 관광 투어의 담당자들은 앙헬 폭포 자체보다 (폭포가 속한) 공원과 그곳 사람들을 더 강조하는 흥미로운 접근법을 취한다.

21 2020 단국대 ▶▶▶ MSG p.139   ④

관계대명사 what ▶ ④에서 which는 선행사가 없으므로 적절하지 않으며, 따라서 선행사를 포함하는 관계대명사 what을 써야 한다. ④를 from what으로 고친다.

innovation n. 혁신, 쇄신 graduate v. 졸업하다 be different from ~와 다르다

기술 혁신이 너무나 빨라서 그들의 학생들이 졸업할 때쯤이면 오늘날 우리가 보는 것과는 전혀 다른 직업의 세계에 직면하게 될 것이다.

22 2004 경기대 ▶▶▶ MSG p.138   ②

관계대명사 which ▶ 주어진 문장에서 관계대명사 who의 선행사는 '사스(SARS)'이다. 이것은 사물이므로, who가 아닌 which를 써야 한다. 따라서 정답은 ②가 된다. ③은 기준 시점보다 앞서 일어난 일을 나타내 주는 역할을 하며, originate는 자동사이다.

aggressively ad. 공격적으로, 정력적으로 originate v. 비롯하다, 시작되다

중국은 2002년 말에 광동성에서 처음 발생한 것으로 여겨지고 있는 사스(SARS)에 대한 시약(試藥)과 함께 백신이 될 수 있는 것을 왕성하게 연구해 왔다.

23 2017 중앙대 ▶▶▶ MSG p.137   ②

부분명사 + of which ▶ 접속사가 없어서 두 절이 연결될 수 없다. ②를 half of which로 고치면 hearing aids를 선행사로 한 관계대명사 which에 의해 두 절이 연결된다. ①을 삭제하여 분사구문으로 만들면 half가 무엇 중의 half인지 모호한 문장이 된다.

hearing aid 보청기 implant v. 심다, 이식하다 approximately ad. 대략

100만 개 이상의 보청기들이 전 세계적으로 이식되었는데, 그 중 대략 절반이 1살 미만의 아이들에게 이식되어 있다.

24 **2011 국민대** ▶▶▶ MSG p.137 ③

전치사 + 관계대명사 ▶ beyond where ~ to go는 앞의 명사 ethical limits를 수식하는 관계대명사절로, 전치사 beyond의 목적어가 빠진 불완전한 문장이므로 관계부사 where가 아니라 전치사의 목적어로 선행사 ethical limits를 받는 목적격 관계대명사 which가 와야 한다. ③ beyond where를 beyond which로 고친다. 참고로 there 이하의 문장을 분석해보면, There are ethical limits. Many economists and politicians are reluctant to go beyond ethical limits.의 두 문장이 선행사를 ethical limits로 하는 목적격 관계대명사 which를 사용하여 연결된 것이며 전치사 beyond는 관계대명사 앞에 위치할 수 있으므로 beyond which가 된 것이다. ② there is[are] 구문에서 동사는 뒤의 주어인 명사에 일치시키는데 ethical limits가 복수명사이므로 복수동사 are가 온 것이다.

eliminate v. 제거하다, 폐지하다 ethical a. 윤리적인 economist n. 경제학자
go beyond ~의 범위를 넘다

사회 보장 프로그램을 폐지해서 인플레이션을 조절하려는 데 있어서, 많은 경제학자들과 정치인들이 넘기를 꺼려하는 윤리적 한계들이 있다.

25 **2009 서강대** ▶▶▶ MSG p.135 ③

주격 관계대명사 who ▶ 주어진 문장의 관계대명사절의 동사 master의 주체는 '사람'이어야 하므로, ③의 선행사는 바로 앞의 English가 아니라 nonnative speakers이다. 선행사가 사람이므로, ③은 who가 되어야 옳은 표현이 된다. ②는 앞의 명사를 후치 수식하는 과거분사이다.

bilingual education 2개 국어 병용 교육 refer to ~을 가리키다 native speaker 모국어로 하는 사람, 원어민

'2개 국어 병용 교육'이라는 말은 아직 외국어로서 영어를 숙달하지 못한, 영어가 모국어가 아닌 사용자를 교육시키기 위해 고안된 프로그램을 가리킨다.

26 **2020 경기대** ▶▶▶ MSG p.135 ④

문의 구성 ▶ ④는 which가 이끄는 관계대명사절의 동사 자리이므로 시제를 가진 정동사가 와야 한다. 그런데 선행사인 winter events가 복수이므로, 수를 일치시켜 ④를 include로 고쳐야 한다.

mountainous a. 산이 많은, 산지의 snowfall n. 강설, 강설량 venue n. 개최지
proper a. 적당한 meet v. (의무·조건 따위를) 충족시키다 sledding n. 썰매타기

동계 올림픽 개최지로는 항상 적설량이 많은 산악 국가들이 선정되는데, 이는 스키와 썰매를 포함한 동계 종목들을 치르기에 적합한 조건을 충족시켜야 하기 때문이다.

27 **2009 경기대** ▶▶▶ MSG p.137 ②

관계대명사절의 구조 ▶ 관계대명사는 접속사와 대명사 역할을 하므로 그 뒤에 불완전한 절을 취한다. 주어진 문장에서, 관계대명사 who는 뒤에 위치한 전치사 for의 목적어 역할을 하므로 ②는 불필요하다. 한편, 주어진 문장에 쓰인 관계대명사 who는 전치사의 목적어이므로 whom으로 쓰는 것이 일반적이나, 구어체 혹은 비격식체 문장에서는 who로 쓰기도 한다는 것을 참고하도록 한다.

full-time a. 정규직의 benefits n. 수당 part-time a. 비정규직의

우리가 수당을 지불해야 하는 정규 직원들의 수를 제한하고 더 많은 비정규직 직원들을 고용하게 되면 비용을 상당히 줄이고 이익을 늘릴 것이다.

28 **2017 경기대** ▶▶▶ MSG p.136 ④

관계대명사의 올바른 격 ▶ 관계대명사의 격은 자신이 이끄는 절 안에서의 역할에 의해 결정된다. 주어진 문장에서 ④는 동사 enhance의 주어 역할을 하고 있으므로 소유격 관계대명사가 아닌 주격 관계대명사를 써야 한다. ④를 which 혹은 that으로 고친다.

comparison n. 비교 enhance v. 향상시키다 prospect n. 전망

정부가 개인의 사회적·경제적 전망을 향상시키는 효과적인 정책을 모색해감에 따라 국가 간의 비교에 점점 더 많은 관심을 쏟고 있다.

29 **2009 세종대** ▶▶▶ MSG p.135 ④

목적격 관계대명사 which ▶ ④ 앞에 선행사가 존재하므로 선행사를 포함한 관계대명사 what은 적절하지 않다. 동사 learn의 목적어가 없으므로 what을 목적격 관계대명사 which로 고친다.

aspiring a. 장차 ~가 되려는, 야심이 있는 accomplished a. 기량이 뛰어난

당신이 야심찬 초보 요리사이든 조예가 깊은 가정 요리사이든 간에, 이 책은 지금까지 당신이 요리 수업시간에만 배울 수 있었던 비결과 조언, 내부 비법에 대한 매우 귀중한 자료이다.

30 **2008 한국외대** ▶▶▶ MSG p.139 ②

정비문 ▶ ②에서 that을 what으로 바꾸어야 what she was, 즉 '과거의 그녀'라는 의미가 된다. ①에서 that which는 관계대명사 what과 같은 의미이고 '~것'이라고 해석한다.

surprising a. 놀라운 ridiculous a. 우스꽝스러운

① 그녀는 해야 할 일을 했다.
② 그녀는 과거의 그녀가 아니다.
③ 너는 그러한 일을 해서 화났니?
④ 그것은 그렇게 놀라운 일은 아니다.
⑤ 그가 이와 같이 행동하는 것은 우습다.

10 관계사

01 ①	02 ①	03 ④	04 ①	05 ①	06 ③	07 ④	08 ④	09 ①	10 ①
11 ②	12 ③	13 ③	14 ①	15 ②	16 ③	17 ③	18 ①	19 ①	20 ②
21 ②	22 ④	23 ②	24 ①	25 ②	26 ④	27 ④	28 ④	29 ①	30 ②

01 2007 강남대 ▶▶▶ MSG p.137 ①

주격 관계대명사 which ▶ 빈칸 다음에 동사 was가 나오고 뒤에 또 다른 동사 has been이 나오므로 빈칸부터 fire까지는 앞의 명사 The building을 수식하는 형태가 되어야 한다. 따라서 빈칸에는 주격 관계대명사인 which가 들어가는 것이 적절하다.

destroy v. 파괴하다 rebuild v. 재건하다

화재로 소실된 그 건물은 현재 재건축되었다.

02 2005 서울여대 ▶▶▶ MSG p.139 ①

선행사를 포함한 관계대명사 what ▶ 동사 cause의 주어가 되고, 다시 절 전체가 동사 are의 보어 역할을 해야 하므로 what이 적절하다. 이때 what에는 선행사가 포함되어 있으며, 주어진 문장에서는 the things which의 개념이다. 다른 보기의 관계대명사는 모두 그 앞에 선행사가 있어야 한다.

atmospheric pressure 기압

고기압과 저기압이 기상 상태를 변화시키는 원인이다.

03 2011 강남대 ▶▶▶ MSG p.136 ④

소유격 관계대명사 whose ▶ 빈칸부터 Chinese까지 완전한 문장으로 an applicant를 수식한다. 문맥상 an applicant's language skills라는 소유격 관계이므로 빈칸에는 소유격 관계대명사 whose가 적절하다.

applicant n. 지원자 language skill 언어구사력

그 지역 매니저는 한국어와 중국어를 포함한 언어구사력이 있는 지원자를 찾아왔다.

04 2014 아주대 ▶▶▶ MSG p.139 ①

선행사를 포함한 관계대명사 what ▶ 동사 see의 목적어가 주어져 있지 않고, 두 절을 연결하기 위한 접속사가 필요한 상황이다. 따라서 선행사를 포함하는 관계대명사 what이 오는 것이 가장 적절하다.

aim n. 목적 prevent v. 방지하다

이 연구의 목적은 문제를 방지하기 위해 달리 행해질 수 있었을 것들을 알아보는 것이다.

05 2007 홍익대 ▶▶▶ MSG p.139 ①

선행사를 포함한 관계대명사 what ▶ 빈칸은 be동사의 보어 자리이므로 빈칸 이후부터 문장 끝까지 명사절을 이뤄야 함을 알 수 있다. 빈칸 뒤의 문장 you do ~ work with가 do의 목적어가 없는 불완전한 절이므로 관계대명사 what이 적합하다. 주어진 문장의 the people의 뒤에는 목적격 관계대명사 whom이 생략돼 있다.

reward n. 보상 the Police Department 경찰서

당신이 경찰서에서 얻을 수 있는 최고의 보상은 당신이 함께 근무하는 사람들과 하는 일이다.

06 2020 덕성여대 ▶▶▶ MSG p.137 ③

전치사 + 관계대명사 ▶ 관계대명사 뒤에는 불완전한 절이 온다. 빈칸 이하에 완전한 절이 주어져 있으므로 관계부사를 쓰거나 '전치사+관계대명사'를 써야 한다.

childhood n. 어린 시절, 유년기 plain n. 평야 forested a. 수목으로 뒤덮인

캐나다는 내가 어린 시절의 대부분을 보낸 곳인데, 광활한 평야와 우거진 숲을 지닌 나라이다.

07 2021 수원대 ▶▶▶ MSG p.136 ④

소유격 관계대명사 whose ▶ 빈칸 앞은 '전치사(According to)+명사'이고 dreams부터 주절이므로 빈칸부터 his까지는 many others를 수식하는 관계절인데, 'many others(선행사)의 writings'라는 소유의 의미관계이므로 빈칸에는 소유격 관계대명사인 ④가 적절하다.

theory n. 이론 precede v. ~에 앞서다 reveal v. 드러내 보이다

프로이드의 이론과 그보다 먼저 글을 쓴 다른 많은 사람들의 이론에 따르면, 꿈은 미래에 대해 아무 것도 보여주지 않는다고 한다.

적절하지 않다. '어디에 정착하든지'라는 의미가 되어야 하므로 ②가 정답이다.

settle v. 정착하다 locate v. ~의 정확한 위치를 찾아내다

사람들이 어디에 정착하든지 간에, 최초의 관심사 중 하나는 충분한 양의 수원(水源)을 찾는 것이었다.

---

08 **2005 동아대** ▶▶▶ MSG p.135 ④

관계대명사 that ▶ 이미 완전한 문장을 갖춘 주절이 있으므로 빈칸 이하는 종속절 혹은 부사구의 형태가 되어야 한다. ④ that had를 넣으면 a dining car를 꾸며주는 관계사절이 되므로 옳은 문장이 된다. ①이 들어가는 경우, 목적격 관계대명사가 생략된 형용사절, 즉 (that) it had의 형태가 되는데, 관계대명사 that절 속의 주어 it이 가리키는 바가 불확실하므로 부적절하다. ③도 마찬가지다. ②의 what had에서 what은 선행사를 포함한 관계대명사인데, 앞에 a dining car라는 선행사가 이미 있으므로 적절치 못하다. ⑤는 (which was) having을 줄인 분사형태로 문장의 구조는 틀리지 않지만 내용상 동작의 진행을 나타내는 표현을 쓸 이유가 없어 역시 최선의 답이 되지 못한다.

introduce v. 도입하다 dining car 식당차 kitchen n. 부엌

조지 풀먼(George Pullman)은 1868년 그 자체에 부엌을 갖춘 식당차를 도입했다.

---

12 **2022 세종대** ▶▶▶ MSG p.144 ③

관계부사 where ▶ the lockdown 이하가 완전한 형태의 주절이므로, 콤마 앞부분을 부사상당어구로 만드는 전치사 In이 주어져 있는 ③과 ④로 정답의 범위를 좁힐 수 있다. 그런데 the tourism ~ its GDP는 완전한 절이므로, 그 앞에는 관계대명사가 아닌 관계부사가 있어야 한다. 따라서 관계부사 where가 있는 ③이 정답이 된다.

account for ~의 비율을 차지하다 lockdown n. 엄중한 감금, 봉쇄령 layoff n. 해고 bankruptcy n. 파산 permanent a. 영구적인

관광산업이 국내총생산(GDP)의 38%를 차지하는 나라에서, 봉쇄 조치는 해고, 파산, 그리고 영구적인 폐업을 의미했다.

---

09 **2019 서울여대** ▶▶▶ MSG p.141 ①

관계대명사+be동사의 생략 ▶ The fort ~ McHenry까지가 동사 was의 주어가 되어야 한다. 따라서 '빈칸+as Fort McHenry'가 The fort를 후치 수식하도록 ①의 now known이 빈칸에 들어가야 한다. now known은 which is now known에서 '관계대명사+be동사'인 which is가 생략된 형태이다.

fort n. 요새, 보루 prior to ~이전에 guard v. 지키다, 보호하다 harbor n. 항구, 항만

지금은 맥헨리 요새(Fort McHenry)로 알려져 있는 그 요새는 1812년의 전쟁(영미(英美)전쟁(1812-15)) 전에 볼티모어(Baltimore) 항을 지키기 위해 지어졌다.

---

13 **2004 한국외대** ▶▶▶ MSG p.137 ③

전치사 + 관계대명사 ▶ 보기 가운데 공통적으로 제시돼 있는 She had grown up이 완전한 문장이므로, 관계부사 혹은 '전치사 + 관계대명사'가 이 문장의 앞에 있어야 한다. 선행사가 society로 장소이므로, 관계대명사 which 앞에는 전치사 in이 적절하다. ①과 ④는 접속사가 없으므로 앞의 문장과 연결될 수 없다.

author n. 저자 thoroughly ad. 완전히, 철저히

그 작가는 그녀가 성장해온 사회를 충분히 이해했다.

---

10 **2004 동아대** ▶▶▶ MSG p.137 ①

전치사 + 관계대명사 ▶ 완전한 두 문장이 이어지고 있는데, 뒤의 문장에서 비가 내리는 곳은 a region이므로 이것을 선행사로 하는 관계부사가 들어갈 수 있다. 장소의 관계부사 where는 in which로 바꿔 쓸 수 있으므로 ①이 정답이다. 나머지 보기들은 모두 동사를 포함하고 있으므로, 동사의 중복이 일어나게 되어 정답이 될 수 없다.

desert n. 사막 describe v. 묘사하다 rainfall n. 강수량

사막이란 강수량이 1년에 평균 10인치도 채 안 되는 지역을 말한다.

---

14 **2004 세종대** ▶▶▶ MSG p.139 ①

선행사를 포함한 관계대명사 what ▶ 전치사의 목적어가 될 수 있는 것은 명사상당어구이다. 따라서 정답은 ①이 되며, what은 선행사를 포함하고 있는 관계대명사로서 명사절을 이끈다. ②와 ③은 전치사 of 뒤에 절이 위치하게 되어 부적절하다.

site n. 위치, (사건 따위의) 장소

델라웨어 인디언들은 유럽인들이 도착하기 훨씬 이전에 지금의 필라델피아(Philadelphia)에 해당하는 곳에 살았다.

---

11 **2004 세종대** ▶▶▶ MSG p.146 ②

복합관계부사 wherever ▶ 문장의 주절은 one of 이하이므로, 빈칸에는 종속절을 이끌 수 있는 접속사와 종속절의 주어가 들어가야 한다. ①이나 ③이 들어가는 경우에는 접속사 없이 두 문장이 나열되게 되어

---

15 **2004 아주대** ▶▶▶ MSG p.144 ②

관계부사 how ▶ '방법'을 나타내는 관계부사 how는 풀어서 쓰면 the way in which 또는 the way that이다. 그러므로 the way how라고

쓰면 the way가 중복된 표현이 된다. 따라서 ② how를 삭제하거나 in which 또는 that으로 고쳐야 한다. 전체 문장은 It ~ that 강조구문이다.

draw a picture 그림을 그리다 unique a. 독특한, 독자적인

수잔(Susan)을 다른 사람과 차별화시키는 것은 다름 아닌 그녀의 그림 그리는 방법이다.

16 2021 수원대 ▶▶▶ MSG p.137   ③

관계대명사 앞의 전치사 ▶ 관계대명사 뒤에 완전한 절이 왔으므로 옳지 않다. 따라서 관계대명사 앞에 전치사가 있어야 하겠는데, 선행사 the degree가 관계절 안에서 to the degree(~할 정도로)로 쓰이므로 ③을 to which로 고쳐야 한다.

degree n. 정도 culture shock 문화 충격(준비 없이 다른 문화를 접할 때 받는 당황)

문화 충격이 각 개인에게 영향을 미치는 정도는 사람마다 크게 다르다.

17 2003 계명대 ▶▶▶ MSG p.138   ③

관계대명사 that ▶ ③ what은 선행사를 포함한 관계대명사이다. 주어진 문장에 the only kind of buffalo라는 선행사가 존재하고 있으므로 what을 쓴 것은 잘못이다. 선행사에 the only가 있음에 유의하면, that이 와야 적절함을 알 수 있다.

buffalo n. 들소 tame v. 길들이다; 복종시키다

물소는 들소 가운데 사람에 의해 길들여져 온 유일한 종(種)이다.

18 2004 광운대 ▶▶▶ MSG p.136   ①

소유격 관계대명사 whose ▶ 문맥상 red car는 주어인 The woman의 것이다. 따라서 ① of whom을 소유격 관계대명사인 whose로 고쳐야 한다.

park v. 주차하다 prominent a. 저명한 lawyer n. 변호사

우리 집 앞에 주차된 빨간 차의 주인인 그 여자는 이 도시의 저명한 변호사이다.

19 2005 세종대 ▶▶▶ MSG p.138   ①

관계대명사 that ▶ 관계대명사 what은 선행사 없이 what 뒤에 '동사'가 나오는 경우 주격 관계대명사 역할을, what 뒤에 '주어 + 동사'가 나오는 경우 목적격 관계대명사 역할을 한다. 그런데, 주어진 문장에는 앞에 sound라는 선행사가 이미 주어져 있으므로, what을 써서는 안 된다. 선행사에 every가 있으므로 that이 가장 적합하다.

represent v. 표현하다 by means of ~에 의하여, ~으로 phonetic alphabet 음성 기호

인간의 언어에서 생기는 모든 소리는 음성 기호로 표현될 수 있다.

20 2008 명지대 ▶▶▶ MSG p.137   ②

전치사 + 관계대명사 ▶ ② 이하에 완전한 형태의 절이 주어져 있으므로, 관계대명사 which의 문법적 역할을 설명할 수 없는 상황이다. 따라서 이것의 앞에 전치사를 두어, which가 전치사의 목적어가 되게 하면, 앞서 언급한 문법적 문제가 해결된다. 물건을 회사로부터 구매하는 것이므로 전치사 from을 써주는 것이 적절하다. 따라서 ②를 from which로 고치면 옳은 문장이 된다. ④ that은 something을 선행사로 하는 주격 관계대명사이다.

letter of complaint 항의서 purchase v. 구입하다 work v. 작동하다

네가 작동이 잘 안 되는 물건을 최근에 구입한 회사에 항의서를 써서 보내라.

21 2022 세종대 ▶▶▶ MSG p.139   ②

선행사를 포함하는 관계대명사 what ▶ ②의 앞에 선행사가 주어져 있지 않으므로, ②의 자리에는 선행사를 포함하고 있는 관계대명사가 들어가야 한다. ②를 what으로 고친다.

assemble v. 모으다, 집합시키다 definitive a. 가장 확실한 architecture n. 건축술, 건축양식

1932년, 뉴욕의 현대 미술관은 현대 건축을 명확히 보여줄 의도가 가장 확실한 것(전시물)을 모았다.

22 2007 건국대 ▶▶▶ MSG p.144   ④

the way in which ▶ ④에서 선행사 the way가 관계대명사절 안에서 in the way(그런 방식으로)라는 부사어로 쓰이기 때문에 관계대명사 which 앞에 전치사 in을 넣어 ④를 way in which로 고쳐야 한다.

speech n. 말; 연설 means n. 수단 share v. 공유하다 pass on ~에게 전하다

의사소통의 한 수단으로서의 말은 문화가 공유되고 전수되는 방법이기 때문에 대단히 중요하다.

23 2021 한국외대 ▶▶▶ MSG p.140   ②

목적격 관계대명사의 생략 ▶ 문맥상 아이들이 '원하는' 비디오 게임이 되어야 하므로, ②를 정동사인 want로 고쳐주어야 하는데, 이때 video games와 the kids 사이에는 목적격 관계대명사 that이 생략돼 있다. ③의 acknowledging은 등위접속사 and에 의해 not seeing과 병치된 형태이다.

acknowledge v. 인정하다 browse v. 상품을 천천히 구경하다

아이들이 원하는 비디오 게임은 쳐다보지도 않고, 그 비디오 게임 중 어떤 것도 우리한테는 확실히 필요하지 않다고 인정하고서, 나는 장난감 파는 곳에서 천천히 구경을 계속했다.

24　2021 단국대　▶▶▶ MSG p.135　①

사람을 선행사로 하는 주격관계대명사 who ▶ ①에 쓰인 관계대명사 which의 선행사인 The baseball fan은 사람이므로, 선행사가 사물인 경우에 쓰이는 which를 쓸 수 없다. 따라서 ①을 선행사가 사람인 경우 사용하는 주격관계대명사 who로 고쳐야 한다.

stadium n. 경기장　camp v. 야영하다; 진을 치다　box office 매표소
sidewalk n. 보도

월드시리즈 입장권을 사기 위해 경기장에 가장 먼저 도착한 야구팬은 첫 경기 전 이틀 동안 매표소 옆에 있는 보도에서 텐트를 치고 야영을 했다.

25　2004 서울여대　▶▶▶ MSG p.144　②

관계부사 when ▶ 접속사 없이 2개의 절이 이어지고 있으므로 비문법적인 문장이다. ②를 1787년을 선행사로 하는 관계부사 when으로 고쳐주어야 한다. 관계부사는 '접속사 + 부사'의 역할을 하기 때문이다. ③에 쓰인 remains는 '유물, 유적'이라는 의미의 명사이다.

history n. 역사　planner n. 설계자　ancient a. 고대의　remains n. 유물, 유해

역사의 몇 가지 작은 아이러니들 중 하나가 1787년에 발생했는데, 그 해에 오하이오(Ohio) 주 매리에타(Marietta)의 설계자들은 그들이 새로 건설하고 있는 도시 한가운데에서 고대 유물 몇 점을 발견했다.

26　2002 숭실대　▶▶▶ MSG p.138　④

계속적 용법의 관계대명사 which ▶ that은 계속적 용법으로 쓰일 수 없는 관계대명사이다. 따라서 ④는 which means로 바뀌어야 한다.

adolescence n. 사춘기　derive v. ~에 기원을 두다(from)　maturity n. 성숙, 완성

사춘기는 삶에서 유년기와 성인기 사이의 시기이다. 사춘기라는 단어는 라틴어 'adolescere'에서 유래했는데, 그것은 '성숙하다'라는 의미이다.

27　2013 서울여대　▶▶▶ MSG p.139　④

관계대명사 what + 불완전한 절 ▶ 관계대명사 what절 뒤에는 항상 절의 요소 중 주어, 목적어, 혹은 보어가 생략되는 불완전한 상태여야 하는데 다음의 절에서는 완전한 상태이다. 관계대명사 what이 지칭하는 것이 it이므로 정답이 되기 위해 ④의 it을 삭제해야 한다. ① it이 가리키는 것은 brain이다. ② allowing은 분사구문으로서 능동형으로 쓰였으므로 현재분사로 옳게 쓰였다. ③ enter는 allow가 5형식으로 쓰여 목적보어의 역할을 하고 있으므로 to 부정사는 옳은 표현이다.

brain n. 두뇌　replay v. 재현하다　psychologist n. 심리학자　virtual reality 가상현실

우리가 자는 동안, 두뇌는 그것이 깨어있는 동안 경험했던 활동 양식을 재현한다고 연구는 보여주는데, 이런 재현은 우리를 어느 심리학자가 이른바 신경가상현실이라고 부르는 것으로 들어가게 해준다.

28　2019 단국대　▶▶▶ MSG p.137　④

관계대명사 who ▶ 주격관계대명사인 ④의 선행사는 this country가 아니라 thousands of other families이다. 이것은 사람이므로, ④를 who로 고쳐야 한다.

nightmare n. 악몽　movie n. 영화; 영화관　church n. 교회

5년 전 12월의 그 날 이후, 쇼핑몰, 영화관, 클럽, 교회에서 사랑하는 사람들을 잃은 이 나라의 다른 수천 명의 가족들이 후크(Hook) 가족의 악몽을 느꼈다.

29　2021 동국대　▶▶▶ MSG p.144　①

관계대명사와 관계부사의 구분 ▶ 불완전한 절과 함께 쓰이는 관계대명사 which 다음에 완전한 절이 와서 틀렸다. 따라서 ①을 완전한 절을 이끄는 관계부사 where로 고쳐야 한다.

conservative a. 보수적인　patrol v. (도로 등을) 순찰하다　enforce v. 시행하다
segregation n. 분리　cashier n. 계산원

남녀 간의 분리를 시행하기 위해 종교 경찰이 도로를 순찰하는 사우디아라비아의 보수적인 사회에서, 여성은 판매원이나 계산원처럼, 남성과 접촉하게 되는 공공장소에서 일하는 것이 허락되지 않는다.

30　2006 계명대　▶▶▶ MSG p.137　②

정비문 ▶ ②의 The bed I slept last night에서 I slept last night는 문장 앞에 which[that]가 생략된 관계사절로서 선행사 the bed를 수식한다. 관계사절은 관계대명사를 포함하여 항상 완전한 절이 되어야 한다. sleep은 자동사이므로 생략된 관계대명사 which[that]를 목적어로 취할 수 없다. sleep 뒤에 in을 추가해야 목적어를 취할 수 있게 된다. 따라서 I slept in last night가 옳은 표현이다.

embarrass v. 당황하게 만들다　comfortable a. 편안한　recommend v. 추천하다

① 당신은 쉽게 당황합니까?
② 내가 어젯밤 잠을 잤던 그 침대는 그렇게 편안하지는 않았다.
③ 그 두 음식점은 모두 비싸지 않다.
④ 우리는 그 호텔에서 머물렀는데, 존(John)이 추천해준 것이었다.

10 관계사

01 ②	02 ②	03 ②	04 ②	05 ③	06 ⑤	07 ④	08 ①	09 ②	10 ①
11 ①	12 ①	13 ④	14 ③	15 ③	16 ③	17 ⑤	18 ④	19 ③	20 ③
21 ④	22 ③	23 ④	24 ②	25 ③	26 ②	27 ③	28 ②	29 ④	30 ③

01 2022 단국대 ▶▶▶ MSG p.138   ②

관계대명사절의 동사 수일치 ▶ 관계대명사절의 동사의 수는 선행사에 일치시키는데, 주어진 문장의 경우 which의 선행사가 앞 절의 목적어인 the record이므로 단수동사로 받아야 한다. 따라서 ②가 정답이 된다.

pugilist n. 권투선수; 프로 복서 knock down 때려눕히다 opponent n. 적, 상대

그 권투선수는 세 명의 상대를 때려눕힌 기록이 있는데, 이것은 아마추어 복서치고는 꽤 괜찮은 전적이다.

02 2021 단국대 ▶▶▶ MSG p.135

관계대명사 ▶ of 뒤에는 두 문장을 연결할 접속사와 함께 patients를 가리키는 대명사가 필요하다. 따라서 접속사와 대명사의 역할을 동시에 할 수 있는 관계대명사가 들어가야 하겠는데, 선행사가 사람이므로 whom이 적절하다.

critic n. 비평가 impose v. 부과하다 bureaucratic a. 관료주의적인 hurdle n. 장애물

비평가들은 새로운 규정이 그 프로그램에 의존하고 있는 환자들에게 탁상행정에 따른 걸림돌이 될 거라 주장하는데, 그 환자들 중 33%가 히스패닉이나 라틴계 사람들이다.

03 2022 가톨릭대 ▶▶▶ MSG p.139   ②

관계대명사 what ▶ 빈칸에는 전치사의 목적어가 될 수 있는 명사상당어구가 필요한데, 관계대명사 what은 선행사를 포함하고 있는 관계대명사로 명사절을 이끌 수 있다. 참고로 'what is now+지명'은 '지금은 ~인 곳, 오늘날의 ~'이라는 의미로 사용된다.

working class 노동자 계급 immigrant n. (다른 나라로 온) 이민자 present v. 제시하다 fascinating a. 대단히 흥미로운 view n. 견해

지금은 슬로바키아인 곳에서 이민 온 노동자 계급 이민자의 아들인 앤디 워홀(Andy Warhol)은 20세기 미국 문화에 대한 대단히 흥미로운 견해를 제시했다.

04 2021 덕성여대 ▶▶▶ MSG p.137

전치사 + 관계대명사 ▶ 빈칸 뒤에 완전한 절이 왔으므로 관계부사나 '전치사+관계대명사'의 형태가 와야 한다. 선행사인 situations는 '장소 개념의 확대'에 해당하므로 관계부사 where나 in which로 받는다. 따라서 빈칸에는 ② in which가 적절하다.

situation n. 상황 heal v. 치료하다 patient n. 환자

환자를 치료하는 최선의 방법이 그가 평화롭게 죽도록 돕는 것인 상황이 있다.

05 2021 단국대 ▶▶▶ MSG p.135   ③

관계대명사 ▶ 절을 연결할 접속사와 volunteers를 받는 대명사가 필요하다. 따라서 접속사와 대명사의 역할을 동시에 할 수 있는 관계대명사가 정답이 되는데, 선행사가 사람이므로 ③ whom이 정답으로 적절하다.

rely on ~에 의지하다 volunteer n. 자원봉사자 retire v. 은퇴시키다

일반적으로, 푸드 뱅크들은 자원봉사자들에 의존하는데, 이들 중 대부분은 은퇴한 사람들이다.

06 2004 동아대 ▶▶▶ MSG p.136

소유격 관계대명사 whose ▶ 관계대명사의 격은 자신이 이끄는 절에서의 역할에 의해 결정된다. 주어진 문장에서는 선행사인 Billie Holiday와 unique singing style이 소유의 관계이므로 소유격 관계대명사가 들어가는 것이 적절하다. ①도 그 자체로는 소유의 개념을 이룰 수 있으나, 뒤에 made라는 동사가 주어져 있으므로, 관계사절의 동사가 2개가 되는 결과를 초래하게 되어 정답이 될 수 없다.

singing style 창법 famous a. 유명한

독특한 창법으로 유명한 빌리 홀리데이(Billie Holiday)는 레이디 데이(Lady Day)로도 알려져 있었다.

07 2017 한국산업기술대 ▶▶▶ MSG p.139

선행사를 포함한 관계대명사 what ▶ 빈칸에는 is의 보어가 되는 명사절을 이끄는 역할과 자신이 이끄는 절 안에서 주어가 되는 역할을 동시

에 할 수 있는 표현이 들어가야 한다. 따라서 선행사를 자체에 포함하고 있는 관계대명사 what이 정답이 되며, 이때 what은 the thing which의 의미이다.

experience n. 경험 happiness n. 행복

그는 돈이 사람에게 행복을 주는 것이 아니라는 것을 경험을 통해 알고 있다.

---

08 2003 아주대 ▶▶▶ MSG p.144 ①

관계부사 where ▶ 선행사가 family houses로 장소이고, most fire deaths가 주어, occur가 동사로 빈칸 뒤에 완전한 문장이 왔으므로 관계부사 where가 적절하다.

fire safety 화재 안전 death n. 죽음 occur v. 발생하다

화재로 인한 사망 사건의 대부분이 발생하는 가정 내의 화재 안전은 지키기가 쉽지 않다.

---

09 2003 경희대 ▶▶▶ MSG p.141 ②

주격 관계대명사 who ▶ 콤마 사이의 I am sure는 삽입절이다. 뒤에 do라는 복수동사가 온 것으로 보아, 빈칸에는 those men을 선행사로 하는 주격 관계대명사 who가 오는 것이 적절하다.

do one's best 최선을 다하다 difficult a. 힘든, 어려운

내가 확신하건대, 그는 가장 힘든 때에도 항상 최선을 다하는 사람들 중 하나이다.

---

10 2006 명지대 ▶▶▶ MSG p.138 ①

관계대명사 which ▶ 두 절 사이에 접속사가 없으므로 관계대명사를 사용해서 연결해야 한다. 선행사가 사물인 reasons이므로 관계대명사는 which나 that을 써야 한다. 그러나 that은 계속적 용법으로 쓸 수 없고 또 전치사 다음에 쓸 수도 없으므로 which가 적절하다. 그리고 which 앞의 전치사로는 '~중에'의 뜻인 of가 적절하다.

valid a. 근거가 확실한, 타당한; 유효한

그는 여러 이유를 댔지만, 그중에서 타당한 것은 몇 개에 불과했다.

---

11 2004 계명대 ▶▶▶ MSG p.142 ①

유사관계대명사 as ▶ 선행사에 such, the same, as 등이 올 때에는 as를 유사관계대명사로 쓸 수 있다. 따라서 ①이 정답이 된다. 주어진 문장에서 관계대명사 that을 쓰는 경우에는, '두 달 전에 잃어버린 바로 그 물건'을 사려고 한다는 의미가 되어 부적절하다. cf.) This is the same watch as I lost yesterday.(이것은 내가 어제 잃어버린 것과 같은 종류의 시계이다.=같은 종류의 물건) This is the same watch that I lost yesterday.(이것은 내가 어제 잃어버린 바로 그 시계이다.=동일한 물건)

necklace n. 목걸이 lose v. 잃어버리다

안젤리나(Angelina)는 그녀가 두 달 전에 잃어버렸던 것과 같은 종류의 목걸이를 사려고 애쓰고 있다.

---

12 2009 단국대 ▶▶▶ MSG p.138 ①

관계대명사 which ▶ 문장의 주어는 Nitrogen gas이고 동사는 is이다. 따라서 또 다른 주어나 동사를 제시하고 있는 ③과 ④는 정답이 될 수 없다. ②는 which 다음이 완전한 절의 형태이기 때문에 it을 삭제해야 한다. 따라서 ①의 which makes가 빈칸에 적절하다.

nitrogen n. 질소 make up 구성하다 atmosphere n. 대기 constantly ad. 항상

대기의 약 78퍼센트를 구성하는 질소 가스는 식물과 동물이 항상 이용하고 있다.

---

13 2004 건국대 ▶▶▶ MSG p.138 ④

관계대명사 that ▶ Greeting cards ~ written messages까지 이미 완전한 문장이 이루어져 있으므로, 빈칸 이하는 수식어구나 종속절을 이루어야 한다. 따라서 the written messages를 선행사로 하는 주격 관계대명사와 동사가 주어져 있는 ④가 정답이 된다. ③의 경우, 주절의 시제를 기준으로 앞으로 일어날 일에 대한 것을 언급하는 개념이 되므로 six centuries before the birth of Christ와 호응하지 못한다.

trace v. 추적하다; 출처를 조사하다 accompany v. 동반하다 century n. 세기

기원전 6세기 이집트의 신년 선물에 덧붙여졌던 메시지에서 연하장의 기원을 찾을 수 있다.

---

14 2004 동국대 ▶▶▶ MSG p.137 ③

앞의 명사를 수식하는 관계대명사절 ▶ 문장의 주어는 The many people이고 동사는 must be willing to이다. 이미 완전한 문장이 주어져 있으므로, 빈칸은 주어를 수식하는 형용사절인 관계대명사절이 되어야 한다. 따라서 ③이 정답이 된다.

be willing to do 기꺼이 ~하다 commute v. 통근하다, 통학하다

시골에서 살기 원하는 많은 사람들은 장거리 통근도 기꺼이 감수하려 할 것임에 틀림없다.

---

15 2004 영남대 ▶▶▶ MSG p.144 ③

관계부사 where ▶ 주격 관계대명사와 목적격 관계대명사 뒤에는 불완전한 문장이 이어지는 반면, 주어진 문장에서는 ③ which 뒤에 완전한 문장이 이어지므로 which를 쓴 것은 잘못이다. the estates는 장소를 나타내므로 ③을 관계부사 where로 고치는 것이 적절하다. 관계부사는 '전치사 + 관계대명사'로 고칠 수 있으므로 in which로 써도 무방하다.

be free to do 자유롭게 ~하다 estate n. (넓은) 토지, 땅

그들은 태어난 곳을 떠나거나 직업을 바꾸는 것이 자유롭지 않았다.

---

16 **2003 아주대** ▶▶▶ MSG p.137 ③

주격 관계대명사 which ▶ ③ where는 관계부사인데, 뒤에 주어가 없
는 불완전한 문장이 이어지고 있으므로 이는 적절하지 못하다. 따라서
이것을 주격 관계대명사 which로 고쳐야 한다. ④는 a river를 가리키
는 대명사이다.

delta n. (하구의) 삼각주 mouth n. 입구 alluvial a. 충적의 border v. ~에
접하다

강의 삼각주란 강의 입구와 주변의 충적지를 가리킨다.

---

17 **2018 상명대** ▶▶▶ MSG p.139 ⑤

관계대명사 what과 which[that]의 용법 구분 ▶ ⑤의 앞에 선행사
those bread rolls가 있으므로, 그 자체에 선행사를 포함하고 있는
what을 쓸 수 없다. 따라서 what을 선행사를 동반하는 관계대명사인
which나 that으로 고쳐, ⑤를 which we had 혹은 that we had로 써
야 한다.

on one's way home 집으로 돌아오는 길에 bread roll 롤빵

집으로 오는 길에 뭐 좀 사다 줄 수 있겠어요? 저는 지난주에 우리가 먹었던
롤빵을 원합니다.

---

18 **2021 경기대** ▶▶▶ MSG p.138 ④

절을 선행사로 하는 관계대명사 which ▶ ④의 선행사는 앞 절 전체이
다. 문장이나 절을 선행사로 받을 수 있는 관계대명사는 which이므로,
④를 which로 고쳐야 한다.

recommend v. 권고하다 unfortunate a. 유감스러운

건강검진이 강력하게 권고되어 왔지만, 실제로 그것을 활용하고 있는 의사
는 거의 없다. 이것은 매우 유감스러운 일이다.

---

19 **2020 수원대** ▶▶▶ MSG p.139 ③

관계대명사 that과 what의 구별 ▶ 관계대명사로 쓰인 ③ that 앞에 선
행사가 주어져 있지 않은 점이 옳지 않다. 따라서 이것을 선행사를 자
체에 포함하는 관계대명사 what으로 고쳐야 한다.

only if ~할 경우에 한해 childhood n. 어린 시절

선천적으로 빨리 읽는 사람들이 어릴 적부터 늘 해온 것을 당신이 할 경우에
만, 속도는 영구적인 습관으로 발전될 수 있다.

---

20 **2007 가천대** ▶▶▶ MSG p.136 ③

소유격 관계대명사 whose ▶ 관계대명사 ③ which의 뒤에 명사
export이 주어져 있으므로 which를 소유격 관계대명사 whose로 고쳐
야 한다. export를 동사로 파악하고 ④를 삭제하는 방법도 고려할 수
있겠으나, 이 경우엔 선행사의 수와 관계대명사절의 동사의 수가 일치
하지 않게 되어 적절하지 못한 접근 방법이다.

port n. 항구 machinery n. 기계류 grain n. 곡물

뉴올리언스(New Orleans) 시는 주요 국제항이자 금융 중심지로, 수출품목
에는 기계류, 종이, 곡물 등이 포함된다.

---

21 **2008 중앙대** ▶▶▶ MSG p.135 ④

관계대명사절의 구조 ▶ ② 앞의 관계대명사 who가 주어 역할을 하므
로 주어를 다시 쓰면 옳지 않은 문장이 된다. ④에서 they를 삭제해야
한다.

basketball n. 농구 impose v. 부과하다 fine n. 벌금 violate v. 위반하다

농구협회는 외부 논쟁에 연루되어 협회정책을 위반하는 선수들에게 상당한
벌금을 부과한다.

---

22 **2008 중앙대** ▶▶▶ MSG p.137 ③

전치사 + 관계대명사 ▶ ③ 뒤에 문장의 주요소가 다 갖춰진 완전한 문
장이 주어져 있으므로 관계대명사 which를 쓸 수 없다. 왜냐하면 뒤의
문장이 완벽하므로 which의 문법적 역할을 설명할 수 없기 때문이다.
따라서 which 앞에 전치사를 넣어 관계대명사가 전치사의 목적어가 되
게 하면 앞서 언급한 문제점이 해결된다. which의 선행사는 prose로,
관계사절은 he published more than 15 volumes of prose이었을
것이므로, ③을 of which로 고치면 된다.

literary a. 문학의 be devoted to ~에 집중하다 prose n. 산문 volume n.
권, 책

인생의 마지막 30년 동안, 매튜 아놀드(Matthew Arnold)는 문학적 열정을
산문에 집중하여, 15권 이상의 산문집을 출판해냈다.

---

23 **2007 동국대** ▶▶▶ MSG p.139 ④

선행사를 포함한 관계대명사 what ▶ ④ 앞에 선행사가 주어져 있지
않으므로, 이것을 선행사를 포함한 관계대명사 what으로 고쳐주어야
옳은 문장이 된다. ②는 앞의 명사 resources를 후치 수식하는 과거분
사이며, ③의 주어는 the resources이다.

enter the picture 두드러지게 되다 weigh A against B A와 B를 비교하다

목적을 성취하기 위해 요구된 자원을 실제로 성취된 것과 비교해볼 때 효율
성이 드러나게 된다.

평범하지만 시적이고 강력한 언어를 통해, 제임스 리(James Lee)는 토지가 상품인 백인과 토지를 소유할 수 없는 미국 원주민들 사이의 근본적인 차이를 강조하고 있다.

24 2021 동국대 ▶▶▶ MSG p.144 ②

관계부사 where ▶ ②에 쓰인 관계대명사 이하의 절이 완전하기 때문에 관계대명사는 부적절하다. 이것을 관계부사 where나 '전치사+관계대명사'인 in which로 바꾸는 것이 적절하다.

leisure n. 여가 realm n. 영역 self-development n. 자기 개발 necessities of life 필수품 take care of ~을 돌보다, 처리하다

아리스토텔레스는 여가를 삶의 필요들이 모두 충족되었을 때 인간이 자기 개발의 자유를 얻는 영역으로 설명했다.

28 2015 경기대 ▶▶▶ MSG p.139 ②

선행사를 포함한 관계대명사 what ▶ that절은 전치사의 목적어가 될 수 없다. ②에는 전치사 on의 목적어가 되는 역할과 자신이 이끄는 절 안에서 타동사 do의 목적어가 되는 역할을 동시에 할 수 있는 것이 필요하며, 이러한 역할을 할 수 있는 것이 선행사를 포함한 관계대명사 what이다. 따라서 ②를 what으로 고쳐야 한다.

pageant n. (미인) 선발 대회 organization n. 단체 announce v. 알리다, 공표하다

미스월드 선발대회는 미스월드와 같은 직함을 갖고서 여성이 할 수 있는 것에 보다 더 초점을 맞추도록 해야 한다고 그 단체가 말하면서, 앞으로 열릴 대회들에는 수영복 심사가 포함되지 않을 것임을 공표했다.

25 2006 단국대 ▶▶▶ MSG p.140 ③

관계대명사절의 구조 ▶ 관계대명사가 목적격이면 관계절 안의 목적어 자리는 비어 있어야 한다. 선행사 something을 수식하는 관계절의 관계대명사 that은 목적격인데, experience의 목적어 자리는 비어 있어서 문제가 없으나 worry about의 목적어 자리에는 it이 있어 옳지 않다. 따라서 ③에서 it을 삭제해야 한다. it이 있으면 something과 내용상 중복이 되기 때문이다. ④는 as가 이끄는 절에서 동사로 쓰였다.

function n. 기능 memory loss 기억상실 age v. 나이가 들다

기억 기능은 이해하거나 분석하기 어렵지만, 기억 상실은 많은 사람들이 나이를 먹어가면서 경험하거나 걱정하는 부분이다.

29 2016 가천대 ▶▶▶ MSG p.139 ④

관계대명사 what ▶ what은 선행사를 포함하고 있는 관계대명사로서 that, which와 달리, 그 앞에 선행사가 없어야 한다. ④의 that은 선행사가 없으며, 관계대명사 what이 이끄는 절은 명사절로서 문장의 보어 역할을 할 수 있으므로 ④는 what이 되어야 한다.

booklist n. 추천 도서[필독서] 일람표 turn v. 변화시키다 oracle n. 현인, 철인

워렌 버핏(Warren Buffet)에게 있어 그의 아버지의 서재는 권장 도서목록과 같은 것임에 틀림없었다. 버핏이 8살이었을 때, 그는 서재에 있는 책들을 읽기 시작했다. 그의 독서 습관이 그를 '오마하의 현인'으로 변화시킨 것이었을지도 모른다.

26 2022 성균관대 ▶▶▶ MSG p.139 ②

접속사 that과 의문사 what의 차이 ▶ ②의 접속사 that절은 완결된 절이어야 하는데 need 다음에 목적어가 없어서 틀린 문장이다. 의문사 what이 이끄는 절은 understand의 목적어가 될 수 있으면서도 what이 need의 목적어이므로 what 다음이 불완전한 절이 되어 맞는 문장이 된다. 따라서 that을 what으로 고쳐야 한다.

minimal life 간소한 생활, 최소한의 것만 소유하는 생활 empty out (그릇·물건 따위를) 텅 비게 하다, 몽땅 비워 내다 mental a. 정신의

간소한 삶을 사는 것은 내가 정말로 무엇을 필요로 하는지를 더 잘 이해할 수 있게 해주었고, 물건을 비우는 것에서 오는 성취감은 정신 건강에도 긍정적인 영향을 미친다.

30 2006 한국외대 ▶▶▶ MSG p.137 ③

정비문 ▶ ③이 정답이다. 전치사가 앞에 있을 때 의문대명사는 ①에서처럼 목적격만을 써야 한다. 현대영어에서 의문사 whom은 who로 대치시킬 수 있으며, 전치사를 문두에 놓는 형식은 문어체에서만 쓰인다.

talk to ~에게 이야기하다

너는 누구와 이야기하고 싶니?

27 2014 한국외대 ▶▶▶ MSG p.137 ③

전치사 + 관계대명사 ▶ 관계대명사인 ③의 뒤에 완전한 문장이 왔으므로 옳지 않다. 한편, ③의 선행사는 the white man인데, 관계절은 원래 'Land is a commodity for the white man'이라는 문장에서 온 것이므로, ③을 for whom으로 고쳐야 한다. ④는 'between A and B' 구문에 쓰인 and이다.

plain a. 평범한 poetic a. 시적인 highlight v. 강조하다 commodity n. 상품 own v. 소유하다

11 명사

01 ④	02 ③	03 ②	04 ④	05 ③	06 ①	07 ④	08 ③	09 ①	10 ②
11 ①	12 ①	13 ②	14 ②	15 ①	16 ④	17 ③	18 ②	19 ③	20 ①

01 2020 단국대 ▶▶▶ MSG p.150   ④

집합명사의 수 ▶ 집합명사 cattle은 자체가 복수이므로 동사로 복수 동사가 와야 하며, 과거 로마시대의 농부를 언급하고 있으므로 시제도 과거여야 한다. 따라서 복수동사의 시제가 과거인 ④ were used가 빈칸에 적절하다.

ample a. 충분한 cattle n. 소; 가축 measure n. 기준, 척도

로마의 농부들은 소를 매우 많이 가지고 있었기 때문에, 소는 부의 척도로 사용되었다.

02 2022 한국공학대 ▶▶▶ MSG p.147   ③

집합명사 ▶ '판매부서원'이라는 의미의 sales force는 불가산명사이므로 단수로 취급한다. 따라서 ③ much만 답이 될 수 있다.

launch n. 출시 additional a. 추가적인 training n. 교육, 훈련, 연수

제품을 출시하기 전에 매니저들은 많은 영업 사원들에게 추가 교육을 제공해야 했다.

03 2005 영남대 ▶▶▶ MSG p.149   ②

고유명사의 보통명사화 ▶ 고유명사에는 the를 붙이지 않는 것이 원칙이지만, 고유명사라도 그 뒤에 이어지는 어구에 의해 수식을 받을 때에는 정관사 the를 붙인다. 주어진 문장에서는, '과거에 내가 알고 있던 바로 그 책(Jack)'으로 보통명사화 된 것이다.

used to do ~하곤 했다

그는 과거에 내가 알고 있었던 그 책(Jack)이 아니다.

04 2004 홍익대 ▶▶▶ MSG p.152   ④

가산명사의 수량표시 ▶ applicants는 가산명사이므로, 양의 개념인 much나 less 등으로 수식할 수 없다. 따라서 수의 개념인 fewer가 정답이 된다. all of 또는 some of 등의 표현 뒤에 명사가 올 때, 그 명사 앞에는 반드시 한정사가 있어야 하므로, ①이 정답이 되려면 All of the가 되어야 한다.

applicant n. 지원자 due to ~때문에 cut n. 삭감

자금 삭감으로 인해 올해는 훨씬 적은 지원자들을 그 프로그램에 받아들였다.

05 2013 인천대 ▶▶▶ MSG p.149   ③

전치사 + 추상명사 ▶ be동사의 주격보어로 명사나 형용사가 올 수 있는데 이 문장에서 of가 없는 ①, ②, ④는 모두 명사로 '절지동물은 중요성이다'라는 뜻이 되어 의미상 부적절해진다. 'of + 추상명사'는 형용사 역할을 해서 of significance가 'significant(중요한)'를 뜻하므로 ③이 적절하다. great economic and medical이 of와 추상명사 사이에 와서 significance를 수식하고 있는 형태이다.

arthropod n. 절지동물(곤충·거미·게 등) insect n. 곤충

곤충과 거미를 포함하는 절지동물은 경제적으로, 의학적으로 매우 중요하다.

06 2004 경희대 ▶▶▶ MSG p.152   ①

불가산명사의 수량표시 ▶ 수량형용사 few/a few는 가산명사에, little/a little은 불가산명사에 사용된다. 돈(money)은 불가산명사이므로 little/a little를 사용하는데, 문맥상 '약간의 돈'이라는 의미가 되어야 하므로, ① a little이 정답이다.

live on ~을 의지하여 살다; 계속 살아가다

그들은 그에게 약간의 돈을 줄 수 있었지만, 거기에 의지해서 살 수 있을 만큼 충분진 못했다. 그래서 그는 학업과 병행해서 일을 해야만 했다.

07 2010 강남대 ▶▶▶ MSG p.147   ④

불가산명사의 쓰임 ▶ 형용사의 수식을 받을 수 있는 것은 명사이므로 ②나 ④가 빈칸에 들어갈 수 있다. 사람명사는 가산명사이므로 부정관사(a/an)와 함께 쓰이거나 복수형(-s)으로 표시되어야 하는데 빈칸 앞뒤로 이러한 것들이 없으므로, 빈칸에는 ④가 적절하다.

reach v. (특히 전화로) 연락하다 purchase n. 구매

기술 지원이 필요하거나 구매한 물건에 대해 질문이 있으면 전화나 e메일로

연락해 주십시오.

08 2008 총신대 ▶▶▶ MSG p.147 ③

소유격의 형태 ▶ Jack and Tom's camera는 '잭과 톰 공동 소유의 카메라'라는 뜻이다. 반면 Jack's and Tom's cameras는 '잭의 카메라와 톰의 카메라'로 개별 소유를 나타낸다. That과 단수명사 house로 미루어 ③의 Lee and Kim's가 적절한 표현이다.

build v. (건물을) 짓다

저것은 이(Lee) 씨와 김(Kim) 씨 공동 소유의 새로 지은 집이다.

09 2004 아주대 ▶▶▶ MSG p.152, p.202 ①

물질명사의 수량표시 ▶ 빈칸에는 '같은 양의 맥주를'이라는 의미의 표현이 들어가야 한다. 같은 수나 양을 나타내는 표현으로 as many와 as much가 있는데, 전자는 '같은 수의'라는 수(數)의 개념이고, 후자는 '같은 양, 정도'라는 양(量)의 개념이다. 맥주는 물질명사이므로 양의 개념인 as much로 수식하는 것이 적절하다.

bottle n. 한 병 (가득한 양) beer n. 맥주

그는 와인 두 병과 맥주 두 병을 마셨다.

10 2005 경기대 ▶▶▶ MSG p.153 ②

불가산명사의 수량표시 ▶ equipment는 불가산명사이므로 그 자체를 복수형으로 만들 수 없다. 이러한 경우에는 단위 표시 조수사를 이용하여 복수 표현을 해야 한다. ② two pieces of equipment가 적절하다.

detonator n. 뇌관, 기폭 장치 nuclear device 핵폭탄

안전 조치의 일환으로, 핵폭탄의 기폭 장치는 두 개의 장비로 만들어지는데, 각각의 것은 서로 다른 직원이 통제한다.

11 2018 서강대 ▶▶▶ MSG p.147 ①

불가산명사 & 주어와 동사의 수일치 ▶ software는 불가산명사(uncountable noun)이므로 ①은 software is로 수정되어야 한다.

install v. 설치하다 on one's own 자력으로; 독립해서

그 자동차는 안에 소프트웨어가 설치되어 있어서 자율주행이 가능하다.

12 2022 서강대 ▶▶▶ MSG p.156 ①

수량명사의 용법 ▶ '백만 명의 사람'은 a million people이고, '수백만 명의 사람'은 s를 붙여 millions of people이다. 따라서 ①을 Millions

of로 고쳐야 한다.

World's Fair 만국박람회 all over the world 전 세계, 여러 나라

1964년에서 1965년까지 전 세계 수백만 명의 사람들이 뉴욕 만국박람회를 방문했다.

13 2021 서울여대 ▶▶▶ MSG p.151, p.212 ②

the number of ▶ a number of people은 '많은 사람들'이라는 뜻이고 자동사 rise는 사람을 주어로 하는 경우 '(자리에서) 일어서다'라는 뜻이므로 어색한 의미의 문장이다. 따라서 '신문을 읽는 사람들의 수가 늘어났다'라는 의미가 되도록 ②를 the number of로 고쳐야 한다. ③ reading은 people을 수식하는 현재분사이며 부사 regularly는 현재분사 reading을 수식하고 있다.

penny paper 페니페이퍼(19세기에 미국에서 처음 나온 값싼 대중지) regularly ad. 정기적으로, 일정하게 considerably ad. 상당히

1830년대 값싼 대중 신문들의 창간과 더불어, 정기적으로 신문을 읽는 사람들의 수가 크게 증가했다.

14 2020 한국외대 ▶▶▶ MSG p.159 ②

명사의 수 ▶ 부정관사 a 다음에는 단수 명사가 와야 하므로, ②를 단수인 genre로 고쳐야 한다.

frequently ad. 자주 narrative n. 이야기, 서술 literature n. 문학

성공담은 문학, 저널리즘, 스포츠와 같은 분야에서 자주 조사되는 문화적으로 공유되는 서술 장르이다.

15 2022 홍익대 ▶▶▶ MSG p.154 ①

동사의 수일치 ▶ statistics는 '통계학'이라는 의미로 쓰인 경우에는 단수로 취급하고, '통계자료'라는 의미로 쓰인 경우에는 복수로 취급한다. 주어진 문장에서는 문맥상 '통계자료'라는 의미로 쓰였으므로 복수로 취급해야 한다. ①을 show로 고친다. ② 주어는 the number이다.

statistics n. 통계학; 통계자료 upcoming a. 다가오는, 앞으로 올[나타날]

최근 통계에 따르면, 내년에 토나완다(Tonawanda)에서 새로 생겨날 학생들의 수는 2천 명 이상이 될 것으로 예상된다.

16 2004 한양대 ▶▶▶ MSG p.156 ④

막연한 수 표시 ▶ '수백, 수천, 수만'과 같이 막연히 많은 숫자를 나타낼 때에는 hundreds of, thousands of, tens of thousands of 등과 같이 복수형을 써서 표현한다. 따라서 ④는 thousands of로 써야 한다. ①과 ②는 accuse A of B 구문을 이루고 있으며, 이것은 'B에 대해 A를 비난하다'라는 의미이다.

militia n. 민병대　emergency food 비상식량　suburban a. (도시) 교외의

UN은 시 외곽에 있는 수만 명의 사람들에게 주기 위한 비상식량의 공급을 막는 민병대를 비난하고 있다.

17　**2022 경기대**　▶▶▶ MSG p.148　　　③

불가산 명사 ▶ advice는 불가산명사이므로 ③에서 부정관사 an을 삭제해야 한다. ① enjoy는 동명사를 목적어로 취한다. ② 지각동사 listen to의 목적보어로 쓰인 동사원형이다 ④ from A to B 구문에 쓰인 to이며 finding은 전치사 to의 목적어로 쓰인 동명사이다.

tune into ~로 채널을 맞추다　psychology n. 심리학, 심리　host n. 주인; (라디오, TV의) 사회자　find romance 연애를 하다

많은 사람들이 심리 팟캐스트에 채널을 맞추고 있는데, 이는 사회자들이 자녀 양육에서부터 연애에 이르는 일상의 이슈에 대해 다른 사람들에게 조언을 해주는 것을 그들이 재밌어하며 듣기 때문이다.

18　**2022 건국대**　▶▶▶ MSG p.147　　　②

동사의 목적어로 쓰인 명사 ▶ ②는 타동사 experienced의 목적어 자리인데, 뒤에 목적어가 주어져 있지 않고 수식어구의 한정을 받고 있으므로 명사로 쓰는 것이 적절하다. ②를 reduction으로 고친다. ①의 주어는 복수명사 public libraries이고, ③은 용도를 나타내는 용법으로 쓰인 동명사이며, ④는 due to의 전치사 to이고, ⑤는 앞의 명사 cuts를 후치 수식하는 과거분사이다.

operating fund 운영자금　impose v. 부과하다; 강제하다　federal a. 연방정부의, 연방제의

최근 몇 년간 미국의 공공도서관은 운영 자금이 감소하였는데, 이는 연방정부, 주(州)정부 및 지방정부의 수준에서 부과된 삭감에 상당 부분 기인한다.

19　**2020 서강대**　▶▶▶ MSG p.151　　　③

의미에 따른 명사의 올바른 쓰임 ▶ people은 '사람들'이라는 의미일 때는 그 자체를 복수로 취급하여 쓰고, '민족'이라는 의미로 쓰는 경우에는 복수 표현인 peoples가 가능하다. 주어진 문장은 '집 없이 떠도는 사람들'에 대한 내용이므로 ③에서 peoples를 people로 고쳐야 한다. ① 부사 Almost가 형용사 every를 수식하고 있다. ④ number 뒤에는 of people이 생략돼 있다.

country n. 국가　temporary a. 일시적인　accommodation n. 숙박[수용]시설

거리에서 살고 있는 소수의 사람들뿐만 아니라 임시 수용시설에서 살고 있는 사람들까지도 포함한 노숙자들의 수가 거의 모든 유럽 국가에서 증가하고 있다.

20　**2007 국민대**　▶▶▶ MSG p.152　　　①

정비문 ▶ ① butter는 불가산명사이므로 앞에 a few를 쓴 것은 옳지 않다. a few를 a little로 고쳐야 한다. ② stop은 자동사로 쓰였으며, 부정사구는 부사적 용법으로 쓰였다. ③ be used to ~ing는 '~에 익숙하다'라는 의미의 관용 표현이다. ④ 주어진 문장에서 전치사 by는 수단을 나타낸다.

queen n. 여왕　parade n. 퍼레이드, 행진　tease v. (짓궂게) 괴롭히다, 곯리다, 놀리다

① 버터 조금 사는 거 잊지 마.
② 나는 여왕의 퍼레이드를 보기 위해서 멈췄다.
③ 그녀는 여동생이 놀리는 것에 익숙해져 있었다.
④ 그 작가는 그 책을 통해 모든 사람에게 알려져 있다.

12 관사

T E S T **01**

01 ④	02 ③	03 ①	04 ④	05 ②	06 ②	07 ②	08 ①	09 ②	10 ②
11 ④	12 ③	13 ①	14 ③	15 ②	16 ②	17 ②	18 ③	19 ③	20 ①

---

01 2008 총신대 ▶▶▶ MSG p.162 ④

by the + 단위 명사 ▶ 'by the + 단위 명사'는 '~을 단위로'라는 의미를 나타낸다. ex.) We buy tea by the pound.(우리는 파운드 단위로 차를 산다.) 정관사 the를 쓰면서도 전치사는 to를 쓰는 경우도 있다. ex.) This car does thirty miles to the gallon.(이 차는 1갤런 당 30마일을 주행한다.) 따라서 ④ the hour가 정답이다.

get paid 보수[급여]를 받다

당신은 10시부터 3시까지 일하며 시간당 급여를 받게 될 것입니다.

---

02 2008 서강대 ▶▶▶ MSG p.161 ③

수식어구에 의해 한정될 때 명사 앞의 정관사 ▶ 빈칸 뒤에 of stars and planets라는 수식어구가 있으므로 정관사가 필요하다. ③ the science가 정답이다.

astronomy n. 천문학 science n. 과학; 학문 star n. 항성 planet n. 행성

천문학은 항성과 행성을 연구하는 학문이다.

---

03 2022 덕성여대 ▶▶▶ MSG p.161, p.165 ①

관사 ▶ 형용사의 최상급 앞에는 정관사가 쓰이며, 대륙의 이름 앞에는 관사가 붙지 않는다.

South America 남아메리카, 남미 (대륙)

브라질의 아마존 강은 남아메리카에서 가장 긴 강이다.

---

04 2020 이화여대 ▶▶▶ MSG p.151, p.161 ④

관사의 용법 ▶ 서로 알고 있는 대상 앞에는 정관사를 쓰므로, 첫 번째 빈칸에는 the가 들어가야 한다. 한편 bunch는 가산명사이므로, '한 다발', '한 송이'를 의미할 경우에는 앞에 부정관사를 써서 'a bunch of ~'와 같이 쓴다. 따라서 두 번째 빈칸에는 a가 적절하다.

greengrocer's n. 청과물가게 bunch n. 다발, 송이 come up with 내놓다, 제안하다

윌(Will)은 청과물 가게에 가서 청색 바나나 한 다발을 샀다. 맙소사, 다음번에는 어떤 아이디어 상품을 내놓을까?

---

05 2022 서강대 ▶▶▶ MSG p.161 ②

서수의 용법 ▶ first는 서수이므로 앞에 the를 사용한 ②가 적절하다. ③ the first of 다음에는 복수명사가 와야 한다.

space n. 우주 space shuttle 우주왕복선 launch v. 발사하다 satellite n. 위성

우주여행을 한 최초의 미국 여성인 샐리 라이드(Sally Ride)는 통신 위성을 발사하는 두 번의 우주왕복선 임무에 참여했다.

---

06 2007 총신대 ▶▶▶ MSG p.132, p.163 ②

however + 형용사 + a(n) + 명사 ▶ 종속절을 이끄는 how, however 뒤에는 형용사나 부사가 먼저 오고 '주어 + 동사'가 이어진다. how, however가 명사를 수식하는 경우에는 관사 a(n)를 형용사 뒤에 써서, 'how(ever) + 형용사 + a(n) + 명사'의 순서로 써야 한다. 따라서 ② serious a problem이 정답이다. problem은 가산명사이므로 a가 없는 ③은 정답이 될 수 없고, 주절에서 it으로 받고 있으므로, 복수(problems)로 쓰인 ④도 정답이 아니다.

work something out ~을 해결하다, ~의 답을 알아내다

아무리 심각한 문제가 있다고 해도, 당신은 곧 그것을 해결해내야 할 것이다.

---

07 2021 세종대 ▶▶▶ MSG p.163 ②

too + 형용사 + a(n) + 명사 ▶ 조동사 may 뒤에 동사원형이 와야 하고, 'so/as/too/how/ however+형용사+a(n)+명사'가 올바른 어순이다.

revenge n. 보복 redress n. 시정, 교정 self-gratification n. 자기만족 endure v. 견디다; 허용하다 hairy a. 털투성이의; 위험한

핵무기 시대에는 보복이 너무나도 위험한 형태의 시정방법이자 자기만족일 수 있어서 결코 허용돼서는 안 된다.

---

08 **2007 세종대** ▶▶▶ MSG p.164   ①

관사의 생략 ▶ 운동, 식사, 질병의 이름 앞에는 원칙적으로 관사를 붙이지 않는다. 따라서 ①을 Soccer로 고쳐야 한다. ③은 앞의 명사를 후치 수식하는 과거분사이며, ④는 앞에 being이 생략된 분사구문이다.

be made up of ~로 구성되다 player n. 선수

축구는 두 팀으로 하는 구기종목인데, 각 팀은 열한 명의 선수로 구성된다.

09 **2003 영남대** ▶▶▶ MSG p.163   ②

so + 형용사 + a(n) + 명사 ▶ 'so + 형용사 + a(n) + 명사'의 어순으로 쓰여야 하므로, ②를 so small a piece of gold로 고쳐야 한다. 더불어 'such + a(n) + 형용사 + 명사'의 어순도 함께 기억해두자. ③의 it은 가주어이며, ④의 부정사가 진주어이다.

the point 핵심, 요점 beyond one's ability 능력 이상의, 힘에 부치는

핵심은 우리가 갖고 있는 금 조각이 너무 작아서 그것을 자를 수 없을 거라는 점이다.

10 **2020 강남대** ▶▶▶ MSG p.161   ②

정관사의 용법 ▶ 앞에 나온 명사가 다시 나올 때, 혹은 이미 알고 있거나 명확히 알 수 있는 것을 말할 때에는 정관사를 쓴다. 첫 문장에서, 들어왔던 방에서 나간 것이므로, ②를 이미 언급되었던 대상 앞에 사용하는 정관사 the로 고쳐야 한다.

walk into ~안으로 걸어 들어가다 room n. 방

한 남자가 방으로 들어온 다음, 그 방(같은 방)에서 나갔다. 그러고 나서 그 남자는 그 방(같은 방)으로 돌아왔다.

11 **2009 세종대** ▶▶▶ MSG p.165   ④

불필요한 정관사 the ▶ 국가에 따라 그 이름 앞에 정관사를 붙이는 것도 있고 그렇지 않은 것도 있다. India 앞에는 정관사 the가 불필요하다. ④에서 the를 삭제한다.

Mauryan dynasty 마우리아 왕조(인도 역사상 최초의 통일왕조) dynasty n. 왕조 found v. 설립하다, 세우다 peak n. 절정, 정점 grandson n. 손자 conquer v. 정복하다

찬드라굽타 마우리아(Chandragupta Maurya)가 세웠던 마우리아 왕조는 그의 손자인 아쇼카(Ashoka) 왕의 통치하에서 그 절정기에 도달했는데, 그는 인도의 상당지역을 정복했다.

12 **2021 세종대** ▶▶▶ MSG p.164   ③

at risk of ▶ 대체로 at the risk of는 '~의 위험을 무릅쓰고'라는 의미의 부사구로 쓰이는데, 여기서는 '~할 위험에 처해 있는(at risk of)'이라는 의미의 보어로 쓰인 것이므로 ③에서 the를 삭제하고 risk of로 고쳐야 한다.

a handful of 소수의 go dark (작동 등을) 중단하다 permanently ad. 영구적으로 federal a. 연방정부의 aid n. 지원

소수의 영화관들은 이미 영구적으로 운영이 중단되었으며, 소규모 영화관의 70%는 연방정부의 지원이 없으면 문을 닫을 위험에 처해 있다.

13 **2018 서울여대** ▶▶▶ MSG p.161   ①

정관사의 용법 ▶ 형용사의 최상급 앞에는 정관사를 써야 하므로, ①을 The earliest written으로 고쳐야 한다.

locust n. 메뚜기 plague n. 전염병; (어떤 지역에 나타나 큰 손해를 끼치는 많은 수의 동물이나 곤충) 떼 Exodus n. 탈출; [성서] 출애굽기 describe v. 묘사하다 take place 발생하다

메뚜기 떼에 관한 가장 이른 문헌 기록은 아마도 출애굽기 안에 있을 것인데, 출애굽기에서는 기원전 3,500년경에 이집트에서 일어난 (메뚜기 떼의) 습격을 묘사하고 있다.

14 **2004 세종대** ▶▶▶ MSG p.161   ③

서수 앞의 정관사 the ▶ 원칙적으로 서수로 한정하는 명사 앞에는 정관사 the를 쓰므로, ③ was first를 was the first로 고쳐야 한다.

establish v. 설립하다 classical a. 고전주의의, 고전적인 secondary school 중등학교

보스턴 교육 위원회는 1821년에 영어고전학교를 설립했는데, 그것은 미국 최초의 공립중등학교였다.

15 **2017 서울여대** ▶▶▶ MSG p.163   ②

관사의 위치 ▶ all, both, double, half, twice 등이 정관사와 함께 명사를 수식하게 되는 경우, 이 표현들은 반드시 정관사 앞에 위치해야 한다. 그러므로 ②는 all the stars의 어순으로 써야 한다. ① The constellation과 Orion은 동격 관계이다. ④ '전치사 + 관계대명사' 뒤에 완전한 문장이 왔으며, 하늘에서 발견되는 것이므로 장소의 전치사 in을 쓴 것이다.

constellation n. 별자리 familiar a. 익숙한 hunter n. 사냥꾼

오리온 별자리는 하늘에서 이 별들이 발견되는 지역과 함께 우리에게 익숙한 사냥꾼 모양에 속해 있는 모든 별들을 포함한다.

16 **2021 세종대** ▶▶▶ MSG p.160 　　　　　②

부정관사 a/an의 용법 구분 ▶ 뒤에 오는 단어의 첫 철자가 아니라 첫 발음을 기준으로 부정관사 a를 쓰느냐 an을 쓰느냐를 결정한다. universal의 첫 발음은 반자음 [j]이고 이것은 자음으로 간주하므로 universal의 앞에는 부정관사 a가 와야 한다. ②를 a로 고친다.

transmission n. 전송, 전달　transform v. 변형시키다, 변모시키다　universal a. 보편적인, 일반적인　phenomenon n. 현상　enhance v. 향상시키다; 높이다　status n. (사회적) 지위, 위상　commodity n. 상품

라디오, 텔레비전, 인터넷, 그리고 다른 전송 수단들은 음악을 보편적인 현상으로 변모시켰고 상품으로서의 음악의 위상을 더욱 높였다.

17 **2022 세종대** ▶▶▶ MSG p.147 　　　　　①

부정관사와 쓰이지 않는 불가산명사 ▶ health는 불가산명사이므로 부정관사를 동반하지 않는다. ①의 부정관사 A를 삭제한다. ④ 부정문 (can't depend ~)에서는 too 대신 either를 쓴다.

drugstore n. 약국　depend on ~에 의존[의지]하다　get something back ~을 되찾다

좋은 건강은 당신이 약국에서 살 수 있는 것이 아니며, 당신은 또한 아플 때 의사를 빨리 방문해서 좋은 건강을 되찾는 것에 의존할 수도 없다.

18 **2021 경기대** ▶▶▶ MSG p.161 　　　　　③

정관사의 용법 ▶ ③ 뒤의 attention은 '관심', '주의'의 의미일 때 불가산명사이므로 앞에 부정관사가 올 수 없으며, of their audience라는 수식어구에 의해 한정되고 있으므로 앞에 정관사가 와야 한다. 따라서 ③을 the로 고친다.

eye contact 눈 맞춤　audience n. 청중, 관객　emphasize v. 강조하다

효과적인 대중연설가들은 청중들의 관심을 유지하고 자신들의 연설에서 가장 중요한 점을 강조하기 위해 신체 언어와 눈 맞춤을 이용하는 방법을 알고 있다.

19 **2014 중앙대** ▶▶▶ MSG p.162 　　　　　③

신체접촉 표현에 쓰이는 정관사 ▶ 동사 bite 다음에 목적어로 사람 (him)이 나오고 그 뒤에 그 사람의 신체 일부분을 나타낼 때에는 '동사 (bite) + 사람(him) + 전치사(on) + the + 신체 일부(foot)'의 형태로 쓰인다. 따라서 ③을 on the foot으로 고쳐야 한다.

rattlesnake n. 방울뱀　trigger n. 방아쇠　bite v. 물다

그 카우보이는 방울뱀을 쏘기 위해 총을 뽑았지만 너무 늦었다. 만약 방아쇠를 조금 더 일찍 당겼더라면, 그 방울뱀이 그의 발을 물지 못했을 것이다.

20 **2016 서강대** MSG p.161 　　　　　①

정관사의 용법 ▶ 연도 앞에는 관사를 쓰지 않으나 연대 앞에는 정관사 the를 쓰므로 ①을 until the late 1820s로 고쳐야 한다. ③ 시간 부사어가 'by + 과거시점'일 때 동사의 시제는 과거완료인 것이 일반적이지만, 이 문장에서는 already가 완료 의미를 나타내고 있고, 이미 이루어진 상태를 의미하므로 과거시제를 써서 나타낸 것이다.

individualism n. 개인주의　encompass v. 포함하다, 망라하다　principle n. 원리　instate v. 자리 잡다

시장사회가 확고히 정착되었던 1820년대 말까지도 '개인주의'라는 용어는 등장하지 않았지만, 개인주의가 망라하는 원리들은 18세기 중반에 이미 정립되어 있었다.

13 대명사

01 ①	02 ①	03 ④	04 ①	05 ②	06 ②	07 ②	08 ①	09 ③	10 ③
11 ③	12 ②	13 ③	14 ①	15 ③	16 ④	17 ①	18 ④	19 ④	20 ③
21 ③	22 ④	23 ④	24 ③	25 ④	26 ②	27 ③	28 ③	29 ④	30 ③

01 2020 한국산업기술대 ▶▶▶ MSG p.174   ①

대명사 any ▶ any는 조건절에서 any of ~의 형태 또는 any로 앞서 나온 명사를 생략하고 '얼마간, 다소'의 의미를 가진다.

office n. 사무실 immediately ad. 즉시

우리 사무실에는 종이가 없어요. 그러니 만약 귀하의 사무실에 조금이라도 있으면, 즉시 우리에게 알려주세요.

02 2007 가천대 ▶▶▶ MSG p.167   ①

대명사의 소유격 ▶ 빈칸 뒤에 명사가 위치하고 있으므로, 빈칸에는 대명사의 소유격만 들어갈 수 있다. ① its가 정답이다.

bill n. 법안 constituent n. 선거구 주민 enforcement n. 시행, 집행

법안은 그 법안의 집행으로부터 이득을 보게 될 선거구 주민들에 의해 주로 제안된다.

03 2021 수원대 ▶▶▶ MSG p.171   ④

대명사 that ▶ 앞서 말한 명사의 반복을 피하고자 대신 쓰는 대명사 that과 those의 경우, 해당 명사가 단수일 때는 that을 쓰고, 복수일 때는 those를 쓴다. 주어진 문장에서는 difference의 반복을 피하고자 하는 것이므로 대명사 that을 사용해야 한다.

obvious a. 분명한 aircraft n. 항공기 account for ~을 설명하다 stamina n. 체력 astronaut n. 우주 비행사

항공기와 우주선의 가장 분명한 차이점은 속도의 차이이지만, 이것만으로는 우주 비행사에게 요구되는 더 강한 체력을 설명할 수 없다.

04 2020 덕성여대 ▶▶▶ MSG p.167   ①

대명사 both ▶ 잠을 잘 자지 못했으면 피곤했을 것이므로 빈칸에는 긍정 표현이 들어가야 한다. 셋 이상에는 all을, 둘에는 both나 either를 쓰는데, were 때문에 복수 취급을 하는 both가 적절하다.

get up (잠자리에서) 일어나다 tired a. 피곤한

그날 두 형제는 8시 30분에 일어났다. 둘 다 피곤했는데, 어느 누구도 잠을 잘 자지 못했기 때문이다.

05 2019 덕성여대 ▶▶▶ MSG p.174   ②

적절한 부정대명사 ▶ every는 한정사여서 단독으로 쓰일 수 없고 뒤에 반드시 단수 명사가 와야 하고, most와 all은 단독으로 쓰일 수 있으나 of 다음이 복수명사이므로 동사 receives와 수일치 하지 않는다. 반면에 ② each는 항상 단수 취급하므로 receives와 수일치하여 적절하다.

booklet n. 소책자, 팸플릿 contain v. 포함하다 orientation n. 오리엔테이션, 예비교육

모든 신입 사원은 회사의 정보가 포함된 소책자를 오리엔테이션에서 받는다.

06 2004 서울여대 ▶▶▶ MSG p.173   ②

부정대명사 one ▶ 동물학 책 가운데 하나를 빌리고자 한다는 것이므로 그 대상이 구체적으로 정해지지 않은 상태이다. 따라서 빈칸에는 막연한 사물이나 사람을 나타내는 부정대명사 one이 들어가야 한다. it이나 the book은 특정한 '그 책'으로 적절하지 않고, another도 '또 다른 하나'라는 의미이므로 부적절하다.

zoology n. 동물학 borrow v. 빌리다

너에게 동물학 관련 책이 있는지 궁금했어. 하나 빌리고 싶어.

07 2004 계명대 ▶▶▶ MSG p.178   ②

부정대명사 none ▶ 유도부사 there와 동사 is가 주어져 있으므로, 빈칸에는 주어 역할을 하는 명사 상당어구가 와야 한다. 따라서 대명사 none이 정답이 된다. 형용사 no는 명사를 수식하는 역할을 하고, 부사 never와 not은 동사를 수식하는 역할을 하므로 빈칸에 적절하지 않다.

have v. 먹다, 마시다 leave v. 남기다

유감이지만 커피를 마실 수 없겠어. 남은 커피가 하나도 없네.

08 **2008 동덕여대** ▶▶▶ MSG p.167　　　　　　①

대명사의 소유격 ▶ 빈칸에는 문맥상 a tribe's를 대신할 수 있는 표현이 들어가야 한다. 따라서 지시대명사 it의 소유격인 ① its가 적절하다. ②는 it is의 축약형이다.

totem pole 토템 폴(토템 상을 그리거나 새겨서 집 앞 등에 세우는 기둥)　eloquent a. 표현력이 풍부한　tribe n. 부족　lineage n. 혈통

토템 폴(Totem pole)은 한 부족의 혈통과 그 부족의 역사를 잘 표현하는 기록들을 제공한다.

09 **2004 서울여대** ▶▶▶ MSG p.176　　　　　　③

부정대명사 most of ▶ 'all (the) + 명사' 또는 'all of the + 명사'가 옳은 표현이므로 ①과 ② 모두 비문법적이다. '대부분의 ~'라는 의미를 표현하기 위해 most를 사용할 경우, 이어지는 명사에 the나 소유격 등의 한정사가 포함되었을 경우에는 most of를, 그렇지 않을 경우에는 그냥 most만 쓰는데, the most는 틀린 표현이다. 단, She is the most beautiful woman에서처럼 형용사 최상급 앞에 오는 the와 혼동하지 말아야 한다. 따라서 정답은 ③ Most가 적절하다.

donate v. 기부하다　refugee n. 피난민

대부분의 기부금은 피난민들에게 직접적으로 사용된다.

10 **2021 덕성여대** ▶▶▶ MSG p.167, p.178　　　　③

적절한 대명사 none과 their ▶ 첫 번째 빈칸에는 문맥상 부정의 의미를 가진 표현이 필요한데, 주절에서 they all이라고 한 것으로 보아 few는 올 수 없고 none만이 가능하다. 한편, 두 번째 빈칸에는 소유격의 대명사가 적절하다. 따라서 ③이 정답으로 적절하다.

afford v. (~을 살) 여유[형편]가 되다　rely on ~에 의존하다　public transport 대중교통

우리 직원들 중 누구도 자기 차를 살 여유가 없기 때문에, 그들은 모두 대중교통에 의존해야 한다.

11 **2003 동국대** ▶▶▶ MSG p.167, p.197　　　　③

대명사의 역할과 위치 ▶ pay back과 같이 '동사 + 부사'의 구조에 있어서, 목적어로 명사가 올 경우에는 pay the money back이나 pay back the money의 두 가지 형태가 모두 쓰일 수 있으나, 목적어로 대명사가 올 경우에는 항상 pay it back과 같이 대명사를 부사 앞에 써야 한다. 따라서 ②와 ④는 정답이 될 수 없다. 대명사가 동사와 부사 사이에 놓인 ①과 ③이 정답이 될 수 있겠는데, the money는 불가산명사로 대명사 it으로 받아야 하므로 ③이 정답이 된다.

lend v. (돈을) 빌려주다　pay back 돈을 갚다; 빌린 것을 돌려주다

빌(Bill)은 그가 나에게 빌려주었던 돈을 달라고 했지만 나는 이미 돈을 갚았다. 그가 잊어버린 것이다.

12 **2010 인천대** ▶▶▶ MSG p.173　　　　　　②

대명사의 일치 ▶ 'The 비교급 + 주어 + 동사, the 비교급 + 주어 + 동사 (~하면 할수록 더욱 더 …하다)'의 구문으로 앞의 주어가 대명사 one이므로 뒤의 주어도 one으로 일치해야 한다. ② one understands가 정답이다.

Elizabethan a. (영국 여왕) 엘리자베스 1세 시대의(1558-1603)　British navy 영국 해군

엘리자베스 1세 시대의 영국을 알면 알수록 영국 해군의 중요성을 더 잘 이해하게 된다.

13 **2008 홍익대** ▶▶▶ MSG p.158, p.167　　　　③

이중소유격 ▶ ③에서 그 여자의 편지는 a letter of hers로 이중소유격이 되어야 한다. 부정어 ① Never가 문두에 왔기 때문에 주어와 동사가 도치되었으며, ②는 가정법 과거완료 동사인 would have had에서 온 것이다.

in former days[times] 옛날에(는)　letter n. 편지

옛날에는 나는 너에게 결코 그녀의 편지를 보여주지 않았을 텐데.

14 **2021 세종대** ▶▶▶ MSG p.171　　　　　　①

대명사 those의 용법 ▶ 수식어와 함께 '~하는 사람들'이라는 의미를 갖는 대명사는 those이다. ①을 those로 고친다. ④ 조동사가 아니라 '절대로 필요한 것', '꼭 보아야[들어야] 할 것'이라는 의미의 명사로 쓰였다.

one-of-a-kind a. 특별한, 독특한　a must 꼭 필요한 것, 꼭 보아야[들어야] 하는 것, 필수품

특별한 선물을 찾고 있는 사람들에게 포틀랜드 야시장은 반드시 방문해야 할 장소다.

15 **2020 강남대** ▶▶▶ MSG p.167　　　　　　③

인칭대명사의 격 ▶ 동사 다음에는 목적격 대명사가 와야 하므로 ③을 her로 고친다.

love v. (사람을) 사랑하다; 좋아하다

존은 메리를 사랑하지만, 메리는 존을 사랑하지 않는다. 그래서 그는 그녀를 사랑하지만, 그녀는 그를 사랑하지 않는다.

16 2022 수원대 ▶▶▶ MSG p.176   ④

부정대명사 ▶ 대상이 두 개인 경우, 대명사 one/the other를 쓰므로 ④의 another를 the other로 고쳐야 한다.

alike a. 비슷한 appearance n. 외모 tell v. 구별[식별]하다

제임스와 잭은 외모에 있어 매우 비슷하지만, 그들의 부모는 서로 구별할 수 있다.

17 2009 가톨릭대 ▶▶▶ MSG p.167   ①

대명사 many ▶ many가 대명사로 쓰이는 경우, many of의 형식으로 하며, of 뒤에 오는 명사 앞에는 반드시 정관사 the와 같은 한정사가 필요하다. 따라서 ①을 Many of the CEOs의 형태로 고친다. 한편 many는 형용사로도 사용이 가능하므로, Many CEOs로 고쳐도 무방하다.

CEO n. 최고경영자 vital a. 매우 중요한 expand v. 확대하다

많은 최고경영자들은 아시아 시장 진출을 회사의 미래에 매우 중요한 것으로 본다.

18 2022 세종대   ④

대명사의 수일치 ▶ ④는 문맥상 The sun을 가리키므로 단수 대명사로 받아야 한다. ④를 it으로 고친다.

mass n. 질량 the solar system 태양계 induce v. 야기하다 orbit v. 궤도를 돌다

태양은 태양계 질량의 99.9%를 포함하고 있으며, 그래서 다른 행성들이 태양 주위를 공전하도록 만든다.

19 2007 경희대 ▶▶▶ MSG p.171   ④

대명사의 수일치 ▶ 명사의 반복을 피하기 위하여 사용하는 대명사는 앞의 명사와 수일치를 이루어야 한다. 앞의 명사 the populations가 복수이므로, ④ that은 those로 고쳐야 한다. ③의 much는 비교급을 강조하는 용법으로 쓰인 부사이다.

population n. 인구 developing country 개발도상국 industrialized country 선진공업국

대부분의 개발도상국의 인구는 선진공업국의 인구보다 훨씬 더 빠른 속도로 증가한다.

20 2018 세종대 ▶▶▶ MSG p.168   ③

대명사의 수일치 ▶ 농부가 꽃에다 붙이는 대상은 the sweetest melon plants가 아니라 불가산명사 pollen이다. 이것은 단수이므로,

③을 단수 대명사 it으로 고쳐야 한다.

farmer n. 농부 plant n. 식물 pollen n. 꽃가루, 화분

농부들은 가장 달콤한 멜론 식물에서 꽃가루를 가져다가 그것을 가장 큰 멜론을 맺는 식물의 꽃에 붙이곤 했다.

21 2008 중앙대 ▶▶▶ MSG p.168   ③

대명사의 수일치 ▶ computers는 복수형이므로 ③ it을 them으로 바꾸어야 한다. ④는 by의 목적어로 쓰인 동명사 reading을 수식하는 부사이다.

merely ad. 단지, 그저 instruction manual 사용 설명서

단순히 사용 설명서를 읽는 것보다는 실제로 작업을 함으로써 새로운 컴퓨터에 대해 더 많이 배울 수 있다.

22 2019 경기대 ▶▶▶ MSG p.169   ④

인칭대명사 ▶ 재귀대명사는 한 절 안에서 주어와 같은 목적어에 쓴다. to see의 목적어인 ④는 해마를 가리키는데 반해 to see의 의미상 주어는 해마가 아니라 일반인이므로 재귀대명사를 써서는 안 된다. 따라서 ④를 인칭대명사 them으로 고쳐야 한다.

seahorse n. 해마 blend v. (색 따위가) 한데 어우러지다 seaweed n. 해초

해마는 색깔과 모양 때문에 그들이 살고 있는 해초와 너무나 잘 어우러지다 보니 해마를 발견하는 것은 거의 불가능하다.

23 2022 세종대 ▶▶▶ MSG p.176   ④

the others ▶ 범위가 한정된 대상 중의 하나를 one으로 표현하거나 일부를 some으로 표현한 후, 나머지 전부는 the others로 표현한다. ④를 the others로 고친다.

element n. 요소, 성분 in common with ~와 공통으로

대부분의 사람들은 영국식 영어나 미국식 영어를 배운다. 캐나다 사람들은 그들 자신의 스타일로 말하는데, 거기에는 다른 것들(영국식 영어와 미국식 영어) 각각과 공통된 일부 요소들이 포함되어 있다.

24 2022 중앙대 ▶▶▶ MSG p.169   ③

재귀대명사 themselves와 itself의 구분 ▶ the evolution of insulin 뒤에서 그 자체를 강조하는 의미로 쓴 ③의 themselves는 수를 일치시켜 itself로 고쳐야 한다.

try v. 시도하다 mirror v. 비추다, 반영하다 evolution n. 진화, 변화

그 이후 그녀는 상이한 종류의 아주 많은 인슐린과 도구와 기구를 시도해왔기 때문에 그녀의 경험은 거의 인슐린의 발전 그 자체를 반영한 것이다.

치며, 우리의 죽은 육신을 공격해서 흙으로 만들기 때문에 심지어 죽은 후에도 영향을 미친다.

---

29 2018 세종대 ▶▶▶ MSG p.177 ④

other + 복수명사 ▶ another 뒤에는 복수명사가 올 수 없고 other 뒤에는 복수명사가 올 수 있다. ④의 뒤에 복수명사 functions가 주어져 있으므로, ④를 other로 고쳐야 한다.

characteristic n. 특성 enclosed a. 둘러싸인, 에워싸인 ceiling n. 천장 commercial a. 상업의, 영리적인 function n. 기능, 역할

1950년대와 1960년대에 걸쳐, 쇼핑센터는 막힌 천장과 그 밖의 상업적 기능들과 같은 진정한 현대 쇼핑몰의 특성을 더하게 되었다.

---

30 2017 단국대 ▶▶▶ MSG p.167 ③

대명사 it과 he의 구분 ▶ ③은 비폭력 시위를 옹호한 주체로서, 이것이 가리키는 대상은 Martin Luther King Jr.이다. Martin Luther King Jr.는 사람이므로, ③을 사람을 가리키는 인칭대명사 he로 고쳐야 한다.

assassination n. 암살 result in ~을 초래하다 a series of 일련의 riot n. 폭동, 소동 advocate v. 옹호하다 protest n. 항의, 시위

마틴 루터 킹(Martin Luther King Jr.)은 항상 비폭력 시위를 옹호했지만, 아이러니하게도 그의 암살은 미국의 거의 모든 주요 도시에서 일련의 폭력 시위를 초래했다.

---

25 2009 대구대 ▶▶▶ MSG p.176 ④

the other ▶ 둘 가운데 하나는 one, 나머지 하나는 the other로 표현한다. 발은 두 개이기 때문에 한쪽 발이 one foot이라면 다른 한쪽은 another가 아니라 the other가 되어야 한다. 따라서 ④를 the other로 고친다. ②는 부정사의 의미상 주어를 나타내기 위해 쓴 전치사이다.

obviate v. (위험·곤란 따위를) 제거하다; 미연에 방지하다

자동차, 에스컬레이터, 컴퓨터들로 인해 일상생활에서 인간들이 걸어야 할 필요성이 없어진 것은 아니었다.

---

26 2021 경기대 ▶▶▶ MSG p.176 ②

others ▶ 대상에 제한이 없는 경우, 일부를 some이나 many로 표현하면 그 이외의 또 다른 일부는 others로 표현하므로, ②를 others로 고친다. ④ 부대상황을 나타내는 'with+목적어+보어' 구문에 쓰인 형용사이다.

intimate a. 친밀한; 개인적인 ceremony n. 식, 의식 close a. (사이가) 가까운, 친한

많은 커플들이 여전히 전통적인 성대한 결혼식을 올리고 싶어 하지만, 또 다른 커플들은 이제 가까운 친구들과 가족들만 참석한 가운데 소규모의 사적인 결혼식을 올리는 것을 선호한다.

---

27 2011 경기대 ▶▶▶ MSG p.167 ③

적절한 인칭대명사 ▶ Princess와 her mother's footsteps를 통해 이 문장의 주체가 여성임을 알 수 있다. 따라서 ③의 his를 her로 고쳐야 한다. ① follow in somebody's footsteps는 '~의 뒤를 잇다'라는 뜻의 관용표현이다. ② equestrian champion은 승마 대회의 우승자라는 의미로 단수명사이므로 부정관사 an이 앞에 온 것이다. ④는 궁궐의 압력으로부터 벗어났다는 의미로 '~으로부터'의 전치사 from이 왔다.

follow[tread] in somebody's footsteps ~의 뒤를 따라가다 equestrian a. 승마의 carve out (진로·토지 따위를) 개척하다

필립(Phillips) 공주는 어머니의 뒤를 따라 승마 대회의 우승자가 되었고 궁궐의 압력으로부터 벗어나 그녀 자신만의 삶을 개척했다.

---

28 2020 한국외대 ▶▶▶ MSG p.168 ③

대명사의 일치 ▶ Microbes가 복수이므로 이것을 받는 대명사도 복수여야 한다. ③의 대명사 it을 they로 고쳐서 they attack으로 써야 한다.

microbe n. 미생물 thereafter ad. 그 후, 그때부터 mortal remains 시체, 유해 reduce v. (어떤 상태로) 떨어뜨리다 dust n. 흙, 먼지

미생물은 인간이 태어나서 죽는 날까지 여러 면에서 인간의 삶에 영향을 미

14 형용사

01 ②	**02** ②	**03** ①	**04** ④	**05** ④	**06** ④	**07** ②	**08** ②	**09** ①	**10** ①
11 ①	**12** ①	**13** ②	**14** ⑤	**15** ②	**16** ③	**17** ④	**18** ①	**19** ①	**20** ④
21 ④	**22** ④	**23** ③	**24** ④	**25** ①	**26** ④	**27** ③	**28** ①	**29** ①	**30** ②

01 **2008 총신대** ▶▶▶ MSG p.181, p.192   ②

적절한 형용사의 사용 ▶ 빈칸에는 명사 president를 수식할 형용사가 필요하다. ① lately는 '최근에'라는 뜻의 부사로 뒤에 바로 명사가 올 수 없다. ③ belated는 '늦은, 지각한'이라는 뜻의 형용사로 뒤에 명사가 올 수 있지만, 의미상 어색하다. ④ later는 late의 비교급으로 '더 늦은, 더 나중의'라는 의미로, 뒤에 명사와 호응이 어색하다. 반면, ② late는 '(최근에) 돌아가신, 고(故)'라는 뜻으로 쓰일 수 있어 뒤에 명사뿐 아니라, 그 뒤에 나오는 '오랫동안 존경받아 왔다'는 말과 자연스럽게 호응이 되므로 ②가 정답이 된다.

president n. 대통령 respect v. 존경하다

고인이 된 대통령은 오랫동안 존경받아 왔다.

02 **2008 동덕여대** ▶▶▶ MSG p.162, p.179   ②

the + 형용사 = 복수보통명사 ▶ 빈칸에는 '맹인들'을 의미하는 표현이 적절한데 'the + 형용사'가 '~한 사람들'의 뜻이므로 ② the blind가 들어가는 것이 적절하다

blind a. 눈이 먼, 맹인의; 맹목적인, 이성이 없는; v. ~를 눈멀게 하다

맹인들을 인도하도록 훈련받는 개들은 충성스러워야하고, 영리해야 하며, 침착해야 한다.

03 **2009 가천대** ▶▶▶ MSG p.180   ①

서술적 용법으로 쓰이는 형용사 ▶ '살아있는 가장 오래된 나무'가 되어야 하는데 서술적 형용사인 alive를 쓰면, alive가 tree 뒤에 온다.

scientist n. 과학자 a gret deal 다량, 상당량 matter n. 문제

과학자들은 살아있는 가장 오래된 나무를 찾고 있는데 왜냐하면 그 나무는 과학자들에게 여러 문제들에 대해서 많은 것을 가르쳐줄 수 있기 때문이다.

04 **2019 한국산업기술대** ▶▶▶ p.152, p.179   ④

수량형용사 ▶ 주절은 '사업적인 성공을 거두지 못했다'는 의미가 되어야 하므로, 가산명사의 복수형 successes 앞에서 '(수적으로) 거의 없

다'는 뜻이 되는 수량형용사 ④ few가 빈칸에 적절하다.

promise n. (밝은) 전망 field n. 분야 brilliant a. 우수한 biomimetics n. 생체모방기술

그 분야의 전망과 그 분야에 종사하는 우수한 인재에도 불구하고, 생체모방기술은 의외로 사업적인 성공을 거의 거두지 못했다.

05 **2012 성균관대** ▶▶▶ MSG p.175, p.179   ④

전치한정사 ▶ 정관사 the 앞에 올 수 있는 전치한정사는 all, both, double, half 등이므로 빈칸에 적절한 것은 ④ All 뿐이다. 나머지 보기들의 경우, 모두 각각의 표현 뒤에 of를 써주어야 정답이 될 수 있다.

painting n. (물감으로 그린) 그림 fantastic a. 환상적인

그 그림을 보았던 모든 사람들은 그 그림이 환상적이라고 생각했다.

06 **2012 인천대** ▶▶▶ MSG p.179   ④

적절한 형용사의 사용 ▶ 빈칸 다음에 명사 view가 있으므로 빈칸은 형용사 자리인데, ①은 '보존된', ②는 '보존하고 있는'의 뜻으로 명사 view(견해)와 의미적으로 부적절하고, ③은 '보존'이라는 명사로 view와 합성명사를 이루기에는 의미적으로 부적절하다. '보수적인; 조심스러운'이라는 뜻의 ④ conservative가 정답이다.

economist n. 경제전문가 take a view 견해를 취하다 cite v. (이유·예를) 들다

정부 측 경제전문가들은 최근 둔화되고 있는 경제 성장 패턴을 이유로 들며 올해 그 나라의 IT 시장에 대해 조심스런 견해를 취하고 있다.

07 **2009 동덕여대** ▶▶▶ MSG p.182   ②

worth + (동)명사 ▶ worth는 전치사적 형용사로, 반드시 뒤에 명사나 동명사에 해당되는 목적어를 취한다. 이때 worth 뒤에 오는 동명사는 능동의 형태로 수동의 의미로 사용되므로 수동의 동명사인 being p.p의 형태가 오지 않으며, 전치사의 성질을 가지고 있으므로 to부정사 또한 취할 수 없는 점에 유의한다.

worth a. ~할 가치가 있는 visit v. 방문하다

타지마할(Taj Mahal)은 정말 방문할 가치가 있다.

08 **2021 덕성여대** ▶▶▶ MSG p.75, p.185 ②

이성적 판단의 형용사 + that + S + (should) + 동사원형 ▶ 이성적 판단의 형용사 뒤의 that 절에는 '(should) + 동사 원형'을 써서, '~해야 한다'라는 당위성을 나타낸다. 따라서 빈칸에는 ②가 적절하다.

essential a. 필수적인 participate in ~에 참여하다 credit n. (대학의) 학점

모든 학생은 학점을 받기 위해 프로그램에 충분히 참여하는 것이 필수적이다.

09 **2008 경기대** ▶▶▶ MSG p.179, p.109 ①

명사를 수식하는 형용사 ▶ 빈칸 앞에 정관사 the가 있고, 뒤에는 '형용사 + 명사'가 있으므로 빈칸에는 명사 fruit을 수식하는 형용사 종류가 와야 한다. smooth-skinned는 의사분사로서 형용사 역할을 하므로 명사를 꾸미기에 적절하다.

grape n. 포도 skinned a. ~한 피부[껍질]를 가진 juicy a. 즙이 많은 woody a. 나무가 우거진 vine n. 포도나무

포도는 껍질이 부드러우며, 우거진 포도나무에서 열리는 즙이 많은 과일이다.

10 **2009 경기대** ▶▶▶ MSG p.179 ①

형용사의 역할 ▶ 명사를 수식하는 역할을 하는 것은 형용사이므로, ①은 major(주요한)로 써야 한다.

majority n. 대다수 tide n. 조수(潮水), 조류; 흥망성쇠 low tide 간조(썰물) high tide 만조(밀물) gravitational a. 중력의 attraction n. 끌어당기는 힘

조수(潮水)의 주요 원인 중의 하나는 달의 인력이다.

11 **2005 홍익대** ▶▶▶ MSG p.203 ①

적절한 형용사의 사용 ▶ 형용사 far가 거리를 나타내는 경우 비교급은 farther이고, 정도를 나타내는 경우 비교급은 further이다. 주어진 문장에서는 '그 이상의 질문'이라는 의미가 되어야 하므로, 거리가 아닌 '정도'의 개념이다. 따라서 ①은 further로 고쳐야 한다.

farther a. (거리가) 더 먼 further a. (정도가) 그 이상의 feel free to do 편하게 ~하다

혹시 질문할 것이 더 있으시면, 서슴지 말고 233-4556으로 전화해 주십시오.

12 **2003 경기대** ▶▶▶ MSG p.179 ①

명사를 수식하는 형용사 ▶ 명사를 수식하는 것은 형용사이다. 따라서

명사로 쓰인 ① victory를 형용사 victorious로 고쳐야 형용사가 명사 students를 수식하는 올바른 구조가 된다. ④ exalted는 '의기양양한, 신바람 난'이라는 의미의 형용사이다.

victorious a. 승리를 거둔 excitement n. 흥분

승리를 거둔 학생들은 흥분하여 의기양양하게 거리를 빠져나갔다.

13 **2013 아주대** ▶▶▶ MSG p.179 ②

적절한 의미의 형용사 ▶ become은 2형식 동사로 뒤에 형용사 보어가 올 수 있는데 ②의 ordered는 보통 well이나 badly와 결합한 합성어로 쓰이며 '(사물이) 정돈된, 질서정연한'의 뜻으로 주로 쓰이므로 여기서는 부적절하고, 사람에 대해 '순종하는, 예의바른, 정숙한'의 뜻으로 쓰일 수 있는 orderly로 고쳐야 한다. ① 동사 become이 복수 형태이므로 주어도 복수가 되어야 한다. ③ forfeit는 타동사로 뒤에 목적어가 없으므로 수동태가 되어야 하며, 조동사 다음에는 동사원형이 온다. ④ to the visiting team의 to는 대상 앞에 쓰인 전치사이다. ⑤ visiting은 '방문의; 시찰의'의 뜻으로 쓰이는 형용사로 뒤의 명사 team을 수식한다.

forfeit v. 몰수[박탈]당하다 visiting team 원정팀

팬들이 정숙하지 않으면, 그 경기는 원정팀에게 몰수패 당할 것이다.

14 **2010 아주대** ▶▶▶ MSG p.182 ⑤

like와 alike의 구분 ▶ like는 전치사적 형용사로 뒤에 목적어가 와야 하는데 목적어가 없으므로 be동사의 보어로 쓰일 수 있는 서술 형용사 alike로 고쳐야 한다.

signature n. 서명 be supposed to do ~인 것으로 여겨지다

그 두 개의 서명은 정확히 같은 것으로 여겨지고 있지만, 전혀 똑같지 않다.

15 **2003 세종대** ▶▶▶ MSG p.152, p.179 ②

수량형용사 few와 little의 구분 ▶ 가산명사 앞에는 few/a few를, 불가산명사 앞에는 little/a little을 쓴다. water는 불가산명사이므로 ② few를 little로 고쳐야 한다.

fair a. 공정한; (양이) 상당한 soil n. 흙, 토양 fertilize v. (땅을) 기름지게 하다

파인애플 나무는 아주 적은 양의 물과 상당한 토양만 필요로 하지만, 땅은 대단히 기름져야 한다.￦

16 **2014 동덕여대** ▶▶▶ MSG p.75, p.185 ③

이성적 판단의 형용사 + that + 주어 + (should) 동사원형 ▶ 이성적 판단을 나타내는 advisable, essential, imperative, insistent 등과 같은

형용사가 쓰인 'S + V + 형용사 + that절' 구조에서 that절 안의 동사는 '(should) 동사원형'으로 써야 한다. ③을 (should) supersede로 고쳐야 올바른 문장이 된다. ④ 형용사의 어순 '한정사-수사-대소-신구-재료-명사'에 의거해 올바른 순서로 쓰였다.

irritable a. 화가 난 sergeant n. 하사관 supersede v. 대신하다 drilling n. 훈련, 연습

화가 난 하사관은 어떤 것도 신병 40명의 훈련을 대신하지 못한다고 주장했다.

17 2005 홍익대 ▶▶▶ MSG p.186 ④

적절한 형용사의 사용 ▶ ④ considerable은 man을 수식하기에 의미상 부적절하다. 사람의 성격을 나타내주는 considerate로 써야 한다.

considerable a. (수량이) 상당한, 적지 않은 considerate a. 사려 깊은 compassionate a. 동정심이 있는

스미스(Smith) 박사에 관하여 들은 것과는 다르게, 나는 그가 사려 깊고 동정심 많은 사람이라는 사실을 알게 되었다.

18 2011 아주대 ▶▶▶ MSG p.178, p.179 ①

명사를 수식하는 형용사 no ▶ none은 부정대명사로 뒤에 명사가 올 수 없다. 뒤에 명사 friendship이 왔으므로 이를 수식할 수 있는 no가 와야 한다. 따라서 ① none을 no로 고친다. ② something은 be동사의 보어로 쓰인 대명사이다. 조동사 cannot 다음에 동사원형이 와야 하므로 ③ be는 올바르게 쓰였으며, 타동사 determine 다음에 목적어가 없고 뒤에 수동을 나타내는 전치사 by가 있으므로 ④는 수동태로 쓰였다. ⑤는 survey가 가산명사이므로 앞에 부정관사 a가 온 것이다.

friendship n. 교우관계, 우정 adequately ad. 충분히 survey n. (설문) 조사

어떤 사람이 아무런 교우관계도 없는 이유는 조사를 통해 충분히 밝힐 수 없는 것이다.

19 2019 한국외대 ▶▶▶ MSG p.179 ①

형용사의 용법 ▶ 명사를 수식하는 것은 부사가 아닌 형용사이므로, ①의 부사 rapidly를 형용사 rapid로 고쳐야 한다.

rapid a. 급속한 urbanization n. 도시화 boom v. (장사가) 갑작스레 번창하다

급속한 도시화가 환경에 미치는 위협은 도시가 급성장하고 있는 아프리카에서 점점 확실해지고 있다.

20 2013 경기대 ▶▶▶ MSG p.152, p.179 ④

올바른 수량형용사 ▶ less는 양(量)의 개념으로 뒤에 단수 불가산명사가 오고, fewer는 수(數)의 개념으로 뒤에 복수 가산명사가 온다. 주어진 문장에서, ④의 뒤에 복수 가산명사 babies가 주어져 있으므로 수의 개념이다. 따라서 ④를 fewer로 고쳐야 옳은 문장이 된다. ② 주절의 동사이며, 주어인 The fertility rate가 단수이므로 이것에 수를 일치시켜 단수로 쓴 것이다. ③ 관계대명사절의 동사이다. who의 선행사인 women이 복수명사이므로 이것에 수를 일치시켰다.

fertility rate 출산율 income n. 수입 pursue v. 추구하다 career n. 직업; 출세, 성공

수입이 더 많은 여성들의 출산율이 더 높은 반면, 직업적인 성공을 추구하는 여성들은 아이를 보다 적게 갖는 경향이 있다.

21 2009 강남대 ▶▶▶ MSG p.179 ④

적절한 형용사의 사용 ▶ '상세한'이라는 뜻의 형용사는 detailed이다. ④를 detailed resumes to로 고쳐야 한다.

apply for ~에 지원하다 submit v. 제출하다 resume n. 이력서 personnel department 인사과

그 자리에 지원하고 싶은 사람들은 인사과에 상세한 이력서를 제출해야 한다.

22 2019 세종대 ▶▶▶ MSG p.180 ④

서술적 용법으로 쓰이는 형용사 ▶ ④에 쓰인 outward는 한정적 용법으로만 쓰이므로 be동사의 보어 자리에 오기에 적절하지 않다. 따라서 이것을 서술적 용법으로 쓰이는 형용사인 out으로 고쳐야 한다. ① going은 think의 목적절의 주어로 쓰인 동명사이며 앞에는 접속사 that이 생략돼 있다. ② '게다가'라는 뜻의 부사로 쓰였다.

go for a walk 산책하다 outward a. 밖으로 향하는 in the dark 어둠 속에서

산책하는 것은 좋은 생각이 아닌 것 같다. 날씨가 아주 춥고, 게다가, 시간이 늦어지고 있으며, 우리는 어두울 때 밖에 나와 있는 걸 좋아하지 않는다.

23 2013 가천대 ▶▶▶ MSG p.188 ③

형용사의 역할 ▶ living quarters는 '숙소'라는 의미의 명사이므로, 이것을 수식하는 것은 형용사이어야 한다. ③에 쓰인 명사 luxury를 '호화로운'이라는 뜻의 형용사 luxurious로 고친다. ① presently는 '현재'라는 의미의 부사이다. ④ '-able', '-ible'로 끝나는 형용사가 '최상급, all, every' 등의 다음에 오는 명사를 수식할 때에는 후치 수식하는 것이 가능하다.

presently ad. 현재 under construction n. 건설 중에 있는 living quarters 거처, 숙소

현재 건설 중에 있는 새 레지던스 호텔들은 그 도시에서 이용 가능한 가장 호화로운 숙소가 될 것이다.

은 the most full이 아니라 fullest이므로, ①을 To the fullest extent possible로 고쳐야 한다. ③은 '현존하는'이라는 의미의 형용사로 쓰인 것이며, ④는 standards가 develop하는 행위의 대상이므로 수동 관계를 나타내는 과거분사로 쓴 것이다.

extent n. 정도 scheme n. (운영) 계획; 설계 comply with ~을 따르다

이들 모형 판형과 설계들은 연방정부가 개발한 기존의 표준을 최대한 따라야 한다.

---

24 **2006 삼육대** ▶▶▶ MSG p.179 ④

명사를 수식하는 형용사 ▶ 형용사는 명사 앞에 와야 한다. 따라서 ④를 healthier way로 고쳐야 올바른 표현이 된다.

behavior therapy 행동요법 reward n. 보상 punishment n. 벌 patient n. 환자

행동요법 같은 어떤 치료법에서는 환자들이 더 건강하게 살아갈 수 있도록 자극하기 위해 보상을 주기도 하고 벌을 주기도 한다.

---

25 **2020 세종대** ▶▶▶ MSG p.179 ①

명사를 수식하는 형용사 ▶ 명사는 원칙적으로 형용사가 수식한다. ①을 형용사 weekly로 고친다.

publish v. 발표하다, 공포하다 top v. ~의 선두에 서다

빌보드 매거진은 미국에서 가장 많이 팔린 앨범의 순위를 매기는 주간 차트를 발표한다. 1946년에는 11명의 아티스트가 만든 12개의 앨범이 차트 1위에 올랐다.

---

26 **2004 세종대** ▶▶▶ MSG p.179 ④

명사를 수식하는 형용사 ▶ ④ flatten은 '평평하게 하다'라는 의미의 타동사이므로 명사를 수식하는 역할을 할 수 없다. 따라서 이것을 형용사인 flat으로 고쳐야 옳은 문장이 된다.

alligator n. (미국산) 악어 flatten v. 평평하게 하다, 펴다 snout n. (돼지, 악어 등의) 삐죽한 코, 주둥이

미국산 악어는 아프리카산 악어와 다소 비슷한 동물이긴 하지만, 주둥이가 넓고 평평하다.

---

27 **2019 홍익대** ▶▶▶ MSG p.157, p.179 ③

복합 형용사의 형태 ▶ double-digit은 '두 자릿수의'라는 뜻의 복합 형용사인데, 이와 같은 형태의 표현에서 하이픈 뒤에 위치하는 명사는 단수여야 한다. ③의 double-digits를 double-digit으로 고친다.

or so (수량표현 뒤에서) ~가량 wage n. 임금 double-digit a. (수치가) 두 자릿수의

지난 10여 년 동안, 이 나라의 평균 임금은 두 자릿수의 비율로 증가해왔으며, 다른 생산비용도 평균 임금과 함께 증가해왔다.

---

28 **2016 단국대** ▶▶▶ MSG p.179 ①

명사를 수식하는 형용사 ▶ extent는 명사이므로 부사 fully로 수식할 수 없다. 따라서 fully를 형용사 full로 고쳐야 하겠는데, full의 최상급

---

29 **2017 경기대** ▶▶▶ MSG p.108, p.179 ①

올바른 형용사의 형태 ▶ '복잡한'이라는 의미의 형용사는 complicating이 아니라 complicated이므로, ①을 complicated로 고친다. ② Doctors를 가리킨다. ④ 선행사를 포함한 관계대명사로서, 전치사 with의 목적어가 되는 명사절을 이끌고 있다.

extremely ad. 극단적으로, 몹시 intelligent a. 지적인 out of touch with ~와 떨어져

의사들은 복잡한 단어들을 사용하는 것으로 유명한데, 이 복잡한 단어들이 그들을 매우 지적이거나 대부분의 사람들이 이해할 수 있는 것과는 실로 동떨어져 있는 것처럼 들리도록 만든다.

---

30 **2012 강남대** ▶▶▶ MSG p.108, p.179 ②

적절한 형용사의 사용 ▶ ② challenged는 '장애가 있는'이라는 의미의 형용사로 사용되므로 문맥상 어색하다. 이것을 '힘든, 간단하지 않은'의 뜻으로 사용되는 challenging으로 고쳐야 한다.

under fire 비난[공격]을 받는 deal with ~을 처리하다 ailing company 부실기업 ongoing a. 진행 중인 restructuring n. 구조조정 sacrifice v. 희생하다

부실기업 처리 방법에 대하여 비난을 받아온 사장으로서 힘든 일은 어떻게 하면 직원들에게 더 이상의 희생을 요구하지 않고 현재 진행 중인 경제적 구조조정을 마무리할 수 있는가 하는 것이다.

01 ④	02 ②	03 ③	04 ④	05 ①	06 ④	07 ⑤	08 ③	09 ②	10 ③
11 ④	12 ①	13 ④	14 ④	15 ②	16 ④	17 ④	18 ①	19 ②	20 ②
21 ④	22 ②	23 ③	24 ①	25 ①	26 ①	27 ④	28 ①	29 ②	30 ④

01 **2020 강남대** ▶▶▶ MSG p.122, p.127   ④

의미상 적절한 접속부사 ▶ Once가 접속사이므로 접속사인 ①과 ③은 부적절하다. 프로젝트가 끝나고 나면 소풍을 갈 수 있으므로, '그 후에'라는 의미의 부사 ④ thereafter가 정답으로 적절하다.

have a picnic 소풍가다 park n. 공원

일단 우리가 이 프로젝트를 끝내면 그 후에 우리는 공원에 소풍을 갈 수 있다.

02 **2007 덕성여대** ▶▶▶ MSG p.192, p.193   ②

적절한 부사의 사용 ▶ near는 '가까운, 가까이에'라는 의미로 형용사와 부사의 형태가 같다. nearly는 '거의'라는 의미의 부사로 빈칸에 적절하다. 따라서 ②가 정답이다. close도 '가까운, 가까이에'라는 의미로 형용사와 부사 모두 쓰이는데 보통 to와 함께 쓴다. 또 close to는 '거의'라는 뜻의 부사어구로 쓰인다. closely는 '밀접하게, 면밀히'의 뜻으로 쓰이는 부사이다.

record n. 기록 eligible a. 자격이 있는 enroll in ~에 등록하다 financial a. 금전적인

우리의 기록에 따르면 자격을 갖춘 학생들의 거의 50퍼센트가 금전적인 이유로 그 프로그램에 등록하지 않는다.

03 **2006 인천대** ▶▶ MSG p.192, p.193   ③

부사 hardly ▶ 신뢰할 수 있는 자동차라면 수리나 정비가 거의 필요 없을 것이다. 따라서 빈칸에는 부정의 의미를 가진 부사가 필요하다. 따라서 ③이 정답이 된다.

reliable a. 신뢰할 수 있는 repair n. 수리 maintenance n. 정비 tune-up n. (자동차의) 엔진 조정

그 자동차는 매우 신뢰할 수 있으며, 일상적인 엔진 조정 외에는 수리나 정비가 좀처럼 필요 없다.

04 **2021 덕성여대** ▶▶▶ MSG p.191, p.197   ④

형용사와 부사의 구별 ▶ 빈칸에는 동사 play를 수식하는 부사가 필요하다. good과 bad은 형용사이고, well과 badly는 부사이므로 빈칸에는 ④가 적절하다.

well ad. 잘, 좋게, 제대로 badly ad. 서투르게, 나쁘게

당신의 팀은 경기를 잘했나요, 아니면 못했나요?

05 **2019 덕성여대** ▶▶▶ MSG p.163, p.193   ①

부사 quite의 용법 ▶ such/what/quite/rather 다음에는 '부정관사+형용사+명사'의 어순으로 써야 한다. 따라서 ①의 quite a generous donation이 정답이다.

philanthropist n. 자선가 generous a. 관대한, 후한 donation n. 기부금 renovation n. 수리, 보수

한 지역 자선가가 공원 보수 공사에 꽤 후한 기부금을 내놓았다.

06 **2005 경기대** ▶▶▶ MSG p.193   ④

정도부사 almost의 위치 ▶ 부사 almost는 대개 be동사 뒤에, 일반동사 앞에 쓰며, 완료시제에서는 완료 조동사 뒤에 쓴다. 부정어 no, never, nothing이 있으면 그 앞에 둔다. ex.) It almost never rains here.(이곳은 거의 비가 오지 않는다.) 따라서 ④가 가장 적절한 표현이다.

tornado n. 회오리바람, 토네이도 occur v. 발생하다 mountains n. 산맥

토네이도는 로키 산맥의 서쪽에서는 거의 발생하지 않는다.

07 **2008 아주대** ▶▶▶ MSG p.191   ⑤

형용사를 수식하는 부사 ▶ '부사 + 형용사(분사) + 복합명사(실내 디자인)'의 어순으로 쓰는 것이 옳다. ⑤ uniquely contoured interior design이 정답이다.

access n. 접근, 출입 optional a. 선택의 contour v. 윤곽을 그리다 uniquely ad. 유례없이

프레비어(Previa)의 독특한 굴곡형 실내 디자인은 차량의 옵션 기기인 DVD 시스템 사용을 용이하게 해준다.

focus v. 집중하다; 초점을 맞추다 attention n. 주의, 관심 words n. 말; (노래의) 가사

노래를 잘 부르기 위해서는 음악뿐만 아니라 가사에도 주의를 집중해야 한다.

08 2021 세종대 ▶▶▶ MSG p.191 ③

부사의 용법 ▶ 형용사는 부사가 수식한다. ③은 형용사 buttery를 수식하고 있으므로 부사 wonderfully여야 한다. 동사 are의 보어로 명사와 형용사가 and로 연결된 구조이다.

cinch n. 아주 쉬운 일, 식은 죽 먹기 buttery a. 버터 맛이 나는 suggest v. 암시하다, 시사하다

이 얇은 팬케이크는 이름에서 알 수 있듯이 만들기도 매우 쉽고 버터 맛도 훌륭하다.

09 2009 경희대 ▶▶▶ MSG p.192 ②

hard와 hardly의 구분 ▶ ②의 hardly는 '거의 ~하지 않다'라는 뜻이므로 주어진 문장에서 부적절하다. '세게'라는 의미의 부사 hard로 바꾼다.

pitcher n. 투수 hard ad. 열심히, 힘껏; 세게 batter n. 타자

젊은 투수가 공을 아주 세게 던져서 타자가 공을 전혀 칠 수 없었다.

10 2021 세종대 ▶▶▶ MSG p.193 ③

부사 effectively ▶ ③은 동사 protect를 수식하고 있는데, 동사를 수식하는 역할을 하는 것은 형용사가 아닌 부사이므로 ③은 부사 effectively여야 한다.

affluent a. 부유한 livelihood n. 생계, 살림 effectively ad. 효과적으로

부유한 사람들은 다른 사람들보다 더 효과적으로 자신들의 건강과 생계를 보호할 수 있다.

11 2006 인천대 ▶▶▶ MSG p.196 ④

already와 yet의 구분 ▶ already는 긍정문에 쓰이며 부정문이나 의문문에는 yet을 쓴다. ④ already를 yet으로 고친다.

smoke n. 연기 fire department 소방서

연기를 보자마자 나는 소방서에 전화를 걸었지만 그들은 아직 도착하지 않았다.

12 2021 단국대 ▶▶▶ MSG p.197 ①

부사 well과 형용사 good의 구분 ▶ 형용사는 명사를 수식하고, 부사는 동사, 형용사, 부사를 수식한다. ①에 쓰인 형용사 good은 동사 sing을 수식하는 역할을 하고 있으므로, 부사 well이 되어야 한다. ①을 To sing a song well로 고친다.

13 2011 아주대 ▶▶▶ MSG p.193 ④

동사를 수식하는 부사 ▶ 2형식 동사 become 다음에 명사보어가 위치한 완전한 문장이다. ④ rapid는 동사를 수식하는 부사 rapidly가 되어야 한다. ① The는 명사 question이 수식어 of whether computers can have minds에 의해 한정되므로 정관사를 쓴 것이다. ② whether는 앞에 불확실성을 표현하는 question이 있으므로 '~인지 아닌지'라는 의미로 명사절을 이끌 수 있는 접속사로 쓰였다. ③과 ⑤는 mind, issue와 같은 가산명사의 경우 반드시 앞에 관사(a/an/the)가 오거나 복수 형태가 되어야 하므로 옳은 표현이다.

mind n. 마음; 지성, 지력 significant a. 중요한

컴퓨터가 지성을 가질 수 있는가 하는 문제는 빠르게 중요한 문제가 되고 있다.

14 2003 세종대 ▶▶▶ MSG p.192 ④

high와 highly의 구분 ▶ 과거분사 decorated를 수식하기 위해서는 부사 highly를 써야 한다. high는 부사로 '높이, 높게; 높은 자리에'라는 의미로 쓰이며, highly는 보통 비유적인 또는 추상적인 의미의 '매우, 대단히'라는 뜻으로 쓰인다.

scribe n. 필경사 quill pen 깃펜 decorate v. 장식하다, 꾸미다 manuscript n. 원고

중세시대 필경사들은 대단히 화려한 원고를 작성하기 위해서 깃펜을 썼다.

15 2020 서울여대 ▶▶▶ MSG p.191 ②

동사를 수식하는 부사 ▶ lively는 '활기[생기] 넘치는'이라는 뜻의 형용사이므로, 동사 air를 수식할 수 없다. 따라서 lively를 '생방송[생중계, 실황]으로'라는 뜻의 부사 live로 고쳐 ②는 aired live가 되어야 한다.

memorial a. 기념하기 위한, 추도[추모]의 air v. 방송하다 network n. 방송망

아리아나 그란데(Ariana Gradnde)의 맨체스터 추모 콘서트는 BBC One과 다른 주요 방송국에서 생방송으로 진행되었다.

16 2016 한국외대 ▶▶▶ MSG p.191 ④

동사를 수식하는 부사 ▶ 형용사는 동사를 수식할 수 없다. 따라서 ④의 형용사 heavy를 부사 heavily로 고쳐야 한다.

tremendous a. 엄청난 electronic a. 전자의 gadgetry n. 기계장치 air traffic control 항공 교통 관제 depend on ~에 의존하다

엄청난 양의 전자 장치에도 불구하고, 항공 교통 관제는 여전히 사람들에 크게 의존한다.

---

inadvertently ad. 무심코 pollen n. 꽃가루 transfer v. 옮기다 sample v. 시식하다, 시음하다

벌새들은 꽃에서 꿀을 빨아들이기 위해 그들의 긴 혀를 이용하며 무심코 그들이 취하는 다른 식물들에게 꽃가루를 나른다.

---

17 **2013 단국대** ▶▶▶ MSG p.192 ④

hard와 hardly의 구분 ▶ 부사 hard는 '열심히, 세게'라는 뜻이므로 뒤의 true를 수식하기에 의미적으로 부적절하다. 따라서 ④는 '거의 ~아니다'의 뜻인 hardly가 되어야 한다.

desert n. 사막 flat a. 평평한 vegetation n. 식물 rainfall n. 강우, 비가 내림

대부분의 사람들은 사막을 거의 식물이 없고 거의 혹은 전혀 비가 내리지 않는 건조하고 평평한 지역으로 생각하지만 이것은 거의 사실이 아니다.

---

18 **2003 아주대** ▶▶▶ MSG p.193 ④

동사를 수식하는 부사 ▶ 동사 increases를 수식하려면 ④의 uniform은 부사인 uniformly로 바뀌어야 한다. ②는 동사를 수식하는 부사로 쓰였다.

mercury n. 수은 widely ad. 널리 thermometer n. 온도계 volume n. 부피 uniformly ad. 균일하게 temperature n. 온도

수은과 알코올은 온도계에 널리 사용되는데, 그 이유는 그것들의 부피가 기온에 따라 균일하게 증가하기 때문이다.

---

19 **2020 상명대** ▶▶▶ MSG p.192 ②

deep과 deeply의 용법 구분 ▶ deep은 dive deep(깊이 잠수하다)처럼 물리적으로 '깊게, 깊이'이고 deeply는 be deeply moved(깊이 감동되다)처럼 심리적으로 '깊이, 심히'이다. 여기서 sink(가라앉다) 동사는 물리적인 동작을 나타내므로 ②를 deep으로 고쳐야 한다.

sink v. 가라앉다 recession n. 불황, 경기후퇴 last v. 지속하다 decade n. 10년간

그 나라는 불황에 깊이 빠져들었고, 그 불황은 10년간 지속되어 이후 10년 동안 경제에 많은 문제들을 야기했다.

---

20 **2007 아주대** ▶▶▶ MSG p.191 ②

동사를 수식하는 부사 ▶ 동사 transfer를 수식하는 것은 형용사가 아니라 부사이므로 ②를 부사인 inadvertently로 고쳐야 한다. ③의 주어는 Hummingbirds이며, ⑤는 관계대명사절의 동사이다. they sample 앞에는 other plants를 선행사로 하는 목적격 관계대명사가 생략돼 있다.

hummingbird n. 벌새 tongue n. 혀 suck v. 빨다 nectar n. (꽃의) 꿀

---

21 **2017 상명대** ▶▶▶ MSG p.191 ④

문장 전체를 수식하는 부사 ▶ 형용사는 문두에서 문장 전체를 수식하는 역할을 할 수 없다. 이런 역할을 하는 것은 부사이므로, ④ Similar를 부사 Similarly로 고쳐야 한다.

nuclear family 핵가족 get married 결혼하다 mate v. 짝짓기를 하다 reproduce v. 번식하다

인간은 결혼을 하면 자신들의 핵가족을 떠난다. 이와 비슷하게, 침팬지도 종종 짝짓기를 하고 번식하기 위해 새로운 무리에 합류한다.

---

22 **2006 경희대** ▶▶▶ MSG p.191 ②

동사를 수식하는 부사의 형태 ▶ 언어가 자유롭고 완전하다는 말이 아니라, '자유롭고 완전하게' 언어를 사용한다는 말이 되어야 하므로, ②의 형용사 free and full을 부사 freely and fully로 고쳐 동사 use를 수식하도록 해야 한다.

fully ad. 완전하게 lengthy a. (시간이) 긴, 오랜 effortful a. 노력이 필요한

언어를 자유롭고 완전하게 사용하는 법을 배우는 것은 장기간에 걸친 노력이 필요한 과정이다. 교사들이 학생들 대신 그 언어를 배울 수는 없다.

---

23 **2004 세종대** ▶▶▶ MSG p.191 ③

문장 전체를 수식하는 부사 ▶ 완전한 문장 전체를 수식할 수 있는 것은 부사이다. 따라서 ③을 presumably로 고쳐준다. ②에서 prove는 '증명하다'라는 의미의 완전타동사로 사용되었으므로, 수동태가 가능하며, ④의 approach는 타동사이므로 뒤에 전치사 없이 목적어가 바로 위치한 것이다.

presumably ad. 아마도 universe n. 우주 critical radius 임계반지름

증명할 순 없지만, 아마도 그것이 임계반지름에 근접함에 따라 우주의 팽창은 느려질 것이다.

---

24 **2009 경기대** ▶▶▶ MSG p.176, p.193 ①

부사 almost ▶ almost는 부사로서 형용사, 부사, 동사, 수사, 부정대명사 등을 수식하며, 원칙적으로 명사를 직접 수식하지 못한다. 따라서 ① Almost students는 Almost all students나 Most students가 되어야 한다. ②는 현재완료진행시제이며, 이것은 계속적 용법을 보다 명확히 해주는 역할을 한다. ③의 선행사는 앞 문장 전체이다.

advanced class 상급반 grade n. 성적 average n. 평균

상급반 학생들 대부분은 수년 동안 영어를 공부해오고 있는데, 그것이 그들의 성적이 평균보다 좋은 이유다.

25 2008 세종대 ▶▶▶ MSG p.178, p.191 ①

형용사를 수식하는 부사 ▶ ①의 No는 형용사이므로 뒤에 명사를 수식해야 하는데, content가 문맥상 '만족하는'이라는 뜻의 형용사로 쓰였으므로 '형용사 + 형용사'의 구조가 되어 어색하다. 따라서 No를 형용사 content를 수식할 수 있는 Not으로 고쳐야 하며, 이때 Not content with ~는 분사구문으로 원래 Not being content with ~에서 being이 생략된 형태이다. ②는 전치사 with의 목적어로 쓰인 동명사이고, ③ sponsors는 주절의 주어 Mr. Robinson에 대한 동사로 주어가 3인칭 단수이므로 sponsors는 맞는 표현이다.

be content with ~에 만족하다 sponsor v. 후원하다 ambitious a. 야심적인, 대규모의

자신의 호텔을 박물관으로 바꾸는 데 만족하지 않고, 로빈슨(Robinson) 씨는 인접한 사무실 타워와 쇼핑몰에서의 대규모 행사도 후원한다.

26 2009 계명대 ▶▶▶ MSG p.193 ①

빈도부사 usually의 위치 ▶ 빈도부사의 위치는 조동사와 be동사 뒤에 그리고 일반동사 앞에 오는 것이 원칙이다. 따라서 ① eat usually는 usually eat이 되어야 한다. ③ 빈도부사는 강조 시 문미 또는 문두에 올 수도 있다.

meal n. 식사, 끼니 dining room 식당 living room 거실

우리 가족은 보통 식당에서 함께 대부분의 식사를 한다. 그러나 때로는 거실에서 텔레비전을 보면서 식사를 하기도 한다.

27 2008 서경대 ▶▶▶ MSG p.195 ④

비교급 수식 부사 much ▶ very는 원급을 수식하므로, 비교급을 수식하기 위해서는 much가 되어야 한다. ④를 much로 고친다. ①은 문장의 주어로 쓰인 동명사이고, ②는 동명사가 주어이므로 단수동사로 쓴 것이다. ③은 주장, 제안의 동사 require가 이끄는 that절에서 동사는 '(should) 동사원형'이 온다.

common good 공공의 이익 bear v. (의무·책임을) 지다, 떠맡다

공공의 이익을 유지하려다 보면 종종 특정 개인이나 특정 집단들은 다른 개인이나 집단들이 감내하는 것보다 훨씬 더 큰 희생을 견뎌야 할 필요가 있게 된다.

28 2015 상명대 ▶▶▶ MSG p.191 ①

문장 전체를 수식하는 부사 actually ▶ actual에서 vegetable까지는 주어 Tomatoes와 동사 began 사이에 삽입된 것으로, '실제로는 이러이러한 과일인데'라는 뜻의 관계절 which are actually a fruit that ~에서 which are가 생략된 것이므로 ①의 actual을 부사인 actually로 고쳐야 한다.

vegetable n. 야채 gain acceptance 용인되다, 받아들여지다 food plant 식용식물

토마토는 실제로는 야채로 이용되는 과일인데, 1820년에서 1850년 사이에 미국에서 식용식물로 널리 받아들여지기 시작했다.

29 2022 단국대 ▶▶▶ MSG p.191 ②

형용사를 수식하는 부사 ▶ 형용사인 현재분사 growing을 수식할 수 있는 것은 부사이므로 ② constant를 constantly로 고쳐야 한다.

widow n. 미망인 deceased a. 죽은, 사망한 creditor n. 채권자 owe v. 빚을 지다

특히 고인의 미망인과 죽은 그녀의 남편이 그들에게 빚을 졌다고 주장하는 채권자들 사이에 끊임없이 긴장이 고조되었던 기억이 난다.

30 2020 홍익대 ▶▶▶ MSG p.191 ④

부사 overseas ▶ overseas는 그 자체가 부사이므로 앞에 전치사가 필요하지 않다. ④에서 in을 삭제해야 한다.

the better part of ~의 대부분 outmigration n. 인구 유출 forcibly ad. 강제적으로 relocate v. 다시 배치하다; 이전시키다 flee v. 달아나다 devastation n. 유린; 참화 colonialism n. 식민지주의 dictatorship n. 독재 overseas ad. 해외로

20세기 대부분의 기간 동안, 한국은 주로 인구 유출이 일어나는 나라였는데, 주민들이 강제로 이주당하거나, 식민주의, 전쟁, 독재의 참화로부터 달아나거나, 해외에서 더 나은 삶을 찾아 나섰기 때문이다.

16 전치사

01 ①	**02** ⑤	**03** ③	**04** ④	**05** ③	**06** ③	**07** ①	**08** ③	**09** ④	**10** ①
11 ②	**12** ④	**13** ①	**14** ③	**15** ④	**16** ①	**17** ④	**18** ①	**19** ④	**20** ③
21 ②	**22** ①	**23** ①	**24** ②	**25** ①	**26** ①	**27** ①	**28** ③	**29** ②	**30** ⑤

01 2020 강남대 ▶▶▶ MSG p.225 ①

특정 일자와 함께 쓰이는 전치사 on ▶ 날짜, 요일, 특정일 등의 앞에는 주로 전치사 on이 쓰인다. 빈칸 다음에 the 25th라는 특정일이 왔으므로, 빈칸에는 ① on이 적절하다.

date n. 날짜 occur v. 발생하다

그 사건이 발생한 날짜는 2016년 3월 25일이었다.

02 2022 숙명여대 ▶▶▶ MSG p.182, p.227 ⑤

문맥상 알맞은 전치사 ▶ IQ와 EQ는 유전되는 것이라 했으므로 사람마다 그 정도나 수치에 제한이 있을 것인데 반해, HQ는 어떤 수준으로도 발달될 수 있다고 했다. 따라서 IQ, EQ와 HQ는 서로 속성이 다르다고 할 수 있으므로 빈칸에는 ⑤ Unlike가 적절하다.

largely ad. 대체로 inherit v. 물려받다, 유전하다 degree n. 정도 quotient n. 지수

대체로 유전되는 IQ와 EQ와 달리, 당신의 희망의 정도를 나타내는 "희망 지수인" HQ는 어떠한 수준으로도 발달될 수 있다.

03 2008 숙명여대 ▶▶▶ MSG p.101, p.227 ③

object to ~ing ▶ '반대하다'는 뜻의 object는 주로 자동사로 쓰이며, 전치사 to가 이어진다. 그리고 이때 to는 전치사이므로 뒤에는 동명사가 필요하다.

cancel v. 취소하다 snowstorm n. 눈보라

나는 왜 우리 사장님이 오늘 오후에 있을 회의를 취소하지 않겠다고 하는지 알 수 없다. 시내의 모든 거리가 강한 눈보라 때문에 막혀 있다.

04 2015 가천대 ▶▶▶ MSG p.227 ④

적절한 전치사 ▶ that이하는 Islam's basic belief의 동격절로 의미적으로 빈칸에는 ④ without이 적절하다.

countless a. 무수히 많은 reminder n. 생각나게 하는 것 will n. 의지

하나님의 뜻이 없이는 세상에 어떤 일도 일어나지 않는다는 이슬람의 기본 신념을 생각나게 하는 무수히 많은 것들이 일상 언어에 포함되어 있다.

05 2007 가천대 ▶▶▶ MSG p.226 ③

be absent from ▶ '~에 결석하다, 결근하다'라는 의미를 나타낼 때 전치사 from과 함께 쓴다. 기본적인 관용구이므로 반드시 암기하고 있어야 한다.

be absent from school[office] 학교[회사]에 결석[결근]하다 illness n. 병, 질환

빌(Bill)은 이름 모를 병 때문에 3개월 동안 학교에 결석을 했다.

06 2016 홍익대 ▶▶▶ MSG p.17, p.226 ③

적절한 전치사 ▶ 주절에서 '완전히 똑같은 것은 아니다'라고 했으므로, even though가 이끄는 양보의 종속절은 이것과 대조를 이루는 내용, 즉 '서로 비슷하다'는 의미가 되어야 한다. 빈칸 앞에 동사 take가 주어져 있으므로, '~을 닮다'는 의미가 되는 전치사 after가 빈칸에 들어가야 한다.

twin n. 쌍둥이 totally ad. 완전히 identical a. 아주 동일한[같은]

쌍둥이의 경우, 비록 서로 닮기는 해도, 완전히 똑같은 것은 아니다.

07 2020 덕성여대 ▶▶▶ MSG p.231 ①

올바른 전치사 ▶ 수동의 의미를 가지는 과거분사 produced와 어울리는 전치사는 by이고, '(결과적으로) ~을 낳다, 야기하다'는 의미를 가질 때 동사 result는 전치사 in과 함께 써야 한다.

electricity n. 전기 wind turbine 풍력 터빈 approximately ad. 대략 saving n. 절약

캘리포니아 북부에서 300개의 풍력 터빈에 의해 생산되는 전기가 연간 약 6만 배럴의 석유를 절약하는 결과를 낳았다.

08 **2022 서울여대** ▶▶▶ MSG p.48, p.226   ③

현재완료시제와 호응하는 전치사 ▶ 빈칸 이하에 현재완료 시제의 주절이 쓰였으므로 그 앞은 부사 상당어구가 되어야 한다. 현재완료 시제는 '~이래로'라는 의미의 전치사 since와 호응하므로 ③이 정답으로 적절하다.

registration n. 등록 marriage n. 결혼 resume v. 재개하다, 다시 시작하다 trickle n. 물방울; 느릿느릿한 움직임 torrent n. 급류

1960년대에 외국인과의 결혼 등록이 재개됐고, 그 후로 러시아 신부들의 해외 유출은 느린 흐름에서 강한 급류로 변했다

09 **2019 세종대** ▶▶▶ MSG p.228   ④

전치사 despite+관사의 용법 ▶ '~에도 불구하고'에 해당하는 표현은 despite 혹은 in spite of이며, 서수와 최상급 앞에는 정관사 the를 쓴다.

gloomy a. 우울한; 비관적인; 희망이 없는

세계에서 3번째로 가장 부유한 나라임에도 불구하고, 그 나라는 가장 우울한 나라에 속한다.

10 **2018 세종대** ▶▶▶ MSG p.227   ①

정도, 비율, 차이를 나타내는 전치사 by ▶ 빈칸 뒤에 비율을 나타내는 표현이 있으므로, 정도나 비율을 나타내는 전치사 by가 있는 ①이 빈칸에 적절하다. 이때 by는 '~만큼', '~정도만큼'의 의미이다. ③은 that 이하가 greenhouse gas emissions를 선행사로 하는 관계대명사절을 이루게 되는데, 이때 의미상 'emissions= 20 percent'의 관계가 성립하지 않고 수도 불일치하므로 정답이 될 수 없으며, ④는 빈칸을 전후로 접속사 없이 2개의 절이 나열되므로 역시 빈칸에 부적절하다.

pledge v. 서약하다, 약속하다 greenhouse gas 온실가스 emission n. 배출

그 국가는 2030년까지 온실가스 배출을 20% 이상 줄일 것이라고 약속했다.

11 **2022 서강대** ▶▶▶ MSG p.225   ②

시간의 전치사 ▶ 문맥상 '1870년대에'라는 부사구가 들어가야 한다. 연도 앞에는 the가 없고 연대 앞에는 the가 있지만 두 경우 모두 전치사는 in이다. 오전 몇 시처럼 특정한 시간에는 at이고, for는 기간을 가리킬 때 사용하며, while은 접속사이다.

recall v. 회상하다, 기억해 내다

『헨리 애덤스(Henry Adams)의 교육』에서 저자는 1870년대에 하버드 대학에서 가르치던 일을 회상한다.

12 **2020 세종대** ▶▶▶ MSG p.225   ④

불필요한 전치사 for ▶ '일주일에 하루는 쉬기로 했다'는 의미가 되는 것이 적절한데, 부정관사 a에 per의 의미가 있으므로 ④에서 전치사 for를 삭제해야 한다.

insistence n. 주장, 고집; 강요 take a day off 하루 휴가 내다

아내 메리(Mary)의 고집에, 에릭(Eric)은 일주일에 하루씩 휴가를 내기 시작했다.

13 **2022 서울여대** ▶▶▶ MSG p.227   ①

불필요한 전치사 to ▶ ①에서 home은 명사가 아니라 부사이므로 전치사 to다음에 올 수 없다. one's way home은 '귀가 길에'라는 의미로 쓰이므로 ①은 home이 되어야 한다. 참고로 ④ baker's는 '빵집, 제과점'을 의미한다.

slice n. 조각 carrot n. 당근

집에 가는 길에 그녀는 빵집에서 당근 케이크 한 조각을 사곤 했다.

14 **2018 경기대** ▶▶▶ MSG p.228   ③

although와 despite의 용법 구분 ▶ 접속사인 although 뒤에 절 (clause)의 형태가 오지 않았으므로 ③이 옳지 않은 표현이다. 따라서 이것을 although처럼 양보의 의미를 지니고 있으면서 명사 상당어구를 목적어로 취할 수 있는 전치사 despite로 고쳐야 한다.

spat n. 말다툼, 승강이, 입씨름 account n. 계정

자신의 트위터 계정을 통해 테레사 메이(Theresa May)와 공개적으로 말다툼을 벌였음에도 불구하고, 그는 2월에 영국을 방문할 것으로 예상된다.

15 **2022 세종대** ▶▶▶ MSG p.227   ④

be assigned to ▶ '~에 배정되다'라는 표현에서 be assigned 뒤에는 전치사 to를 쓴다. ④를 to로 고친다.

assign v. 할당하다, 배정하다 leading a. 일류의

기차역에서, 그는 일류 호텔의 이름을 요청하여 브라운(Brown) 호텔로 갔으며, 그곳에서 307호 방을 배정받았다.

16 **2022 경기대** ▶▶▶ MSG p.129, p.227   ①

because와 because of의 용법 구분 ▶ ①의 뒤에 명사구가 주어져 있으므로 ①의 자리에 절과 절을 연결하는 접속사를 쓴 것은 옳지 않다. 따라서 ①에는 Because와 같은 의미를 가진 전치사구가 있어야 한다. ①을 Because of로 고친다.

scandal-plagued a. 추문으로 얼룩진 governor n. 주지사 secretaray n. 비서 testimony n. 증언 inquiry n. 질문, 심문

그 비서는 추문으로 얼룩진 주지사와의 연관 때문에, 공개 심문에서 증언을 하라는 요구를 받았다.

17 2019 홍익대 ▶▶▶ MSG p.225 ④

전치사 until과 by의 구분 ▶ until과 by는 둘 다 '~까지'라는 뜻으로 쓰이지만, until은 '계속' 진행되는 행위와 함께 쓰이는 반면, by는 '완료'되는 행위와 함께 쓰인다. 주어진 문장의 경우, 4시까지 도착을 '완료'해야 하므로, ④를 by로 고쳐야 한다.

be due to V ~할 예정이다 make sure that 반드시 ~하도록 하다 get to ~에 도착하다 venue n. (회합 등의) 장소, 현장 reception n. 환영회, 환영행사

우리 손님들이 7시 무렵에 도착할 예정이므로, 환영행사를 준비하기 위해 늦어도 4시까지는 현장에 반드시 도착하도록 하십시오.

18 2022 경기대 ▶▶▶ MSG p.229 ①

in response to ▶ '~에 대응하여'라는 표현에서 in response 뒤에는 전치사 to가 온다. ①을 to로 고친다.

obesity n. 비만 rate n. 비율; 속도 youth n. 청년, 젊은이 urgently ad. 긴급히

젊은이들 사이에 비만율이 가파르게 증가하고 있는 것에 대응하여, 정부는 더 건강한 생활방식을 긴급하게 장려하고 있다.

19 2021 세종대 ▶▶▶ MSG p.227 ④

올바른 관용표현 ▶ '곤경에 빠져 있는'이라는 상태는 in dire straits로 표현한다. 따라서 ④를 in으로 고친다.

refuse v. 거절하다, 거부하다 acquisition n. 인수, 습득 vehicle n. 수송수단, 탈것 in dire straits 곤경에 빠져 있는

엘론(Elon)은 자신의 전기 자동차 회사가 곤경에 처해 있을 때 그 회사를 인수할 가능성과 관련해서 자신과 만나는 것을 팀(Tim)이 거절했다고 화요일에 말했다.

20 2019 세종대 ▶▶▶ MSG p.227 ③

reach out to ▶ '~에게 관심을 보이다[접근하다]' '연락을 취하려[접촉하려] 하다'라는 의미의 표현은 reach out to이므로 ③을 to로 고쳐야 한다. ① continue 뒤에는 to부정사도 올 수 있고 동명사도 올 수 있다.

positive a. 긍정적인 reach out to ~에게 관심을 보이다[접근하다] disability n. (신체적·정신적) 장애 non-profit a. 비영리의 foundation n. 재단

그녀는 비영리 재단을 통해 많은 장애 어린이들에게 다가감으로써 사회에 긍정적인 변화를 계속해서 가져오길 원하고 있다.

21 2022 세종대 ▶▶▶ MSG p.227 ②

similar to ▶ similar 뒤에는 관용적으로 전치사 to가 온다. ②를 to로 고친다.

addiction n. 중독 dependence n. 의존; 의존증 addict v. 중독되게 하다 cure n. 치료법 throw away 내다버리다

TV 중독은 약물이나 알코올 의존증과 비슷하다. 사람들은 자신들이 중독되었다는 것을 거의 믿지 않는다. 치료법은 TV를 내다버리는 것이다.

22 2012 아주대 ▶▶▶ MSG p.227 ①

beside와 besides의 구분 ▶ beside는 '~옆에, ~에 비해'를 의미한다. 문맥상 '~외에'를 뜻하는 besides가 필요하다. ①을 besides로 고친다. 동사 is 다음에 절이 올 경우, 보통 절 앞에 접속사 that을 쓰지만, 보어 절일 경우 생략하기도 한다. ② restriction은 '(법률, 규칙을 통한) 제한, 규제'의 뜻일 때는 가산명사로 쓰인다. meat and dairy must be kept totally separate는 'keep +목적어(meat and dairy) +형용사(separate)' 구문이 수동태로 된 것이다.

besides prep. ~외에 restriction n. 규제 dairy n. 유제품 판매소, 낙농업 duplicate a. 이중의, 중복의

도살 및 특정한 규제 이외에 한 가지 중요한 점은 육류와 낙농제품은 이중의 준비과정을 포함하여 완전히 분리 보관되어야 한다는 것이다.

23 2019 경기대 ▶▶▶ MSG p.232 ①

전치사의 생략 ▶ last, next, this, every 등이 쓰인 시간과 장소의 부사구의 경우 전치사를 생략하고 명사 혹은 명사구만으로 부사의 역할을 하며, 이것을 '부사적 대격'이라고 한다. 그러므로 ①에서 전치사 on을 삭제해야 한다.

behest n. 명령; 간청, 간절한 부탁 shareholder n. 주주(株主) resolve v. (문제를) 해결하다 annual a. 매년의, 연례의

경영자는 다음번 연례 주주총회 전에 그 문제를 해결하기를 희망하는 주주들의 간청에 따라 어젯밤에 그곳에 갔다.

24 2019 세종대 ▶▶▶ MSG p.227 ②

put ~ at risk ▶ '~를 위태로운 처지에 놓이게 하다'라는 의미의 표현은 put ~ at risk이다 ②를 at으로 고친다. ③ inevitably 이하는 주절에 이어지는 분사구문이다.

birthrate n. 출산율 inevitably ad. 필연적으로 land v. ~에 빠지게 하다

인구의 급속한 고령화와 낮은 출산율은 우리 사회를 위험에 처하게 만들었고, 필연적으로 젊은 세대를 더 심각한 경제 상황에 놓이게 했다.

25 **2007 광운대** ▶▶▶ MSG p.226 ①

in과 after의 구분 ▶ 전치사 in과 after는 둘 다 '~의 후에'라는 의미를 가지는데, in은 일반적으로 현재를 기준으로 앞으로 일어날 일에 주로 쓰며, after는 과거의 동작의 완료를 기준으로 과거의 사실에 주로 쓴다. 주어진 문장의 경우, 주절이 미래에 관한 내용이므로 ①을 In three days로 고쳐야 한다. ③은 시간의 부사절을 이끄는 접속사이다.

pick up 가서 찾아오다; 마중 가서 데리고 오다 airline n. 비행기

3일 후에 나는 비행기 표를 찾아올 것이다. 그리고 6일 뒤에 나는 뉴욕으로 날아갈 것이다. 내가 뉴욕에 도착하고 2주 후에 삼촌이 나를 보스턴에서 만날 것이다.

26 **2021 세종대** ▶▶▶ MSG p.226 ①

문맥상 적절한 전치사 ▶ 축구협회로부터 페어플레이상을 받은 것이므로, ①은 전치사 from이 되어야 한다.

fair play 정정당당한 시합 accolade n. 포상; 칭찬 governing body 관리기관, 이사회 free meal 무상급식

그 선수는 아동 빈곤을 퇴치하고 영국 정부의 무상 급식 제공을 촉구하는 캠페인을 벌인 것에 대해 세계축구협회로부터 페어플레이상을 받았다.

27 **2020 성균관대** ▶▶▶ MSG p.228 ①

전치사 despite ▶ despite는 그 자체가 완전한 전치사이므로, despite of의 형태로 사용되지 않는다. ①을 Despite로 고친다.

scour v. 찾아다니다 remote a. 원격의; 외딴 biodiversity n. 생물의 다양성 estimate v. 추정하다

수십 년 동안 지상에서 가장 친숙한 곳들과 외진 곳들 중 일부를 끊임없이 탐색했지만, 생물의 다양성을 연구하는 과학자들은 자연종(種) 가운데 90% 이상이 여전히 알려져 있지 않다고 추정하고 있다.

28 **2015 경기대** ▶▶▶ MSG p.227 ③

적절한 전치사 ▶ ③의 뒤에 위치한 virus는 투쟁 혹은 싸움의 대상이다. 그러므로 ③에는 '~에 대항하여', '~에 반대하여'의 의미를 가진 전치사 against를 써야 한다.

epidemic n. 유행병 raise the profile 인지도를 높이다 struggle n. 노력; 싸움 healthcare worker 의료종사자

그는 36시간에 걸친 순방 기간 동안 유행병인 에볼라가 창궐하고 있는 국가들의 에볼라 치료 센터를 방문하여, 그 바이러스와의 싸움을 널리 알리고 의료종사자들을 격려했다.

29 **2011 중앙대** ▶▶▶ MSG p.228 ②

전치사의 목적어 ▶ 주절의 주어는 every major executive이고, but은 여기서 접속사가 아니라 '~를 제외한'이라는 의미의 전치사이므로, ②의 I를 목적격 me로 바꾸어야 한다. 물론, 'Mark Jamieson을 제외한 우리 회사의 모든 중역들과 나는'이라고 해석할 수도 있지만, 그런 뜻으로 말하려면 오해의 소지를 없애기 위해 every major executive but Mark Jamieson of our company and I라고 해야 할 것이다. ①은 시간 부사절에서는 미래 대신 현재형을 써야 하므로 맞다. ③의 경우, by the time + S + V(현재)의 구문에서는 주절에 보통 미래완료가 사용된다.

accuse A of B A를 B라는 죄로 고발하다 complicity n. 공모, 연루 stock n. 주식 swindle n. 사기

랠프 로저스(Ralph Rogers)가 그의 증언을 마무리할 때면 이미, 마크 재미슨(Mark Jamieson)과 나를 제외한 우리 회사의 모든 중역들은 주식사기를 공모한 죄로 고발당할 것이다.

30 **2017 광운대** ▶▶▶ MSG p.225 ⑤

정비문 ▶ by와 until은 다같이 '~까지'라는 뜻을 가지고 있으나, by는 완료의 의미가 있는 동사와 함께 쓰고 until은 지속의 의미를 가진 동사와 함께 쓴다. ⑤에 쓰인 동사 receive는 '수령하다'는 의미인데, 소포를 받는 행위는 지속적으로 하는 것이 아니라 단 한번으로 끝나는 것이므로 완료의 의미를 가진 것으로 볼 수 있으며, 따라서 전치사 by와 함께 써야 한다. 그러므로 ⑤에서 until을 by로 고쳐야 옳은 문장이 된다. ② 'used to 동사원형'은 과거의 규칙적인 습관을 나타내는 표현이며, go ~ing는 '~하러 가다'는 뜻의 관용표현이다.

as usual 여느 때처럼 not ~ in the least 조금의 ~도 없는 package n. 꾸러미, 소포

① 잭(Jack)은 여느 때처럼 치즈와 함께 와인을 주문할 것이다.
② 톰(Tom)은 대학을 다닐 동안에는 등산을 하곤 했지만, 이제는 그렇지 않다.
③ 아일린(Eileen)은 체중 감량에 조금의 관심도 갖고 있지 않다.
④ 눈이 내렸음에도 불구하고, 로리(Lory)는 이번 주에 스키를 타러 갔다.
⑤ 샘(Sam)은 크리스마스까지 소포를 받았어야 했다.

17 비교

01 ②	**02** ④	**03** ④	**04** ③	**05** ②	**06** ①	**07** ①	**08** ①	**09** ②	**10** ③
11 ③	**12** ③	**13** ④	**14** ④	**15** ②	**16** ③	**17** ③	**18** ①	**19** ③	**20** ①
21 ③	**22** ②	**23** ⑤	**24** ④	**25** ③	**26** ③	**27** ④	**28** ④	**29** ④	**30** ②

01 2021 단국대 ▶▶▶ MSG p.205 ②

prefer A to B ▶ prefer는 to와 함께 쓰여서 'B보다 A를 선호하다'라는 의미의 prefer A to B 구문을 이룬다. 따라서 ②가 빈칸에 적절하다.

at the back 후방에

나는 뒤쪽 테이블보다 창가 쪽 테이블이 더 좋다.

02 2008 단국대 ▶▶▶ MSG p.201 ④

원급 관용 표현 ▶ 'A라기 보다는 B이다'라는 의미의 not so much A as B 구문이 쓰인 문장이다. not so much가 먼저 나와 있으므로 빈칸에 나와야 할 것은 as임을 알 수 있다.

primary a. 주요한, 주된 lie in ~에 있다 behavior n. 행동

TV 화면의 주된 위험성은 그것이 만들어내는 행동에 있기보다는 — 거기에도 위험이 있기는 하지만 — 그것으로 인해 행해지지 못하는 행동에 있다.

03 2008 서강대 ▶▶▶ MSG p.205 ④

the + 비교급, the + 비교급 ▶ the + 비교급 S + V, the + 비교급 S' + V' 구문이다. 주어진 문장의 경우 the stronger the magnetic field (is), the greater the voltage produced by a generator (is)의 형태에서 be동사가 생략된 경우이다. 필요한 단어는 the뿐이다.

magnetic field 자기장 voltage n. 전압(량) generator n. 발전기

자기장이 강할수록 발전기에 의해 방출되는 전압도 크다.

04 2008 동국대 ▶▶▶ MSG p.200 ③

배수 비교 ▶ half as ~ as(반만큼 ~하다)는 일종의 배수 비교 구문이다. 즉 ~ times 대신 less than half가 온 것이다. less than은 '~미만'의 뜻이다. A와 B를 비교한다고 할 때 B가 it (the situation) had been (bad) before the coup in 1994이고 A가 앞의 주절 the situation is bad이므로 현재와 과거를 비교한 것이다. 정답은 ③ as productive as 이다.

less than half 절반 미만 coup n. 쿠데타 productive a. 생산적인

상황이 너무 나빠져서 현재 공공서비스는 생산성이 1994년 쿠데타 이전의 절반에도 채 미치지 못한다.

05 2004 아주대 ▶▶▶ MSG p.203 ②

비교급 + than ▶ 뒤에 비교급과 함께 쓰는 접속사 than이 있으므로, 비교급의 표현이 와야 한다. ②가 정답이다.

convict v. ~의 유죄를 선언하다 convicted prisoner 기결수 fingerprint n. 지문 revolver n. (회전식의) 연발 권총

연발 권총에 묻은 지문만큼 그 기결수에 대한 확실한 증거는 없다.

06 2008 경희대 ▶▶▶ MSG p.203 ①

more A than B ▶ 문맥상 'do good[harm](득[해]를 끼치다)'은 의미와 결합된 more A than B(= not B but A)의 표현이 필요하다. 이때 good과 harm은 명사이다.

take drugs 약을 먹다 do harm[good] 해[득]를 끼치다

우리는 득보다는 해를 많이 끼치는 약을 먹고, 지나치게 긴 시간 일을 하고, 스스로에게 스트레스를 준다.

07 2008 세종대 ▶▶▶ MSG p.200 ①

배수 비교 ▶ 배수의 기본적 표현은 '기수 + times + as ~ as'이다. 이와 같은 어순으로 이루어진 ①이 정답이다.

Hispanic n. 라틴 아메리카계 사람, 스페인어를 말하는 사람

백인 가정은 흑인계나 라틴 아메리카계 가정보다도 집에 컴퓨터가 있을 가능성이 3배 높다.

08 2007 대구대 ▶▶▶ MSG p.209 ①

비교급을 이용한 최상급 표현 ▶ '비교급 + than any other + 단수명사'

는 비교급의 형태를 이용해 최상급을 나타내는 표현이다. 주어가 복수명사 skills이므로 동사는 are가 되고, 비교대상(작문솜씨)을 동일하게 해주어야 하므로 students가 아니라 student's로 쓰는 것이 옳다. student's 다음에 writing skills가 생략되어 있다.

writing skill 작문 솜씨

제니(Jenny)의 작문 솜씨는 다른 어떤 학생들의 작문솜씨보다 낫다.

09 2004 아주대 ▶▶▶ MSG p.199

동등 비교 ▶ '~만큼 ~한'이라는 의미의 표현에서, 'so ~ as'는 부정문에서 주로 쓰이며, 긍정문의 경우에는 'as ~ as'를 쓴다. 주어진 문장은 긍정문이므로, ② so를 as로 고쳐야 한다.

reliable a. 믿을 수 있는 trustworthy a. 신뢰할 수 있는 sunrise n. 일출, 해돋이

어떤 사람들은 매일 아침 해가 뜨는 것만큼이나 확실히 믿을 수 있다.

10 2012 홍익대 ▶▶▶ MSG p.203 ③

비교급 + than ▶ ③은 'A를 B로 인식하다'라는 의미의 perceive A as B 구문에서 as의 보어로 쓰인 형용사인데, 뒤에 than이 있으므로 비교급으로 써야 한다. close를 closer로 고친다. ① do는 강조의 용법으로 쓰인 조동사이다. ② as는 perceive A as B 구문에 쓰인 as임에 유의한다. as ~ as 구문으로 이해하여 ④ than을 as로 고치는 쪽으로 접근해선 안 된다.

perceive v. 인식하다, 인지하다 close a. 가까운 actually ad. 실제로

우리는 확실히 태양이 실제보다 우리에게 더 가까이 있는 것으로 인식한다.

11 2006 인천대 ▶▶▶ MSG p.200 ③

배수 비교 ▶ 배수 비교는 '배수 + as + 형용사 원급 + as'로 표현한다. ③을 twice as로 고친다. ①은 The new computer를 선행사로 하는 목적격 관계대명사이고, ②는 관계사절 속의 주어와 동사이다.

buy v. 사다, 구매하다

내가 어제 산 새 컴퓨터는 예전 컴퓨터보다 속도가 두 배 빠르다.

12 2004 동덕여대 ▶▶▶ MSG p.199 ③

동등 비교의 부정 ▶ 동등비교는 주로 as ~ as 구문을 사용해서 표현하는데, 앞에 부정어가 오는 경우에는 so ~ as로 쓴다. 따라서 ③ very를 so로 고친다.

study n. 연구 strategy n. 전략

연구 결과 새로운 전략이 이전의 전략만큼 효과적이지 않다는 것을 알 수 있다.

13 2001 가천대 ▶▶▶ MSG p.207 ③

최상급 표현 ▶ 원칙적으로 비교급 앞에는 정관사 the를 붙이지 않는다. in the nation과 같이 범위를 정한 표현이 있으므로 최상급이 쓰여야 한다. 따라서 ③을 largest로 고쳐야 한다. 한편 When completed는 분사구문이며, ④는 the new plant를 가리킨다.

plant n. 공장 facility n. 시설 nation n. 국가

그 새 공장은 완공되면 그 종류의 것으로는 국내에서 가장 큰 시설이 될 것이다.

14 2018 세종대 ▶▶▶ MSG p.203

or less ▶ '~이상'은 or more로 '~이하'는 or less로 나타낸다. 따라서 ④를 less로 고쳐야 한다. ① say의 목적어절을 이끄는 접속사이다. ② the part of the ocean을 선행사로 하는 주격 관계대명사이다.

explorer n. 탐험가 focus on ~에 집중하다 ocean n. 바다, 해양, 대양

일부 탐험가들은 우리가 깊이 2만 피트 이하의 해양 지역에 집중해야 한다고 이야기한다.

15 2020 수원대 ▶▶▶ MSG p.204

라틴어계 형용사의 비교급 ▶ senior와 같이 '-ior'로 끝나는 라틴어계 형용사는 비교급 비교구문에서는 than 대신에 to를 쓰며, 자체적으로 비교의 뜻이 있으므로, senior 앞에 more를 별도로 붙이지 않는다. 따라서 ②를 to로 고쳐야 한다.

of the same age 동갑인

그는 자신이 나보다 2년 연상이라고 나에게 말했지만, 나는 우리가 동갑임을 알게 되었다.

16 2008 세종대 ▶▶▶ MSG p.203 ③

비교급 + than ▶ 비교급인 better가 있으므로 ③은 as가 아니라 than이 되어야 한다.

gym class 체육수업 dismiss v. 떠나게 하다; 해산시키다 relax v. 긴장을 풀다

체육수업이 끝난 후 긴장을 풀기 위해서 특히 마사지를 받기 위해서는 스파보다 더 나은 장소는 없다.

17 2005 경기대 ▶▶▶ MSG p.199 ③

원급 비교 ▶ as much가 앞에 있으므로 원급 비교 구문이 되기 위해서는 ③ since를 as로 고쳐야 한다. ④는 앞의 learn을 받는 대동사이다.

peer n. 동료 instructor n. 강사

연구를 통해 대학생들이 강사들에게 배우는 것만큼 동료들로부터 배울 수 있다는 사실이 밝혀지고 있다.

18 2011 국민대 ▶▶▶ MSG p.203 ①

비교급 + than ▶ 뒤의 than으로 보아 비교급이 요구되므로 high는 higher가 되어야 하며, much는 비교급 강조 부사이므로 바르게 쓰였다. 따라서 ①은 much higher가 되어야 한다. ② they는 앞의 복수명사 her sisters를 가리키므로 적절하다. ③ 뒤에 than이 있으므로 비교급 more sociable이 올바르게 쓰였다. 여기서 than은 부사절을 이끄는 접속사이다. ④ she is 다음에 반복으로 인해 보어 sociable이 생략된 것이다.

grade n. 성적 a great deal 상당히 sociable a. 사교적인

그녀는 자매들보다 성적이 훨씬 높지만, 그들은 그녀보다 훨씬 더 사교적이다.

19 2009 중앙대 ▶▶▶ MSG p.199 ③

동등 비교 ▶ 동등 비교를 나타내는 as ~ as 구문에서 부사인 as가 빠져 있다. ③을 as influential as로 고쳐야 한다.

nominee n. 지명자, 후보 prize n. 상, 상품, 경품 influential a. 영향력 있는

올해 언론부문의 퓰리처상의 수상 지명자들 중에서 블레이크(Blake) 교수만큼 영향력 있는 사람은 거의 없다.

20 2017 단국대 ▶▶▶ MSG p.203 ①

비교급 ▶ 비교급과 함께 쓰이는 표현인 than이 주어져 있으므로, ①을 비교급인 less로 고쳐야 한다.

commuter n. 통근자 annually ad. 해마다 delay v. 연기하다; 지체하다 traffic congestion 교통 혼잡, 교통 정체

뉴욕시 통근자들은 해마다 교통 혼잡으로 지체돼서 보내는 시간이 대도시 평균보다 적다.

21 2006 세종대 ▶▶▶ MSG p.202 ③

비교급 + than ▶ 뒤에 비교급의 접속사 than이 있으므로 ③ great는 greater가 되어야 올바른 표현이 된다.

light-wave n. 광파(光波) handle v. 처리하다 immensely ad. 엄청나게

광파(光波) 통신 시스템은 현행 시스템보다 엄청나게 더 많은 전화 통화를 처리할 수 있다.

22 2006 서울여대 ▶▶▶ MSG p.203, p.219 ②

비교대상의 일치 ▶ 비교구문에서는 반드시 비교 대상을 일치시켜야 한다. the risks of laser surgery와 적절한 비교를 하려면 ②를 those of conventional surgery로 해야 하며, 이때 those는 the risks를 대신하는 대명사이다.

surgery n. 수술 conventional a. 전통적인, 종래의 surgeon n. 외과전문의

레이저 수술의 위험은 기존 수술의 위험보다 더 낮다. 하지만 많은 것들이 의사 개인의 기술에 달려 있다.

23 2021 성균관대 ▶▶▶ MSG p.203 ⑤

부사의 비교급 ▶ 부사의 비교급이나 최상급에는 원칙적으로 the를 붙이지 않는다. 따라서 ⑤를 more로 고쳐야 한다.

circulate v. 순환시키다, 순환하다 oxygen n. 산소 organ n. (생물의) 기관(器官), 장기(臟器)

운동 중에 심장 박동을 증가하게 하는 것은 몸이 근육과 장기에 혈액과 산소를 더 효과적으로 순환시키도록 하는 데 도움을 준다.

24 2009 경기대 ▶▶▶ MSG p.207 ④

최상급 표현 ▶ 범위를 한정 짓는 (that) they had ever eaten이 있으므로 최상급 표현이 앞에 와야 한다. ④를 the worst로 고친다.

new employee 신입사원 lunch n. 점심

그 점심이 이제껏 먹어본 가장 형편없는 음식이라는 데에는 모두 동의했지만, 신입사원들은 직장에서의 첫날을 즐겁게 보냈다.

25 2004 아주대 ▶▶▶ MSG p.200, p.210 ③

비교급 수식어구 ▶ very는 원급과 최상급을 수식하며, 비교급을 강조하는 표현은 a lot, much, still, even 등이다. 따라서 ③ very faster를 much faster 등으로 고쳐야 한다. ①은 타동사 want의 목적보어로 쓰인 부정사이며, ④는 원급 비교의 표현이다.

film director 영화감독 staff n. 직원

권(Kwon) 영화감독은 직원들이 좀 더 빨리 일하기를 원했다. 하지만 그들은 말했다. "우리는 더 빨리 일할 수가 없어요. 우리는 최대한 빨리 일하고 있는 중이에요."

26 2012 홍익대 ▶▶▶ MSG p.203 ③

비교급 + than ▶ 앞에 비교급 more가 있으므로 비교 대상 앞에 쓴 ③은 than이 되어야 한다. ① Few는 부정의 의미를 가진 형용사이고, 뒤

에 가산명사가 오므로 옳은 표현이다. ②는 전치사 of의 목적어이므로 동명사로 표현한 것이다. ④에서 leading은 '유력한, 일류의'라는 의미의 형용사이다.

break down 분해하다 cellulose n. 셀룰로오스, 섬유소 enzyme n. 효소

셀룰로오스 분해에 있어 세계 최고의 공업용 효소 제조업체인 덴마크의 노보자임(Novozymes)보다 많은 실무 경험을 가진 회사는 거의 없다.

---

27 2001 강남대 ▶▶▶ MSG p.204   ④

라틴어계 비교급 형용사 + to ▶ inferior나 superior 등 라틴어계의 비교급 형용사는 than 대신에 to와 같이 쓰이므로 ④는 inferior to가 되어야 한다. most of, some of 등의 표현 뒤에 명사가 오는 경우엔 그 명사 앞에 한정사가 있어야 하므로 ①은 옳은 표현이다. 부분표시 표현이 온 경우, of 뒤의 명사에 동사의 수를 일치시키는데, 복수동사 were가 왔으므로 ② systems는 적절하다. 연대를 나타내는 경우, 정관사를 붙이고 -'s나 -s를 뒤에 붙이므로 ③도 옳은 표현이다.

install v. 가설하다, 설치하다 inherently ad. 본질적으로 inferior a. 열등한

베트남 전화망의 대부분은 50년대, 60년대에 가설된 것이어서, 말레이시아와 태국에서 이미 사용되고 있는 현대식 전화망보다는 본질적으로 더 열등하다.

---

28 2011 서울여대 ▶▶▶ MSG p.200   ④

배수 비교 ▶ as ~ as 비교급 구문으로 비교대상 '흑인 지역' 앞에 as가 있으므로 비교대상 '백인 지역' 앞에도 as를 넣어야 한다. ④의 than을 as로 고친다. ①은 that절이 have found의 목적어이므로 in a review of studies는 부사구가 되어야 하는데 의미상 전치사 in이 적절하게 쓰인 것이다. ②는 the density에 수를 일치시켜 단수동사 is가 쓰인 것이다. ③ 원급 비교의 배수표현으로 '두 배 이상'이라는 의미로 more than twice as ~ as가 쓰인다.

density n. 밀도 billboard n. (보통 옥외의) 게시판, 광고판 tobacco n. 담배 neighborhood n. 지구, 지역

연구원들은 연구의 검토 과정에서 흑인 지역의 담배 옥외광고판의 밀도가 백인 지역보다 두 배 이상 높은 것을 밝혀냈다.

---

29 2012 경기대 ▶▶▶ MSG p.203   ④

비교급 + than ▶ more important라는 비교급 표현이 앞에 있으므로, ④는 than으로 고쳐야 옳은 문장이 된다. ①의 ask for는 '요구하다, 청구하다'라는 의미이다. ② as는 consider A as B 구문에 쓰인 전치사이다. ③은 between A and B 구문을 이루고 있으며, what is inside가 A, what is outside가 B에 해당한다.

split v. 나누다, 쪼개다 interminable a. 끝없이 계속되는 tale n. 이야기 oppression n. 억압

사람을 '내면'에 있는 것과 '외면'에 있는 것으로 나누어져 있는 것으로 간주하는 것의 위험성에 대한 증거로, 절반은 희극이고 절반은 비극인 끝없는 이야기, 즉 여성에 대한 억압보다 더 중요한 증거는 거의 요구할 수 없을 것이다.

---

30 2017 광운대 ▶▶▶ MSG p.203   ②

정비문 ▶ ②에서 more advanced라는 비교급 표현이 있으므로 이와 상관적으로 쓰이는 전치사 than을 써야 한다. to를 than으로 고친다. 이때 far는 비교급을 강조하기 위해 쓴 표현이다. ① no less than은 '무려', '자그마치'라는 의미이다. ⑤ prefer A to B는 'B보다 A를 더 좋아하다'라는 뜻이며, 이때 to는 전치사이므로 그 뒤에는 명사나 동명사가 온다.

advanced a. 진보적인 be notorious for ~로 악명이 높다 cruelty n. 무자비함 immigrant n. 이민자 win over (~를) 마침내 자기편으로 끌어들이다, 설득하다

① 폴(Paul)은 요가에 관한 책을 무려 2,000권이나 가지고 있다.
② 해리(Harry)는 동료들보다 훨씬 진보한 아이디어를 가지고 있다.
③ 필(Phil)은 불법 이민자들을 무자비하게 대하는 것으로 악명이 높다.
④ 빌(Bill)은 회의에서 투자자들을 설득하려고 노력할 것이다.
⑤ 존(John)은 주말에 빈둥거리는 것보다는 나가서 일하는 것을 더 좋아한다.

<table>
<tr><td>17 비교</td><td></td><td></td><td></td><td></td><td></td><td></td><td></td><td></td><td>TEST 02</td></tr>
<tr><td>01 ①</td><td>02 ④</td><td>03 ②</td><td>04 ④</td><td>05 ②</td><td>06 ②</td><td>07 ①</td><td>08 ①</td><td>09 ②</td><td>10 ②</td></tr>
<tr><td>11 ④</td><td>12 ②</td><td>13 ④</td><td>14 ②</td><td>15 ④</td><td>16 ③</td><td>17 ③</td><td>18 ⑤</td><td>19 ③</td><td>20 ②</td></tr>
<tr><td>21 ③</td><td>22 ③</td><td>23 ②</td><td>24 ②</td><td>25 ③</td><td>26 ①</td><td>27 ③</td><td>28 ②</td><td>29 ③</td><td>30 ②</td></tr>
</table>

01 2013 홍익대 ▶▶▶ MSG p.199   ①

'as ~ as …' 원급 비교 ▶ 빈칸 앞에 'as + 형용사'의 형태가 주어져 있으
므로, 빈칸에 as가 들어가면 'as ~ as …'의 원급 비교구문이 이뤄질 수
있다.

dinosaur n. 공룡 raptor n. 육식조 mammal n. 포유동물 warm-blooded
a. 온혈의 metabolism n. 물질[신진]대사

예를 들어, 육식조와 같은 작은 공룡들과 티라노사우루스와 같은 큰 공룡들
은 포유류 사냥꾼만큼 활동적이었으며, 포유류는 그러한 활동을 유지하기
위해 온혈 신진대사를 반드시 필요로 한다.

02 2005 명지대 ▶▶▶ MSG p.210   ④

비교급 수식어구 ▶ 비교급을 강조할 수 있는 어구는 much, far, even,
considerably 등이다. very, too 등은 비교급 앞에 쓸 수 없다. 정답은
④가 된다.

expensive a. 비싼 anticipate v. 예상하다

그 차는 내가 예상했던 것보다 훨씬 더 비쌌다.

03 2015 단국대 ▶▶▶ MSG p.203   ②

올바른 비교급 표현 ▶ 비용의 많고 적음을 나타낼 때에는 much나
little을 쓴다. 그런데 little의 비교급 표현 중에서, less가 양의 적음을
나타내는데 반해, lesser는 '가치 혹은 중요성의 덜함'을 나타낼 때가 많
고, 이것은 한정적 용법으로만 쓰므로 주어진 문장에는 적절하지 않다.
따라서 빈칸에는 less than이 적절하다.

cost of living 생활비

만약 19세기 중엽으로 돌아간다면, 생활비는 오늘날의 20분의 1도 채 안
될 것이다.

04 2007 숭실대 ▶▶▶ MSG p.203   ④

비교급 + than ▶ harder라는 비교급에 맞게 than이 와야 하며, 그 다
음은 to release와 병치되게 to부정사가 오는 것이 적절하다.

release v. 해방시키다 servitude n. 노예 상태 enslave v. 노예로 만들다

몽테스키외(Montesquieu)는 자유국가를 노예로 만드는 것보다 노예 상태
에서 한 국가를 해방시키는 것이 더 어렵다고 썼다.

05 2009 아주대 ▶▶▶ MSG p.203   ②

비교급 + than ▶ fast rate가 특정한 것으로 한정되어 있지 않기 때문
에 the가 아닌 a를 써야 하며, than 앞이므로 비교급의 표현이 필요하
다. 따라서 ② a faster rate가 정답이다.

depletion n. 고갈 destruction n. 파괴 production n. 생산

오존층이 생산되는 속도보다 더 빠른 속도로 오존층이 파괴될 때 결과적으
로 오존층은 고갈된다.

06 2017 서울여대 ▶▶▶ MSG p.210   ②

올바른 비교 표현 ▶ 비교급 표현과 상관적으로 쓰이는 than이 빈칸 뒤
에 있으므로 빈칸에는 비교급이 포함돼 있는 표현이 들어가야 하겠는
데, 형용사는 명사를 수식하고, 부사는 형용사와 부사를 수식하므로,
so much less fuel이 앞서 언급한 조건을 모두 만족시킨다. much는
비교급 형용사 less를 수식하는 부사이며, so는 부사 much를 수식하는
부사인 것이다.

hybrid a. 잡종의; 하이브리드[전기, 휘발유 병용]의 traditional a. 전통적인
eliminate v. 제거하다 dependence n. 의존

하이브리드 자동차는 전통적인 자동차보다 훨씬 더 적은 연료를 사용하기
때문에, 외국산 석유에 대한 의존도를 줄이거나 심지어 없애는 데 도움을 줄
수 있을 것이다.

07 2007 단국대 ▶▶▶ MSG p.202   ①

비교급 + than ▶ ④는 네가 학기말 시험을 생각하자마자 그것이 시작
될 것이라고 해석되므로 어색하다. '네가 생각하는 것보다 시험이 빨리
시작될 것'이라는 의미가 되어야 하겠는데, 비교급에 쓰이는 than 뒤에
위치한 주어가 대명사인 경우에는 도치가 허용되지 않으므로 ③은 정
답이 될 수 없고 ①만이 정답이 될 수 있다.

final exam 기말시험

기말 시험은 네가 생각하는 것보다 빨리 올 것이다.

get home 귀가하다 in time 때를 맞춰, 제때에

엘리자베스(Elizabeth)가 나보다 훨씬 더 빨리 먹었으므로 그녀는 시간에 맞춰 집에 도착할 수 있었다.

08 2003 세종대 ▶▶▶ MSG p.205   ①

the + 비교급, the + 비교급 ▶ the + 비교급 + S + V, the + 비교급 + S' + V'는 '~하면 할수록 더욱 더 …하다'라는 의미이다. 문두에 The more 가 쓰인 것으로 미루어, 빈칸도 'the + 비교급'으로 시작되어야 함을 알 수 있다. 정답은 ①이 된다.

restraint n. 속박 tight a. 단단히 맨, 꽉 죄인

그 말(馬)이 속박으로부터 자유로워지려 하면 할수록, 구속은 점점 더 심해 졌다.

09 2003 세종대 ▶▶▶ MSG p.203 ②

비교급 + than ▶ than이 쓰인 것으로 보아 ② closely를 비교급 more closely로 고쳐야 한다.

peanut n. 땅콩 nut n. 견과류 pea n. 완두콩; 완두 비슷한 콩과의 식물

땅콩은 견과류보다는 콩과 더 밀접한 관계가 있다.

10 2021 세종대 ▶▶▶ MSG p.203 ②

비교급 ▶ 뒤에 비교급과 함께 쓰이는 than이 있으므로 ②를 비교급 more로 고쳐야 한다.

not surprisingly 놀랄 것 없이, 당연하게도

당연하게도, 예전 그 어느 때보다 더 많은 사람들이 아파트에서 살고 있다.

11 2005 한국항공대 ▶▶▶ MSG p.203 ④

비교급 + than ▶ 비교급 뒤에는 than이 이어져야 한다. 그리고 주어진 문장에서 비교 대상은 주격 관계대명사 who와 '그'이므로 격을 맞추어 him은 he로 써야 한다. 결론적으로 ④를 than he로 고쳐야 한다.

neighborhood n. 이웃, 이웃 사람들 intelligent a. 영리한, 총명한

나는 이웃 사람들 중에서 그보다 더 영리한 사람을 모른다.

12 2005 항공대 ▶▶▶ MSG p.210 ②

비교급 수식어구 ▶ 비교급의 강조는 much, far, a lot, still 등으로 해야 한다. ②에 쓰인 very는 원급과 최상급을 수식하므로 주어진 문장에서 적절하지 않다. 따라서 이것을 much나 a lot 등으로 고쳐야 한다.

13 2001 경기대 ▶▶▶ MSG p.209 ④

비교급을 이용한 최상급 표현 ▶ '비교급 + than any other + 단수명사'는 비교급으로 최상급 의미를 나타내는 표현이다. 이때 other를 빼선 안 된다. ④는 any other boy가 되어야 적절한 비교 구문이 된다.

agree with ~의 의견에 동의하다 class n. 수업; 수업시간; 교실

딕(Dick)이 우리 반 남학생 중에 가장 키가 크다고 네가 말할 때 우리는 네 말에 동의해야만 할 것이다.

14 2005 아주대 ▶▶▶ MSG p.210   ②

최상의 의미를 지닌 형용사 ▶ favorite는 excellent, perfect처럼 일반 적으로 비교급이나 최상급으로 쓰지 않는 형용사이다. 왜냐하면 이런 단어들에는 그 자체에 최상의 의미가 내포돼 있기 때문이다. 따라서 ② 에서 most를 삭제해야 한다.

look forward to ~을 고대하다 vacation n. 휴가, 방학 occupy one's mind 몰두하다

휴가를 고대하는 것은 메리(Mary)가 가장 즐겨 몰두하는 방법이었다.

15 2006 중앙대 ▶▶▶ MSG p.204 ④

두 개의 대상 비교 ▶ 두 개의 대상을 비교할 때는 최상급이 아니라 'the + 비교급'을 쓰므로 ④를 the better로 고친다.

thrilling a. 오싹하게 하는, 짜릿한, 스릴 만점의 storyteller n. 이야기꾼, 작가

비록 스티븐 킹(Stephen King)과 톰 클랜시(Tom Clancy) 모두 스릴 있는 책을 쓰지만, 킹이 더 나은 작가이다.

16 2015 서울여대 ▶▶▶ MSG p.203   ③

부사의 비교급+than ▶ rapid의 비교급 more rapid는 형용사이므로 동사 moves를 수식할 수 없다. 따라서 동사를 수식하는 역할을 하는 것은 부사이므로, ③을 rapidly로 고친다.

jet stream 제트기류 flat a. 납작한 narrow a. 좁은 tube n. 관, 터널 surrounding a. 주변의

제트기류는 주변 공기의 흐름보다 훨씬 빠르게 이동하는 납작하고 좁은 공기 터널이다.

17 **2007 명지대** ▶▶▶ MSG p.203 ③

비교급 + than ▶ than이 나온 비교급 구문이므로 형용사 close를 비교급 형태 closer로 고쳐야 한다. ③을 closer than으로 고친다. ②는 allow의 목적보어이다.

telephoto lens 망원렌즈 distant a. 멀리 떨어진 object n. 물체

망원렌즈는 카메라 사용자에게 멀리 떨어진 물체가 실제보다 더 가깝게 보이게 한다.

18 **2007 숙명여대** ▶▶▶ MSG p.203, p.210 ⑤

비교대상의 일치 ▶ 비교급의 than은 접속사이다. 주어와 주어가 비교되면 같은 주격이어야 한다. ex.) She is taller than he.(= She is taller than he is tall.) 따라서 ⑤는 주격 he가 되어야 한다. 'A를 고려하다'라는 표현은 take A into consideration인데, 주어진 문장에서는 ③ 이하가 A에 해당하며, 길이가 지나치게 긴 까닭에 후치시켜 놓은 것이다.

to one's surprise ~로서는 놀랍게도 take ~ into consideration ~을 고려[참작]하다

나로서는 놀랍게도, 그는 그녀가 자신보다 훨씬 더 나이 많다는 사실을 고려하지 않았다.

19 **2003 경기대** ▶▶▶ MSG p.207 ③

the + 최상급 ▶ 몇몇 예외적인 경우를 제외하면, 원칙적으로 비교급에는 정관사가 붙지 않는다. 따라서 ③은 little의 비교급 less가 아니라 최상급 least가 되어야 한다. ①의 thousands of는 막연히 많은 수를 나타내는 경우 쓰는 표현이며, ④의 ones는 가산명사인 pencils를 대신하는 대명사이다.

pencil n. 연필 convention n. 대표자 회의, 정기 대회[총회] pencil n. 연필

그 대표자 회의에는 수천 개의 연필이 필요했다. 그래서 우리는 구할 수 있는 가장 저렴한 것들을 구입했다.

20 **2011 홍익대** ▶▶▶ MSG p.199 ②

원급 비교 ▶ as much delighted가 쓰인 것을 통해 원급 비교임을 알 수 있다. ② than을 as로 바꿔야 한다.

delight v. 아주 즐겁게 하다 benevolence n. 자비로움 gratify v. 즐겁게 하다 scent n. 향기 perfume n. 향수 nauseate v. 혐오하다 foul a. 더러운 stench n. 악취, 불쾌한 냄새

향수의 향기에 의해 즐거움을 느끼거나 더러운 악취에 의해 혐오감을 느끼는 것만큼 우리는 자비로움에 의해 기쁨을 느낀다.

21 **2009 서강대** ▶▶▶ MSG p.205 ③

the + 비교급, the + 비교급 ▶ 'the + 비교급'인 the vaguer가 있으므로 앞부분도 'the + 비교급'이 되어야 한다. ③을 the nearer로 고친다.

at a distance 좀 떨어져서 scene n. 현장, 장면 vague a. 막연한, 모호한

이야기는 일정 거리를 두고 들으면 언제나 충분히 확실한 것처럼 들린다. 그러나 사건 현장에 가까이 다가가면 다가갈수록 이야기는 더욱 모호해진다.

22 **2009 영남대** ▶▶▶ MSG p.203 ③

비교급 + than ▶ more가 있으므로 비교급이고, 서로 다른 참가자들을 비교하고 있으므로 ③을 than으로 바꾸어야 한다.

take on (일 등을) 떠맡다 task n. (특히 힘든) 일, 과제 consume v. 소비하다

머리를 쓰는 힘든 일을 맡은 참가자들은 그렇지 않은 참가자들보다 29.4퍼센트까지 더 많은 칼로리를 소비했다.

23 **2005 가천대** ▶▶▶ MSG p.202 ②

-y 형태의 비교급 ▶ 비교의 문장이라는 주로 형용사의 어미변화에 따른 의미의 차이를 말한다. 형용사를 비교급으로 고칠 때 wealthy처럼 어미가 -y로 끝나는 형용사는 more를 사용하지 않고, -er의 형태로 고친다. ②는 wealthier가 되어야 한다.

virtuous a. 덕이 높은, 고결한 disciplined a. 훈련을 받은 or whatnot 기타 등등, ~따위

그들은 우선 더 좋은 교육을 받았거나, 더 유복하거나, 더 훈련을 받았거나, 더 고결한 성격을 타고나거나 해야 한다.

24 **2004 아주대** ▶▶▶ MSG p.210 ②

원급 수식어구 ▶ very는 형용사, 부사, 현재분사, 원급을 수식하는 반면, much는 동사, 과거분사, 비교급을 수식한다. 따라서 ② much를 very로 고쳐야 한다. ④는 peoples를 대신하는 대명사이다.

peoples n. 민족 position n. 입장, 처지

북아프리카의 민족들은 자신들이 사하라 남부의 민족들과 완전히 같은 처지에 있다는 것을 깨달았다.

25 **2004 광운대** ▶▶▶ MSG p.205 ③

the + 비교급, the + 비교급의 주어 ▶ 'the + 비교급, the + 비교급' 구문으로 앞 절과 뒤 절의 주어가 일치해야 한다. 부정대명사 one은 he/she로 받는다. 따라서 ③ you understand를 he/she understands로 고친다.

social security 사회보장 stability n. 안정

캐나다 문화에 대해서 더 많이 알면 알수록, 캐나다에서의 사회 보장과 안정의 중요성에 대해 더 잘 이해하게 된다.

---

26 2018 숙명여대 ▶▶▶ MSG p.199 ①

as ~ as 구문 ▶ 원급 비교 구문은 'as ~ as …'로 하며, 앞에 부정어가 오는 경우에는 'not so ~ as …' 혹은 'not as ~ as …'로 한다. 주어진 문장은 긍정문이므로, ①을 as old as로 고쳐야 한다.

anatomy n. 해부학 medicine n. 약; 의학 progress n. 전진; 진보, 발달 retard v. 지체시키다 ban n. 금지 dissection n. 해부, 절개

해부학 연구는 의학의 역사만큼이나 오래되었지만, 고대에는 죽은 사람들의 해부를 금지했기 때문에 해부학의 발전이 크게 지체되었다.

---

27 2015 서울여대 ▶▶▶ MSG p.199 ③

원급비교 as ~ as ▶ young adults who live with their parents와 those(=young adults) who live on their own을 비교하고 있다. 앞에 as가 왔으므로, 뒤에도 as가 와서 원급비교구문인 as ~ as가 되어야 한다. 따라서 ③의 like를 as로 고쳐야 한다.

young adult 십대 후반에서 20대 초반의 젊은이 live on one's own 혼자 살다

부모와 함께 사는 젊은이들은 그들의 주택사정에 만족한다고 말할 가능성이 혼자 사는 젊은이들과 거의 같다.

---

28 2013 가천대 ▶▶▶ MSG p.207 ②

비교급과 최상급의 구분 ▶ 둘만을 비교하는 경우에는 비교급 앞에도 정관사 the가 올 수 있다. 하지만 이 문장에서는 Of several word processors라는 어구를 통해 여럿을 비교하는 것임을 알 수 있다. 그 여럿 중에 마이크로소프트 워드(MS Word)가 가장 우수하다는 의미이므로 비교급이 아니라 최상급 표현으로 써야 한다. ②를 최상급 the best로 고쳐야 한다. ① 진행형 수동태는 'be동사 + being + 과거분사' 형태이므로 being이 올바르게 쓰였다. ④ ones는 선행하는 복수가산 명사 word processors를 받는 대명사이다.

word processor 워드 프로세서, 문서 처리기

요즘에 사용되고 있는 몇몇 워드프로세서들 중에서 대부분의 미국인들과 유럽인들은 마이크로소프트 워드(MS Word)가 가장 우수하다고 생각한다. 왜냐하면 그것이 다른 워드프로세서들보다 배우기가 더 쉽기 때문이다.

---

29 2014 경기대 ▶▶▶ MSG p.203 ③

비교급 + than ▶ November와 a year earlier의 주택 담보 대출 승인 건수를 비교하고 있는 것으로, 앞에 비교급 표현 higher가 있으므로 비교급과 상관적으로 쓰이는 표현이 와야 한다. 따라서 ③을 than으로 고쳐야 한다. 참고로 as a year earlier 다음의 as는 이유를 의미하는 접속사로 쓰인 것이다. ② 분수 표현에서 분자가 2이상일 때 분모는 복수형으로 쓰인다. 이 문장에서는 분자가 1이므로 분모는 단수형이 적절하다. ④ help는 목적보어로 to부정사나 동사원형이 올 수 있다.

mortgage n. 주택 담보 대출 subsidy n. (국가가 민간에 교부하는) 보조금 recovery n. 회복, 복구 gather v. (속력 등을) 더하다

11월에 영국의 주택 담보 대출 승인 건수가 1년 전에 비해 3분의 1 이상 높았는데, 왜냐하면 주택 구입자들을 위한 정부 보조금이 자산회복 속도를 증가시키는 데 일조했기 때문이다.

---

30 2012 경기대 ▶▶▶ MSG p.204 ②

superior to ▶ superior, inferior, senior, junior 등의 비교대상 앞에는 than이 아닌 to를 쓴다. 따라서 ②를 to로 고친다. ① that은 타동사 mean의 목적어를 이끄는 접속사로 썼다. ③ ones는 앞서 언급된 theories and ideas를 받는 대명사이다.

institution n. 제도 theory n. 이론 growth n. 성장, 발달

과학의 제도들이 의미하는 바는 과학자들이 발전시켜온 이론과 생각들이 근대 과학이 발달되기 이전에 우리 인간들이 가지고 있던 이론과 생각들보다 훨씬 우월하다는 것이다.

18 일치

01 ①	**02** ②	**03** ②	**04** ④	**05** ①	**06** ③	**07** ③	**08** ③	**09** ③	**10** ①
11 ②	**12** ④	**13** ②	**14** ①	**15** ③	**16** ④	**17** ①	**18** ③	**19** ③	**20** ③
21 ③	**22** ④	**23** ②	**24** ③	**25** ④	**26** ④	**27** ①	**28** ②	**29** ④	**30** ②

01 2004 아주대 ▶▶▶ MSG p.121, p.211   ①

neither A nor B의 수일치 ▶ '잘 어울리다'라는 의미의 표현은 go with이며, 상관접속사 neither A nor B 구문이 주어를 이루는 경우 일반적으로 동사는 B에 일치시킨다. 따라서 주어인 my hat과 수를 일치시켜 ① goes를 써야 한다.

hat n. (테가 있는) 모자 pants n. 바지

내 셔츠들과 모자 모두 이 바지와는 어울리지 않는다.

02 2020 아주대 ▶▶▶ MSG p.97, p.213   ②

동명사 주어와 동사의 수일치 ▶ 문장 전체의 주어는 동명사 Developing이므로 단수 취급한다. 그리고 'by ~'로 알 수 있듯이 '제한되다'는 수동태가 적절하므로 ②가 정답이다.

treatment n. 치료법 inhale v. 숨을 들이마시다 particle n. 입자 lung n. 폐

심폐까지 도달하지 못하는 흡입된 약물 입자들의 큰 크기로 인해 더욱 효과적인 치료법의 개발이 제한돼 왔다.

03 2004 한성대 ▶▶▶ MSG p.178, p.211   ②

neither/both/none ▶ neither가 주어일 때 단수동사를 취한다. both는 복수취급을 하므로 복수동사를 취한다. none of 뒤의 명사가 단수일 때는 단수동사를 받지만 그 외의 경우에는 단수 또는 복수동사를 모두 취할 수 있다. 따라서 ②가 정답이다.

career n. 경력, 이력; 직업 vegetarian n. 채식주의자

기타리스트인 로드(Rod)와 제이크(Jake)는 모두 영화배우로 인생의 첫발을 내딛었지만 둘 다 큰 성공을 거두지는 못했다. 그들 모두 음악가일 때가 더 행복하다고 말한다. 그리고 그들 모두 채식주의자이다. 그들 중 어느 누구도 고기를 먹지 않는다.

04 2002 경기대 ▶▶▶ MSG p.214   ④

whoever와 수일치 ▶ ①은 inspected의 주어이므로 주격 Whoever가 맞다. whoever는 단수 취급을 해야 하므로 ④ their를 his로 고쳐

야 한다.

inspect v. 검사하다 identification number 고유식별번호

이 라디오를 검사하는 사람은 누구나 상자에 자신의 고유 식별 번호를 써야 했는데 그러질 않았다.

05 2004 홍익대 ▶▶▶ MSG p.211   ①

명사의 수일치 ▶ two half는 수일치가 이루어지지 못한 표현이다. ①을 two halves로 고쳐야 한다.

half n. (경기의) 전반[후반] end n. (둘로 나눈 경기장의) 한쪽 경기장[진영] halftime n. 하프 타임, 중간 휴식

경기는 전, 후반 각각 45분으로 진행된다. 팀들은 하프 타임에 진영을 교체한다.

06 2008 대구가톨릭대 ▶▶▶ MSG p.121, p.211   ③

상관접속사와 동사의 수일치 ▶ neither A nor B가 주어일 경우 동사는 흔히 B에 일치시키므로, 주어진 문장에서는 attitude에 일치시켜야 한다. ③을 has caused로 고친다.

remark n. 발언, 말 attitude n. 태도 distress n. (정신적) 고통, 괴로움

당신의 불친절한 언사도 적대적인 태도도 내게 큰 정신적 고통을 끼치지는 않았습니다.

07 2018 세종대 ▶▶▶ MSG p.211   ③

주어와 보어의 수일치 ▶ 주어 diamonds에 맞춰서 보어인 ③도 복수명사로 써야 한다. ③을 substances로 고친다.

famed a. 유명한, 이름 있는, 저명한 flashing a. 번득이는, 번쩍번쩍 빛나는 substance n. 물질

휘황찬란한 아름다움으로 유명한 다이아몬드는 지구상에서 가장 단단한 물질이며 가장 예쁜 물질에 속한다.

08 **2021 서울여대** ▶▶▶ MSG p.97, p.213 ③

주어와 동사의 수일치 ▶ think의 목적어절의 주어는 using your smartphone이고 동사는 are이다. 동명사가 주어로 쓰인 경우 단수동사를 써야 하므로, ③을 is rude로 고쳐야 한다.

rude a. 버릇없는, 무례한 all the time 항상, 언제나

다른 사람들과 있을 때 스마트폰을 사용하는 것이 무례하다고 생각하지만, 나는 여전히 항상 그렇게 한다.

09 **2004 세종대** ▶▶▶ MSG p.211 ③

형용사에 따른 명사의 수일치 ▶ several은 복수의 의미를 가지고 있으므로 뒤에 복수명사가 와야 한다. 그러므로 ③ time을 times로 고쳐야 한다.

narcolepsy n. 나르콜렙시, 수면 발작 desire n. 욕망, 욕구

수면발작 증세가 있는 사람들은 아마도 하루에도 몇 번씩 잠을 자고 싶은 주체할 수 없는 욕구를 경험한다.

10 **2008 계명대** ▶▶▶ MSG p.154, p.214 ①

주어와 동사의 수일치 ▶ 가격(금액), 시간, 거리, 무게, 과목명칭, 국가명 등은 일반적으로 단수로 취급한다. 주어진 문장의 주어가 학과의 명칭 economics(경제학)이므로 ① are를 is로 바꿔야 한다. one of 뒤에는 복수명사가 오므로 ③을 subjects로 쓴 것이다.

subject n. 과목 major n. 전공; (특정 분야를) 전공하는 학생 graduate school 대학원

경제학은 경영학을 전공하는 학생들이 대학원에서 배우는 가장 중요한 과목 중의 하나로 간주된다.

11 **2005 중앙대** ▶▶▶ MSG p.53, p.211 ②

시제 일치 & 관용표현 ▶ 'It ~ that[who, which]' 강조구문에서 주절의 동사 시제가 과거이므로, 종속절의 동사의 시제도 이것에 맞춰야 한다. 한편, observation은 주어진 문장에서는 '관찰'이라는 의미가 아니라 '발언' 혹은 '의견'이라는 의미이며, 이것은 주로 동사 make와 함께 쓰인다. 따라서 ②를 made로 고쳐야 한다. that 이하의 내용은 시간과 상관없는 일반적인 사실 혹은 격언에 해당하므로 ③에서 현재시제를 쓴 것은 잘못이 없는 표현이다.

prime minister 국무총리, 수상 politics n. 정치

정치에 있어 일주일은 긴 시간이라는 말을 했던 사람은 영국 수상 해럴드 윌슨(Harold Wilson)이었다.

12 **2011 서울여대** ▶▶▶ MSG p.97, p.213 ④

that절 안에서 동명사가 주어일 때의 수일치 ▶ that절 안의 주어는 getting인데, 동명사는 단수 취급하므로 ④를 3인칭 단수형인 depends로 고쳐야 한다. 한편, 주절의 동사가 suggest이므로 앞에 should가 생략돼 있는 것으로 파악하고 ④를 옳은 표현으로 생각하기 쉬운데, suggest가 취하는 that절 속의 동사가 '(should) 동사원형'으로 되는 것은 suggest가 '제안'의 뜻을 가질 때에 국한된다. 주어진 문장에서는 '시사한다'라는 의미이므로, 앞서 언급한 문법 규정이 적용되지 않는다. ① learning이 명사로 '학습'이라는 의미로 쓰였으므로 앞에 전치사 in이 쓰였다. ②는 주어인 research가 단수이므로, 동사의 단수형인 suggests가 쓰인 것이다. ③은 목적어 good grades를 받으면서 문장의 주어 역할을 하는 동명사이다.

grade n. 성적, 학점 depend on ~에 달려있다

학습에 대한 연구는 좋은 점수를 얻는 것이 높은 IQ보다는 효과적인 공부 방법에 달려 있다는 것을 보여준다.

13 **2016 홍익대** ▶▶▶ MSG p.211 ②

동사의 수일치 ▶ 문장의 주어는 situations나 signs가 아니라 use이다. 이것은 단수이므로, 동사의 수를 주어에 일치시켜 ②를 is로 고쳐야 한다.

linguistic a. 언어의 independent of ~에 관계없이 consciousness n. 의식

특정 상황과 관계없는 언어 기호의 사용은 의식과 결부되긴 하지만, 어느 정도까지만 그러하다.

14 **2007 아주대** ▶▶▶ MSG p.214 ①

동사의 수일치 ▶ 관계대명사의 수는 선행사에 일치시킨다. which의 선행사인 The Carrier of Ladders는 한 권의 책 이름이므로 단수이다. 또한 책을 쓴 시점과 책에 상이 수여된 것도 모두 과거이므로 ①은 was로 고쳐야 한다.

carrier n. 운반인, 운반자 ladder n. 사다리 award v. (상 등을) 수여하다 poetry n. 시

윌리엄 머윈(William S. Merwin)이 저술한 『사다리 운반자(The Carrier of Ladders)』는 1971년에 시 부문에서 퓰리처상을 수상했다.

15 **2013 경기대** ▶▶▶ MSG p.215 ③

대명사의 수일치 ▶ ③의 대명사 he는 넬슨 만델라를 지칭하게 되는데, 그가 질병을 치료하는 주체가 될 수 없으므로 이는 잘못 사용된 대명사이다. 따라서 주절의 주어 Doctors를 가리키도록 이것을 복수 대명사 they로 고쳐야 한다. ① 앞의 명사 Doctors를 후치 수식하고 있다. Doctors가 치료하는 행위의 주체이므로 능동관계이며, 따라서 현재분

사를 쓴 것은 옳은 표현이다. ④ Nelson Mandela를 가리킨다.

endoscopic a. 내시경의 surgery n. 수술, 외과수술 ailment n. 병, 우환

넬슨 만델라(Nelson Mandela)의 치료를 담당하고 있는 의사들은 그의 폐질환을 우선적으로 치료하려고 기다리면서 내시경 수술을 하려고 기다렸다.

---

16 **2002 경기대** ▶▶▶ MSG p.177, p.211 ④

복수명사를 수식하는 표현 ▶ another는 단수의 의미로 '또 다른 하나(an + other)'를 뜻하므로 복수명사를 수식할 수 없다. ④ another를 other로 고친다.

prospector n. 탐광자(광물·석유를 찾아다니는 사람) deposit n. (광물) 매장층, 광상 geophysics n. 지구물리학

광물을 찾는 사람들은 지구물리학의 지식을 사용하여 석유, 우라늄 그리고 다른 귀한 광물들의 매장층의 위치를 알아낸다.

---

17 **2001 중앙대** ▶▶▶ MSG p.212 ①

many a + 단수명사 ▶ many a는 단수명사를 수식하며, 동사도 단수로 받는다. ①은 There is가 되어야 한다. ①을 그대로 둔 채 ②를 복수명사로 고치는 것도 생각할 수 있겠으나, 그렇게 하면 관계사절 속의 동사 believes와 수일치가 되지 않게 된다. ③은 that절 속의 주어 역할을 하고 있는 동명사이며, ④는 mean의 목적어로 쓰인 동명사이다.

single person 독신자, 미혼자 ever after 그 뒤 쭉

결혼을 하는 것이 반드시 그 후 내내 행복하게 사는 것을 의미하는 것은 아니라고 믿는 독신자들이 많이 있다.

---

18 **2004 세종대** ▶▶▶ MSG p.214 ③

관계절에서 동사의 수일치 ▶ ③의 선행사는 the few cities이므로 has been awarded를 have been awarded로 고친다.

status n. (사회적) 지위 bilingual a. 2개 국어를 병용하는 municipality n. (시·읍 등의) 지방자치체

미국 플로리다 주(州)의 마이애미는 2개 국어를 병용하는 자치체로서의 공식적인 지위를 부여받아왔던 몇 안 되는 도시들 중 하나이다.

---

19 **2013 경기대** ▶▶▶ MSG p.215 ③

대명사의 수일치 ▶ ③은 앞에 나온 명사의 반복을 피하기 위해 쓴 대명사인데, 독일인과 네덜란드인 여행객의 목숨을 가리키므로 복수 개념이다. 따라서 lives를 대신하는 대명사 those로 고쳐야 한다. ① 앞에 two가 있으므로 복수명사 bus-crashes가 왔다. ② 주어가 복수명사 Two bus-crashes이므로 동사의 수도 복수여야 한다.

crash n. 충돌사고 claim v. (재해 등이 인명을) 빼앗다

모로코의 각기 다른 장소에서 발생한 두 건의 버스 충돌사고로 인해 독일과 네덜란드 여행객을 비롯한 27명이 목숨을 잃었다.

---

20 **2021 세종대** ▶▶▶ MSG p.123, p.211 ③

주어와 동사의 수일치 ▶ 'that ~ normal'은 Hope의 동격절이다. 주어가 단수명사 Hope이므로 ③을 has로 고쳐야 한다.

widespread a. 광범위한 vaccination n. 백신 접종 nurse v. 키우다 semblance n. 유사; ~비슷한 것

광범위한 백신 접종이 경제를 키워 거의 정상적인 상태로 회복시킬 것이라는 기대가 이런 결정을 내리게 된 큰 이유였다.

---

21 **2014 한국외대** ▶▶▶ MSG p.171, p.211 ③

비교대상의 일치 ▶ 중앙아시아에서의 중국의 역할과 러시아의 역할을 비교해야 한다. 따라서 ③은 role을 받는 대명사를 써서 overtaken that of Russia로 고치거나 혹은 overtaken Russia's로 써야 한다. ① increasing은 '점점 증가하는'이라는 의미의 형용사로 쓰였다. ②, ④ not only ~ but also 구문을 이루고 있다.

overtake v. 따라잡다, 추월하다 buttress v. 보강하다 wane v. 작아지다; 쇠약해지다

중앙아시아에서 확대되고 있는 중국의 역할은 러시아의 역할을 추월했을 뿐 아니라, 미국의 영향력 약화에 의해 강화되었다.

---

22 **2009 중앙대** ▶▶▶ MSG p.213 ④

주어와 동사의 수일치 ▶ ①은 전치사이므로 명사가 와서 적당하고, ②는 until절이 과거이면 주절도 과거인 것이 원칙이나 과거완료도 쓰이므로 타당하며, ③은 neither를 단수취급을 하며 현재이므로 적절하다. ①, ②, ③의 보기가 모두 문법적인 오류가 없으므로 정답은 ④이다.

speak French 불어를 하다

8살이 될 때까지 프랑스에서 살았다는 사실에도 불구하고, 그 소년들 둘 중 아무도 불어를 더 이상 할 수 없다.

---

23 **2022 홍익대** ▶▶▶ MSG p.212 ②

주어와 동사의 수일치 ▶ ②의 has의 주어는 the developed world가 아니라 a number of companies and agencies in the developed world인데, 'a number of 복수명사'는 복수동사로 받으므로, 단수로 쓰인 ②를 복수인 have already로 고쳐야 한다.

developed world 선진국 set to work 일에 착수하다

선진국의 수많은 기업들과 기관들은 개발도상국에 새로운 기술들의 이점을 제공하려고 노력하는 일에 이미 착수했다.

---

24 **2016 국민대** ▶▶▶ MSG p.97, p.213　　　③

동사의 수일치 ▶ 콤마 이하의 주절에서 for one "museum" in the Philippines는 '전치사 + 명사'구이며, 주어는 taking happy snaps이다. 동명사가 문장의 주어인 경우 동사는 단수동사를 써야 한다. ③을 is로 고친다.

no-go a. 출입금지의, 접근금지의 snap n. 스냅사진(순간 촬영한 사진)

많은 박물관들에서 사진 촬영이 엄격하게 금지돼 있지만, 필리핀에 있는 한 '박물관'의 경우, 즐거운 스냅사진을 찍는 것이 방문객이 경험할 수 있는 매우 중요한 부분이다.

---

25 **2009 서울여대** ▶▶▶ MSG p.211　　　④

수식어와 피수식어의 수일치 ▶ '다른 사람들'이라는 뜻의 복수가 되어야 하므로 others로 써야 한다. ④를 others' reactions로 바꾼다. stop은 동명사를 목적어로 취하는 타동사이므로 ②는 옳은 표현이며, ③에 쓰인 remind의 대상은 주어인 People이므로 재귀대명사를 쓴 것이다.

remind v. 상기시키다 reaction n. 반응 drawback n. 결점

담배를 끊고 싶어 하는 사람들은 보통 건강상의 위험, 악취, 비용, 그리고 흡연에 대한 다른 사람들의 반응 등과 같은 담배의 결점들을 스스로에게 상기시킨다.

---

26 **2016 상명대** ▶▶▶ MSG p.215　　　④

대명사의 수일치 ▶ ④가 가리키고 있는 대상인 everything은 단수로 취급한다. 그러므로 ④를 단수 대명사 it으로 고쳐야 한다. ① outside of가 '~을 제외하고', '~이외에'라는 의미의 전치사구로 쓰였다. ② the rock을 선행사로 하는 관계대명사절의 동사이다. ⑤ good and plenty는 '많이', '풍부히'라는 의미의 관용표현이다.

bum a. 빈약한; 불편한 rock n. 암초, 난관 wreck v. 파괴하다 tyro n. 초심자

벌레들과 불편한 잠자리를 제외하면, 대부분의 캠핑 여행을 망쳐놓는 것은 요리다. 대개의 초심자들이 요리에 대해 갖는 생각은 온갖 것들을 가져다가 왕창 튀어내면 된다는 것이다.

---

27 **2015 홍익대** ▶▶▶ MSG p.211　　　①

주어와 동사의 수일치 ▶ ①의 주어는 바로 앞에 있는 fires가 아니라 the suppression으로 단수이므로, ①은 has여야 한다.

hickory n. 히코리, 히코리 목재 suppression n. 억압, 진압 range v. ~의 범위에 걸치다

동쪽의 히코리와 오크 숲에서, 화재를 진압하는 것은 작은 곤충과 새에서부터 큰 사슴과 곰에 이르는 숲 속의 동물들이 불에 타 죽지 않게 된다는 것을 의미해왔다.

---

28 **2019 단국대** ▶▶▶ MSG p.211　　　②

주어와 동사의 수일치 ▶ 첫 번째 문장에서, 주어는 the problem이므로, 동사는 단수가 되어야 옳다. ②를 is로 고친다.

radio equipment 무선 장비 planet n. 행성 wave n. 전파 travel v. 이동하다

오늘날의 무선 장비로 인해, 말을 다른 행성들로 전달하는 문제는 너무나 쉽다. 그러나 무선 전파는 초당 186,000마일이라는 제한된 속도로 이동하기 때문에, 메시지가 이동하는 데는 몇 시간이 걸릴 것이다.

---

29 **2015 숭실대** ▶▶▶ MSG p.214　　　④

관계대명사의 수일치 ▶ 관계대명사의 수는 선행사에 일치시킨다. ④ 앞에 위치한 관계대명사 that의 선행사는 lives이므로, 관계대명사 뒤에 위치한 동사는 복수 동사를 써야 한다. ④를 are로 고친다.

prolong v. 연장하다 decade n. 10년간 unbearably ad. 견딜 수 없을 정도로 painful a. 아픈, 괴로운 in effect 사실상

기술의 발전으로 인해, 지금 우리들은 수십 년 전에는 상상할 수 없었던 방식으로 삶을 연장할 수 있다. 그러나 사람들은 견딜 수 없을 정도로 괴롭거나 사실상 '죽은' 삶을 어쩔 도리 없이 연장해야 하거나 연장할 것으로 기대되어야 하는가?

---

30 **2008 한국외대** ▶▶▶ MSG p.211　　　②

정비문 ▶ 모두 상관접속사가 주어로 쓰인 문장이다. 이때 동사의 수는 either A or B, neither A nor B, not only A but also B의 경우 전부 B에 동사의 수를 일치시킨다. 그러나 both A and B는 항상 복수로 쓰고, A as well as B는 앞에 있는 A에 동사의 수를 일치시킨다. 따라서 ②는 my sister에 동사의 수를 일치시켜서 단수동사 is를 써야 한다.

be to blame for ~에 대해 책임이 있다 accident n. 사고

① 내 어머니와 여동생 둘 다 여기에 있다.
② 나의 어머니뿐 아니라 내 여동생도 여기에 있다.
③ 내 삼촌도 내 부모님들도 여기에 없다.
④ 그 사람뿐 아니라 너도 그 사고에 책임이 있다.
⑤ 네가 아니라 내 여동생이 책임이 있다.

01 ①	02 ④	03 ④	04 ②	05 ①	06 ③	07 ④	08 ③	09 ②	10 ③
11 ③	12 ②	13 ②	14 ③	15 ④	16 ④	17 ①	18 ⑤	19 ③	20 ③
21 ②	22 ①	23 ④	24 ②	25 ③	26 ②	27 ①	28 ②	29 ①	30 ①

01 **2011 가천대** ▶▶▶ MSG p.215　　　　①

대명사의 수일치 ▶ 비교대상이 우리와 다른 지원자들의 프레젠테이션 기술이므로 복수명사 presentation skills를 받을 수 있는 복수 지시대명사 those가 적절하다. 앞의 명사의 반복을 피하기 위해 지시대명사가 쓰인 것이다.

overshadow v. (~의 그늘에 가려) 빛을 잃게[무색하게] 만들다 candidate n. 지원자

우리의 프레젠테이션 기술은 다른 지원자들의 프레젠테이션 기술에 가려 빛을 보지 못했다.

02 **2001 가천대** ▶▶▶ MSG p.148, p.214　　　　④

관계절에서 동사의 수일치 ▶ 주격 관계대명사 who의 선행사는 복수 the investors이므로 빈칸에 쓰일 동사 역시 복수형이 되어야 한다. 따라서 ①과 ③을 먼저 제외시킬 수 있다. ②의 경우 money는 불가산명사이므로 부정관사 a를 붙일 수 없다. 따라서 ④가 정답이다.

investor n. 투자자 bond n. 채권

돈이 거의 없는 투자가들에게는 은(銀)이나 채권이 선택하기에 좋은 것이다.

03 **2013 단국대** ▶▶▶ MSG p.212　　　　④

The number of + 복수명사 + 단수동사 ▶ scholars를 관계대명사절 who ~ works가 수식하고 있고, 문장의 동사는 has doubled이다. 동사가 단수이므로 수일치가 되려면 주어 역시 단수여야 한다. 복수명사 scholars 앞에 the number of가 와서 'The number of + 복수명사'가 되면 The number가 주어의 핵심명사가 되어 단수로 취급한다. 따라서 ④가 정답이다. 참고로 'A number of + 복수명사'가 주어일 경우는 주어를 복수 취급하므로 동사 역시 복수동사가 되어야 한다. ③ quantity는 양을 나타내므로 the quantity of 다음에는 scholars와 같은 가산명사는 올 수 없고 불가산명사가 와야 한다.

scholar n. 학자 regularly ad. 정기적으로 double v. 두 배가 되다, 두 배로 만들다

정기적으로 전문적인 연구들을 발표하는 학자들의 수는 2002년 이후 배로 늘었다.

04 **2009 계명대** ▶▶▶ MSG p.177, p.211　　　　②

수식어와 피수식어의 일치 ▶ another 다음에는 단수명사가 와야 하므로, ② Another를 Other로 바꿔야 한다. a[this, that] kind of 다음에는 관사가 없는 단수명사가 오며, kinds of 다음에는 셀 수 있는 복수명사나 불가산명사가 올 수 있는데 ④ seafood는 불가산명사이므로 단수형이 맞다.

fish n. 생선 seafood n. 해산물

어떤 사람들은 생선을 좋아하고, 어떤 사람들은 다른 종류의 해산물을 좋아한다.

05 **2005 경기대** ▶▶▶ MSG p.214　　　　①

단일/단위 개념 표시의 수일치 ▶ Twenty million dollars는 일괄하여 단일 개념으로 보아 단수로 취급되기 때문에 동사도 단수가 되어야 한다. ①은 is needed가 되어야 한다.

take care of ~을 돌보다 inflow n. 유입 immigrant n. 이주민, 이민자

동유럽에서 유입되는 이주민들을 돌보기 위해 2천만 달러가 필요하다.

06 **2005 중앙대** ▶▶▶ MSG p.214　　　　③

관계사절 속 동사의 수일치 ▶ 관계대명사가 이끄는 절의 동사는 선행사에 수를 일치시킨다. 주어진 문장의 선행사가 the areas of the brain이므로 동사를 the areas에 일치시켜야 한다. ③ controls를 control로 고쳐야 한다.

speech n. 말, 언어 hemisphere n. (지구·천체의) 반구; 뇌반구

대부분의 사람들에게 있어서 언어를 통제하는 뇌의 영역은 좌측 반구에 위치한다.

07 **2009 경기대** ▶▶▶ MSG p.177, p.211　　　　④

수식어와 피수식어의 일치 ▶ 앞에 관사가 없을 때 other 다음에는 복수명사가 오고, another 다음에는 단수명사가 오므로 ④를 another로 고쳐야

한다. ①은 관계대명사와 관계사절 속의 동사이다.

feasible a. 실행 가능한 alternative n. 대안

어제 만들어진 계획은 더 이상 실행이 가능하지 않았기 때문에, 부서장은 또 다른 대안을 선택해야 했다.

---

08 2018 한국외대 ▶▶▶ MSG p.211 ③

주어와 동사의 수일치 ▶ ③의 주어는 바로 앞에 위치한 row가 아니라 odds이며, odds는 '확률'의 의미일 때 대개 복수로 취급한다. 그러므로 ③은 주어에 수를 일치시켜 are로 고쳐야 한다.

overall a. 전체적인 odds n. 확률 lottery n. 복권 in a row 연속으로 approximately ad. 대략

복권에 두 번 연속으로 당첨될 전체적인 확률은 대략 1,300만 분의 1이다.

---

09 2003 동덕여대 ▶▶▶ MSG p.215 ②

대명사의 수일치 ▶ either A or B 구문이 주어로 왔을 때, 동사나 대명사의 수는 B에 일치시킨다. electrician이 단수이므로 ② their를 his로 고쳐야 한다.

carpenter n. 목수 electrician n. 전기기사 store v. 보관하다 shed n. (산업 현장의 큰) 작업장[창고] room n. 공간

목수들이나 전기기사 중 한쪽이 자신의 도구들을 창고에 보관할 수 있지만, 두 종류의 도구 모두를 보관하기 위한 공간은 없다.

---

10 2002 경기대 ▶▶▶ MSG p.212 ③

부분 표시어의 수일치 ▶ ②의 one-fourth는 '4분의 1'이라는 뜻이다. 이렇게 '부분'을 나타내는 표현에서 of 다음에 단수명사가 쓰이면 단수동사가, 복수명사가 나오면 복수동사가 나온다. 주어진 문장의 경우, 단수명사 income이 쓰였으므로, ③을 is paid로 고친다.

income n. 수입 tax n. 세금

근로자 수입의 약 4분의 1이 세금과 사회 보장비 형태로 정부에 지불된다.

---

11 2004 세종대 ▶▶▶ MSG p.213 ③

every + 단수명사 ▶ every 뒤에는 단수명사가 오고, 이것의 수식을 받는 명사 역시 단수로 취급한다. 주어진 문장에서, 문장의 정동사는 are로 주어져 있으므로 이 부분이 옳지 않다. ③을 is로 고쳐 써야 한다. ①은 뒤의 명사 area를 수식하는 과거분사이며, ②는 the targeted area를 선행사로 하는 관계사절의 동사이다.

open space 빈터, 공지 grass n. 잔디 bush n. 관목 occupy v. 차지하다 sparrow n. 참새

잔디와 약간의 관목이 있는 목표 지역의 모든 공터는 흰머리 참새들이 차지하고 있다.

---

12 2021 서울여대 ▶▶▶ MSG p.211 ②

주어와 동사의 수일치 ▶ 주어인 much concern이 단수이므로 동사의 수도 단수여야 한다. ②를 was로 고친다.

concern n. 우려 relationship n. 관계, 관련 mental health 정신건강

20세기 동안 사회적 상황과 정신 건강 사이의 관계에 대해 많은 우려가 있었다.

---

13 2021 경기대 ▶▶▶ MSG p.211 ②

주어와 동사의 수일치 ▶ ②의 주어는 바로 앞에 있는 position이 아니라 requirements이다. 주어가 복수이므로, ②는 were relaxed가 되어야 한다. ① '일단 ~하자'라는 의미의 접속사로 쓰였다. ③ taking 이하는 주절에 이어지는 연속동작의 분사구문이다.

requirement n. 필요조건, 자격 vacant a. (자리가) 비어 있는, 결원으로 된 apply v. 신청하다, 지원하다 take ~ by surprise ~을 깜짝 놀라게 하다

그 빈자리에 대한 지원 요건이 완화되자, 지원자들이 물밀듯이 몰려들어 경영자를 매우 놀라게 만들었다.

---

14 2020 경기대 ▶▶▶ MSG p.97, p.213 ③

주어와 동사의 수일치 ▶ 문장의 주어는 동명사 Asking이다. 주어로 쓰인 동명사는 단수로 취급하므로 ③을 was seen으로 고쳐야 한다. ① '현존의', '현존하는'이라는 의미로 명사 readers를 수식하는 형용사로 쓰였다.

donation n. 기부; 기부금 on top of ~외에 subscription fee 구독료 disrespectful a. 실례되는, 무례한 finance v. ~에 자금을 공급[융통]하다

기존 독자들에게 구독료 외에 기부금을 추가로 요청하는 것은 신문사에 자금을 조달하려는 무례한 시도로 여겨졌다.

---

15 2003 홍익대 ▶▶▶ MSG p.211 ④

주어와 동사의 수일치 ▶ 주어인 the major hotels가 복수이므로 동사 ④ was를 were로 고쳐야 한다. ①에 쓰인 after는 전치사로 쓰인 것으로 파악해야 하며, 그래서 뒤에 목적어로 명사인 ② entrance가 온 것이다.

transform v. 변모시키다, 바꾸다 barrack n. 막사, 병영

미국이 참전한 직후에 애틀랜틱시티의 주요 호텔들은 군대 막사로 변모했다.

그가 돌연사한 이래로 그의 대부분의 작품들은 박물관에 옮겨졌고, 나머지 작품들은 부유한 애호가들의 재산이 되어 있다.

16 2022 세종대 ▶▶▶ MSG p.211   ④

주어와 동사의 수일치 ▶ ④의 주어는 복수 명사 predispositions이므로 복수 동사로 받아야 한다. ④를 are로 고친다. ① '설득력 있는'이라는 의미의 형용사로 쓰였다. ② 주어는 evidence이다.

convincing a. 설득력 있는 behavioral genetics 행동유전학 imply v. 암시하다 predisposition n. 경향, 성질 criminal a. 범죄의 inherit v. 상속하다; 유전하다

행동유전학 분야의 설득력 있는 증거는 범죄행위로 치닫는 특정 생물학적 성향이 유전된다는 사실을 암시한다.

17 2005 가천대 ▶▶▶ MSG p.211   ①

주어와 동사의 수일치 ▶ 유도부사 there가 이끄는 문장에서 동사는 주어의 수에 일치해야 한다. 주어가 suspicions이므로 동사 역시 복수형이 되어야 한다. ①을 There have long been으로 고친다. ②는 'the + 형용사'가 복수 보통명사를 의미하는 용법으로, the rich and influential은 '사회 부유층과 지도층'을 의미한다.

suspicion n. 의심 negotiate v. 협상하다 military service 병역, 군복무

부유층과 사회 지도층의 자제들이 병역을 면제받기 위한 방법을 돈으로 매수하거나 협상할 수도 있었다는 의심들이 오랫동안 있어 왔다.

18 2008 성균관대 ▶▶▶ MSG p.213   ⑤

one of + 복수명사 ▶ ⑤는 'one of + 복수명사'의 형태를 취해야 하므로 복수형태 sites로 고쳐야 한다. ①의 경우 '4세기 때에'는 in the fourth century이지만 '4세기 때는 이미'의 뜻으로 in 대신 by가 쓰인 것이다. ④는 the Roman Empire를 가리킨다.

Christianity n. 기독교 religion n. 종교 empire n. 제국 swiftly ad. 빠르게, 신속히 holy a. 신성한

4세기에 이미, 기독교는 로마제국의 공식적인 종교가 되어 있었고, 베들레헴(Bethlehem)은 곧 로마제국의 가장 신성한 장소들 중 하나가 되었다.

19 2011 국민대 ▶▶▶ MSG p.212   ③

the rest(부분명사) + of + 한정사 + 복수명사 + 복수동사 ▶ most, the rest 등 부분명사는 of 뒤의 명사에 동사의 수를 일치시킨다. the rest 다음에 of his works가 생략되어 있으므로 ③ is를 are로 고쳐야 한다. ①의 경우 대명사 most는 명사 앞에 한정사가 있을 때 반드시 of가 있어야 하므로 옳은 표현이다. ②의 death는 '죽음, 사망'을 뜻할 때 가산명사로 쓰이므로 앞에 부정관사 a는 적절하다. 한편, die가 자동사이므로 ②와 같은 목적어가 있는 것이 어색할 수 있으나, die가 동족목적어를 취할 경우엔 타동사로 쓰일 수 있음에 유의해야 한다.

find one's way into ~의 속으로 들어가다 treasure n. 보물; 재산

20 2021 동국대 ▶▶▶ MSG p.211   ③

주어와 동사의 수일치 ▶ ③의 주어는 동격의 that절을 이끌고 있는 단수명사 fact이다. 따라서 ③ are를 is로 고쳐야 한다.

shameful a. 부끄러운 drop out of school 학교를 도중에 그만두다 teenager n. 십대(나이가 13~19세) be connected to ~와 연관되다 literacy n. 읽고 쓰는 능력 comprehension n. 이해

미국 십대 중 거의 삼분의 일이 중도에 학교를 그만둔다는 부끄러운 사실은 읽고 쓰는 능력과 독서 능력의 쇠퇴와 긴밀히 연관되어 있다.

21 2009 중앙대 ▶▶▶ MSG p.211   ②

주어와 동사의 수일치 ▶ 다수의 동명사구가 주어를 이루고 있으므로 복수형 동사를 사용해 주어야 한다. ② leaves는 leave로 되어야 한다.

edit v. 편집하다 babysit v. (부모가 외출한 동안) 아이를 봐 주다 nephew n. 조카 do one's homework 숙제 하다

피자배달, 고등학교 신문 편집, 조카 돌보기, 그리고 숙제를 하는 것으로 인해 내게 좀처럼 자유시간이 주어지지 않는다.

22 2009 중앙대 ▶▶▶ MSG p.215   ①

대명사의 일치 ▶ 종속절의 대명사가 you이므로, ①의 One도 You로 고쳐야 대명사가 한 문장 내에서 일치한다. ②의 doing은 주어 역할을 하는 동명사이며, ③의 whether가 이끄는 절은 know의 목적어를 이루고 있다.

break a rule 규칙을 어기다 catch v. (달아나지 못하게) 잡다

규칙들을 어기는 것을 피하려고 노력해야 한다. 규칙을 어기는 것은 잘못일 뿐만 아니라, 당신이 잡힐지 어떨지 또한 알 수 없기 때문이다.

23 2014 가천대 ▶▶▶ MSG p.215   ④

명사와 대명사의 수일치 ▶ ④의 it이 가리키는 대상이 The duties of the priest이므로 it을 them으로 고쳐야 한다. ① '~에 대한'이라는 뜻의 전치사로 the secrecy를 목적어로 받았다. ② 'the + 형용사'는 '복수보통명사'와 같은 뜻으로 쓰인다. ③ 간접의문문에 의문부사 how가 쓰였으며, 뒤에 완전한 절이 왔다.

priest n. 성직자 secrecy n. 비밀 유지 confessional a. 참회의, 신앙 고백의 grave a. 중대한, 중요한 wonder v. 궁금하다 courage n. 용기 undertake v. 떠맡다

고해성사를 받은 사람들의 비밀을 유지하는 것에 대한 성직자의 의무는 나

에게는 너무나 막중하게 여겨져서 나는 그 누구든 어떻게 그 의무들을 떠맡을 용기를 가졌는지 궁금했다.

---

heroic a. 영웅적인 endeavor n. 노력, 애씀 manipulation n. 조종; 조작

록펠러(Rockefeller), 카네기(Carnegie), 힐(Hill) 그리고 아머(Armour)와 같은 이름의 명성은 사업이 여전히 기업 조종의 분야가 아니라 개인 간의 경쟁 분야, 영웅적인 노력의 분야로 간주되었다는 것을 나타낸다.

---

24 2017 단국대 ▶▶▶ MSG p.211 ②

주어와 동사의 수일치 ▶ that절의 주어는 children이 아니라 thumb sucking이다. 주어가 단수이므로 ②를 is로 고쳐야 한다.

thumb n. 엄지손가락 suck v. (무엇을 입에 넣고 계속) 빨다[빨아 먹다] habit n. 습관 at random 무작위로 neurologically ad. 신경학적으로 genetically ad. 유전적으로

일부 과학자들은 아이들이 엄지손가락을 빠는 것은 무작위로 발달되는 버릇이라는 의견을 내고 있지만, 최근의 이론은 이 버릇이 신경학적이고 유전적인 것에 기반을 두고 있음을 시사하고 있다.

---

25 2018 서울여대 ▶▶▶ MSG p.211 ③

주어와 동사의 수일치 ▶ ③에 쓰인 clash는 접속사 as가 이끄는 절의 동사인데, 이 절의 주어는 newcomers가 아니라 hostility이므로, 동사의 수를 단수명사에 일치시켜야 한다. 따라서 ③을 clashes with로 고쳐야 옳은 문장이 된다.

the Continent 유럽대륙 migrant n. 이주자, 이주노동자 hostility n. 적개심 clash v. 충돌하다 long-held a. 오랫동안 간직해온 tolerance n. 관용, 인내 diversity n. 다양성

유럽대륙 전역에서, 새로 이주해 온 사람들에 대해 적개심이 고조되는 상황이 오랫동안 간직해온 관용과 다양성의 가치관과 충돌함에 따라, 유럽인들은 이주민의 처우에 대한 논쟁에 점점 더 휘말려들고 있다.

---

26 2013 경기대 ▶▶▶ MSG p.211 ②

주어와 동사의 수일치 ▶ how 이하는 illustrates의 목적어가 되는 의문사절이다. 이 의문사절에서 주어는 동명사 trading이므로 동사의 수도 단수여야 한다. 따라서 ②를 has become으로 고친다. ① 부사로 동사 illustrates를 수식한다. ③ much는 비교급 강조부사이다.

takeover n. (소유권의) 취득; 탈취 illustrate v. 설명하다, 예증하다 starkly ad. 완전히 commodity n. 상품, 물품 derivative n. 파생상품 lucrative a. 수익성이 좋은 corporate a. 법인의

뉴욕 증권거래소 소유주의 경영권 취득은 상품과 파생상품을 거래하는 것이 기업의 주식을 거래하는 것보다 훨씬 더 수익성이 좋다는 사실을 명확하게 보여주고 있다.

---

27 2012 명지대 ▶▶▶ MSG p.211 ①

주어와 동사의 수일치 ▶ 동사 indicate의 주어는 prominence로 단수이다. 따라서 ① indicate를 indicates로 고쳐야 한다.

prominence n. 중요성; 명성; 두드러짐 think of A as B A를 B로 간주하다

---

28 2014 가천대 ▶▶▶ MSG p.215 ②

대명사의 수일치 ▶ ②의 its는 복수인 most of these technologies를 가리키므로 their가 되어야 한다. ① while은 '양보'의 접속사로 쓰여 부사절을 이끌고 있다. ③ prove는 2형식 동사로서, 주격보어로 형용사 impractical은 맞는 표현이다. ④ will be 다음에 on the edge of commercial application이 생략되었다.

no doubt 의심할 바 없이, 확실히 impractical a. 비실용적인 on the edge of 막 ~하려는 참에 commercial a. 상업의 application n. 적용, 응용

이런 기술들 중 대부분은 여전히 개발 초기단계에 있으며 많은 것(기술)들은 분명 비실용적인 것으로 증명될 것이지만, 다른 것들은 분명 상업적 응용에 막 들어갈 단계에 있거나 10년 내지 20년 안에 그렇게 될 것이다.

---

29 2014 서강대 ▶▶▶ MSG p.214 ①

관계사절의 주어와 동사의 수일치 ▶ 선행사를 포함한 관계대명사 what은 단수 취급한다. 따라서 ①을 is로 고쳐야 한다. ③, ④ 양보의 even if절이지만, 현재 사실에 반대되는 가정인 가정법 과거에 맞춰 even if절의 시제도 과거, 주절의 조동사 시제도 과거이므로 맞다.

prime number 소수(素數) take away 제거하다 work out (계획 등을) 만들어 내다

소수(素數)는 모든 패턴을 제거하고 난 후에 남는 것이다. 내 생각에 소수는 삶과 같다. 소수는 아주 논리적이지만, 모든 시간을 들여 생각해도 결코 소수의 규칙을 만들어낼 수 없을 것이다.

---

30 2009 한국외대 ▶▶▶ MSG p.212 ①

정비문 ▶ '부분 표시어 of 명사'가 주어로 쓰일 경우, 동사는 of 다음의 명사에 수를 일치시켜야 한다. 따라서 ①은 his ideas에 따라 was를 were로 써야 한다.

sailor n. 선원, 뱃사람 passenger n. 승객 on board 승선[탑승]한 spoiled a. (음식이) 상한

① 대부분의 그의 생각이 틀렸다.
② 음식의 절반을 먹었다.
③ 선원의 약 75퍼센트가 아팠다.
④ 대다수 승객들이 타고 있다.
⑤ 나머지 우유가 상했다.

18 일치

01 ③	02 ②	03 ④	04 ②	05 ④	06 ④	07 ③	08 ③	09 ②	10 ⑤
11 ④	12 ④	13 ②	14 ①	15 ②	16 ④	17 ①	18 ④	19 ②	20 ②
21 ②	22 ②	23 ③	24 ④	25 ①	26 ②	27 ③	28 ③	29 ④	30 ⑤

01 2000 강남대 ▶▶▶ MSG p.211 ③

상관접속사와 동사의 수일치 ▶ Not only A but also B가 주어를 형성
하는 경우, 동사는 B에 그 수를 일치시킨다. 따라서 주어진 문장에서는
your manager에 동사를 일치시켜야 한다. ③이 정답이 된다.

manager n. 관리자; (스포츠 팀의) 감독 right a. 옳은, 올바른

너뿐만 아니라 너의 감독도 옳았다.

02 2005 숭실대 ▶▶▶ MSG p.212 ②

상관접속사와 동사의 수일치 ▶ as well as와 같은 상관접속사를 사용
하는 구문에서 연결되는 어구들은 항상 같은 품사로 병치해야 하고, 특
히 주어로 사용될 때에는 동사의 수에 유념해야 한다. A as well as B
구문이 주어를 형성하는 경우, 동사는 항상 A에 수를 일치시켜야 한다.
따라서 ②가 정답이 된다. ③은 단수동사를 쓴 것까지는 옳으나, 빈칸
뒤에 원형부정사 주어져 있으므로 정답이 될 수 없다. 왜냐하면 사역동
사가 쓰인 문장이 수동태가 되면 능동태의 목적보어로 쓰인 원형부정
사가 to부정사로 바뀌게 되기 때문이다.

hammer n. 망치 saw n. 톱

톱은 물론 망치도 작업을 용이하게 한다.

03 2001 계명대 ▶▶▶ MSG p.211 ④

주어와 동사의 수일치 ▶ 우선 your ideas는 주어이므로 복수동사가 있
는 것을 답으로 선택할 수 있다. 그런 점에서 ①과 ②는 제외된다. 또
your ideas와 병치되는 것은 her ideas인데, ideas는 생략하여 소유대
명사 hers로 표현할 수 있다. ④가 정답이다.

have a lot in common 공통점이 많다 somewhat ad. 약간, 다소 unusual
a. 특이한, 독특한

"메리(Mary)와 난 공통점이 많아."
"그래, 네 생각은 그녀의 생각처럼 내게는 좀 특이해."

04 2004 경기대 ▶▶▶ MSG p.215 ②

대명사의 수일치 ▶ ②의 대명사 their는 주어인 the government를
가리킨다. 그런데 이것은 단수이므로 ②를 its로 고쳐야 한다.

defend v. 옹호하다 foreign policy 외교정책 a chorus of 이구동성으로 하는

정부는 일제히 점점 커지고 있는 비난에 맞서 정부의 외교 정책들을 옹호하
고 있다.

05 2007 숙명여대 ▶▶▶ MSG p.211 ④

주어와 동사의 수일치 ▶ a number of는 '많은, 다수의'라는 뜻으로 뒤
에 복수명사가 온다. 따라서 ④는 were fought로 고쳐야 주어와 동사
의 수가 일치되어 옳은 표현이 된다. 한편, ②를 the로 바꾸는 경우를
생각할 수 있겠으나, 이 경우에는 문장의 의미가 어색해진다.

fight a battle 교전하다 enemy n. 적, 원수

나폴레옹(Napoleon)과 그의 적들 사이에 많은 교전이 있었다는 사실은 잘
알려져 있다.

06 2013 서울여대 ▶▶▶ MSG p.215 ④

대명사의 수일치 ▶ its daily diet에서 its는 앞에 언급된 the Irish를 가
리킨다. Irish는 국가를 지칭하지만, the Irish는 집합적 의미의 '아일랜
드 사람들'이라는 복수의 의미로 사용되므로 수를 일치시켜 ④는 their
daily diet로 바꿔야 한다. ③ make가 종속절과 같은 시제인 과거시제
로 쓰였고 5형식동사로 쓰여 목적어 it(potato)과 목적보어로 명사인 a
staple이 쓰였다.

potato n. 감자 introduce v. 소개하다 staple n. 주요 식품

감자가 유럽에 막 소개되자마자, 아일랜드 사람들은 감자가 그들의 주식이
되도록 만들었다.

07 **2012 국민대** ▶▶▶ MSG p.213 ③

one of 한정사 + 복수명사 + 단수동사 ▶ 주어 one은 단수이므로 동사 또한 단수형인 is가 되어야 한다. ③ are를 is로 고친다. ①의 one of 구문에서는 한정사 다음에 복수형 명사가 온다. ②에서 last name은 '성(姓)'이라는 뜻으로 쓰인다. ④ which는 계속적 용법의 관계대명사로 쓰였다.

last name 성(姓) spell v. (어떤 단어의) 철자를 말하다[쓰다]

한국인들에게 가장 흔한 성(姓)은 '김(Kim)'인데, 때때로 철자법상 'Gim'으로 쓰인다.

08 **2017 서울여대** ▶▶▶ MSG p.211 ③

주어와 동사의 수일치 ▶ ③의 주어는 perfectionism이며, relationships는 전치사 in의 목적어이다. 주어의 수에 동사를 일치시켜야 하므로, ③은 단수명사인 perfectionism에 맞게 is가 되어야 한다. ① looks는 '용모', '생김새'라는 의미의 명사이다.

perfectionism n. 완벽주의 relationship n. 관계 largely ad. 대체로, 주로 affliction n. 고통, 고뇌

연구에 따르면, 교육, 외모, 직장 및 인간관계에 있어서의 완벽주의는 주로 여성들이 겪는 고통이다.

09 **2011 중앙대** ▶▶▶ MSG p.215 ②

대명사의 수일치 ▶ 대명사에 밑줄이 있을 경우 반드시 수와 격을 확인해야 한다. the author's novels를 받는 대명사이므로 ② its는 복수형 their가 되어야 한다. ①은 조동사 may 다음에 동사원형 seem이 온 것으로 seem은 불완전자동사로 뒤에 보어로 형용사나 명사가 온다. ③은 주어가 form으로 단수이므로 단수동사 survives가 온 것이다.

novel n. 소설 musty a. 곰팡이 핀; 케케묵은, 진부한 form n. 형식

그 저자의 소설들은 좀 낡고 진부해 보이긴 하지만, 그것들의 형식은 현대 대중소설 속에서도 살아남았다.

10 **2005 건국대** ▶▶▶ MSG p.215 ⑤

대명사의 수일치 ▶ 대명사는 앞에 나온 명사를 찾아 그 수와 격을 확인해야 한다. ⑤의 lose it에서 it은 앞에 쓰인 명사 leaves를 대신하므로 복수 대명사 them으로 고쳐야 한다. 즉 ⑤ lose it은 lose them이 되어야 한다.

willow n. 버드나무 spring n. 봄 autumn n. 가을

버드나무는 봄에 가장 먼저 잎이 나오는 나무들 중의 하나이면서 가을에는 가장 늦게 잎이 떨어지는 나무들 중의 하나이다.

11 **2009 광운대** ▶▶▶ MSG p.214 ④

관계절에서 동사의 수일치 ▶ 관계대명사의 선행사가 ones이므로 관계사절안의 동사도 복수형으로 써야 한다. ④는 has been put up이 아니라 have been put up이어야 한다.

opposite to ~맞은편에 있는 post office 우체국

우체국 맞은편에 있는 집은 지난 몇 년 동안 세워져 온 몇 안 되는 높은 건물 중 하나이다.

12 **2006 서울여대** ▶▶▶ MSG p.211 ④

수식어와 피수식어의 일치 ▶ other는 복수명사의 앞, 또는 no, any, some, one, the 따위와 함께 쓰면 '다른, 그 밖에, 이외에'의 뜻이다. 반면 단수명사를 직접 수식하는 경우에는 another를 사용한다. 따라서 ④ form을 복수형 forms로 바꿔야 한다. 전체 문장은 'have + 목적어 + 과거분사'의 문형이며, the energy of the sun's ultraviolet rays가 목적어이다.

sunscreen n. 자외선 차단제 ultraviolet ray 자외선 radiation n. 방사선

자외선 차단제는 태양의 자외선 에너지를 덜 해로운 다른 형태의 방사선으로 변형시킨다.

13 **2020 수원대** ▶▶▶ MSG p.211 ②

주어와 동사의 수일치 ▶ ②의 동사 require에 대한 주어는 opinions가 아니라 a decent respect로, 주어가 3인칭 단수이다. 따라서 동사 역시 3인칭 단수가 되어야 하므로, ②를 requires로 고쳐야 한다.

decent a. 어울리는; 온당한 mankind n. 인류 declare v. 선언하다 cause n. 대의명분 impel v. (감정 등이) ~을 압박하여 …하게 하다 separation n. 분리; 독립

인류의 소신에 대한 온당한 존중은 그들에게 그들로 하여금 분리 독립하게 만드는 대의를 선언하도록 요구한다.

14 **2006 아주대** ▶▶▶ MSG p.214 ①

There 구문에서의 수일치 ▶ spread는 자동사로도 쓰이고 타동사로도 쓰인다. 또한 이것의 과거와 과거분사는 형태가 spread로 같다. ②의 spread는 타동사의 과거분사로서 news를 후치수식하고 있다. 'There be + 명사' 구문에서는 명사가 주어이므로 주어의 수에 be동사의 수를 일치시키는데, a lot of는 단수, 복수명사에 모두 쓸 수 있으므로 주의해야 한다. news는 불가산명사로 단수 취급하므로 단수동사가 옳다. 따라서 ① are를 is로 고쳐야 한다. 뒤에 절이 아닌 구가 왔으므로 during은 옳은 표현이며, '경제에 있어서의 침체'라는 의미가 되어야 하므로 ④도 역시 옳은 표현이다.

stock exchange market 주식시장 depression n. 침체기, 불경기

인플레이션이나 경제 침체기에는 여러 가지 루머가 주식시장에 늘 퍼져 있다.

---

15 **2011 상명대** ▶▶▶ MSG p.214 ②

관계대명사절의 동사와 선행사의 수일치 ▶ 관계대명사절안의 동사는 선행사에 수를 일치시켜야 한다. ②의 선행사는 parents이므로, 동사 was는 선행사에 수일치를 시켜 복수형인 were로 바꿔야 한다. ① neither는 '(둘 중의) 어느 쪽도 아니다'라는 의미의 대명사로 쓰였다. ③ understands는 neither 뒤의 주어는 단수 취급하므로 단수동사를 쓴 것이다. ④는 system이 가산명사이므로 부정관사 a가 앞에 온 것이다.

implication n. 영향 democratic a. 민주적인 electoral system 선거제도

동유럽에서 태어난 나의 부모님 두 분 모두 민주적인 선거 제도가 미칠 모든 영향을 이해하지 못 하신다.

---

16 **2021 홍익대** ▶▶▶ MSG p.211 ④

주어와 동사의 수일치 ▶ 주어는 ascription이고 of divine titles ~ and the Son은 모두 주어를 수식하는 역할을 하고 있다. 주어가 단수이므로 ④는 offers여야 한다.

New Testament 신약 성서 ascription n. 귀속시킴 divine a. 신성한 ground n. [pl.] 근거 Trinity n. 삼위일체 doctrine n. 교리

신약 성서가 신성한 칭호와 역할을 성부(聖父)와 성자(聖子)에게 귀속시킨 것은 삼위일체 교리의 중요한 근거가 된다.

---

17 **2016 경기대** ▶▶▶ MSG p.211 ①

동사의 수일치 ▶ 대명사 much는 단수로 취급한다. 따라서 ①을 is로 고쳐야 한다.

aristocratic a. 귀족의 institution n. 제도 supposition n. 상상; 가정

귀족정치의 제도와 가정들을 민주적인 것으로 대체함으로써 많은 것이 얻어지긴 하지만, 종종 가치 있는 것을 잃어버리기도 한다.

---

18 **2007 덕성여대** ▶▶▶ MSG p.215 ④

대명사 each의 수일치 ▶ 주어진 문장의 주어는 each이며 동사는 are이다. ①은 앞의 명사를 후치수식하는 과거분사이며, ②는 관계사절의 동사이다. each는 단수 취급하므로 문장의 정동사 ④ are를 단수동사 is로 고쳐야 한다.

bracelet n. 팔찌 medic alert bracelet 의료 경보 팔찌 engrave v. 조각하다; 새기다

당뇨병을 앓고 있는 수백만 명의 미국인들이 차고 있는 의료 경보 팔찌 각각에는 착용자의 이름이 새겨져 있다.

---

19 **2018 강남대** ▶▶▶ MSG p.215 ②

대명사 일치 ▶ 부사절의 주어 you와 주절의 주어 one은 일반인을 가리키는 역할을 한다는 점에서는 같으나, 한 문장에서는 you든 one이든 하나로 일관되게 써야 한다. 따라서 ②의 one finds를 you find로 고쳐야 한다.

subzero a. 영하의 adaptable a. 적응[순응]할 수 있는 tropical a. 열대성의; 몹시 더운

사람은 영하의 추운 겨울을 견뎌낸 후에도, 여름의 무더운 기온에 적응할 수 있다는 것을 알게 된다.

---

20 **2021 경기대** ▶▶▶ MSG p.211 ②

주어와 동사의 수일치 ▶ 주어는 복수명사 The rumors이고 surrounding부터 plan까지는 주어를 수식하는 역할을 하고 있다. 따라서 ②를 주어의 수에 맞춰 복수동사로 were로 고쳐야 한다. ① The rumors가 surround하는 행위의 주체이므로 능동관계를 나타내는 현재분사를 썼다. ③ 기준 시제보다 앞선 시제를 나타내기 위해 완료부정사를 썼다.

rumor n. 소문 retirement n. 은퇴 unreliable a. 믿을 수 없는 merit n. 가치; 장점

그 CEO의 은퇴 계획을 둘러싼 소문은 전적으로 믿을 수 없는 출처에서 나왔기 때문에 아무 가치가 없는 것으로 판단되었다.

---

21 **2022 경기대** ▶▶▶ MSG p.211 ②

주어와 동사의 수일치 ▶ ②의 주어는 단수 명사 lifespan이므로 단수동사로 받아야 한다. ②를 is로 고친다. ① a tree를 후치 수식하고 있는 과거분사다. ④ 앞에 쓰인 명사의 반복을 피하기 위해 쓰인 대명사로, the average lifespan을 대신하고 있다.

lifespan n. (생물체의) 수명 inner-city n. 도심(부) traffic n. 차량들, 교통(량)

높은 건물과 도심의 차량들에 둘러싸인 나무의 평균 수명은 자연환경에서 자라는 나무의 그것보다 현저하게 짧다.

---

22 **2020 덕성여대** ▶▶▶ MSG p.211 ②

주어와 동사의 수일치 ▶ 주절의 주어가 복수명사 companies이므로 이어지는 동사 ②는 are가 되어야 한다.

demand n. 수요 luxury a. 사치의, 고급의 be compelled to do 할 수 없이 ~하다, 마지못해 ~하다

수요가 증가함에 따라, 이전에는 대형 고급 스피커만 생산했던 회사들이 시장에서 경쟁하기 위해 더 작은 모델을 만들 수밖에 없다.

---

23 2007 동국대 ▶▶▶ MSG p.211 ③

주어와 동사의 수일치 ▶ ③은 관계부사절의 동사이며, 이것의 주어는 the Exclusion Act이다. 따라서 단수동사인 was로 바뀌어야 한다.

emigrate v. 이민을 가다 the Exclusion Act 이민금지법 in effect (계약 등이) 발효 중에 있는

그의 아버지는 1927년에 미국으로 이민을 갔었는데, 그때에는 미국에 입국하는 중국인의 수를 제한하는 이민금지법이 여전히 발효 중에 있었다.

---

24 2015 한국외대 ▶▶▶ MSG p.212 ④

the number of 복수명사+단수동사 ▶ 'who are unable ~ without meal plans'는 선행사 students를 수식하는 관계대명사절이며, ④의 동사에 대한 주어는 the number of students이다. 주어의 핵심명사는 단수명사인 the number이므로, ④의 are soaring을 is soaring으로 고쳐야 한다.

dorm room 기숙사 방 semester n. 학기 meal plan 식권 soar v. 급증하다

학기 동안에 머무를 기숙사 방을 구할 수 없어서 식권조차 없이 캠퍼스 밖에서 지내야 하는 학생들의 숫자가 해마다 급증하고 있다.

---

25 2008 세종대 ▶▶▶ MSG p.211 ①

명사의 수일치 ▶ College dropouts는 주어 Mr. Jobs와 동격을 이루는 말로, 주어와 수일치를 이루어야 하므로 ①을 단수명사 A college dropout으로 고쳐야 한다. ② whose는 앞의 A college dropout에 걸리는 관계사이다.

dropout n. 중퇴자 biological parents 친부모 adoption n. 입양 entrepreneur n. 기업가

친부모가 포기하여 입양되었던 대학 중퇴자인 잡스(Jobs)는 우리시대에 가장 성공한 기술 분야 기업가들 중 한 사람이 되었다.

---

26 2016 한국외대 ▶▶▶ MSG p.215 ②

대명사의 수일치 ▶②는 문맥상 앞서 설명한 단수명사인 sleep disorder를 지칭하므로, 대명사 it이 되어야 한다.

sleep disorder 수면장애 associated with ~와 관련된 negatively ad. 부정적으로 heart rate 심박동수

수면장애는 남성과 여성 모두의 심장질환과 관련되어 있지만, 남성보다는 여성의 심박동수에 부정적인 영향을 더 많이 미칠 수 있다.

---

27 2014 가톨릭대 ▶▶▶ MSG p.211 ③

주어와 동사의 수일치 ▶ 주어는 the heaviest concentration of changes인데 of changes가 뒤에서 앞의 명사 the concentration을 수식하는 구조이다. 이때 앞에 있는 명사에 수를 일치시킨다. 따라서 concentration이 단수형이므로 ③의 be동사는 are가 아니라 is가 되어야 한다.

predominantly ad. 대개, 주로 addition n. 첨가, 추가 deletion n. 삭제, 제거

경험 많은 작가들에게는, 변화를 가장 집중적으로 시도하는 부분은 문장 수준에서이며 이러한 변화들은 대개 첨가나 삭제로 이루어진다.

---

28 2018 가천대 ▶▶▶ MSG p.211 ③

주어와 동사의 수일치 ▶ 두 번째 문장에서 주어는 Tales이고 'that blow ~ every year'은 앞의 명사 yellow dust storms를 선행사로 하는 관계대명사절이며, ③이 동사이다. 동사의 수는 주어에 일치시켜야 하므로, ③을 복수 주어 Tales에 맞게 date로 고쳐야 한다. ① once는 '이전에, 한때'라는 뜻의 과거시점 부사어로 과거시제에 쓰인다. ② that은 앞의 명사 yellow dust storms를 선행사로 하는 주격 관계대명사이다. ④ 양·정도를 나타내는 형용사, 부사를 한정하여 '그렇게, 그만큼'의 뜻을 나타내는 지시부사이다.

sandstorm n. (사막의) 모래 폭풍 cover v. 덮다, 가리다 yellow dust 황사 date back (to) (시기 따위가) ~까지 거슬러 올라가다

당나라(618~907)의 한 시인이 "모래 폭풍이 태양을 덮어버렸다."라고 썼던 적이 있다. 매년 중국에서 불어와서 아시아 전역에 널리 퍼지는 황사에 대한 이야기는 그렇게 멀리까지 거슬러 올라간다.

---

29 2012 홍익대 ▶▶▶ MSG p.215 ④

대명사의 수일치 ▶ ④가 가리키는 대상은 larger theaters이므로 복수대명사 their를 써야 한다. ①에 쓰인 by degrees는 '차츰, 점차적으로'라는 의미의 숙어 표현이다. ③의 전치사 with가 이끄는 구는 바로 앞의 명사 larger theaters를 수식하는 역할을 한다. prefer A to B 구문으로 오해하여 이것을 to로 고치는 식으로 접근해선 안 된다.

nickelodeon n. 5센트짜리 극장 by degrees 점차 well-appointed a. 설비가 갖추어진 first-run a. (영화관이) 개봉하는 accompaniment n. 반주 usher n. 안내인, 접수원

도시의 인구가 늘어남에 따라, 5센트짜리 극장의 수는 점차 줄어들었는데, 왜냐하면 관객들은 개봉영화, 양질의 음악 반주, 잘 차려 입은 좌석 안내인 등이 있는 대형 극장의 편리하고 설비가 잘 갖춰진 환경을 점점 더 선호하게 되었기 때문이다.

30 2016 광운대 ▶▶▶ MSG p.212 ⑤

정비문 ▶ the number of 뒤에는 복수명사가 오며, 동사는 the number에 수를 일치시켜 단수동사를 써야 한다. 따라서 ⑤에서 have increased를 has increased로 고쳐야 한다. ① many 뒤에는 복수명사와 복수동사가 오고, many a 뒤에는 단수명사와 단수동사가 온다. 이 두 표현의 의미는 동일하다. ② a number of는 '많은', '다수의'라는 의미로, 복수명사와 복수동사가 함께 쓰인다. ③ every 뒤에는 단수명사가 오며, 단수 대명사로 받는다. ④ 영어의 사칙연산 표현에서, 더하기나 곱하기와 같이 수가 늘어나는 계산식에서는 단수동사와 복수동사를 모두 쓸 수 있으며, 빼기나 나누기처럼 수가 줄어드는 계산식에서는 단수동사만 쓴다.

spectator n. 구경꾼 be equal to ~와 동일하다 high-rise a. (건물이) 고층의

① 매일 많은 책이 출판됐지만, 우리 손에 들어오는 책은 거의 없다.
② 거리에 구경꾼들이 많이 있다.
③ 모든 학생은 최선을 다해야 한다.
④ 20 빼기 8은 12이다.
⑤ 최근에 고층빌딩의 수가 늘어났다.

19 병치

TEST 01

01 ②	02 ①	03 ③	04 ②	05 ④	06 ②	07 ①	08 ④	09 ④	10 ④
11 ④	12 ④	13 ④	14 ②	15 ③	16 ④	17 ④	18 ④	19 ③	20 ④
21 ②	22 ②	23 ④	24 ①	25 ③	26 ②	27 ④	28 ④	29 ④	30 ④

01 2021 덕성여대 ▶▶▶ MSG p.217 ②

동사의 병치 ▶ 등위접속사 or는 동일 어구를 연결하는데, 앞서 동사의 과거형 shot, flung이 나왔으므로 동사의 과거형을 병치해야 한다. 따라서 빈칸에는 ②가 적절하다. 한편, swim은 타동사로 사용되면 '~을 헤엄쳐 건너다'는 의미로 사용된다.

shoot v. (활을) 쏘다 bow and arrow 활과 화살 fling v. 내던지다 slingshot n. 새총

일부 로마 군인들은 특별한 기술을 가지고 있었다. 그들은 활을 쏘거나, 투석기(새총)로 돌을 쏘아 날리거나, 적을 기습하기 위해 강을 헤엄쳐 건넜다.

02 2007 영남대 ▶▶▶ MSG p.215 ①

to부정사의 병치 ▶ 등위접속사 and로 병치구조를 이룬 문장이다. to enter, (to) graduate from, (to) teach가 MIT를 공통의 목적어로 취하며 the first woman을 수식한다. 이렇듯 to부정사 여러 개가 연결될 경우 맨 앞에만 to를 쓰고 나머지 것들은 원형을 쓰는 경우가 많다. 물론 모두 to부정사의 형태를 그대로 유지할 수도 있다. 정답은 ① teach가 된다.

enter v. 입학하다 graduate from ~을 졸업하다

엘렌 스왈로우 리처즈(Ellen Swallow Richards)는 MIT에 입학해서 졸업하고 교수가 된 첫 번째 여성이 되었다.

03 2017 단국대 ▶▶▶ MSG p.218 ③

현재분사의 병치 ▶ 5형식 동사로 쓰인 see의 목적보어로 현재분사 reaching, sharing, combining이 나열된 상황이므로, 빈칸에도 문법적으로 같은 구조의 표현인 현재분사가 들어가야 올바른 병치구조가 완성된다. 따라서 ③이 정답이 된다.

reach out ~에게 손을 내밀다 share v. 나누다, 공유하다 talent n. (타고난) 재능 combine v. ~을 결합시키다 encouragement n. 격려; 장려 strive v. 노력하다

우리는 서로에게 손을 내밀고, 재능을 나누고, 힘을 합치며, 또한 노력하는 사람들에게 격려를 해준다.

04 2004 동아대 ▶▶▶ MSG p.218 ②

to부정사의 병치 ▶ 부사적 용법으로 쓰인 부정사가 병렬되고 있다. 따라서 빈칸에 들어갈 표현도 앞의 to locate, to determine처럼 부정사로 표현해야 적절한 병치구조를 이룰 수 있다.

seismograph n. 지진계 locate v. ~의 위치를 알아내다 ocean n. 바다, 대양 detect v. 탐지하다 measure v. 측량하다 earthquake n. 지진

지진계는 석유의 위치를 찾고, 바다의 깊이를 측정하고, 지진을 탐지하고 측량하는 데 사용된다.

05 2017 가톨릭대 ▶▶▶ MSG p.217 ④

'전치사 + 명사'의 병치 ▶ ④는 등위접속사 or에 의해 두 '전치사 + 명사' out of instinct와 because of a social compulsion이 병치된 구조를 만들게 되어 구조적, 의미적으로 적절한 표현이다. 따라서 ④가 정답이다. 빈칸 이하가 명사구이므로 접속사 because가 들어간 ①, ③은 빈칸에 적절하지 않다. ②의 경우 'because of + 명사'가 구조적으로는 완결된 절 다음에 이어질 수 있으나, 앞의 '본능에서, 본능적으로'가 선천적인 원인을 의미하는데 반해, '사회적 강제 때문에'는 후천적인 원인을 의미해서 서로 모순이 되므로 의미적으로 부적절하다.

out of instinct 본능적으로 compulsion n. 강제, 강요, 강박

그녀는 아이들이 본능적으로 분홍색과 파란색을 좋아하는지 아니면 그들이 인식하지 못하는 사회적 강제 때문에 분홍색과 파란색을 좋아하는지 궁금하게 여겼다.

06 2005 숭실대 ▶▶▶ MSG p.218 ②

to부정사의 병치 ▶ 가정법 과거의 문장으로 to부정사가 조건절을 대신하면서 병치되고 있다. 병치되고 있는 어구는 문법적인 구조나 역할이 항상 동일해야 하므로, ②가 정답이 된다. ④의 경우 go가 자동사이므로 뒤에 전치사가 있어야 한다.

go to a movie 영화 보러 가다

여자 친구와 만나서, 영화를 보러 가고 저녁 식사를 함께 한다면 오늘 하루 일과를 완벽하게 할 수 있을 텐데.

07 2001 계명대 ▶▶▶ MSG p.218 ①

절의 병치 ▶ 'A(여름이 강렬하고), B(바람이 많이 불고), and C(강수량이 매우 가변적이다)'라는 병치구조의 문장으로 파악할 수 있다. 접속사 and 다음에 절이 온 ①이 정답이다. 그래야 세 문장이 병치구조를 이룬다.

alpine tundra 고산 툰드라대 intense a. 강렬한 prevalent a. 유행하는, 널리 퍼진 precipitation n. 강수, 강우(량)

고산 툰드라대에서는 여름이 강렬하고, 바람이 많이 불며, 강우량 변화가 매우 심하다.

08 2022 한양대 ▶▶▶ MSG p.217 ④

명사의 병치 ▶ the same hard and composition은 have의 목적어인데, 동사의 목적어가 될 수 있는 것은 명사 상당어구이므로 ④ hard도 and 뒤의 composition처럼 명사여야 한다. ④를 hardness로 고쳐야 한다.

synthetic a. (인위적으로) 합성한, 인조의 hardness n. 단단함; (광물의) 경도 composition n. 구조 stone n. 보석

인조 루비와 다이아몬드는 진짜 루비와 다이아몬드와 경도와 구조가 똑같다.

09 2003 경희대 ▶▶▶ MSG p.81, p.219 ④

would rather + 동사원형의 병치 ▶ would rather A than B는 'B 하느니 차라리 A 하겠다'라는 뜻으로, A와 B에는 병치를 이루는 동일 어구가 와야 한다. would rather 뒤에는 동사원형이 오므로, ④를 lose로 고쳐야 한다.

labor union 노동조합, 노조 lose one's job 직장을 잃다

노동조합원들은 직장을 잃느니 차라리 죽어버리겠다고 소리 질렀다.

10 2018 경기대 ▶▶▶ MSG p.218 ④

동명사의 병치 ▶ 등위접속사 or를 통해 동명사 replacing과 병치되어 있는 ④도 동명사여야 하므로 ④를 installing으로 고쳐야 한다.

extensive a. 광범위하게 미치는 DIY n. 소비자가 직접 (조립) 하기(=Do It Yourself) replace v. 교체하다 install v. 설치하다 drywall n. 석고판

마루 바닥면을 교체하는 것이나 대형 석고판을 설치하는 것과 같은 몇몇 수리는 DIY(손수 수리하기)를 시도하기에는 일이 너무 광범위하다.

11 2009 총신대 ▶▶▶ MSG p.218 ④

동명사의 병치 ▶ 'spend + 목적어 + (in) ~ing' 구문이 쓰인 문장으로 동명사가 등위접속사 or에 의해 병치되고 있다. 따라서 working, building과 같이 serve도 동명사 형태가 되어야 한다. ④ serve를 serving으로 고친다.

state a. 국영의 mining n. 광산업 serve in the army 군복무를 하다

보통 사람들은 매년 일정 시간을 국영 광산에서 일하고, 도로를 건설하고, 군복무를 하면서 보내야만 했다.

12 2004 세종대 ▶▶▶ MSG p.217 ④

동사의 병치 ▶ 등위접속사 and를 중심으로 두 개의 동사가 병치된 형태의 문장으로 파악하는 것이 적절하므로, ④에 형용사 extensive를 쓴 것은 옳지 않다. covers와 같이 현재형으로 써야 하므로 ④ extensive를 extends로 고쳐준다.

plateau n. 고원 cover v. (언급된 지역에) 걸치다

앨리게이니 고원(the Allegheny Plateau)은 오하이오(Ohio) 주의 동부 전역에 걸쳐 펼쳐져 있고, 웨스트버지니아(West Virginia) 주와 펜실베이니아(Pennsylvania) 주까지 뻗어 있다.

13 2004 서울여대 ▶▶▶ MSG p.218 ④

to부정사의 병치 ▶ 부사적 용법으로 쓰인 to부정사구인 to cool and hard에서 cool과 hard는 모두 동사가 쓰여야 하는데, hard는 형용사이므로 동사형으로 고쳐주어야 한다. ④ hard를 harden으로 고친다.

wick n. (양초의) 심지 dip v. 담그다; (녹은 초에 심지를 넣어서 양초를) 만들다 hang v. 매달다 harden v. 굳다, 굳히다

양초를 만들기 위해, 개척자들은 실을 꼬아 심지를 만들고 그 심지를 뜨거운 기름에 담근 다음, 양초를 매달아두어 식어서 굳도록 했다.

14 2003 세종대 ▶▶▶ MSG p.217 ②

형용사의 병치 ▶ 등위접속사 and로 mountainous, level or hill, rolling이 병치되고 있는 형태이다. 명사인 ② hill을 형용사인 hilly로 고쳐야 올바른 병치구조를 이룰 수 있다.

mountainous a. 산이 많은 hilly a. 언덕이 많은, 구릉성의 rolling a. (땅이) 완만하게 기복하는

뉴욕의 동쪽에는 산이 많고, 중앙과 서쪽은 평평하거나 구릉이 있으며, 남쪽 지역에는 완만하게 경사가 져 있다.

15 **2006 중앙대** ▶▶▶ MSG p.218   ③

동명사의 병치 ▶ ③ 앞의 전치사 to는 등위접속사 and를 사이에 두고 devote time에 이어지는 것이다. 따라서 이것 역시 앞의 sketching처럼 동명사로 써야 적절한 병치구조를 이루게 된다. ③을 obsessing으로 고쳐야 한다.

devote A to B A를 B에 바치다 sketch out 밑그림을 그리다 piece n. 작품 obsess v. 괴로워하다, 고민하다

작가들은 작품의 구성에 대한 밑그림을 그리고 아마도 처음 몇 문장에 대해서 약간 고민하는 데 시간을 쏟을 것이다.

16 **2019 덕성여대** ▶▶▶ MSG p.218   ④

동명사의 병치 ▶ ④의 do는 working과 함께 that절의 주어 역할을 하므로, 이것 역시 동명사로 써야 한다. ④를 doing their best로 고친다.

work hard 열심히 일하다 do one's best 최선을 다하다

최근의 연구는 일을 하고 있는 모든 한국인들 중 약 86%가 열심히 일하고 자기 일에 최선을 다하는 것이 개인적으로 중요하다고 생각하고 있음을 보여준다.

17 **2008 숙명여대** ▶▶▶ MSG p.218   ④

both A and B에 의한 병치 ▶ both A and B는 상관접속사이므로 A와 B는 문법상 같은 기능의 어구가 쓰여야 한다. ④는 Chinese가 되어야 앞의 Japanese와 의미상 병치구조를 이룬다. ①의 뒤에는 he was가 생략돼 있으며, ②는 enjoy의 목적어로 쓰인 동명사이다.

Japanese n. 일본어 Chinese n. 중국어 be interested in ~에 흥미가 있다

대학 시절 마이클(Michael)은 일본어와 중국어를 모두 즐겁게 배웠을 뿐만 아니라, 다른 아시아 언어에도 흥미가 있었다.

18 **2002 아주대** ▶▶▶ MSG p.218   ④

과거분사의 병치 ▶ Founded ~ 1835는 분사구문이며, what is now San Francisco가 주어이다. 술부는 was taken over and later renamed인데, and 전후로 수동태 표현과 능동태 표현이 병치돼 있어서, 구조상·의미상 어색하다. 따라서 미국을 가리키는 it 앞에 by를 붙여 ④를 renamed by it으로 해야 한다. 또는 was를 반복하고 by it을 생략해 was renamed로 해도 무방하다.

found v. 세우다, 창건하다 rename v. 개명하다

오늘날의 샌프란시스코는 1835년에 스페인 사람들에 의해 예르바 부에나(Yerba Buena)로 창건되었는데, 이것은 1846년에 미국에 양도되었고 이후에 개명되었다.

19 **2004 아주대** ▶▶▶ MSG p.128   ③

both A and B에서 명사구의 병치 ▶ both A and B 구문에서, A와 B에 해당하는 표현은 병치구조를 이루어야 하며, 따라서 그 문법적인 구조와 역할이 동일해야 한다. 주어진 문장에서, and 앞에 명사구가 나오므로 뒤에도 전치사구가 아닌 명사구가 나와야 한다. 따라서 ③ because of를 삭제해야 한다.

recognized a. 인정받은 outstanding a. 뛰어난 humanitarian a. 인도주의적인

베이브 루스(Babe Ruth)는 야구장에서 보여주는 뛰어난 실력과 가난한 사람들에게 베푸는 인도주의적 관심, 두 가지 모두에서 인정을 받았다.

20 **2016 서울여대** ▶▶▶ MSG p.218   ④

병치구조 ▶ in keeping, in encouraging 다음에 and가 왔으므로, 'A, B, and C' 형태의 병치구조가 되도록 ④를 in facilitating으로 고쳐주어야 한다.

factor n. 요소 constructively ad. 건설적으로 self-discipline n. 자제력 facilitate v. 용이하게 하다

학급의 일상적인 일들은 아이들을 건설적인 면에서 바쁘도록 만들고, 자제력을 키워주고, 무엇보다도 학습을 용이하게 하는 데 있어서 중요한 요소이다.

21 **2011 단국대** ▶▶▶ MSG p.218   ②

동명사의 병치 ▶ ②의 cut은 and 앞의 living과 함께 전치사 By의 목적어이다. 따라서 ②를 drastically cutting으로 써야 적절한 병치구조가 이뤄진다. enough가 단독으로 명사를 수식할 때에는 전치 수식하므로 ③은 옳은 표현이다.

temporarily ad. 잠시, 일시적으로 drastically ad. 크게 modest a. 적당한, 온당한

피터(Peter)는 잠시 부모님과 함께 살고 레저 비용을 크게 줄여서 2년 후에 괜찮은 집을 살 수 있는 충분한 돈을 모을 수 있기를 바랐다.

22 **2008 경희대** ▶▶▶ MSG p.218   ②

과거분사의 병치 ▶ who 이하 관계대명사절 안에서 ②는 have been의 been과 병치되는 또 하나의 과거분사여야 하므로 ②를 survived them으로 고친다. ②의 them은 extraordinary journeys를 가리킨다.

apply to ~에 적용되다 extraordinary a. 비범한 pass on 넘겨주다

나는 지혜라는 말을 좋아하는데, 왜냐하면 그 말은 남다른 인생 여정을 마치고 그 여정에서 살아남아 그들이 배운 것을 후세에 전해주게 된 사람들에게 적용되는 말이기 때문이다.

23　2020 숙명여대　▶▶▶ MSG p.217　④

동사의 병치 ▶ 접속사 and 다음에 두 번째 술부의 동사가 필요하다. 따라서 ④는 정동사 helps가 되어야 한다.

acupuncture n. 침술 ailment n. 질병 anxiety n. 불안 depression n. 우울증 back pain 요통 high blood pressure 고혈압 drug addiction 약물 중독

침술은 불안, 우울증, 요통, 고혈압 등 다양한 질환을 치료하는 데 사용되며, 약물 중독 치료에 상당히 성공적으로 도움을 준다.

24　2015 경기대　▶▶▶ MSG p.217　①

형용사의 병치 ▶ because 이하에서 '그림이 이미지와 기억을 만들어 낸다'고 했으므로, A painting은 evoke하는 행위의 주체임을 알 수 있다. 그러므로 ①과 같이 수동태 표현으로 쓴 것은 잘못이다. 능동태로 고치되, whereas가 이끄는 절의 동사가 'be동사 + 형용사'의 형태임을 감안해서, 주절도 그러한 형태가 되도록 ①을 to be evocative로 고치는 것이 적절하다.

evoke v. (기억을) 불러일으키다 functional a. 기능적인 evocative a. 좋은 생각[기억]을 떠올리게 하는

그림은 마음속에 이미지나 기억을 떠올리게 할 가능성이 더 크기 때문에 좋은 생각을 떠오르게 하는 역할을 할 가능성이 높은 반면, 카펫은 단순히 기능적인 역할을 할 가능성이 높다.

25　2011 상명대　▶▶▶ MSG p.217　③

whether A or B에서 동사의 병치 ▶ whether A or B에서 A와 B는 병치구조를 이루어야 한다. ③의 to forgive를 'should + 동사원형'의 형태에 맞게 동사원형인 forgive로 고쳐야 한다. ①에서 undecided 는 '결정하지 못한, 결심이 서지 않은'의 형용사로 쓰였다. ④의 in anticipation of는 '~을 예상하고'라는 의미인데 of가 전치사이므로 뒤에 명사 concessions가 왔다.

undecided a. 결심이 서지 않은 in anticipation of ~을 예상하고 contract n. 계약 forgive v. 용서하다, 눈감아주다 obligation n. 약정, 계약 concession n. 양보

나는 그 계약의 완벽한 실행을 고집해야 하는지 아니면 나중에 협상 회의에서 양보를 예상하고 그 계약을 눈감아 줘야 하는지 아직 결심이 서지 않는다.

26　2021 세종대　▶▶▶ MSG p.217　②

명사의 병치 ▶ ②는 전후의 두 명사 entertainment, entrepreneurship과 함께 전치사 of의 목적어이다. 따라서 ②도 명사여야 하므로, ②를 publishing으로 고쳐야 한다. 여기서 publishing은 동명사가 아니라 '출판(업)'이라는 뜻의 명사이다.

entertainment n. 연예 entrepreneurship n. 기업가 활동 own v. 소유하다 for years to come 다가 올 여러 해 동안

연예, 출판, 기업경영 분야에서 성공을 거둔 후에, 그들은 다가올 여러 해 동안 온 가족이 소유할 수 있는 무언가를 건설해야할 필요성을 느꼈다.

27　2017 성균관대　▶▶▶ MSG p.217　④

등위접속사 and에 의한 동명사 병치 ▶ include는 동명사를 목적어로 취하는 동사이며, 주어진 문장에서 ①과 ④는 모두 include의 목적어이다. 병치되는 표현은 그 문법적인 구조나 역할이 같아야 하므로, ④를 동명사 attempting으로 고쳐야 한다.

zap v. 없애버리다 mosquito n. 모기 particle n. 미립자 atmosphere n. 대기

현재 나단(Nathan) 박사의 프로젝트는 모기의 날개를 없앨 수 있는 레이저를 개발하는 것과 미립자를 대기에 쏘아서 지구 온난화를 해결하려 하는 것을 포함하고 있다.

28　2017 국민대　▶▶▶ MSG p.218　④

동명사의 병치 ▶ whether A or B 구문에서 A와 B에 해당하는 표현은 그 문법적인 구조가 같아야 한다. 주어진 문장에서 whether 뒤에 동명사 putting과 writing을 썼으므로, or 뒤에 나올 동사의 형태도 동명사여야 한다. 따라서 ④를 just spreading the word로 고쳐야 한다. ③ tin이 물질명사인 '주석'의 의미일 때는 무관사로 쓰지만, 보통명사인 '양철깡통'의 의미일 경우에는 가산명사이다.

ranger n. (국유림의) 순찰 경비대원 do one's bit 본분을 다하다 poach v. 침입하다; 밀렵하다 tin n. 양철깡통 article n. (신문의) 기사

아프리카 국립공원의 순찰경비대원인 로리(Rory)는 "깡통에 동전을 모으는 것(모금)이든, 기사를 쓰는 것이든, 단순히 말을 퍼뜨리는 것이든," 사람들은 밀렵을 막기 위해 자신의 본분을 다해야 한다고 믿고 있다.

29　2009 홍익대　▶▶▶ MSG p.217　④

동사의 병치 ▶ 두 번째 문장 that절 이하의 동사에서 접속사 and에 의해 sputtered, smoked, broken down이 병치되고 있는 구조이다. sputter와 smoke의 형태가 모두 과거형이므로 ④ broken도 과거형인 broke로 고쳐야 한다.

at the turn of the century 세기의 전환기에 fragile a. 손상되기 쉬운 sputter v. 요란한 소리를 내다 break down 고장 나다

그 세기의 전환기에, 자동차, 혹은 당시에 불린 대로 하자면 말이 끌지 않는 마차가 거의 없었다. 이들 자동차들은 요란한 소리를 내고, 연기를 내뿜으며, 자주 고장이 나는 망가지기 쉬운 기계였다.

keep + 목적어 + from ~ing ▶ 'keep + 목적어 + from ~ing'는 '목적어
로 하여금 ~하지 못하게 하다'는 의미의 표현이며, ④는 getting과 함께
이 구문에 쓰인 전치사 from의 목적어이다. 따라서 ④ 역시 동명사 형
태인 achieving으로 써야 옳은 문장이 된다.

accept v. 받아들이다 in turn 차례로 achieve v. 달성하다, 성취하다

미국인들이 영어를 구사하는 외국인들을 받아들이고 있긴 하지만, 서툰 영
어구사 습관은 분명하게 의사소통할 수 있는 능력을 제한할 수 있고, 결과적
으로 이것은 당신이 원하는 직업을 얻지 못하게 만들고 다른 성공을 할 수
없도록 만들 수도 있다.

19 병치

01 ③	02 ①	03 ④	04 ①	05 ③	06 ④	07 ②	08 ④	09 ③	10 ④
11 ④	12 ①	13 ④	14 ④	15 ④	16 ④	17 ④	18 ③	19 ③	20 ③
21 ④	22 ④	23 ②	24 ④	25 ④	26 ③	27 ④	28 ④	29 ④	30 ②

01 2020 서울여대 ▶▶▶ MSG p.217   ③

동사의 병치 ▶ 주어가 Deaf people이고 동사가 are, have로 이어졌으므로, 빈칸에도 동사가 필요하며, 이때 각 동사구를 연결하여 병치할 수 있는 것은 등위접속사이므로 have 앞에 and가 필요하다. 따라서 ③이 정답이다. 분사구문 having과 계속적용법의 which가 빈칸에 들어가면 그 앞의 두 술부가 접속사 없이 콤마만으로는 연결될 수 없어 부적절하다.

deaf a. 청각 장애가 있는 isolated a. 고립된 have access to ~에 접근할 수 있다

청각장애인들은 종종 정치적으로 사회적으로 고립되어 있고, 교육의 기회가 더 적으며, 정보와 서비스의 이용이 제한되어 있다.

02 2001 홍익대 ▶▶▶ MSG p.218   ①

과거분사의 병치 ▶ 등위접속사로 연결되는 구나 절 등은 그 형태나 문법적인 구조가 같아야 함을 잊지 말자. 따라서 빈칸에는 앞에 나온 consumed와 같이 동사의 과거분사형이 와야 한다. ①이 정답이다.

synthetic fuel 인공연료 yield v. (결과를) 내다, 가져오다

인공 연료를 개발하려는 전 세계적인 경쟁에 지금까지 수십 억 달러를 소비했지만, 거의 아무런 성과를 내지 못하였다.

03 2022 단국대 ▶▶▶ MSG p.218   ④

to부정사의 병치 ▶ trying의 목적어로 to부정사가 병치된 구조가 되어야 하므로, 접속사 and와 함께 'to+동사원형'의 형태가 제시돼 있는 ④가 빈칸에 들어가야 한다.

inductive a. 귀납적인 reasoning n. 추론 interpretation n. 해석, 설명

그는 원인과 결과를 보여주고 인간의 변화와 발전에 관한 연구와 해석에 과학적 방법과 귀납적 추론을 적용하려고 노력하고 있었다.

04 2007 대구대 ▶▶▶ MSG p.219   ①

비교대상의 병치 ▶ 비교대상은 동일해야 하며, 앞의 the system을 대신할 대명사가 필요하므로 that이 되어야 한다. the same 뒤에는 관용적으로 as가 온다. 따라서 정답은 ①이다.

system of weight and measurement 도량형 체계

한 나라의 도량형 체계가 다른 나라의 도량형 체계와 항상 같은 것은 아니다.

05 2008 강남대 ▶▶▶ MSG p.218   ③

비교대상의 병치 ▶ 비교는 서로 유사한 것끼리 해야 한다. 비교의 주체가 'to부정사구'이므로 비교대상도 'to부정사구'가 되어야 한다. 따라서 ③이 적절하다.

accurate a. 정확한, 정밀한

신속하게 대답하는 것이 정확하게 대답하는 것보다 더 중요하다.

06 2020 덕성여대 ▶▶▶ MSG p.219

병치구조 ▶ online은 '인터넷을 통해 다른 컴퓨터와 연결된 (connected to other computers through the internet)'이라는 의미이고, 형용사여서 be in online으로 쓰지 않는다. 주어로는 to부정사와 동명사가 모두 가능하지만 전치사 from 다음에는 동명사만이 사용될 수 있다.

be different from ~와 다르다

인터넷 공간(사이버스페이스) 안에 있는 것은 인터넷 공간 밖에 있는 것과 그다지 많이 다르지 않다.

07 2004 세종대 ▶▶▶ MSG p.218   ②

to부정사의 병치 ▶ Agronomists work에 이어지는 to부정사가 병렬로 연결되어 있으므로, improve와 increase처럼 동사원형인 main-tain이 되어야 한다.

agronomist n. 농업경제학자 crop n. 농작물 yield n. 수확량 soil n. 토양

농업경제학자들은 농작물의 질을 향상시키고, 땅의 수확량을 증가시키며, 토양의 질을 유지하기 위해 연구하고 있다.

08 **2019 강남대** ▶▶▶ MSG p.219 ④

비교 대상의 병치 ▶ 비교 구문에서는 비교되는 대상이 서로 같은 자격의 것으로 병치 구조를 이루어야 한다. 주어진 문장에서 비교되는 대상은 근로조건이므로 ④를 with those of the USA로 바꾸어야 한다.

advise v. 조언하다, 권고하다 employee n. 종업원 compare v. 비교하다

그는 종업원들에게 자신들의 근로조건을 미국의 그것과 비교하지 말라고 권고했다.

09 **2009 동국대** ▶▶▶ MSG p.217 ③

동사의 병치 ▶ ②, ③, ④는 모두 앞의 조동사 can에 이어지는 것이다. 따라서 ③의 동명사 washing을 동사원형의 형태인 wash로 고쳐야 적절한 병치구조가 이루어진다. ①에 쓰인 명사 errands는 run과 함께 써서 '심부름 가다'는 의미를 갖는다.

run errands 심부름 하다 drop off 도중에 차에서 내려놓다 vet n. 수의사

우리는 영화 보러 갈 수 있기 전에 해야 할 몇 개의 심부름이 있는데, 은행에 가는 것, 세차하는 것, 그리고 도중에 동물병원에 개를 맡기는 것이다.

10 **2001 세종대** ▶▶▶ MSG p.217 ④

명사의 병치 ▶ ③의 전치사 to 다음에 세 개의 명사가 목적어로 나열되어 있다. 병치구조를 이루어야 하므로, ④를 '의학'이라는 뜻의 명사 medicine이나 medical science로 고쳐야 한다. ① equipment는 항상 무관사 단수형으로 써야 하는 불가산명사이다.

photographic a. 사진의 equipment n. 장비 aid n. 도움

사진 기술과 장비의 발달이 산업, 의학, 연구에 중요한 도움을 주었다.

11 **2008 경희대** ▶▶▶ MSG p.217 ④

동사의 병치 ▶ that절 이하는 the digestive problems and joint pain을 선행사로 하는 관계대명사절이다. 그 안에서 등위접속사 and에 의한 병치가 일어나므로, ④의 to make를 kept와 같은 형태인 과거동사 made로 고쳐야 한다. ③은 keep A from ~ing 구문을 이루고 있다.

free of ~이 없는 digestive a. 소화의 joint pain 관절 통증 keep ~ from …ing ~를 …못 하게 하다 miserable a. 비참한

메리(Mary)는 운동을 할 수 없게 하고, 그녀의 삶을 비참하게 만드는 소화 불량과 관절 통증에서 벗어나고 싶었다.

12 **2018 세종대** ▶▶▶ MSG p.217 ①

조동사 뒤에 오는 동사의 형태 ▶ ①은 develop과 함께 조동사 must에 연결되고 있다. 조동사 뒤에는 동사원형이 와야 하므로 ①을 maintain

으로 고쳐야 한다. ② procedures를 선행사로 하는 주격 관계대명사이다. ④ 바로 앞의 명사 ability와 동격관계인 to부정사이다.

maintain v. 유지하다 procedure n. 순서; 절차 retaliation n. 보복, 앙갚음

우리 대학들은 보복에 대한 두려움 없이 가르치고 배울 수 있는 교수의 능력을 보호해주는 절차를 개발하고 유지시켜야 한다.

13 **2008 세종대** ▶▶▶ MSG p.217 ④

동사의 병치 ▶ rather than을 전후로 may에 이어지는 동사원형이 병치를 이루어야 하므로, ④도 acquit과 같은 형태인 원형동사 implicate로 쓰여야 한다.

acquit v. 무죄로 하다 implicate v. 관련시키다 clergy n. 성직자들

그와 같은 권력행사가 마녀사냥을 초래할 것이라는 우려에도 불구하고, 시장은 그것이 성직자 집단 전체를 사건에 연루시키는 것이 아니라 오히려 면죄부를 주게 될 수도 있다고 주장한다.

14 **2004 홍익대** ▶▶▶ MSG p.217 ④

사람의 직업, 신분을 나타내는 명사의 병치 ▶ Robert Mills를 가리키는 보어 자리에 등위접속사로 두 개의 명사구가 병렬 연결돼 있는 문장이다. and 앞에 사람을 가리키는 engineer가 왔으므로 and 뒤에도 사람을 가리키는 명사가 와야 한다. 따라서 ④는 design이 아니라 designer가 되어야 한다. ②는 전체 문장의 동사이며, 콤마 사이의 표현은 삽입된 것이다.

engineer n. 기술자 designer n. 설계자

사우스캐롤라이나 주(州) 찰스턴(Charleston) 출신인 로버트 밀즈(Robert Mills)는 사우스캐롤라이나 주(州) 공식 기술자이며 워싱턴 D.C.에 있는 공공건물의 설계자였다.

15 **2002 경기대** ▶▶▶ MSG p.217 ④

부사의 병치 ▶ 등위접속사로 병치되는 어구들은 그 문법적인 구조나 역할이 같아야 한다. 따라서 ④도 truthfully처럼 부사로 써야만 병치구조가 이뤄진다. ④ logical을 부사 logically로 고친다. ①은 부사가 과거분사를 수식하고 있는 구조이며, ②의 주어는 performances이므로 복수동사를 쓴 것이다.

prise v. 칭찬하다 truthfully ad. 정직하게, 진실하게

논리적이고 정직하게 행동하는 믿을 수 있는 극중 인물들을 창출함으로써, 연극 역사상 가장 극찬을 받은 공연들이 성취되었다.

16 **2013 홍익대** ▶▶▶ MSG p.217 ③

조동사 + 동사원형 ▶ ③은 and 앞에 쓰인 동사 clinch와 함께 조동사

would에 연결되어 병치를 이루고 있다. 조동사 뒤에는 동사원형이 와야 하므로, ③을 gain으로 고쳐야 한다. ① '승리', '성공'이라는 의미의 명사로 쓰였다. ④ '주최하다'라는 의미의 동사로 쓰였다.

clinch v. ~을 차지하다 host v. 주최하다 inaugural a. 취임식의, 개회의

이제 한 번만 승리하면, 그 대학교는 선수권을 차지하게 될 것이고, 12월에 컨퍼런스 결승전 개막 경기를 개최할 자격을 얻게 될 것이다.

17 2021 세종대 ▶▶▶ MSG p.217   ④

동사의 병치 ▶ allows, increases와 병치를 이룬 ④는 주어 Self-distancing의 동사인데, 주어가 3인칭 단수이므로 단수 동사여야 한다. ④를 boosts로 고친다.

rein in 억제하다 undesirable a. 바람직하지 않은 perseverance n. 인내심 challenging a. 능력을 시험하는 것 같은, 힘든 task n. 힘든 일 boost v. 밀어 올리다

스스로 거리두기는 우리로 하여금 불안과 같은 바람직하지 않은 감정을 억제할 수 있도록 해주고, 힘든 일에 대해 인내심을 높여주며, 우리의 자제력을 끌어올려준다.

18 2004 세종대 ▶▶▶ MSG p.217   ③

형용사의 병치 ▶ 등위접속사로 연결되는 단어나 구(句)나 절(節)은 그 구조나 역할이 같아야 한다. 따라서 become의 보어인 ③은 앞의 democratic처럼 형용사로 써서 orderly로 써야 한다. ①은 분사구문을 이루는 표현이며, 바로 앞에는 Being이 생략돼 있다.

orderly a. (행동이) 질서 있는 military a. 호전[전투]적인 interventionist n. (내정) 간섭주의자

다른 사람들이 민주적이고 질서를 지키는 사람이 되도록 돕겠다고 결심했던 우드로 윌슨(Woodrow Wilson)은 미국 역사상 가장 위대한 호전적 간섭주의자가 되었다.

19 2013 서강대 ▶▶▶ MSG p.219   ③

등위접속사 and에 의한 병치 ▶ the possibilities를 수식하는 'of 동명사' 구조의 나열이다. 첫 번째와 두 번째가 of를 사용하고 있으므로 ③의 and 다음의 마지막 동명사인 having 앞에도 of가 있어야 한다.

aphasia n. 실어증 situation n. 상황 normal a. 정상적인 relation n. 관계

어떤 실어증의 경우, 행동할 가능성, 상황을 이해할 가능성, 그리고 이성(異性)과의 정상적인 관계를 가질 가능성을 잃게 된다.

20 2009 성균관대 ▶▶▶ MSG p.219

not only A but also B에서 to부정사의 병치 ▶ not only A but also

B 구문에서, A와 B에 해당하는 표현은 그 문법적인 구조나 역할이 같아야 한다. ③ endure는 앞의 to walk와 병치를 이루도록 to endure가 되어야 한다. ⑤의 품사는 형용사이며, 뒤의 명사구를 수식하고 있다.

desire n. 욕망 career n. 직장생활 surgery n. 수술 ongoing a. 진행 중의

직장생활을 계속하고 싶은 욕망이 나에게 다시 걷도록 할 뿐만 아니라 회복이 진행된 세월 동안 20차례 이상의 수술을 견딜 수 있도록 용기를 주었다.

21 2022 세종대 ▶▶▶ MSG p.218   ④

동명사의 병치 ▶ 등위접속사 or의 전후에는 문법적인 구조나 역할이 같은 표현이 와서 병치구조를 이룬다. or 앞에서 전치사 by의 목적어로 동명사가 왔으므로 or 뒤도 동일한 형태여야 한다. ④를 spitting으로 고친다.

poison n. 독, 독물 fang n. (뱀·개 등의) 송곳니 inject v. 주입하다 prey n. 먹이; (먹이로서의) 밥 spit v. (침·피 따위를) 뱉다 victim n. 희생자, 피해자

인도 코브라와 킹코브라는 송곳니에서 나오는 독을 먹이에 직접 주입하거나 희생자의 눈에 뱉는 두 가지 방법으로 사용한다.

22 2015 한국항공대 ▶▶▶ MSG p.219   ④

비교급의 병치 ▶ 등위접속사 and를 통해 연결되는 표현들은 그 문법적인 역할이나 구조가 동일해야 한다. 주어진 문장의 and 앞에 '형용사의 비교급 + to부정사'의 형태인 harder to understand relationships가 주어져 있으므로, and 뒷부분도 동일한 형태가 되도록 ④는 비교급 easier가 되어야 적절한 병치구조가 완성된다.

physics n. 물리학 substitute v. 바꾸다 make a mistake 실수하다

기초물리학을 배우는 많은 학생들은 (방정식에 들어가는 숫자를) 바꾸고 싶어 한다. 그러나 일단 숫자를 바꾸고 나면, (방정식 안의 여러 항목들 사이의) 관계를 이해하는 것이 더 어렵고 실수하기가 더 쉽다.

23 2008 강남대 ▶▶▶ MSG p.217   ②

시제의 병치 ▶ and는 등위접속사이므로 앞뒤 문장 요소는 유사한 구조가 되어야 한다. 따라서 ② wondering은 과거시제 동사 wondered가 되어야 ① could sense와 병치구조를 이룬다. 준동사는 문장의 정동사 역할을 하지 못하므로, 시제를 가진 동사로 바꿔야 한다는 쪽으로 접근해서 풀어도 무방하다. ③은 기준 시제보다 앞서 일어난 것을 나타내주는 과거완료 시제이며, ④는 과거완료시제의 표현과 자주 쓰이는 부사이다.

sense v. 느끼다 tension n. 긴장감 wonder v. 궁금해하다

사무실 사람들은 모두 그 주 내내 메리(Mary)와 프랭크(Frank) 사이에 팽팽한 긴장감을 느낄 수 있었으며, 그 전 주말에 둘 사이에 무슨 일이 일어났던 것일까 궁금히 여겼다.

24 **2004 세종대** ▶▶▶ MSG p.217 ④

동사의 병치 ▶ 동사 help는 원형부정사 혹은 to부정사를 목적보어로 취한다. ④ adjustment는 앞의 establish, raise와 함께 help의 목적보어에 해당하므로, adjust로 써야 옳은 문장이 된다.

seaboard n. 해안지방 colonist n. 식민지 이주자; 식민지 개척자 settlement n. 정착지 wilderness n. 황야, 황무지

북아메리카 동쪽 해안에 살았던 인디언들은 초기 영국 이주민들이 정착지를 건설하고, 농작물을 기르고, 황무지에서 살아가는 데 적응할 수 있도록 도움을 주었다.

---

25 **2007 경기대** ▶▶▶ MSG p.218 ④

동명사의 병치 ▶ play a (important) role in ~ing는 '~에 중요한 역할을 하다'라는 의미의 숙어이다. 따라서 promoting은 맞는 표현이고 등위접속사 다음에도 역시 병치관계로 동명사가 와야 한다. 그러므로 ④를 introducing이라고 고쳐야 한다. ①은 분사구문을 이루고 있으며, 주절의 주어인 the dance company와 동사 launch의 관계가 수동이므로 과거분사를 쓴 것이다. 앞에는 Having been이 생략돼 있다.

launch v. 시작하다, 개시하다 eminent a. 유명한, 저명한 dance company 무용단 play a role 역할을 하다 exchange n. 교류

한 유명한 대학교수에 의해 1993년에 시작된 그 무용단은 세계문화교류를 증진시키고 다양한 나라로의 독특한 예술을 소개하는 데 있어 중요한 역할을 해왔다.

---

26 **2011 상명대** ▶▶▶ MSG p.217 ③

동사의 병치 ▶ on the way 이하의 절이 and에 의해 현재시제로 병치 되었으므로 ③ entertained를 entertain (ourselves)으로 고쳐야 한다. ① In the coming years는 '앞으로'라는 뜻으로 올바른 표현이다. ②는 '관사 + 부사 + 형용사의 비교급 + 명사'의 어순으로 올바르게 쓰였다. ④는 'talk with + 대상'으로 문법적으로 옳은 형태이다.

have an impact on ~에 영향을 미치다 entertain oneself 즐겁게 지내다

앞으로도 인터넷은 우리가 쇼핑하고, 뉴스를 접하고, 즐기고, 재무관련 일을 처리하고, 친구들과 가족과 이야기하는 방식에 훨씬 더 큰 영향을 미칠 것이다.

---

27 **2016 광운대학교** ▶▶▶ MSG p.217 ④

병치구조 ▶ 주절에 쓰인 동사 walk, watch, swim, fish는 모두 조동사 would에 이어지는 것들이다. 그러므로 ④를 동사원형 swim으로 고쳐야 올바른 병치구조가 완성된다. ②에 쓰인 조동사 would는 과거의 습관을 나타내는 의미로 쓰인 것이다.

pier n. 부두; 방파제 fish v. 낚시질하다 character n. (소설의) 등장인물

어린 소년이었을 때, 마크 트웨인(Mark Twain)은 부두를 따라 걷고, 강에 떠있는

배를 바라보고, 또 미시시피 강에서 수영과 낚시를 하곤 했다. 이러한 점은 그가 만들어낸 소설 속의 유명한 등장인물 톰 소여(Tom Sawyer)와 매우 닮았다.

---

28 **2011 상명대** ▶▶▶ MSG p.217

동사의 병치 ▶ ③의 pulled와 ④의 proceeding은 모두 주어가 the watchman으로, 등위접속사 and에 의한 병렬구조가 되어야 하므로 ④를 proceeded to search out으로 고쳐야 한다. ①은 주절의 주어와 일치하지 않는 분사구문의 의미상 주어를 명시해준 것이다. ②는 총을 꺼내 침입자를 찾아내기 위해 나아간 것 이전에 화학약품을 지키도록 배정받은 것이므로 과거분사의 수동형으로 쓴 것이다.

bark v. (개가) 짖다 watchman n. 경비원 assign v. 배정하다 guard v. 지키다 truckload n. 트럭 한 대 분량(의 화물) chemical n. 화학약품 intrude n. 침입자

트럭 한 대 분량의 값비싼 화학약품을 지키도록 배정받은 경비원은 그의 개가 경고 신호로 짖자 총을 재빨리 뽑고서는 잠재적 침입자를 찾아내기 위해 나아갔다.

---

29 **2016 성균관대** ▶▶▶ MSG p.218 ④

현재분사 병치 구문 ▶ 등위접속사 and로 열거되는 어구는 동일한 품사나 형태로 쓰는 것이 원칙이다. 주어진 문장에서, ④는 앞에 쓰인 extending, shortening과 병치구조를 이루어야 하므로, 이것 역시 현재분사의 형태로 써야 한다. ④를 short-circuiting으로 고친다.

open-ended a. 제한을 두지 않은 shorten v. 줄이다 short-circuit v. 방해하다

지난 한 세기 남짓 동안, 우리는 낮을 늘리고 밤을 줄여서 빛에 대한 인체의 민감한 반응을 방해하면서, 우리 자신에 대해 무제한적인 실험을 해오고 있다.

---

30 **2012 서강대** ▶▶▶ MSG p.217

동사의 병치 ▶ ② experienced는 내용상 앞에 나오는 are와 병치를 이루어야 하므로 현재시제이며 복수형인 experience로 바꿔야 한다. ① bounded가 분사구문으로 쓰였으며, 앞에 being이 생략되었다. ③ as outside us는 'experience + 목적어 + as + 보어'의 구문이 쓰인 형태이다. ④ bounding은 현재분사로 명사를 수식하고 있다.

physical a. 육체의 bound v. 경계를 이루다 surface n. 표면 container n. 그릇 orientation n. (사람의) 성향

우리는 우리 피부 표면에 의해 세상 나머지와 경계를 이루며 구분되는 육체적 존재이고 세상 나머지를 우리들 외부에 있는 것으로서 경험한다. 우리들 각자는 경계를 이루는 표면과 내외적 성향을 가진 그릇이다.

---

20 도치

01 ③	02 ①	03 ②	04 ③	05 ②	06 ④	07 ④	08 ③	09 ①	10 ③
11 ④	12 ②	13 ①	14 ③	15 ①	16 ①	17 ⑤	18 ③	19 ⑤	20 ③
21 ①	22 ③	23 ④	24 ①	25 ①	26 ①	27 ②	28 ②	29 ③	30 ③

01 **2020 수원대** ▶▶▶ MSG p.221 　　　③

no sooner ~ than 용법 ▶ 'as soon as(~하자마자 …하다)'와 같은 의미로 쓰이는 'no sooner ~ than' 구문이 쓰였다. no sooner가 문두에 올 경우 그다음에는 의문문형 도치가 일어나며, 주절이 과거일 때 no sooner 절의 동사로는 과거완료시제가 쓰이므로, ③의 had I가 빈칸에 적절하다.

rain heavily 폭우가 쏟아지다

내가 집으로 가자마자, 폭우가 쏟아지기 시작했다.

02 **2007 서울여대** ▶▶▶ MSG p.223 　　　①

주어의 길이가 긴 경우의 도치 ▶ Major natural disasters that occurred in 2006 are listed here.에서 주어가 길어서 도치된 문장이다.

natural disaster 자연재해　occur v. 발생하다

여기에 2006년에 발생한 거대한 자연 재해들이 목록으로 만들어져 있다.

03 **2018 단국대** ▶▶▶ MSG p.222 　　　②

부사 only를 포함하는 부사절이 문두에 오는 경우의 도치 ▶ 부사 only를 포함하는 부사절이 문두에 올 경우, 주절의 주어와 동사는 도치된다. 빈칸 다음에 '주어+과거분사' 형태가 왔으므로, 과거분사와 호응하는 have나 has가 빈칸에 와야 하겠는데, 주어로 복수명사 customers가 주어져 있으므로, 빈칸에는 ②의 have가 와야 한다.

promotion n. 판촉 활동　payment system 결제시스템　policy n. 보험 증권

오직 판촉 활동이 시작된 후에야, 비로소 고객들은 클레이턴(Clayton) 온라인 결제시스템을 이용해 새 보험 증권을 구매하기 시작했다.

04 **2005 경기대** ▶▶▶ MSG p.221 　　　③

부정의 부사어가 문두에 오는 경우의 도치 ▶ 부정어 not이 문두에 왔기 때문에 주어와 동사가 도치되어야 하므로 ③ does it leave가 정답이다.

원래는 Until a frog develops lungs, it does not leave the water.이었으나, not을 문두로 옮겨 주절이 도치가 된 것이다.

frog n. 개구리　lung n. 폐　leave v. 떠나다

개구리는 폐가 발달하고 나서야 비로소 물을 떠난다.

05 **2006 경희대** ▶▶▶ MSG p.221 　　　②

부정의 부사구가 문두에 오는 경우의 도치 ▶ 부정의 부사구가 문두에 나오면 주어와 동사는 도치가 된다. 조동사가 쓰인 경우 주어와 조동사를 도치시킨다. 따라서 빈칸에는 주어와 조동사 will을 도치시킨 ② will I think가 와야 한다.

no longer 더 이상 ~아닌

나는 더 이상 미국인에 대해 모든 것을 알고 있다고 생각하지 않을 것이다.

06 **2004 아주대** ▶▶▶ MSG p.221 　　　④

부정의 부사어가 문두에 오는 경우의 도치 ▶ '~하자마자 …했다'는 표현은 '주어 + had hardly p.p + before[when] + 주어 + 과거동사'로 표현할 수 있다. 여기서 부정부사 hardly를 문두로 끌어내면 조동사와 주어가 도치된다. 따라서 정답은 ④가 된다.

heavy snow 폭설

그가 호텔에 도착하자마자 폭설이 내렸다.

07 **2006 동국대** ▶▶▶ MSG p.221 　　　④

부정의 부사어가 문두에 오는 경우의 도치 ▶ 부정 부사어 Never가 문두에 왔으므로 주어와 동사가 도치되어야 한다. 일반 동사의 경우 조동사가 앞에 나오므로 ①이 아니라 ④가 적절하다.

go back 돌아가다

나는 결코 다시 돌아가고 싶지 않았지만, 여기서 어디로 갈 수 있는지는 알지 못했다.

08 2022 서울여대 ▶▶▶ MSG p.221 ③

부정의 부사구가 문두에 오는 경우의 도치 ▶ not until이 이끄는 부정의 부사구가 문두에 왔으므로, 주절에는 '조동사+주어+동사원형'의 형태가 와야 한다. 따라서 ③이 정답으로 적절하다.

the Middle Age 중세시대 glass n. 유리 construction n. 건설, 건축 material n. 재료

유리는 중세 후기에 이르러서야 비로소 주요 건축 재료가 되었다.

09 2009 대구대 ▶▶▶ MSG p.224 ①

가정법 과거완료의 도치 구문 ▶ 주절의 동사가 would have fallen, 즉 would have p.p이므로 가정법 과거완료의 문장이다. 따라서 조건절의 동사는 had p.p가 되어야 하고, if가 생략된다면 도치가 일어난다. 따라서 정답은 ①이다.

take a step back 한 걸음 물러서다 cliff n. 절벽

당신이 한 걸음만 더 뒤로 물러섰다면 아마 절벽으로 떨어졌을 것이다.

10 2006 가톨릭대 ▶▶▶ MSG p.221 ③

부정의 부사어가 문두에 오는 경우의 도치 ▶ 부정의 도치법에 관한 문제이다. 부정의 형태나 의미를 갖고 있는 표현 never, hardly, little, not only, nor, scarcely, seldom이 문두에 와서 문장 전체를 수식할 때는 반드시 '(조)동사 + 주어' 순으로 도치가 일어난다. 도치가 될 때는 be동사 혹은 조동사가 직접 앞으로 나오고, '일반동사'의 경우에는 일반동사가 직접 앞으로 나오는 것이 아니라 시제와 인칭을 고려하여 do/does/did 중 선택하여 도치시킨다. 이 문장의 주어는 3인칭 단수인 a television program이고, 동사는 leave이다. seldom이 문두에 나와서 주어와 동사가 도치된 형태이므로 빈칸에는 Seldom does가 와야 한다.

inflict v. (괴로움 등을) 가하다[안기다] physical injury 신체적 상해

텔레비전 프로그램이 나로 하여금 다른 이에게 신체적 상해를 가하고 싶도록 하는 경우는 극히 드물다.

11 2014 단국대 ▶▶▶ MSG p.222 ④

Only를 포함한 부사구가 문두에 올 경우의 도치 ▶ Only를 포함하고 있는 부사구가 문두에 있으므로 주어와 동사는 도치되어야 한다. '조동사 + 주어 + 동사 + 목적어'의 어순인 ④의 did she find herself가 적절하다.

shoulder n. 어깨 station n. 정거장 waiting room 대합실

그녀는 정거장 대합실에 앉아 있을 때 단지 가끔씩만 톰의 어깨 너머로 그의 신문을 읽었다.

12 2017 한양대 ▶▶▶ MSG p.221 ②

부정어 not until이 포함된 부사절이 문두에 온 경우의 도치 ▶ 부정어가 포함된 부사절이 문두에 위치하면 주절에서 도치가 발생된다. 'Not until ~ , 조동사 + 주어 + 동사원형'의 구조가 와야 하므로 빈칸에는 ②가 적절하다.

germfree a. 세균이 없는, 무균의 surgery n. 수술 introduce v. 도입하다 ligature n. 끈, 줄; <외과> 결찰사(結紮絲) extensively ad. 광범위하게

새로 개발된 무균 수술이 19세기에 도입되고서야 비로소 외과 의사들은 결찰사(봉합하는 실)를 광범위하게 사용했다.

13 2007 숭실대 ▶▶▶ MSG p.221 ①

등위접속사 nor가 문두에 오는 경우의 도치 ▶ 부정어를 포함한 절 뒤에서 부정문의 연속을 나타낼 때, '또한 ~도 아니다'라는 의미의 'nor + 조동사 + 주어 + 본동사'로 나타낸다. ①이 정답이 되며, ④와 같이 표현하자면 주어와 동사가 도치되어서는 안 된다.

ridicule v. 조롱하다 shed a tear 눈물을 흘리다, 울다 multicultural a. 다문화의, 여러 문화가 공존하는

내가 이것을 조롱하고 있는 것도 아니고 서구의 상업적 팽창에 대해 지적인 눈물을 흘리고 있는 것도 아니다. 나는 그것을 이 다문화 시대의 전형적인 표현으로 간주한다.

14 2014 한국항공대 ▶▶▶ MSG p.221 ③

부정부사에 의한 도치 ▶ 부정부사 scarcely와 hardly 등이 문두에 오면 주어와 동사가 도치된다. 이때 반드시 조동사나 be동사가 먼저 오고 그 뒤에 주어와 본동사가 오므로 ③이 빈칸에 적절하다. ①은 hardly가 have와 dreamed 사이에 있어야 한다. ②는 도치가 안 되었고, ④는 dream이 dreamed여야 한다.

dream v. 꿈꾸다, 상상하다 fame n. 명성 report v. 보도하다

우리는 존이 전쟁 보도로 국제적인 명성을 얻을 수 있었을 것이라고는 상상할 수 없었다.

15 2002 아주대 ▶▶▶ MSG p.223 ①

보어를 강조하는 경우의 도치 ▶ 문장에는 주어, 동사가 있어야 하는데 동사 was의 보어인 coinciding 이하가 문두에 와 있으므로 빈칸에는 주어와 동사가 도치된 ①이 적절하다.

coincide with ~와 일치[부합]하다 development n. 발달 period n. 시기

1920년대에 뉴올리언스(New Orleans)에서 재즈가 발달한 것과 때를 같이 하여, 블루스 음악에서 가장 위대한 한 시기가 형성되고 있었다.

16 2002 경기대 ▶▶▶ MSG p.221   ①

부정의 부사어가 문두에 오는 경우의 도치 ▶ 도치된 주어 + 동사(will you find) 앞에는 부사어가 오므로 접속사가 없는 절 ③은 제외된다. 부정부사 hardly는 명사를 수식하지 않고 any를 수식하므로 ②가 아니라 ①이 적절하다. ①은 At hardly any place에서 At이 생략된 부사구이다.

hardly ad. 거의 ~않다 scarcely ad. 간신히; 거의 ~아니다 barely ad. 간신히; 거의 ~없다

이 도시 어느 곳에서도 일요일에 문을 여는 상점을 거의 찾아볼 수 없을 것이다.

17 2006 인천대 ▶▶▶ MSG p.221 ③

부정의 부사어가 문두에 오는 경우의 도치 ▶ 부정어구 little이 문두에 나왔을 때는 도치가 일어난다. '조동사 + 주어 + 본동사'의 어순이어야 하므로, ③이 정답이 되며, 목적어 역할을 하는 how절의 주어는 동명사구인 continuing the negotiation 즉, '협상을 계속하는 것'이다.

realize v. 깨닫다 continue v. 계속하다 negotiation n. 협상

대부분의 사람들은 협상을 계속하는 것이 얼마나 중요한지 깨닫지 못했다.

18 2009 성균관대 ▶▶▶ MSG p.222 ③

only가 포함된 부사어가 문두에 오는 경우의 도치 ▶ 초점부사 only와 그것의 수식을 받는 부사어가 문두에 있을 때는 주어와 동사가 도치된다. ①과 ②는 주어, 동사의 도치가 없고, ④는 동사의 시제가 문장의 last few days와 맞지 않으며, ⑤는 동사의 형태가 진행을 두 번 사용한 잘못된 형태이다.

in the last few days 지난 며칠 사이에

단지 지난 며칠 사이에 그들을 돕기 위한 조치가 이뤄졌다.

19 2004 동아대 ▶▶▶ MSG p.221 ⑤

부정의 부사어가 문두에 오는 경우의 도치 ▶ never, hardly, seldom 등과 같은 부정의 부사어가 문두에 오면, 도치가 일어나 '조동사 + 주어 + 본동사'의 어순이 된다. 따라서 정답은 ⑤가 된다. ①이 들어가는 경우에는 의미가 어색해지며, ②가 들어가는 경우에는 who 이하가 주어를 수식하는 관계사절이 되어 동사가 없는 문장이 된다.

law degree 법학 학위

오늘날처럼 그렇게 많은 여성들이 법학 학위를 받은 적은 없었다.

20 1999 경기대 ▶▶▶ MSG p.221 ③

부정의 부사어가 문두에 오는 경우의 도치 ▶ 원래 문장은 A child should rarely be discouraged by his teacher.인데, 부정의 부사 rarely가 문두로 나가 주어와 동사의 도치가 이뤄진 문장이다. 조동사 should가 쓰였으므로 ③ is는 동사원형인 be가 되어야 적절한 표현이 된다.

discourage v. 낙담[실망]시키다

가르치는 사람은 어린이를 실망시켜서는 안 된다.

21 2008 홍익대 ▶▶▶ MSG p.223 ①

보어를 강조하는 경우의 도치 ▶ 주어진 문장은 A tray of small objects was hidden from view beneath the desk.에서 보어인 hidden 이하가 문두로 가고 주어와 동사가 도치된 문장이다. 따라서 ①은 Hidden이 되어야 한다.

desk n. 책상 hide v. 숨기다 tray n. 쟁반, 접시 object n. 물건

작은 물건들이 담겨진 접시 한 개가 책상 밑에 보이지 않게 숨겨져 있었다.

22 2004 아주대 ▶▶▶ MSG p.221 ③

부정의 부사어가 문두에 오는 경우의 도치 ▶ not only, not once, not until 등의 부정의 의미를 가진 어구가 문두에 위치하면 주절의 주어와 동사는 도치된다. 그런데 술어동사가 leave와 같은 일반 동사일 경우에는 '조동사 do + 주어 + 동사원형'의 어순이 되므로, ③ it leaves를 does it leave로 고쳐야 한다.

infant a. 유아의, 갓난아이의 hedgehog n. 고슴도치 nest n. 둥지 follow someone about ~을 줄곧 따라다니다

고슴도치 새끼는 눈을 뜨고 나서야 비로소 둥지를 떠나 어미를 따라다닌다.

23 2002 광운대 ▶▶▶ MSG p.224   ④

so가 문두에 오는 경우의 도치 ▶ 앞에 나온 긍정문을 받아 '~도 (또한) 그렇다'라는 의미를 지닌 표현은 'so + do[does] + 주어'이다. 따라서 ④ John does so를 so does John으로 고쳐야 한다. ①의 object to는 동명사를 목적어로 취하고, 대명사가 동명사의 의미상의 주어인 경우 소유격으로 쓰는 것이 원칙이다.

object to ~에 반대하다 approval n. 승인, 동의 president n. 사장

메리(Mary)는 우리가 사장님 동의 없이 이 집을 사는 데 반대하고, 존(John) 또한 그렇다.

24 **2008 영남대** ▶▶▶ MSG p.221 ①

부정의 부사어가 문두에 오는 경우의 도치 ▶ 문두에 부정어구(never)가 있으면 주어와 동사는 도치된다. 따라서 ①을 has she seen으로 바꾸어야 한다. ③은 관계대명사절의 동사이고, ④는 악기의 이름 앞에 붙은 정관사이다.

musical talent 음악적 재능 play the guitar 기타를 연주하다

기타를 연주할 때 톰(Tom)과 같은 음악적 재능을 가진 사람을 그녀는 이전에 결코 본 적이 없다.

25 **2010 중앙대** ▶▶▶ MSG p.221 ①

부정의 부사어가 문두에 오는 경우의 도치 ▶ 부정의 부사어(no sooner)가 문두에 올 때 주어와 동사가 도치되므로 ①은 had the Great Fire로 고쳐야 한다.

the Great Fire (1666년의) 런던 대화재 no sooner A than B A하자마자 B하다 burn out 다 태워버리다 lay v. (계획을) 마련하다, 궁리하다 rebuild v. 재건하다

런던 대화재가 런던을 다 태우자마자 도시 재건을 위한 계획이 수립되었다.

26 **1999 건국대** ▶▶▶ MSG p.221 ①

부정의 부사어가 문두에 오는 경우의 도치 ▶ 문두에 부정어구 not only가 쓰였으므로 ①의 주어와 동사를 도치시켜 are there not으로 고쳐야 적절한 표현이 된다. ⑤ either는 적절한 표현이다. 상관 접속사처럼 쓰이는 '~뿐만 아니라 …도'라는 의미의 'not only ~, but … as well' 구문에서 as well 대신 부정문이므로 either가 쓰인 것이다.

road to success 성공에 이르는 길 get rich quick 빨리 부자가 되다

성공에 이르는 쉬운 길이 없을 뿐만 아니라 빨리 부자가 되는 방법 또한 없다.

27 **2002 경기대** ▶▶▶ MSG p.222 ②

only가 포함된 부사어가 문두에 오는 경우의 도치 ▶ only가 포함된 부사어가 문두에 오는 경우, 주어와 동사가 도치가 된다. 일반동사의 경우 조동사가 앞에 오므로 ② he became을 did he become으로 고쳐야 한다. ③의 ahead는 부사로 쓰인 것이다.

be aware of ~을 의식하다 expect v. 예상하다

그 때가 되어서야 그는 예상보다 더 많은 어려움이 앞에 있다는 사실을 알게 되었다.

28 **2007 동국대** ▶▶▶ MSG p.222 ②

only가 이끄는 부사어가 문두에 오는 경우의 도치 ▶ only when이 이끄는 부사절이 문두에 위치할 경우, 주절의 주어와 동사가 도치된다. 그러므로 ② it is를 is it이 되어야 한다.

play n. 놀이 function n. 의식, 행사 rite n. 의례 ceremony n. 의식 be bound up with ~와 밀접한 관계가 있다 obligation n. 책임 duty n. 의무

놀이가 하나의 인정받는 문화적 행사 — 의례, 의식 — 일 때에서야 비로소 책임과 의무가 밀접한 관계를 갖게 된다.

29 **2002 숭실대** ▶▶▶ MSG p.221 ③

등위접속사 nor가 문두에 오는 경우의 도치 ▶ nor는 등위접속사로서 두 개의 문장을 연결한다. nor 다음에는 주어와 동사가 도치되므로 ③을 have they to로 고쳐야 한다.

disability n. (신체적·정신적) 장애 diminish v. 감소시키다 right n. 권리 opportunity n. 기회 participate in ~에 참가하다 contribute to ~에 이바지하다, ~에 기여하다

신체장애는 개인의 권리를 감소시키지 않으며, 사회에 참여하거나 기여할 기회를 감소시켜서도 안 된다.

30 **2002 아주대** ▶▶▶ MSG p.221 ③

부정의 부사어가 문두에 오는 경우의 도치 ▶ not until ~ 구문이 문두에 와서 도치가 일어난 문장이다. 조동사 did가 주어 앞에 있으므로, 주어 뒤에는 원형동사가 나와야 한다. ③ became을 become으로 고친다.

aftermath n. 여파 formation n. 형성 council n. 협의체 goal n. 목표

제1차 세계대전의 여파가 남아 있던 1918년에서야 비로소 국제 협의체의 형성이 미국 정치인들의 공통 목표가 되었다.

01 ②	02 ④	03 ④	04 ④	05 ①	06 ①	07 ②	08 ①	09 ②	10 ③
11 ④	12 ②	13 ①	14 ④	15 ②	16 ④	17 ③	18 ②	19 ④	20 ③
21 ②	22 ②	23 ④	24 ⑤	25 ②	26 ④	27 ④	28 ④	29 ③	30 ②

01 2008 단국대 ▶▶▶ MSG p.94 ②

부분부정 ▶ 부정어 not은 부사로 every나 all 앞에 쓰일 수 있으며, 이 때는 부분부정의 의미를 갖게 된다. 나머지 보기들은 형용사를 수식하는 역할을 할 수 없는 품사들이다.

not ~ all 모두가 ~한 것은 아니다 grade v. 채점하다 examination paper 시험지

모든 선생님들이 오늘 오후 일찍 퇴근한 것은 아니다. 몇몇 선생님들은 늦게까지 남아 시험지 채점을 마쳤다.

02 2019 한국외대 ▶▶▶ MSG p.207 ④

최상급 수반 어구 ▶ '컬링이 겨울 스포츠 중 가장 인기 있는 스포츠'라는 의미가 되어야 하므로, ④가 정답이다. 참고로 all은 대명사, 전치한정사, 형용사 등으로 쓰일 수 있는데, 이 문장에서는 all이 전치한정사로 쓰여 한정사 the 앞에 사용되었다.

beloved a. 총애 받는, 인기 많은

모든 겨울철 스포츠 중에서 컬링이 가장 인기가 많은 스포츠처럼 보인다.

03 2020 가톨릭대 ▶▶▶ MSG p.123 ④

문의 구성 ▶ 접속사 that이 보어절을 이끌고 있고, that절 안에는 주어와 동사가 있어야 절을 이룰 수 있다. take가 동사이므로 pedestrian부터 safety까지가 주어인데, pedestrian safety가 '보행자 안전'이라는 '명사+명사'의 합성명사이므로 빈칸에는 safety처럼 pedestrian과 합성명사를 이룰 수 있는 또 하나의 명사가 필요하다. need는 동사 뿐 아니라 '필요, 욕구'라는 의미의 명사로도 쓰이므로, 여기서는 가산명사의 복수형인 ④의 needs가 빈칸에 적절하다.

right-of-way n. (교통 법규상 인정되는, 차량의) 우선통행권 pedestrian n. 보행자 take priority 우선권을 가지다, 우선하다

사람들은 대부분 우선통행권이라는 규칙을 알지 못하지만, 출발점은 보행자의 욕구와 안전이 우선시되어야 한다는 것이다.

04 2021 서울여대 ▶▶▶ MSG p.86 ④

문의 구성 ▶ 문장의 정동사가 필요하므로 준동사인 ②와 ③은 빈칸에 들어갈 수 없고, 주어가 단수명사 goal이므로 복수동사인 ①도 적절하지 않다.

unemployment insurance 실업보험 reabsorb v. 재흡수하다 support v. 지원하다

실업보험의 목표는 실직한 근로자들이 업계로 재흡수 될 때까지 그들을 지원하는 것이다.

05 2010 홍익대 ▶▶▶ MSG p.131 ①

조건의 부사절 ▶ 콤마 뒤에 '주어 + 동사(it will be)'의 완전한 절이 주절로 있고, 그 앞에 술부 동사 is removed가 있으므로, 빈칸에는 small specimen을 is removed의 주어로서 완성시켜 줄 관사 a와 부사절을 이끄는 종속접속사가 필요하다. 따라서 ①이 적절하다.

specimen n. 표본 embryonic a. 배아의 fluid n. 유체, 유동체 fetus n. 태아 birth defect 선천적 결손

만약 태아에게서 배아유체의 작은 표본을 떼어낼 수 있다면, 아기가 선천적 결손을 지니고 태어날지 아닐지를 판단할 수가 있다.

06 2013 인천대 ▶▶▶ MSG p.31, p.59 ①

문의 구성 ▶ mockingbird는 불리는 대상이므로 수동태가 되어야 한다. 수동태인 ①과 ③ 중에서는, 수동태에서 부사는 be동사와 과거분사 사이에 위치하는 것이 일반적이므로 ①이 적절하다.

mockingbird n. (다른 새의 울음소리를 흉내 내는) 흉내지빠귀 mimic v. 흉내 내다, 모방하다

흉내지빠귀는 다른 새의 노래와 울음소리를 흉내 내는 능력 때문에 그렇게 불렸다.

07 **2019 단국대** ▶▶▶ MSG p.97 ②

문의 구성 ▶ and 다음에서 대답을 받아들인다고 했으므로, 먼저 질문을 '던져야' 할 것이다. 따라서 수동태인 ④는 빈칸에 적절하지 않으며, 동사 means의 목적어로는 동명사가 와야 하므로 ②의 asking이 정답이다. 질문을 '던지고 있는 중'인 진행의 의미는 아니므로 ①은 부적절하다.

religious a. 종교적인 passionately ad. 열정적으로 existence n. 존재 hurt v. 기분 상하게 하다

종교적이라는 것은 우리 존재의 의미에 관한 질문을 열정적으로 던지고 설령 그 대답이 우리의 기분을 상하게 할지라도 대답을 받아들이는 것을 의미한다.

08 **2020 세종대** ▶▶▶ MSG p.192 ①

수식어의 어순 ▶ 명사는 형용사나 분사가 수식하고 형용사나 분사는 부사가 수식한다. 그러므로 부사 highly가 과거분사 trained를 수식하고, 과거분사 trained가 명사 teachers를 수식하는 어순으로 돼 있는 ①이 정답으로 적절하다.

identify v. (본인·동일물임을) 확인하다 gifted a. 타고난 재능이 있는 advanced a. 상급의, 고급의 instruction n. 훈련, 교육 highly ad. 대단히, 매우

어떤 학생이 타고난 재능이 있는 것으로 확인되면, 그 학생은 고도로 훈련된 교사들에 의한 고급 교육을 받는다.

09 **2022 세종대** ▶▶▶ MSG p.59 ②

be entitled to ▶ '~에 대한 권리[자격]가 주어지다'는 'be entitled to+명사' 혹은 'be entitled to+동사원형'으로 표현할 수 있는데, 주어진 문장의 경우 뒤에 목적어가 주어져 있으므로 to 다음에 동사원형을 써야 한다. 따라서 ②가 정답으로 적절하다.

troop n. 군대, 병력 soil n. 흙, 토양; 국토, 나라

러시아는 자국 영토에서 자유롭게 병력을 이동시킬 권리가 있다고 밝혔다.

10 **2021 덕성여대** ▶▶▶ MSG p.95, p.194 ③

enough의 용법 ▶ enough가 부사로 형용사나 부사를 수식할 때는 수식받는 형용사나 부사 뒤에 오지만, 형용사로 명사를 수식할 때는 수식받는 명사 앞과 뒤에 모두 올 수 있다. 그러나 실제로는 명사 뒤에 오는 경우는 매우 드물다.

go to the cinema 영화를 보러가다 do one's homework 숙제를 하다

킴(Kim)은 영화관에 갈 돈이 충분치 않아서 그냥 집에서 숙제를 할 것이다.

11 **2020 세종대** ▶▶▶ MSG p.140, p.193 ④

수식어의 어순 ▶ 관계대명사 what은 선행사를 자체에 포함하고 있으므로, ①, ②에서와 같이 앞에 선행사가 있는 상태에서는 쓰지 않는다. 한편, 형용사가 명사를 수식할 때의 일반적인 어순은 '형용사+명사'이므로, the most powerful이 weapon 앞에 와야 한다. 따라서 정답은 ④가 되며, 이때 weapon 뒤에는 목적격 관계대명사가 생략돼 있다.

poweful a. 강력한 weapon n. 무기

교육은 세상을 바꾸기 위해 당신이 사용할 수 있는 가장 강력한 무기이다.

12 **2021 수원대** ▶▶▶ MSG p.120, p.236 ②

명령문 ▶ 앞에는 while절이 있고 뒤에는 that 관계절의 수식을 받는 명사 moves가 있으므로 주절의 주어와 동사가 없다. 주어 없는 문장이 명령문이므로 ②를 원형동사 include로 고쳐야 한다. 한편, 접속사 while이 이끄는 절의 주어가 주절의 주어와 같을 경우, '주어 + be 동사'는 생략될 수 있다. 즉, While (you are) walking이므로 ①은 옳은 표현이다.

focus on ~에 초점을 맞추다 tone v. (근육·피부를) 탄력 있게 만들다

걷는 동안, 등과 팔을 탄탄하게 만드는 데 초점을 맞춘 동작도 함께 하라.

13 **2022 서울여대** ▶▶▶ MSG p.89 ①

동격어구 ▶ ①은 앞의 명사와 동격을 이루어야 하는데, chance, way, means, opportunity 등의 명사는 to부정사와 'of+동명사'를 모두 동격어구로 취할 수 있다. ①을 to make 혹은 of making으로 고친다.

get away from ~에서 벗어나다 as much as possible 최대한

직원들을 업무에 만족하게 만드는 가장 좋은 방법은 그들이 업무로부터 최대한 벗어날 수 있도록 도와주는 것이다.

14 **2008 가천대** ▶▶▶ MSG p.234 ②

주어의 격 ▶ It ~ that[who] 강조 구문에서, be동사와 that절 사이에 강조될 단어나 어구가 들어가게 된다. 따라서 주어진 문장에서 강조되고 있는 표현은 her이다. 주어진 문장에서 It was와 who를 생략한 채 문장을 보면, her가 주어로 쓰인 것임을 확인할 수 있다. 이것은 소유격이므로 단독으로는 주어가 될 수 없다. 따라서 이것을 주격 대명사 she로 바꾸어야 옳은 문장이 된다.

represent v. 대표하다 ambassador n. 대사

UN에서 자신의 나라를 대표했고 후에 미국 대사가 된 사람은 바로 그녀였다.

15 **2022 경기대** ▶▶▶ MSG p.123, p.237 　　②

문의 구성 ▶ 주어는 A major cause, 동사는 was, 보어는 the colonist's belief이며, belief 이하의 that절은 belief와 동격을 이루고 있다. 즉, was의 보어로 명사가 주어져 있는 상황이므로 절을 이끄는 접속사는 필요하지 않다. ②에서 that을 삭제한다. ③ the taxes를 수식하고 있다 ④ 주어는 the taxes이다.

the American Revolution 미국독립혁명 colonist n. 식민지 주민 tax n. 세금 impose v. (의무·세금을) 부과하다

미국 독립혁명의 주된 원인은 자신들에게 부과되고 있는 세금이 불공평하다는 식민지 주민들의 믿음이었다.

16 **2007 경희대** ▶▶▶ MSG p.167 　　④

접속사 기능의 중복 ▶ 주어진 문장은 and로 이어진 두 개의 문장이다. ④의 관계대명사 which는 접속사와 대명사의 역할을 한다. 그런데, the most breathtaking 앞에 접속사 and가 나와 있으므로 which의 접속사 기능과 중복된다. 따라서 which를 대명사 them으로 고쳐 접속사 기능의 중복을 피해야 한다.

considerably ad. 상당히 be proud of ~을 자랑스러워하는 breathtaking a. (너무 아름답거나 놀라워서) 숨이 턱 막히는, 멋있는

서울 시민들은 서울에 있는 아름다운 산들을 매우 자랑스럽게 생각하고 있다. 그리고 그 산들 중에서 가장 멋있는 것은 북악산이다.

17 **2012 아주대** ▶▶▶ MSG p.131 　　③

불필요한 접속사 삭제 ▶ 부사절의 접속사 although가 있으므로 콤마(,) 뒤에 주절이 되어야 하는데 또 다른 접속사 but이 왔으므로 ③ but을 삭제한다. ② media는 medium의 복수형으로 other와 호응이 된다. ④ pit-fired는 형용사적 분사로 쓰였다.

gain success 성공을 거두다 earthenware n. 도기, 질그릇 bowl n. 그릇, 사발

빈(Bean)은 다른 여러 매체 및 형태로도 작업했지만, 그의 노천소성(pit-fired) 도기 그릇으로 상당한 성공을 거두었다.

18 **2019 상명대** ▶▶▶ MSG p.214 　　②

there is 구문 ▶ 'there+be동사' 구문에서는 be동사 뒤에 오는 명사의 수에 동사의 수를 일치시킨다. a number of security incidents는 복수이므로, 복수동사가 적절하다. ②의 has been을 have been으로 고친다. ③ involving은 security incidents를 후치 수식하는 현재분사이다. ④ belongings는 '소지품, 소유물'의 뜻으로, 복수로 취급한다.

involve v. 관련[관계]시키다 theft n. 도둑질, 절도 belongings n. 소유물, 재산 unauthorized a. 공인[승인]되지 않은 entry n. 입장, 출입

최근에 장비와 개인 소지품의 도난 및 무단출입과 관련한 많은 보안 사고가 있어 왔다.

19 **2022 중앙대** ▶▶▶ MSG p.57, p.214 　　④

문의 구성 ▶ ① 수동태, ② 선행사와의 수일치, ③ 전치사 등 틀린 곳이 없는 문장이다.

burn n. 화상 skin grafting 피부 이식 transplant v. 이식하다

화상은 현재 피부 이식으로 치료되고 있다. 피부 이식은 몸의 다른 부위의 건강한 피부를 화상 부위로 이식하는 치료법이다.

20 **2013 서울여대** ▶▶▶ MSG p.64 　　③

be concerned with ▶ be concerned with ~는 숙어표현으로 '~에 관련되다'라는 뜻을 가지고 있다. 따라서 ③은 more concerned with로 바꿔야 한다.

hemisphere n. (지구·하늘의) 반구; (대)뇌반구 crucial a. 결정적인, 매우 중요한

인간의 우뇌는 언어 생산에는 덜 중요하며, 이미지의 창조에 더 관련된 것처럼 보인다.

21 **2021 서울여대** ▶▶▶ MSG p.7 　　②

문의 구성 ▶ ②의 that 이하 전체가 An early form of softball을 선행사로 하는 관계대명사절이므로, 동사 없이 주어만 제시되어 있다. 문장에는 정동사가 있어야 하므로 관계대명사 that을 삭제하면 originated가 문장의 정동사 역할을 하여 완전한 문장이 만들어진다.

originate v. 비롯하다, 생기다 inexpensive a. 비용이 많이 들지 않는, 비싸지 않은 outlet n. (감정·에너지의 바람직한) 발산[배출] 수단 colleague n. 동료

초기 형태의 소프트볼은 미니애폴리스의 한 소방관이 자신의 동료들에게 간단하고 비용이 많이 들지 않는 레크리에이션 수단을 제공하기로 결심했던 1895년에 시작되었다.

22 **2014 상명대** ▶▶▶ MSG p.33, p.135 　　②

문의 구성 ▶ 주어인 Frederick Law Olmsted 다음에 주어를 설명하는 관계절이 삽입된 것으로 이 문장은 동사가 빠진 불완전한 문장이다. 따라서 ②의 wanting은 시제를 가진 형태의 동사가 되어야 하는데, 문장의 시제가 과거이므로 wanted로 고쳐야 한다. ① 동사 designed 뒤에 목적어 Manhattan's Central Park가 있으므로 능동태로 쓰였다. ③ want가 'want + 목적어 + to부정사(목적보어)'의 5형식의 형태로 쓰였다. ④ where는 관계부사로 앞의 democratic playground를 수식하고 있으며 뒤에 완전한 절이 왔다. ⑤ everyone은 항상 단수 취급하므로 단수동사 was가 왔으며, equal은 be동사의 보어이다.

democratic a. 민주적인 playground n. (공원의) 놀이터; 유원지

맨해튼의 센트럴 파크(Central Park)를 설계한 프레데릭 로 옴스테드(Frederick Law Olmsted)는 그 공원이 모든 사람이 평등한 '민주적인 놀이터'가 되기를 원했다.

---

23 2015 성균관대 ▶▶▶ MSG p.7 ④

문의 구성 ▶ and the city's rise and fall 이하에 본동사가 없음에 유의한다. ④의 being을 시제를 가진 was로 고쳐주면 본동사의 역할을 할 수 있게 되어 옳은 문장이 된다. ① 'A와 B 둘 모두'를 의미하는 both A and B 구문이다. ⑤ 능동의 의미를 나타내는 현재분사이며, 명사 the challenges를 수식하고 있다.

birthplace n. 발생지 industrial age 산업 시대 middle class 중산층 rise and fall 흥망성쇠

디트로이트(Detroit)는 산업 시대와 미국 중산층 모두의 발생지였으며, 디트로이트의 흥망성쇠는 현대의 미국 전체가 직면해 있던 난제(難題)들을 엿볼 수 있는 창이었다.

---

24 2012 상명대 ▶▶▶ MSG p.229 ⑤

전치사 + (that)절 불가 ▶ ⑤ In addition to의 to는 전치사이므로 뒤에는 명사나 동명사가 올 수 있지만 that절은 올 수 없다. to를 삭제하여 In addition이라는 부사구로 바꾸고, 그 다음에 콤마(,)를 넣어 절이 이어지는 형태를 만들 수 있다. 따라서 ⑤를 In addition,으로 고치면 된다.

in the meantime 그동안 primitive a. 원시적인; 낙후된 for a start 우선 cockroach n. 바퀴벌레

그동안 우리 중 일부는 그 오래된 건물이 다소 낙후됐음에도 불구하고 그곳에 머물러야 했다. 우선 뜨거운 물이 나오지 않았고, 게다가 도처에 바퀴벌레들이 있었다.

---

25 2016 국민대 ▶▶▶ MSG p.7 ②

문의 구성 ▶ ②에는 주어 The musician's orchestra에 대한 정동사가 와야 하는데, 현재분사로는 문장의 정동사 역할을 할 수 없으므로 이 부분이 잘못되었다. ②를 시제를 가진 정동사 achieved로 고친다. 참고로 made와 같은 과거시제가 적절하다.

composition n. 작곡 arrangement n. 편곡 numerous a. 수많은 innovation n. 혁신

그 음악가의 오케스트라는 그의 독창적인 작곡과 편곡 작품들을 연주하여 매우 훌륭한 양식의 조화를 성취했으며, 현대 재즈에서 여러 가지 혁신을 이루었다.

---

26 2014 아주대 ▶▶▶ MSG p.105, p.135 ④

수식어구 ▶ has taken the course의 수식을 받은 Anyone이 주어이고 was가 동사인 문장이다. 따라서 ④는 주격 관계대명사를 사용한 who took이나 현재분사 taking으로 고쳐야 한다. ① 문장수식 부사이다. ② 단수 가산명사 class 앞에 온 한정사이다. ③ 건물이나 장소를 나타내는 명사가 본래 목적으로 쓰인 경우에는 관사를 쓰지 않는다. 주어진 문장에서 아버지는 학생으로서 등교하는 것이 아니므로 school 앞에 the가 있는 것이 맞다. ⑤ 'allow + 목적어 + to부정사' 구문의 목적어를 주어로 해서 만든 수동태 문장의 과거분사이다.

take a class 수업을 듣다 take a course 수업을 듣다 mobile phone 휴대폰

분명, 캐시(Cathy)는 아버지가 그녀를 만나러 학교로 갔을 때 사회학 수업을 듣고 있었다. 그 강좌를 수강하는 사람은 누구나 휴대폰을 사용하는 것이 허용되지 않았다.

---

27 2021 경기대 ▶▶▶ MSG p.105 ④

문의 구성 ▶ ④의 앞에 완전한 형태의 주절이 주어져 있으므로, ④에서처럼 시제를 가진 정동사가 다시 이어질 수 없다. ④를 과거분사 needed로 고치면, 앞의 명사를 수식하는 형태가 되므로 옳은 문장이 될 수 있다.

reform n. 개혁 sustainable a. 오랫동안 지속[유지] 가능한 recovery n. 회복

그 나라가 심각한 경제문제를 겪고 있음에도 불구하고, 나라를 지속가능한 회복의 길로 이끄는 데 필요한 힘든 개혁을 위해 기꺼이 싸우려는 정치 지도자는 거의 없는 것 같다.

---

28 2019 중앙대 ▶▶▶ MSG p.86, p.105 ④

문의 구성 ▶ ① 수식받는 명사 knowledge가 '습득되는' 수동관계이므로 과거분사 acquired는 올바른 표현이다. ② to 부정사의 형용사적 용법으로 바르게 쓰였다. ③ 동사 participate를 수식하는 역할을 하는 부사이다. 문법적으로 잘못된 곳이 없는 문장이므로 ④가 정답이다. ②의 a process to V는 '~하기 위한 과정'이고 마지막의 a process of ~ing는 '~하는 과정'이므로 모두 맞다.

unveil v. ~의 베일을 벗기다; 밝히다 participate in ~에 참여하다

학생들이 새로운 지식을 밝혀내기 위한 과정으로서 이미 습득한 지식을 사용할 수 없다면, 그들은 배우고 알아가는 과정으로서의 대화에 적극적으로 참여할 수 없을 것이다.

---

29 2012 상명대 ▶▶▶ MSG p.214 ③

there 구문 ▶ there was 다음에는 명사가 주어로 나와야 하는데 ③의 경우 과거분사 discovered가 나왔으므로 이것을 there was a knife discovered로 고쳐야 한다. 한편, 형용사 sure의 경우 why처럼 의문사

가 이끄는 명사절이 뒤에 올 수 있기 때문에 ①은 옳은 표현이다. ④는 칼이 발견된 시점보다 사람들이 전자 보안검사를 통과한 시점이 앞서 므로 과거완료시제가 쓰인 것이며, ⑤는 전치사 without 다음에 동명 사가 온 것으로 사람들이 제지를 받는 것이므로 수동의 동명사 형태가 왔다.

evacuate v. 대피시키다 airport n. 공항 go through 통과하다 security check 보안검사

공항 전체에서 사람들을 대피시키는 것이 왜 필요했는지 알 수 없지만, 사람들이 어떤 제지도 받지 않고 전자 보안검사를 통과하고 난 이후에 칼 하나가 누군가의 가방 안에서 발견되었다.

---

30 **2020 한국외대** MSG p.107   ②

정비문 ▶ 감정동사의 분사는 주어가 사람이면 과거분사로, 사물이면 현재분사로 구분하여 사용된다. ②에서 주어가 '대부분의 사람'이므로, 현재분사 'satisfying'을 과거분사 'satisfied'로 고쳐야 한다.

sentence v. (형을) 선고하다 organized crime 조직범죄 by oneself 홀로 all day long 하루 종일

① 형(刑)을 선고받은 그 사람들은 조직범죄에 연루돼 있었다.
② 대다수의 사람은 그 새로운 치료법에 만족했다.
③ 도시에서 홀로 사는 사람들은 힘든 시간을 보냈다.
④ 그 문은 하루 종일 닫혀 있었다.

MEMO

MEMO

MEMO

최상의 교육 콘텐츠
김앤북이 제공 합니다.

| 영어 시리즈

| 수학 시리즈

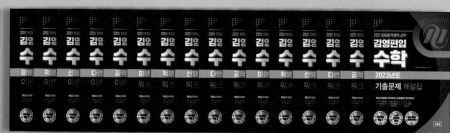

| 연고대 시리즈 (물리, 생물, 수학, 화학, 논술)

축적된 **방대한 자료**와 **노하우**를 바탕으로 **전문 연구진들**의 교재 개발,
실제 시험과 **유사한** 형태의 **문항들**을 개발하고 있습니다.
수험생들의 눈높이와 수험생들의 **합격**을 위한 **맞춤형 콘텐츠**를 **제공**하고자 합니다.

기초부터 탄탄히 배우는 최적의 취업실용도서
Let's 시리즈 컴퓨터·IT | 회계 | 뷰티 | 자격증

김앤북의 가치

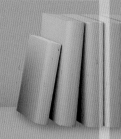

**도전
신뢰**

끊임없이 개선하며 **창의적인 사고**와 **혁신적인 마인드**를 중요시합니다.
정직함과 **도덕성**을 갖춘 사고를 바탕으로 회사와 고객, 동료에게 **믿음**을 줍니다.

**함께
성장**

자신과 회사의 **발전**을 위해 **꾸준히 학습**하며, 배움을 나누기 위해 노력합니다.
학생, 선생님 모두 만족시킬 수 있는 **최고의 교육 콘텐츠**와 **최선의 서비스**를
위해 노력합니다.

**독자
중심**

한 명의 독자라도 **즐거움**과 **만족**을 느낄 수 있는 책, 많은 독자들이 함께 **교감**하는
책을 만들기 위해 노력합니다. **분야를 막론**하고 **독자들의 마음속**에 오래도록 깊이
남는 **좋은 콘텐츠**를 만들어가겠습니다.

김앤북은 메가스터디 아이비김영의
다양한 교육 전문 브랜드와 함께 합니다.

김영편입    김영평생교육원    미대편입 **Changjo**

UNISTUDY    **THEJOEUN**    더조은IT아카데미

메가스터디
컴퓨터아카데미   메가스터디
게임아카데미   메가스터디
IT아카데미

메가스터디
뷰티아카데미   메가스터디교육그룹
아이비원격평생교육원   마이진로